공간이
고객을
만든다

공간이 고객을 만든다

1판 1쇄 발행 2021년 1월 20일

지은이 김성문, 심교언 ㅣ 펴낸이 이재유 ㅣ 디자인 오필민디자인

펴낸곳 무블출판사 ㅣ 출판등록 제2020-000047호(2020년 2월 20일)

주소 서울시 강남구 영동대로131길 20, 2층 223호(우 06072)

전화 02-514-0301 ㅣ 팩스 02-6499-8301 ㅣ 이메일 0301@hanmail.net

ISBN 979-11-971489-5-8

공간이
고객을
만든다

김성문 · 심교언 지음

그 거대한 쇼핑몰은 왜 가운데 천장을 뚫어놨을까?

MBL Books

이 책은 소매 공간에 관한 이야기를 가볍지 않으면서도 그렇다고 너무 어렵지 않게 풀어내 계속 읽게 만드는 묘한 매력을 준다. 방대한 전문 학술자료를 포괄하는 이론적인 접근으로 묵직한 신뢰감을 주면서도 실무적인 사례를 통해 쉽고 재미있는 이해를 도모한다. 부동산 마케터와 도시계획가가 쌓은 각자만의 색다른 경험과 경력이 신선한 시너지를 만들어 상업시설을 공급하는 기업과 이를 소비하는 대중에게 설렘과 에너지를 선사한다. 특히, 리테일 공간의 심미성과 실용성, 온라인과 오프라인 매장, 쇼핑에 대한 심리와 행동, 이론과 실제를 경쟁 관계가 아닌 보완적 상생 관계로 심도 있게 풀어나가면서도 다양한 그림과 사진을 활용하여 독자의 이해를 높이고 있어서 상업시설 개발 전문가의 필독서일 뿐만 아니라 일반인의 교양 도서로서도 전혀 손색이 없는 훌륭한 책이라고 생각한다.

— 조주현, 건국대학교 부동산학과 명예교수

온라인 시대에 오프라인 소매점을 개발하는 기업과 실무자들에게 이 책은 간단명료하면서도 강력한 메시지를 전한다. 자신이 팔고자 하는 것이 무엇인지 정확하게 이해한 다음, 거기에 집중하라고. 현업에서 얻은 전문성과 학업과 연구를 통해 습득한 균형감이 완벽하게 조화를 이루며 소매공간 이야기를 풀어가는 모습이 무척 돋보인다. 대규모 상업시설 개발의 패러다임에 있어서 전환점을 이루어야 할 필요가 있다고 생각하는 사람들에게 반드시 읽어야 할 책으로 추천한다.

— 김규화, GS건설㈜ 건축주택부문 대표

삼성동 코엑스몰은 지하층에 만들어진 쇼핑센터다. 지하철 삼성역이나 봉은사역과 연결되는데 어떤 역에서 내리든 선큰Sunken 형태로 된 넓은 공개공지를 거친 다음에야 비로소 쇼핑몰로 들어갈 수 있다. 탁 트인 하늘과 햇살을 즐기노라면 어느새 여기가 지하라는 사실조차 까마득하게 잊어버린다. 쇼핑몰 입구를 통과할 때도 마치 1층 문을 열고 들어가는 느낌이다. '지하층'임에도 폐쇄적인 공간으로서의 단점을 완벽히 극복한 쇼핑몰로 평가받는 이유다. '건축계획'이 가진 위대한 힘이 아닐 수 없다.

비슷한 구조는 합정역 인근의 메세나폴리스몰에서도 관찰된다. 이곳 역시 연결 통로를 빠져나오자마자 외기外氣와 마주하도록 설계됐다. 하지만 코엑스몰처럼 다시 실내로 들어가야 하는 구조는 아니다. 쇼핑몰 전체가 아웃도어Outdoor 형태로 만들어진 개방형이기 때문이다. 그래서 여기는 지하 1층이 실질적인 1층이다. 쇼핑몰의 맨 밑바닥층이 하늘까지 열려있어서 지하라는 느낌이 전혀 안 든다. 그냥 거리의 상점가를 거니는 느낌이다.

언뜻 이해하기 힘들겠지만 직접 방문해보면 무슨 말인지 쉽게 수긍이 간다. 눈으로 확인하지 않고서는 설명하기가 쉽지 않은 게 메세나폴리스의 복잡한 공간이다. 당연히 종이 위의 그림으로만 존재하던 시절에는 이해가 더 어려웠다. 당시 사업을 추진했던 사람들조차 공간 구조를 제대로 이해하지 못한 경우가 많았다.

'지하 2층'에 자리한 대형 마트가 대표적인 사례다. 원래는 '지하 1층'에 계획되어 있었다. 기능이나 위상을 따질 때 실질적으로 '1층'이나 마찬가지라고 했던 그 '지하 1층' 말이다. 하지만 문제는 수직적인 위치만이 아니었다. 수평적으로도 대형 마트가 있던 장소는 상식과 맞지 않았다. 주 출입구나 다름없는 지하철역 연결통로 바로 앞에 배치되어 있었으니 말이다. 아마도 지하 1층이 유일한 지하층이었기에 그러지 않았을까 생각한다. 층별로 경제적인 가치를 평가하는 과정에서 단지 '지하'라는 이유만으로 가장 쓸모없는 공간으로 오해했을 가능성이 크다.

이 일에 참여하면서 가장 먼저 한 일은 대형 마트의 위치를 옮기는 작업이었다. 우수한 접근성과 가시성으로 노른자위 땅이나 다름없는 매장을 고작 평당 500만 원짜리 원가형 테넌트에게 내주어야 하는 현실을 도저히 받아들일 수가 없었다. 물론 수익성이 모든 이유는 아니었다. 쇼핑몰로 들어온 사람들이 짧지 않은 거리를 대형 마트 하나만 보고 걸어야 하는 상황도 용납하기 힘들었다. 다양성이 상실된 공간에서 역동성과 활력이 느껴질 리는 없을 테니 말이다.

문제는 대형 마트를 옮길 마땅한 자리가 없었다는 사실이다. 이를 해결하기 위해 지하 2층에 있던 불필요한 주차장을 없앴다. 그리고 대형 마트가 있던 자리는 비싼 임대료를 받는 수익형 매장으로 전환했다. 커다란 매장 공간을 적당한 크기로 잘게 쪼개고, 사람들이 오갈 수 있는 통로를 새롭게 만들어 넣음으로써 말이다. 물론 지하 2층으로 옮겨간 대형 마트를 위해 지상으로 연결되는 출입구와 통로를 내어주는 일도 빼먹지 않았다.

결과는 대성공이었다. 대형 마트를 매우 유리한 조건으로 유치했을 뿐만 아니라 수익성까지 대폭 개선되는 효과를 거두었다. 분양 수입이 이전보다 무려 3,500억 원가량 늘어났으니 말이다. 물론 비용상승은 전혀 없었다. 건축 공사비를 비롯하여 그 어떤 비용도 추가되거나 증가하지 않았다. 오로지 공간을 주무르는 것만으로 엄청난 수익을 새롭게 창출해낸 셈이다. '공간 계획'이 가진 막강한 힘이다.

공간 계획은 주로 건축 부문이 주도한다. 사업계획 자체가 건축 부문에 의해 결정된다고 해도 과언이 아닐 정도다. 자본력이 부족한 디벨로퍼가 투자자를 모으기 위해서는 무엇보다 그럴듯한 그림 한 장이 필요한데, 이를 위해 가장 먼저 동원되는 분야가 바로 건축이기 때문이다. 사업추진이 아직 불투명한 상태이다 보니 정식계약을 맺지 않고 그림을 부탁하는 경우가 대부분이다. 설계하는 사람들 역시 미래를 장담할 수 없으니 정성껏 그려내기가 부담스럽다. 간단한 법률 검토만 거친 다음 개략적인 밑그림만 그리는 정도다.

믿기 어려울지 몰라도 대규모 개발 사업의 상당수가 이렇게 시작된다. 하지만 놀라기엔 아직 이르다. 그렇게 얼렁뚱땅 만들어진 사업계획이 현실에서 모습을 드러낸다는 사실이 더 충격적이다. 사업이 진행되더라도 웬만해서는 계획이 바뀌지 않기 때문이다. 사업에 참여한 주체들이 함께 공유하는 밑그림인 동시에 그들이 투자를 결심하게 된 의사결정의 핵심 근거이기 때문이다.

설령 바로 잡아야 할 게 생기더라도 계획을 변경하는 것은 만만한 일이 아니다. 결정에는 언제나 책임이 뒤따르기에 누군가 나서서 변화를 주도하기도 쉽지 않다. 행여 상반된 이해를 가진 사람이라도 있으면 문제는 더욱 미궁에 빠져든다. 그래서 맨 처음에 그려진 그림으로 끝까지 진행될 가능성이 크다. 어느 무명의 설계자가 그린 도면이 대규모 개발사업의 밑그림이 되고, 그중의 상당수가 같은 모습으로 세상에 모습을 나타낸다.

놀라운 건 그들의 중차대한 역할만이 아니다. 건축 설계에 종사하는 사람들 가운데 상당수가 자신들의 높은 위상과 역할에 대해 잘 알지 못한다는 사실이다. 건축이 도시 계획과 마케팅의 영역을 넘나든지는 이미 오래고, 최근에는 '상환경商環境'이라는 새로운 장르까지 만들어내기에 이르렀다. 공간 디자인으로 소비자를 가게로 불러들이고 지갑까지 열도록 고민하는 것 말이다. 하지만 점차 확장되는 업역이 무색할 정도로 정작 자신들의 정체성만큼은 여전히 '정체' 상태다. 모두 훌륭한 '디자이너'가 되기를 희망할 뿐 '플래너Planner'로서의 역할에는 아무런 관심이 없다. 세계적으로 저명한 건축가들조차 일부는 인간이 살기 좋은 공간을 디자인하기보다는 예술적인 건축작품을 만들어내는 데 더 많은 관심을 쏟아부을 정도니까 말이다.•

건물은 단지 감상이나 전시를 위해 만드는 예술품 혹은 장식물 따위가 아니다. 뚜렷한 목적을 가지고 지어지는 하나의 실용품이다. 그런만큼 심미주의적인 접근도 중요하겠지만 심리주의적 사고도 결코 소

• Paul Keedwell, 《헤드스페이스 : 영혼을 위한 건축》, 김성환 譯, 파우제, 2017.

홀히 해서는 안 될 일이다. 캐나다 출신의 유명한 건축가인 프랭크 게리Frank Gehry 역시 같은 생각이다. 더 나은 건축과 공간을 만들기 위해서는 우리의 뇌가 다양한 건축적인 요소에 '왜' 그리고 '어떻게' 반응하는지 이해할 필요가 있다고 했다. 모양이나 색깔, 질감 등에 따라 인간의 뇌가 긍정적 혹은 부정적으로 반응하는지 말이다. 지금껏 건축이나 공간을 다룬 책들의 상당수가 심리학자나 뇌과학자에 의해 주도되어올 수밖에 없었던 이유다.

현업에 종사하는 사람으로서 그들의 노고는 더없이 고마운 일이다. 쇼핑센터를 비롯한 다양한 건축 공간에 관한 일을 해오면서 실무적으로 많은 도움이 되었기 때문이다. 하지만 동시에 아쉽다고 여겨지는 부분도 분명히 존재한다. 공간 디자인이 심리학자나 뇌과학자보다는 오히려 건축 부문에 종사하는 사람들에 의해 주도되어왔다면 더 좋았을 텐데 하는 아쉬움이다. 어차피 건축 공간을 계획하고 만드는 사람은 심리학자나 뇌과학자가 아닌 건축 설계 분야에 종사하는 사람들일 테니까 말이다.

물론 그들 역시 자신의 방식으로 업적을 쌓아왔다. 도서관만 가보더라도 적지 않은 건축가가 다양한 책을 저술해왔음을 확인할 수 있다. 하지만 '세속적'인 영역에서 중요한 축을 이끄는 사람들치고는 내용이 지나치게 '예술적'이다. 대부분 건물의 디자인에만 초점을 맞춘 채 자신의 미적 취향을 기술하는 데 초점을 맞추고 있다. 굳이 장르를 나눈다면 심오한 내면과 철학을 담은 한 편의 시집이나 예술 서적에 가깝다.

도시를 수놓은 건물들 역시 그들에게 부여된 위상이나 역할에 걸맞게 계획되었는지 되돌아볼 필요가 있다. 인간의 뇌가 어떻게 공간을 인식하고 받아들이는지에 대한 진지한 고민이나 검토를 거친 다음 만들어진 결과물인지 묻고 싶은 것이다. 행여 이미 지어진 건물들을 근거로 새롭게 지어지는 건물들을 평균화하고 표준화하는 작업을 반복해오지는 않았는지 말이다. '계획'이라는 이름으로 그럴듯하게 포장은 했지만 정작 만들어낸 것은 그저 과거를 베낀 한 장의 '그림'은 아니었는지 스스로 반추해볼 필요가 있다.

쇼핑센터가 대표적이다. 경험에 따르면 모든 설계 기준은 이미 지어진 건물들에 있다고 해도 지나침이 없다. 기존의 것들이 정답 혹은 모범답안이라는 근거도 없이 단지 먼저 지어졌다는 이유로 새롭게 지어지는 쇼핑센터의 표준 모델이 된다. 천장 높이와 동선의 넓이는 물론 매장의 크기와 형태, 에스컬레이터의 개수와 위치, 방향까지도 이미 지어진 쇼핑센터가 거울이 된다. 최소 100년 이상 지탱해야 할 첨단 사회의 건물이 이미 고인이 되었을지도 모를 어느 20세기 건축가의 설계 지표에 의해 계획되고 만들어지는 것이나 다름없다.

그에 따른 결과는 참혹하다. 형태와 디자인만 엄청난 발전을 이뤘을 뿐 기능적으로는 30년 전에 지어진 쇼핑센터나 최근에 지어진 것이나 별다른 차이가 없다. 마치 사람들의 체형은 점점 커져만 가는데 지하철 좌석이나 학교 책걸상의 크기와 높이 등은 여전히 30년 전에 머물러있는 것처럼 말이다. 쇼핑센터를 운영해본 경험이 없는 사람에게 그림을 맡겼기 때문이다. 시행착오를 통해 습득한 소중한 영업 경험은 깡그리 무시된 채 아무 경험도 없는 누군가에 의해 30년째 같은 그림만 반복적으로 그려지는 중이다. 아무런 피드백Feed-Back 없이 기능적으로만 이루어지는 도면 작업에 의식적인 고민과 검토가 있어야 할 필요성을 지적해준다.

이 책은 그간 건축가와 심리학자, 뇌과학자들이 일궈놓은 소산所産에 소매업자와 마케터, 그리고 도시 계획가의 시각을 덧대놓았다는 점에서 의미가 있다. 상업용 건축물을 개발하고 운영하는 과정에서 체득한 경험과 노하우를 공간 계획에 반영하고, 공간을 소비하는 사람의 시각과 이해관계까지도 모두 투영시키고자 노력했다. 당연히 상업 공간을 만드는 소매업체와 공간 기획가가 견지해야 할 거시적인 시각도 빼먹지 않았다.

공들인 시간이나 노력과는 별개로 아쉬움은 늘 남기 마련이다. 아무리 좋은 뜻으로 시작한 글이라고 해도 온라인 쇼핑이 세를 불려가는 시기에 논하기엔 이미 때를 놓쳐버린 주제라는 비판에서부터 자유로울 수는 없다. 하지만 아무리 온라인이 대세라고 한들 그 성장에는 분명히 한계가 있을 테고, 거리에 늘어선 가게들 역시 아직은 자취를 감춰버릴 날이 요원하기만 하다. 언젠가는 모두 흔적도 없이 사라져버리고 말 운명일지라도 유행은 어차피 돌고 도는 것이 아니던가? 얼마나 오래 이어질지 모를 온라인의 시대가 저물면 또다시 오프라인 소매점의 시대로 회귀할 것이니 그때라도 도움이 된다면 그것만으로 만족할 따름이다.

모쪼록 각종 상업용 공간을 공급하는 건설사와 시행사, 그리고 이를 소비하는 소매업체와 자영업자 모두에게 도움이 되었으면 하는 바람이다. 소매점을 매력적인 장소로 만들고자 노력하는 공간 기획가에게도 방향성과 영감을 불어넣는 글로 남을 수 있기를 바란다. 안정된 노후를 꿈꾸며 상가를 분양받으려는 사람들 역시 상업공간이 가진 저마다의 가치를 평가하고 옥석을 가리는 안목을 갖추기를 희망한다. 아울러 상업용 공간의 최종 소비자인 대중들 역시 이 책을 자신의 지갑을 지켜내는 현명함과 지혜의 발판으로 삼기를 기원한다.

가장 큰 바람은 부동산업계를 이끌어가는 건축가에게 향할 수밖에 없다. 이미 왕성한 활동을 펼치고 있는 분들은 물론, 훌륭한 건축가를 꿈꾸며 공부하는 학생들 역시 독특한 시각적인 자극에만 집착하지 않기를 조심스레 희망해본다. 디자이너나 예술가로 성장하는 것도 무척 의미 있는 일이지만 논리와 이성을 겸비한 멀티플레이어로 거듭나는 게 시장이 바라는 진정한 모습이기 때문이다.

어쨌거나 이러한 소망들이 한데 어우러져 소매업과 유통업, 건설업을 비롯한 산업계 전반에도 작은 보탬이 되기를 기대해본다. 나아가 해당 분야를 연구하는 학계에까지 이바지할 수 있다면 개인적으로 더없는 영광이겠다. 마지막으로 이 글을 시작하는데 영감을 준 김인열과 최중호에게 감사의 인사를 전한다.

2장 분위기 활용하기

3장 습성 활용하기

4장 형상 활용하기

공간이
고객을
만든다

1장

점포를 만들고
운영하는 사람들에게

쇼핑센터, 누구를 위한 장소인가?

밤 9시가 다 되어가는 시간, 영업을 끝낸 백화점은 화려한 모습 뒤에 감춰두었던 적나라한 민낯을 드러낸다. 내일부터 진행될 각종 행사 준비로 분주히 움직이는 직원들과 매장에서 빠지거나 새롭게 들어오는 상품들이 함께 뒤엉키면서 한바탕 난장판으로 변하기 때문이다. 여기에 작업을 위한 인력과 장비들까지 더해지면 전쟁터가 따로 없을 정도로 아수라장이 펼쳐진다. 그런데 기껏해야 한두 대밖에 없는 화물용 승강기는 이미 꽉 찬 상태로 문이 열린다. 이를 여러 번 지켜본 다음에야 비로소 짐을 실을 기회가 돌아온다. 온종일 매장에서 선 채로 일한 직원들로서는 여간 지치고 힘든 과정이 아니다.

그들에겐 휴식도 사치다. 직원을 위한 화장실도 제대로 갖추지 않은 백화점이 휴게시설을 마련해주었을 리 없다. 대부분 복도나 계단, 창고 등에서 휴식을 취한다. 인간으로서 자괴감이 들 정도로 좁고 어둡고 차가운 공간에서 다리를 뻗고 몸을 누이며 옷을 갈아입는다. 직원의 복지나 인권 따위는 안중에도 없는 기업과 전문가로서 사명감을 내팽개쳐버린 건축가. 이들이 함께 만들어 낸 비극적인 현실이다. 비극은 곧 자신의 아름다운 작품을 슬프고 초라한 닭장으로 전락시키는 참담함으로 이어진다. A4용지보다 작은 공간에서 서로 부대끼며 살아가는 육계肉鷄의

사육환경을 하나의 작품으로 소개하기에는 다소 남사스러울 테니 말이다.

대기업에 속하는 유통 회사들조차 그런 근무환경을 여태 당연하게 여긴다는 건 그만큼 국내 소매업 환경이 재래산업 수준에 머물러있다는 증거다. 돈만 많이 벌었지 "직원의 행복이 곧 매출과 비례한다"는 아주 기본적인 상식조차 이해하지 못했으니 말이다. 그들이 얼마나 시대에 뒤처졌는지는 영국 맨체스터 비즈니스 스쿨의 게리 데이비스Gary Davies 교수와 아일랜드 UCDUniversity College Dublin 마이클 스머핏 경영대학원의 로사 전Rosa Chun 교수가 진행한 연구만 보더라도 극명하다. 직원들에게 좋은 평가를 받는 기업일수록 영업성과 역시 우수한 것으로 확인되었기 때문이다.

실험은 이랬다. 회사 서비스에 대해 종업원이 평가한 점수가 고객이 매긴 점수보다 높은 매장(점포)에서는 다음 해의 매출액이 평균적으로 18%가량 증가했다. 특히 종업원의 만족도가 가장 높았던 매장은 매출액이 무려 29.2%나 상승했다. 반면에 종업원의 만족도가 낮았던 매장은 매출액이 평균 18% 정도 줄어들었다.[1] 손님을 왕처럼 떠받들라고 강요하기에 앞서 직원들이 먼저 존중받아야 함을 일깨워주는 연구 결과다. **직원 스스로 회사를 사랑할 때 그 애정이 고객에게도 전달되어 매출로 이어지는 것이다.**

그러나 이러한 연구 결과에도 국내 유통 회사의 인식은 전혀 달라진 게 없다. 백화점의 시각으로 보면 직원을 위한 시설은 불필요한 비용만 증가시키는 낭비적인 요소다. 오직 고객을 위한 공간만이 생산적인 가치를 지닌다고 믿는다. 직원 편의시설에는 인색하면서 고객을 위한 서비스 공간은 적극적으로 도입하는 이유다. 상품과 가격이 더 이상 차별화나 경쟁우위를 보장하는 핵심 요인이 아님을 알기에 '서비스'를 통해 고객의 마음을 얻고자 노력하는 것이다. 그도 그럴 만한 게 오늘날의 고객 서비스는 과거와 달리 보너스Bonus가 아닌 오너스Onus로 바뀌었다. 기업이 필요에 따라 '선택적'으로 제공하는 것이 아니라, 반드시 제공해야 하는 '필수적'인 것으로 이해하고 있다는 뜻이다. 고객 서비스는 이제 쇼핑센터의 책임이자 의무이며, 소비자 역시 이를 덤이나 행운으로 받아들이지 않는다.

아이러니한 건 바로 이 대목이다. 입으로는 고객 서비스를 외치지만

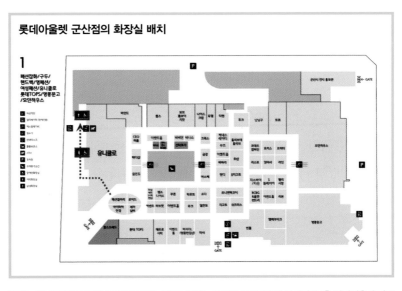

롯데아울렛 군산점의 화장실 배치

롯데는 유니클로의 지분을 가진 대주주다. 그래서인지는 몰라도 롯데아울렛 군산점의 1층 화장실은 유니클로 매장을 거쳐야만 갈 수 있는 구조로 배치되어 있다. 2019년 여름, 일본의 수출규제로 인해 국내에서 일본제품에 대한 불매운동이 일어났을 무렵, 유니클로 매장을 이용하도록 유도하기 위한 롯데 측의 꼼수라는 비난이 일었다. [그림 출처 : 롯데쇼핑㈜(lotteshopping.com)]

그들의 행태는 이율배반적이다. 마케팅에 임하는 이중적인 태도가 그렇다. 많은 돈을 마케팅에 쏟아부으며 사람들을 점포로 불러들이지만 정작 방문한 고객에게는 온갖 불편함을 강요한다. 화장실을 찾기 어려운 곳에 꼭꼭 숨겨둔다거나 특정 매장을 통과해야만 이를 수 있도록 배치하는 게 대표적이다.

하지만 이런 건 애교에 불과하다. 올라갈 때는 그렇게 빠르고 편리했던 에스컬레이터도 내려올 때는 왜 그렇게 더디고 불편한지 도무지 이유를 알 수가 없다. 가장 심한 건 뭐니뭐니 해도 엘리베이터다. 어느 쇼핑센터를 가보더라도 엘리베이터는 늘 매장과 가장 멀리 떨어진 곳에 마련되어 있다. 몸이 불편하거나 짐이 많은 사람을 위한 이동장치가 다름 아닌 엘리베이터라는 걸 뻔히 알고 있으면서도 말이다.

생각해보면 그들이 말하는 마케팅에는 애당초 고객 서비스 개념이 포함되어 있지 않던 모양이다. 고객이야 불편하든 말든 상품에 대한 노출과 판매만 극대화할 수 있으면 그게 성공적인 마케팅이라고 믿는 듯하다. 고객 서비스는 마케팅과는 별개로 이루어지는 독립적인 활동으로 보인다. 고객 서비스를 자신들의 마케팅에 놀아나느라 피폐해진 소비자의 몸과 마음을 위로하고 어루만지는 하나의 치유 수단으로 이해하는 게 훨씬 빠르다는 뜻이다.

만약 그게 사실이라면 그들은 악마다. 그러나 다행히도 그들은 '판매'와 '마케팅'을 혼동하고 있을 뿐 진짜 악마는 아니다. 어디까지가 판매이고 어디부터가 마케팅인지조차 구분하지 못하고 있으니 **공간 마케팅의 목표가 '고객몰이'가 아닌 '고객유인'에 있음**을 이해하는 건 더더욱 어려울 것이다. 관심은 온통 점포로 들어온 사람들의 지갑을 터는 데에만 집중된다. 물론 그것도 중요한 일이지만 그에 앞서 점포 바깥에 있는 사람들이 자연스럽게 발을 안으로 들일 수 있도록 즐겁고 편안한 공간을 만드는 게 공간 마케팅의 핵심이자 최우선 과제라는 사실을 망각하고 있는 것이다.

경영학에서 말하기를, 마케팅의 본질은 '고객'과 '시장', 그리고 '가치'에 있다고 했다. 더없이 교과서적이지만 정곡을 찌르는 표현이다. 이 기본적인 명제만 이해하더라도 쇼핑센터는 지금처럼 획일적이고 국적 불명의 '非장소Non-Place'로 전락하지는 않았을 것이다. 마치 학생도 교직원도 모두 생활하기에 불편한 학교, 환자는 외롭고 의료진은 괴로운 병원처럼 오늘날의 쇼핑센터 역시 고객과 직원에게 불편함만 가져다주는 비효율의 상징으로 반열에 올랐다. 화려한 간판과 쇼윈도, 온갖 값비싼 상품과 장식들로 포장했지만 정작 '장소'로서 가져야 할 실제성實際性은 물론 그 어떤 특징조차 발견할 수 없는 무미건조한 '공간'이 되고 말았다.[2]

모든 건 마케팅에 대한 오해와 이해 부족에서 비롯된 일이다. 상품 판매에만 열을 올릴 뿐 고객과의 관계 개선에는 아무도 관심이 없다. 그러면서도 입으로는 늘 '고객 만족'과 '서비스'를 외친다. 거래에 대한 개념도 무척 근시안적이다. 대부분 개별 거래이익에만 집착할 뿐 고객 한 사람이 가진 평생가치는 늘 등한시된다. 오늘날의 쇼핑센터가 최소한의 공감마저도 상실해버린 가상공간이자 비인간적인 장소로 전락하게 된 이유다. 이 쇼핑센터는 도대체 누구를 위한 장소인가?

02
관성慣性에 빠진 리테일러

우리 안에 원숭이 다섯 마리가 있다. 우리 중간에 삼각대 모양의 사다리가 있고, 그 위에 먹음직스러운 바나나 한 꾸러미가 놓여 있다. 마침 원숭이 한 마리가 바나나를 발견하고는 허겁지겁 사다리를 기어오른다. 그러자 밑에 있던 네 마리 원숭이들의 머리 위로 느닷없이 물벼락이 쏟아진다. 찬물을 뒤집어쓴 원숭이들은 한동안 어리둥절한 모습이지만 같은 과정을 몇 번 거치면서 이내 물이 쏟아지는 이유를 깨닫는다. 누군가 사다리를 기어오르는 행동 때문이라는 사실 말이다. 이유를 알아챈 원숭이는 다른 개체가 사다리 근처로 가기만 해도 오르지 못하게 필사적으로 막는다. 오르려는 자와 막는 자의 몸싸움이 반복되면서 마침내 모든 원숭이가 사다리에 오르는 것을 포기하게 된다.

이 무렵 원숭이들 가운데 한 마리가 새로운 녀석으로 교체된다. 새로 들어온 원숭이는 그동안 무슨 일이 일어났는지 알 턱이 없기에 바나나를 발견하자마자 사다리를 기어오르려고 한다. 이를 본 나머지 네 마리가 신입을 막아선다. 팔다리를 붙잡고 늘어지며 온 힘을 다해 사다리를 오르지 못하도록 막아낸다. 영문도 모르는 신입이 이 일을 겪으며 깨닫는 건 절대로 사다리에 올라서는 안 된다는 사실뿐이다. 그 이유가 물이 쏟아지기 때문이라는 것은 이해하지 못한 채 그저 사다리를 올라가서는 안 된다는 사실만을 학습할 뿐이다.

때마침 또 한 마리의 원숭이가 새롭게 교체된다. 새로 들어온 녀석 역시 사다리 위에 놓인 바나나에 먼저 관심을 보인다. 이를 눈치챈 나머지 네 마리가 신입을 저지하기 위해 달려들고, 이 과정에서 물리적인 충돌이 일어난다. 결과는 뻔하다. 신입은 사다리를 밟아보지도 못한 채 실컷 두들겨 맞기만 할 뿐이다. 그런 그가 깨닫는 건 사다리에 올라가서는 안 된다는 사실이 아니다. 신입이 들어오면 일단 두들겨 패는 게 이곳의 집단문화라고 오해해버린다. 사다리에 오르면 물벼락이 쏟아진다는 사실은 까마득히 묻혀버린 채 말이다. 또다시 원숭이가 교체되고 같은 과정이 되풀이되면서 '오해'는 점차 '전통'으로 굳어진다. 신입에 대한 폭력이 하나의 전통으로 인식되면서 점차 합리성을 얻어가는 것이다.[3]

공급이 수요를 쫓아가지 못하는 시장에서 주도권은 공급자의 손에 쥐어지기 마련이다. 공급자가 우위에 서 있다 보니 제조되는 상품 역시 공급자의 이해관계를 따른다. 과거에 지어진 아파트 대부분이 상품성이나 거래의 필요성에 따라 거실의 크기를 비롯한 각종 평면계획을 달리했듯이 말이다. 하지만 공급이 수요를 뛰어넘으면서 소비자가 누리게 될 생활의 편리함이나 삶의 질 같은 것들도 함께 중요해졌다. 지금까지 그 누구도 거들떠보지 않았던 가치가 새로운 경쟁력이 되고 차별화 요소로 부상하는 시대가 도래한 것이다.

이는 쇼핑센터도 마찬가지다. 갈 만한 곳이 많지 않던 시절에는 쇼핑센터가 소비자를 쥐락펴락했다. 하지만 자고 일어나면 새로운 쇼핑센터가 솟아 있는 오늘날에도 여전히 그럴지는 미지수다. 때는 바야흐로 편리하고 개성 다양한 온라인 소매업체의 시대가 아닌가?

기다림과 인내를 미덕으로 지금껏 오프라인을 지지해주던 기성세대 역시 점점 시장에서 사라져가는 추세다. 더군다나 그들의 빈자리는 지루하고 관심 없는 것들을 과감히 패스하는 젊은 세대가 대체하고 있다. 이들은 '스킵Skip'이나 '스압(스크롤 압박)', '짤방(짧은 방송클립 영상)' 같은 일시적이고 단기적인 인스턴트식 신조어를 만든 주역이다. 정성스런 가정식 대신 간편한 외식을 더욱 즐기는 세대인 만큼 그들은 편하고 안락하며 쉬운 것을 추구하는 계층이 틀림없어 보인다.

그런 그들에게 기성세대에나 먹히던 쇼핑센터의 전략이 여전히 작동할지는 미지수다. 성격 급한 세대가 머물기에는 불편함을 넘어 비인간적이기까지 한 공간이기 때문이다. 육중한 철문과 높은 담장으로도 남영동 대공분실의 잔혹한 과거를 덮을 수 없었듯이 제아무리 화려함으로 공간을 치장하더라도 쇼핑센터의 숨은 의도는 쉽게 가려지지 않는다. 시간과 날씨의 변화를 인지하지 못하도록 매장의 창문을 모두 없애버리는 구습도 피해자의 공포감을 극대화하고 보안을 유지하려는 취조실을 떠오르게 할 뿐이다. 이미 세계는 자연채광을 통해 개방감을 극대화하는 쇼핑센터가 대세로 자리를 잡았는데 말이다.

소비자가 자신의 위치를 알아차리지 못하도록 공간을 복잡하게 만드는 것도 인스턴트 세대에게는 낙점 요소다. 최대한 많은 매장을 거치도록 미로처럼 동선을 꼬아놓는다거나 '대형 마트'라고 부를 정도로 크고 넓은 매장에서 그 흔한 평면도나 안내도조차 마련해두지 않는 행태가 대표적이다. 의도만 놓고 본다면 남영동 대공분실의 나선형 계단과

다를 게 없다. 끌려온 방향과 끌려 올라간 층수를 알 수 없도록 1층부터 5층까지 한 번에 연결해놓은 그 악명높은 계단 말이다.[4] 이런 공간에서 안락함이나 친근한 감정을 느낄 사람은 없다. 인스턴트 세대에게는 아마도 1980년대 고문실과 비슷한 이미지로 다가가지 않을까 싶다.

그런 억지스런 공간 설계가 고문 피해자의 입을 열었을지는 몰라도 소비자의 지갑까지 열기는 힘들어 보인다. 이는 인간의 행동을 자극과 반응의 결합으로 규정한 스키너[B. F. Skinner]의 행동주의 이론만 보더라도 분명해진다. '고문'은 이론과 맞아떨어지더라도, 공간 계획을 통한 '불편함'은 아무런 관련성을 가지지 못한다. 실제로 고문은 고문 자체보다 고통이 멈추는 순간을 이용한다. 고문을 멈추는 행위가 강력한 동기로 작용하기 때문이다. 고통받고 있는 사람에게 고통에서 벗어나는 것만큼 매력적인 보상은 없을 테니까 말이다.

이에 반해 '불편함'은 그 자체로 강화요인이 되지 못할 뿐만 아니라 이를 제거하는 순간을 이용하는 '부정적 강화'로도 활용할 수 없다. 매번 쇼핑몰을 뜯어고치지 않는 이상, 한번 만들어진 불편함은 자의든 타의든 지속할 수밖에 없기 때문이다. 불편함을 강조하는 공간 계획 자체가 절대 '강화'요인이 될 수 없는 이유다.

스키너의 주장대로 인간은 정해진 법칙에 따라 움직이는 복잡한 유기체다. 더불어 장소가 달라지면 좋은 쪽이든 나쁜 쪽이든 사람도 달라질 수밖에 없는 존재이기도 하다.[5] 그렇기 때문에 공간 기획가는 공간 계획을 통해 소비자를 움직이고 통제하려는 것이다. 하지만 그들은 중요한 사실 하나를 놓치고 있다. 인간은 여러 다양한 법칙들에 지배를 받지만 결국 **몸이 편한 대로 움직이고 행동하는 게 인간이라는 동물이 가진 본**

질적인 속성이라는 것을 말이다. 고통과 불편은 피하고 즐거움을 추구하는 방향으로 몸을 움직이려 한다. 그러니 제아무리 잔디밭을 가로지르지 못하도록 줄을 쳐놓고 경고문을 붙여놔도 결국에는 길을 내고야 마는 것 아니겠는가.

이제, 강압이나 강제보다는 자연스러운 권유와 유도에 힘이 실린다. 마치 권유하듯 이루어지는 제어는 세계적인 동영상 스트리밍 서비스 업체인 넷플릭스의 경험을 통해서도 그 힘이 입증됐다. 한때 DVD 대여업에 종사하던 시절, 고질적인 문제였던 반납기일 연체를 해결한 것도 부정적인 자극이 아닌 우호적인 영업 정책을 통해서였다. 기한을 넘겨 반납한 고객에게 비싼 연체료를 물리는 대신 제때 반납하거나 일찍 가져다준 사람들에게 오히려 할인된 가격으로 서비스를 제공해줌으로써 말이다. 부정적인 성격의 '페널티'보다는 긍정적인 느낌의 '인센티브'가 소비자의 행동 변화에 더욱 효과적임을 몸소 증명해준 사례가 아닐 수 없다.

최근 산업디자인의 기류가 '어포던스Affordance'로 전환되고, 리처드 탈러Richard H. Thaler 교수의 '넛지이론'이 세계적으로 주목을 받는 것도 비슷한 맥락이다. 예컨대 디자인의 경우, 별다른 설명이나 안내 없이 단순하고 유쾌한 모양과 기호만으로 소비자의 올바른 사용과 행동을 유도해내는 기법이 호응을 얻는 추세다. 마케팅 분야 역시 마찬가지다. 금지나 명령 같은 강압적인 방법보다는 오히려 옆구리를 살짝 찌르는 듯한 가벼운 권유가 소비자의 올바른 선택에 도움이 된다는 주장이 점차 설득력을 얻어가고 있다.

이러한 세계적인 추세와 트렌드는 쇼핑센터를 만들고 계획하는 사람

어포던스 디자인 사례

↻ TURN

↓ PULL

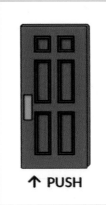

↑ PUSH

사람들에게 문을 어떻게 열라고 말을 하거나 안내문을 붙일 필요는 없다. 손잡이 디자인을 통해 얼마든지 행동 제어가 가능하다. 원형의 손잡이는 돌려서 열면 된다는 메시지를 의미한다. 튀어나온 손잡이는 잡아당기라는 뜻이다. 손잡이가 없거나 금속판만 붙어있는 경우는 그냥 밀면 된다는 뜻이다. [그림 출처 : Bates Meron(batesmeron.com)]

들에게도 시사하는 바가 크다. '불편함' 같은 부정적인 방법을 동원하지 않더라도 **원하는 목표를 달성할 수 있음**을 설명해주기 때문이다. 인간의 심리를 이용한 유인설계를 가미하고 활용하는 것만으로도 충분히 말이다. 소비자가 누려야 할 선택의 자유를 존중하면서 기업이 원하는 고객의 행동을 유도해낼 수 있다는 뜻이다.

소비자는 합리적인 경제 주체이기 이전에 한 명의 인간이라는 사실도 명심할 필요가 있다. 물건을 고르고 지갑에서 돈을 꺼내기까지는 야속하리만큼 이성적으로 행동하는 존재이지만 이때만 제외하면 영락없는 감정의 동물이다. 알아서 문을 여닫아주는 자동문 앞에서조차 감격스러워하는 존재이니까 말이다. 이토록 여린 인간을 단지 경제적인 관점에서만 바라보니 이야기가 삭막하고 복잡해질 뿐이다. 관점을 인문학적인 시각으로 전환하면 모든 것이 명료해진다. 소비자 역시 한 명의 자연인으로서 그저 놀랍고도 익숙하며 짜릿한 쾌감을 제공하는 쇼핑 공간을 원한다.

경제적인 잣대를 들이대더라도 이야기는 크게 달라지지 않는다. 뿌린 대로 거두어들이는 게 자본주의 사회에서 말하는 정의이자 기본 생리이기 때문이다. 예컨대 소비자를 즐겁게 하든 불편하게 하든 그것은 공간 기획가의 자유다. 하지만 그로 인한 결과는 모두 부메랑이 되어 결국 자신에게 되돌아 온다. 매장 내에서 소비자가 느끼는 감정은 대부분 환경에서 비롯되고,[6] 그렇게 생겨난 감정은 쇼핑에 임하는 태도와 의도는 물론 실질적인 구매에도 영향을 미치기 때문이다.[7]

그런데 여전히 적지 않은 공간 기획가들이 불편함을 축적하고 고통으로 가득 채운 쇼핑공간을 만들기 위해 의지를 불태운다. 앞서 원숭이들의 행동처럼 이는 과거부터 지금까지 쭉 이어져 내려오는 방식이지만 언제부터인가 원래의 목적이나 취지와는 다른 방향으로 왜곡되어 전해지는 것일 수도 있음을 이해하지 못하는 것이다.

이러한 가능성을 완전히 배제하기 어려운 건 실제로 우리는 아무런 이유도 모른 채 이따금 무언가를 학습하는 존재이기 때문이다.[8] 햄을 오븐에 넣어 굽기 전에 항상 끝부분을 2인치씩 잘라내던 어느 젊은 여성의 이야기가 그렇다. 매번 같은 작업을 반복하면서도 정작 그렇게 하는 이유에 대해 알지 못한다. 알고 보니 엄마가 하는 걸 보고 자연스럽게 따라서 배운 행동이었다. 재미있는 건 그녀의 엄마 역시 이유를 모르기는 마찬가지였다는 사실이다. 엄마도 그저 할머니를 보고 따라서 한 것에 지나지 않았다.

이유를 아는 사람은 오직 할머니뿐이었다. 내심 거창하고 그럴듯한 이유를 기대했지만 돌아온 답은 허망했다. 뜻밖에도 햄을 담는 오븐 그릇이 작았기 때문이라고 했다. 그게 이유였다면 딸도 엄마도 굳이 햄의 끝부분을 잘라낼 필요는 없었다. 그들은 이미 충분한 크기의 오븐 그릇을 가지고 있었으니까 말이다. 이유도 알지 못한 채 무작정 따라만 하고 있었으니 아까운 햄만 낭비해온 꼴이다. 소매업계에서 알음알음 전해져 계승되고 있는 공간 기획가들의 경험이나 노하우 역시 마찬가지다. 온통 불편함으로 점철된 쇼핑센터의 공간이 지금껏 엄마와 딸에 의해 낭비된 햄과 도대체 무엇이 다른지 되짚어볼 필요가 있다.

속도보다는 방향이 중요해진 세상에서 그런 구습에 관성이 붙어버리면 뒤늦게 방향을 수정하기도 힘들 뿐 아니라 속도를 제어하는 것마저도 예삿일이 아니게 된다. 역설적이게도 쇼핑센터의 경쟁력은 비합리적인 구습이 관성을 잃어갈 때 생겨나는 법이다. 그런 구습이 관성과 함께 자취를 감추면서 쇼핑센터에는 새로운 경쟁력과 관성이 생겨난다. 그리고 모든 관성은 시간이 지나면서 탄력이라는 게 붙게 마련이다.

타성情性에 젖은 디벨로퍼

불과 얼마 전까지만 해도 쇼핑센터는 롯데나 현대, 신세계 같은 전문유통업체만 개발할 수 있는 까다로운 시설이었다. 하지만 시간이 흐르면서 건설사나 시행사처럼 유통에 경험이 없는 업체들도 적극적으로 개발에 나서는 추세다. 비슷한 경쟁력으로는 승부할 수가 없기 때문에 출점전략에는 뚜렷한 차이가 있다. 지하철역과 연결된 도심 알짜배기 땅을 선점하여 쇼핑센터를 지어온 유통업체와 달리 디벨로퍼*는 주로 주거지나 부도심지역에서 승부를 보려고 한다. 규모에서 밀리지 않는 엄청난 크기의 판매시설을 지어 올리는 방식으로 말이다.

소매업의 경쟁력을 '입지'와 '규모'의 함수로 규정한 소매인력모형**에 따르면, 디벨로퍼가 구사하는 전략은 나름대로 일리가 있다. 입지적으로 열세에 놓였으니 점포의 규모라도 키워서 경쟁력을 회복하겠다는 의지다. 하지만 규모만으로 우수한 입지를 가진 경쟁자를 제압하는

• 토지를 빌리거나 매입해서 상품을 기획하고 시공한 다음 이를 분양·임대·운영 및 사후 관리까지 모두 책임지는 방식으로 부동산 개발사업의 전체 과정을 총괄하는 전문가 혹은 그런 사업을 영위하는 회사를 '디벨로퍼Developer'라고 부른다.

•• 두 도시 사이에 위치하는 어느 주거지역에 대해 두 도시의 상권이 미치는 범위는 각 도시의 '인구'에 비례하고 각 도시의 분기점으로부터 '거리'의 제곱에 반비례한다는 이론으로 레일리Reily W. J.가 주창했다. 이러한 소매인력모형을 활용하여 소매점의 매력도를 평가한 것이 허프모형Huff Model이며, 소매점의 매력도는 점포의 '규모'에 비례하고 점포와 소비자 사이의 물리적인 '거리'의 제곱에 반비례한다고 했다.

데는 한계가 있다. 비용도 비용이지만 매장 경쟁력에 미치는 영향력의 크기 자체가 다르기 때문이다. 예컨대 '규모'는 그 자체만큼의 영향력을 가지지만 '입지'에는 제곱의 가중치가 따라붙는다. 제아무리 규모를 키우더라도 우수한 입지를 따라잡는 건 사실상 불가능하다는 뜻이다. 적어도 쇼핑센터에서만큼은 디벨로퍼가 유통업체를 따라잡는 일은 쉽게 일어나지 않을 듯해 보이는 이유다.

그나마 희망적인 건 어떻게든 한 번 이겨보려고 이것저것 따라서 열심히 해본다는 사실이다. 과거에는 오직 분양으로 털어내기에 급급했던 디벨로퍼들도 이제는 처분 방식에 있어서 사고의 전환을 보이고 있다. 예전처럼 단순히 분양으로만 끝낼 수 있는 시대가 아니라는 것을 알기에 건물을 지은 다음 직접 운영하는 방안까지도 염두에 두고 사업을 벌인다. 쇼핑센터 운영을 담당할 별도의 조직을 구성하고, 운영 기

국내 디벨로퍼가 개발한 상업시설 사례

아브뉴프랑(광명)　　　　　　앨리웨이(광교)

국내 부동산개발 디벨로퍼인 호반건설과 네오밸류는 각각 '아브뉴프랑'과 '앨리웨이'라는 브랜드를 내세워 상업시설을 개발한 다음 이를 분양·임대하고 있다. [그림 출처 : 아브뉴프랑(avenuefrance.co.kr)]

법을 배우기 위해 각종 토론회와 세미나까지 정기적으로 개최한다. 필요에 따라서는 해외쇼핑몰 탐방에도 나선다. 시설 운영에 필요한 지식과 경험을 습득하는 데 총력을 기울이는 것이다.

건물의 형태와 디자인만 놓고 보면 과거보다 상당한 발전을 이룬 편이다. 모양이나 색감도 세련미를 더했고, 구조와 동선에도 극적인 요소가 가미됐다. 무엇보다 그와 같은 사례들이 하나둘 겹치면서 국내 쇼핑몰 역사에도 한 획이 그어지는 중이다. 마치 미국 쇼핑몰의 발전 과정을 재현하듯 '인클로즈드몰Inclosed Mall' 일색이었던 상가들을 '오픈에어마켓Open Air Market' 스타일로 바꾸어나가는 데 앞장서고 있다. 커다란 상자 모양을 한 폐쇄적인 형태의 상가들을 외부에 개방된 구조로 전환하는 데 나름 일조했다는 뜻이다.

물론 이러한 변화가 우리나라 기후에는 적합하지 않다는 지적도 있다. 추운 겨울철이나 뙤약볕이 내리쬐는 무더운 여름날, 그리고 비가 추적추적 내리는 장마철처럼 날씨가 악조건일 때는 실내형 쇼핑몰보다 영업에 불리할 수밖에 없다. 하지만 최근에 들어와서는 상황이 달라지고 있다. 소위 '언택트Untact 시대'가 도래했으니까 말이다. 이런 시대에는 폐쇄적인 실내형 구조보다는 외부에 개방된 아웃도어 스타일의 쇼핑센터가 나름의 유용성과 장점으로 경쟁력을 발휘할 가능성이 점처지기도 한다.

하지만 건물의 구조와 디자인을 빼놓고는 성과는 미미한 편이다. 넓은 공간을 다양한 브랜드와 테넌트로 다 채웠다는 사실에는 박수를 보내더라도 성공이라고 하기엔 무언가 아쉬움이 남는다. 그 속을 가득 채우고 있는 알맹이 대부분이 집에서 조금만 걸어 나가도 흔히 볼 수 있는 것들이기 때문이다. 하나의 건물 안에 층층이 집적해두었다는 점을 제외하고는 여느 거리의 상가들과 차별점을 찾아보기 힘들다. 그저 덩치만 크게 부풀려놓은 재래식 상가건물 같은 느낌이랄까.

문제는 스스로 테넌트 유치 능력에 한계가 있음을 깨닫지 못한다는 사실에 있다. 다들 결심만 하면 뭐든 다 데려올 수 있다는 착각에 빠져 있는 듯하다. 일본에서 그렇게 잘 나간다는 '츠타야서점Tsutaya Books'이나 '돈키호테'를 둘러보고도 정작 이를 구현해내는 디벨로퍼는 국내에 존재하지 않는 현실은 애써 외면하면서 말이다. 똑같은 것을 보고 비록 아류작이지만 별거 아니라는 듯 뚝딱 비슷한 것을 만들어낸 신세계와는 대조적이다. 이미 그들은 '별마당도서관'과 '삐에로쑈핑'(현재는 사업을 접었지만)이라는 이름의 테넌트를 만들어서 직접 운영까지 하고 있다.

츠타야서점과 별마당도서관

츠타야서점

별마당도서관

신세계는 최근 삼성동 코엑스몰(스타필드)에 일본의 츠타야서점을 벤치마킹한 별마당도서관을 도입하여 운영하고 있다. [그림 출처 : Culture Trip(theculturetrip.com), 신세계그룹 블로그(ssgblog.tistory.com)]

이는 머릿속 뇌에까지 흘러갔어야 할 해외 출장지에서의 외부 자극이 단지 눈에서만 겉돌았기 때문에 벌어진 일이다. 기존의 상식과 틀을 깨는 매장을 구경하면서 연신 감탄사를 쏟아내기에만 바빴을 뿐 어떻게 그런 매장 구성이 가능한지 그 이유와 사업구조에 대해서는 아무도 관심을 기울이지 않았음이다. 내면과 본질을 꿰뚫었어야 할 통찰력은 내팽개친 채 모두 껍데기만 더듬고 있었다. 정작 맛봐야 할 알맹이를 놓쳐버리는 건 당연한 결과다.

04
팔고자 하는 게 '상품'인가 '공간'인가?

지하철 9호선을 오가는 전동차는 두 가지 종류다. '급행'과 '일반', 영어로는 '익스프레스Express'와 '올스톱All-Stop'으로 표기된다. 열차를 기다리며 승강장 기둥에 적힌 영문 표기를 보고 있자니 실소를 금치 못했던 어느 식당에서의 메뉴판이 떠오른다. 주류酒類를 주류主流로('술의 종류'를 '중심이 되는 흐름이나 경향'으로), 육회肉膾를 육회六回로('익히지 않은 소고기를 양념한 것'을 '여섯 번'으로) 표기해두었던 식당이다. 외국인 관광객을 위한다고 한 일인데 안타깝게도 이 엉터리 표현을 보고 그 식당을 갈 외국인은 없어 보인다.

만약 메뉴판을 제작한 업체에서 지하철 사인물 제작까지 맡았더라면 어땠을까? 모르긴 해도 일반열차는 지금쯤 'Normal Train'이나 'General Train' 정도로 번역되어 신나게 철로를 오가고 있을지도 모를 일이다. 그러면 외국인 승객으로서는 9호선만의 독특한 운영 시스템을 이해하기가 매우 힘들다. 그들의 눈에 급행열차는 그저 '빠른 속도로 달리는 열차'로만 이해될 뿐이다. 차이의 본질인 '정차하는 역의 개수'는 사라지고 오직 '속도'만 남게 된다.

급행이든 일반이든 열차가 달리는 속도는 모두 똑같다. 환승역에서만 정차하는 급행과 달리 일반열차는 모든 역에 들러 사람을 태우고 내린다는 점에서 차이가 있을 뿐이다. 그런 점에서 일반열차를 'All Stop'으로 번역한 건 정말 탁월한 단어 선택이 아닐 수 없다. 열차 운행의 본질적인 속성을 집어낸 훌륭한 표현이기 때문이다. 물론 급행열차를 단순히 'Express'로 표현한 게 조금 아쉽기는 하다. 중간중간 몇 개의 역을 건너뛴 채 환승역에서만 정차한다는 의미가 모두 생략된 표현에 지나지 않으니 말이다.

　신세계는 아무렇지 않게 척척 해내는 일을 디벨로퍼가 하지 못하는 이유는 간단하다. 그들은 리테일러가 아니기 때문이다. 리테일러는 제조업자로부터 상품을 매입해서 소비자에게 공급하는 '소매업자'다. 영업에서 발생하는 위험을 스스로 떠안는다. 하지만 디벨로퍼는 그런 소매업자에게 매장을 빌려주고 임대료를 받는 '임대업자Non Occupied Owner'로서 쇼핑몰을 운영할 뿐이다. 위험은 모두 임차인에게 전가된다. 별것 아닌 듯해도 기회는 항상 위험과 짝을 이루어 찾아온다는 점에서 이 둘의 차이는 매우 크다.

　실제로 리테일러는 잘 알려지지 않은 테넌트를 발굴해내는 데 탁월한 능력을 보유하고 있다. 새로운 시즌이 도래할 때마다 참신하고 색다른 매력이 있는 브랜드를 찾아 꾸준히 입점시킨다. 이에 반해 임대업자인 디벨로퍼가 유치할 수 있는 테넌트는 이미 우리에게 익숙한 것들뿐이다. 출퇴근길에서도 얼마든지 접할 수 있는 흔한 가게들 말이다. 그러니 기껏 쇼핑센터를 만들어도 거리의 풍경과 쉽게 차별화가 되지 않는다. 어디서나 흔히 볼 수 있는 것들로만 공간이 채워지다 보니 쇼핑센터로서 매력도 경쟁력도 모두 잃어간다. 사람들 눈엔 그럴듯한 '쇼핑몰'이 아닌 그저 그런 '상가'로만 기억될 뿐이다.

디벨로퍼가 만든 쇼핑몰에 특별함이 깃들지 않는 건 위험을 싫어하는 그들의 본성 탓이다. 단지 공간만 빌려주고 책임은 떠안기 싫은 그들로서는 오직 점포를 채우는 데만 열중할 수밖에 없다. 시선이 절로 'SPASpecialty Store Retailer of Private Label Apparel'로 분류되는 브랜드들로 향하게 된다. 사전적인 의미에서 상품기획부터 제조와 유통·판매에 이르기까지 모든 과정을 스스로 책임지는 패션 브랜드 말이다. 대부분 자라나 갭, 유니클로 같은 브랜드를 떠올리지만 이는 엄밀히 말해서 패스트 패션Fast Fashion을 대표할 뿐이다. SPA는 이들을 포괄하는 한 단계 높은 차원의 상위개념이다.

SPA의 본질은 브랜드가 자신이 만든 제품의 '판매'까지 직접 책임진다는 사실에 있다. 제품의 판매를 백화점이나 대형 마트 같은 전문 유통업체에만 맡겨두지 않는다는 뜻이다. 물론 그렇다고 손수 쇼핑센터를 지어서 운영할 수 있는 처지도 아니다 보니 결국은 자신이 만든 제품을 들고 직접 거리로 나설 수밖에 없다. 직영점이든 가맹점이든 거리를 수놓고 있는 패션 로드샵 대부분이 그런 식으로 생겨난 매장들이다. 나이키건 아디다스건 뉴발란스건 거리에서 볼 수 있는 브랜드의 상당수가 알고 보면 SPA나 다름없다.

굳이 어려운 SPA 개념까지 들먹이는 건 디벨로퍼가 만든 쇼핑센터가 거리의 상가들과 차별화되지 않는 이유를 설명하기 위해서다. 결론부터 말하면 디벨로퍼는 속성 자체가 거리의 건물주들과 다르지 않다. 아무런 위험부담 없이 단지 공간만 빌려주기를 원하는 그들로서는 품을 수 있는 테넌트가 기껏해야 SPA 정도가 최선이다. 디벨로퍼가 만든 쇼핑센터가 거리의 상가들을 단지 하나의 건물에 모아놓은 것으로 비유되는 이유다.

실제로 그들이 만든 상가는 지역과 상관없이 별다른 차이를 느낄 수 없을 정도로 획일적이다. 마치 명동을 가든 강남역을 가든 접할 수 있는 가게가 얼추 다 비슷비슷하듯이 말이다. 여기에 있는 게 거기에도 있고, 거기 있던 게 다른 곳에 점포를 더 냈을 뿐이다. 차별화는 요원해지고 경쟁력도 상실된다. 스스로 위험을 무릅쓰지 않으려는 안일함의 결과다.

그렇다면 소매업자는 어떨까? 리스크에 유연한 그들은 취급하는 상품에 한계가 없다. 거리에 널브러져 있는 SPA는 물론이거니와 세상에 알려지지 않은 브랜드까지도 점포에 들여놓을 수 있다. 예를 들어 제품이나 기술력은 뛰어난데 마케팅 능력이 부족해서 판로가 마땅치 않은 영세 제조업체가 대표적이다. 그들로서는 물건만 좋으면 기꺼이 사가겠다는 소매업자를 굳이 내칠 필요가 없다. 판매는 소매업자에게 맡기고 자신은 제품을 만드는 데만 집중할 수 있으니 오히려 구미가 당기는 제안이다. 둘 간에 이해관계가 맞아떨어지면서 진흙 속에 파묻혀있던 조개 유기체가 드디어 모습을 드러낸다. 머지않아 진주가 되어 반짝반짝 빛을 낼 게 분명하다.

리테일러는 유행의 변화에도 탄력적으로 대응하는 힘을 가졌다. 매출액이 형편없이 곤두박질치는 상황에서도 계약 기간 내내 해당 브랜드를 떠안고 가야 하는 임대업자와 달리, 리테일러는 유행에 따라 얼마든지 상품을 달리하고 브랜드를 쉽게 갈아치울 수 있다. 브랜드와의 거래가 '시간'에 얽매여있지 않고 오직 '상품'만을 대상으로 하고 있기 때문이다. 그들이 할 일은 인기 있는 제품을 그때마다 매입해서 매장에 가져다 놓는 게 전부다. 젊은 층의 취향과 유행에 맞는 핫플레이스로 거듭날 수밖에 없는 이유다.

소비자 편의성 측면에서도 리테일러는 우위에 있다. 매장 구성의 기준이 오직 '브랜드'뿐인 임대업자와 달리 소매업자는 브랜드, 상품 등 필요에 따라 매장 구성을 얼마든지 달리할 수가 있다. 소비자의 선호와 구매 패턴에 따라 '브랜드 액세스'* 방식과 '카테고리 액세스'** 방식을 병행하여 자신에게 유리한 매장을 꾸민다. 입맛에 따라 다양한 주제의 편집매장을 만드는 게 가능하다. 소비자로서는 상품을 탐색하고 이것저것 비교해보는 데도 수월할 뿐만 아니라 매장을 둘러보는 재미가 남다를 수밖에 없다. 상품 구매가 목적인 고객 역시 쇼핑 시간이 절감된다. 같은 면적이라도 백화점이 쇼핑몰보다 월등히 높은 매출액을 기록하는 데는 다 그럴 만한 이유가 있는 것이다. '임대업' 중심인 쇼핑몰과 달리 백화점은 대부분 '소매업'에 종사하는 업종이기 때문이다.

임대업자와 소매업자 간의 차이를 알면 상업시설 개발에 있어서 디벨로퍼가 처한 상황과 문제에 대한 해결의 실마리도 쉽게 보이게 마

---

* 브랜드 액세스Brand Access 방식은 브랜드를 기준으로 매장을 구성·구획하는 방법을 말한다. 주로 백화점이나 쇼핑센터 등에서 활용되는 방식이다. 각각의 브랜드를 기본 단위로 독립적인 매장 공간을 마련해주고, 개별 브랜드가 생산한 다양한 제품들을 각자의 재량에 따라 진열하고 판매하도록 한다. 원하는 브랜드에 대해 일종의 원스톱 쇼핑이 가능한 매장 구성 방식이라고 할 수 있다. 브랜드에 대한 선호나 충성도가 높은 고객들이 주로 이용하는 소매점에서 활용하기에 유리하다.

** 카테고리 액세스Category Access 방식은 상품을 기준으로 매장을 구성하는 방식으로, 주로 대형 마트나 슈퍼마켓 등에서 많이 활용된다. 예컨대 라면이나 음료수처럼 제품의 종류를 기준으로 매장을 구획해두고, 해당 코너에서는 브랜드와 상관없이 시중에 파는 모든 라면과 음료수를 한꺼번에 진열해둔다. 소비자로서는 다양한 브랜드의 제품을 한 자리에서 비교하고 구매할 수 있는 장점이 있다. 참고로 브랜드 액세스의 대표적인 사례인 백화점 역시 카테고리 액세스와 전혀 상관이 없다고 말할 수는 없는데, 브랜드 단위로 매장을 구획하기에 앞서 층별로 상품군을 분류해둔 체계 자체가 이미 카테고리 액세스를 따르는 것으로 볼 수 있기 때문이다.

브랜드 액세스 & 카테고리 액세스

브랜드 액세스   카테고리 액세스

매장을 구성하는 방법에는 브랜드를 기준으로 분류하거나 상품의 종류에 따라 공간을 분리하는 방법이 있다. 브랜드 단위의 매장 구획은 주로 백화점이나 쇼핑센터에서 활용되는 반면, 카테고리 단위의 매장 구획은 대형 마트나 슈퍼마켓에서 흔히 볼 수 있는 방식이다. [그림 출처 : ECE Real Estate Partners(ecerep.com), Relex Solutions(relexsolutions.com)]

련이다. 결론적으로 말해서 소매업과 임대업 간의 차이는 각자가 보유한 경쟁력의 원천이 어디에 달려있는가에 있다. 예컨대 제조업자로부터 물건을 사 와서 이를 소비자에게 되파는 **소매업의 경우, 경쟁력은 '상품'** 자체에서 찾아야 한다. 하지만 그런 소매업자에게 가게를 빌려주고 그 대가로 임대료를 받는 **임대업자라면 핵심 경쟁력은 상품이 아닌 '공간'**에 있다. 각자가 팔려고 하는 목적물 자체가 경쟁력의 대상이자 원천이 되어야 하는 것이다.

그런데 자신이 팔고 있는 게 상품인지 공간인지 구분하지 못하는 사람들이 생각보다 많다. 자신의 정체성조차 파악하지 못한 채 그저 소매업자를 따라 열심히 코스프레를 펼친다. 애당초 경쟁 상대가 되지 않는 상품계획MD•으로 소매업자에게 도전장을 내밀고, 정작 핵심 경쟁력으

로 삼았어야 할 공간 계획은 바닥에 내팽개친다. 그마저도 공사비를 아끼느라 조악하고 아무 매력도 없는 콘크리트 구조물을 창조해낸다. 헛다리를 짚은 곳에서 제대로 된 쇼핑센터가 탄생할 리 없다. 시장의 외면은 우연인 듯해도 알고 보면 필연이다.

그런데도 왜 굳이 MD에 신경을 쓰고 미련을 버리지 못하는 것일까? 간단히 말하면 자신이 팔고 있는 물건에 자신감이 없어서다. 덜렁 콘크리트 덩어리로 이루어진 상가건물을 하나의 상품으로 내세우기에는 무언가 부족하다고 느끼는 것이다. 샤넬이 아닌 이상, 초라한 본모습을 감출 화려한 포장지가 필요하고, 그 결과물로써 MD라는 이름의 그럴듯한 상품계획이 만들어진다. 분양홍보관 여기저기에 걸어둘 그럴듯한 그림을 만드는 게 바로 디벨로퍼가 MD에 관심을 가지는 직접적인 이유다.

재미있는 순간은 그렇게 만들어낸 상품계획을 놓고서 그 가능성을 되물어올 때다. "그런데, 이게 과연 현실적으로 가능한 MD인가?"하고서 말이다. 물론 능력 밖의 그림에 걱정이 앞서는 건 충분히 이해할 만한 일이다. 하지만 초라한 현실을 가리기 위해 MD라는 초현실적인 포장을 할 수밖에 없었던 사정은 이미 온데간데없이 기억 너머로 모두 사라져버렸다. '현실성'은 애당초 기대조차 해서는 안 되는 가치라는 의미다.

만약 필요한 게 현실성이라면 그냥 부동산중개소 몇 개에 예쁜 커피

● MD는 '머천다이징Merchandising'의 약자로 소매업체가 수립하는 상품계획을 의미한다. 개별 점포 인근에 거주하는 소비자계층의 특성과 선호 등을 파악하여 그들의 니즈에 맞는 상품을 구성하고, 여기에 효율적인 가격전략과 마케팅 전략까지 가미하는 일련의 과정을 모두 총괄하는 개념이다.

전문점과 편의점 한두 개, 그리고 요즘 인기가 많은 백종원 씨 이름을 딴 프랜차이즈 몇 군데를 끼워 넣으면 그만이다. 물론 그런 그림을 보여주면 또 "겨우 이런 가게나 들이자고 돈 들여 상품계획을 고민했겠느냐?"라고 트집을 잡을 테지만 말이다.

초라한 민낯을 가리기 위해 짙은 화장을 부탁해놓고, 막상 거울을 보여주니 이건 자신의 얼굴이 아니라고 어깃장을 놓는다. 마치 백화점에서 물건을 산 다음 정성스러운 포장을 부탁해놓고서는 막상 제품이 포장지에 가려 보이지 않는다고 지적하는 모습과도 다르지 않다. 이때 직원이 할 수 있는 말은 오직 하나다. "그럼 고객님, 포장하지 말고 그냥 쇼핑백에만 넣어드릴까요?"

고양이가 인상을 쓴다고 호랑이가 될 수는 없듯이 제아무리 흉내를 잘 내더라도 디벨로퍼는 소매업자가 될 수 없는 운명이다. 본질이 될 수 없다면 굳이 되려고 애쓸 필요도 없다. 몸소 소매업자가 되지 않더라도 그들을 대적할 만한 경쟁력만 갖추면 절반은 성공이기 때문이다. 그러기 위해서는 무엇보다 상업시설을 개발하고 운영하는 주체로서 소매업자와 디벨로퍼의 본질을 이해하는 게 급선무다. 나아가 둘 간의 차이를 인정하고 이를 활용하는 지혜와 여유를 갖출 필요가 있다. 마치 급행과 일반의 본질적인 차이를 알아야만 열차 운행의 특성이 녹아든 똑똑한 이름을 지어낼 수가 있듯이 경쟁 상대로서 소매업자에게 일격을 가하기 위해서는 정체성에 대한 이해와 차이에 대한 존중이 필수적이기 때문이다. 차이가 곧 강점과 약점이고, 그에 대한 지피지기知彼知己가 백전백승百戰百勝의 시발점이란 건 그 누구도 부정하기 힘든 진리일 테니까 말이다.

시대가 바뀌어 가는 줄도 모르고 아무런 이유도 모르는 채 구습을 반복하는 소매업자는 분명 그 입지가 위태롭다. 하지만 그런 그를 따라 무작정 흉내만 내는 디벨로퍼는 위태로움을 넘어 자칫 위험해 보이기까지 할 정도다. 만약 둘이 붙어서 치킨게임을 펼친다면 누가 이길지는 이미 정해져 있다. 물론 굳이 싸우지 않는 경우라도 답은 쉽게 달라지지 않을 테지만 말이다.

05

상품과 공간을 함께 소비하는 사회

곤충이 보호색을 띠는 건 다른 동물로부터 잡아먹히지 않고 살아남기 위해서다. 간단히 생각하면 '배경 맞추기Background Matching' 정도로 여겨질 수 있지만 나름 스텔스 기술이 접목된 최첨단 위장술이라고도 평가할 수 있다. 여기까지가 흔히 우리가 알고 있는 상식적인 수준의 이야기다.

하지만 로제 카유아Roger Caillois의 생각은 조금 다르다. 곤충의 보호색이 생존을 위해 동원되는 본능적인 행동이라는 상식을 부정한다. 보호색이 정말 자신을 보호하기 위한 장치라면 당연히 생존에 도움이 되어야 마땅한데 실제로는 그렇지 못하다는 주장이다. 구체적으로는 나방 유충을 예로 든다. 알에서 나방이 되기까지 주변의 풀들과 같은 색으로 자신을 위장하는 어린 애벌레 말이다.

카유아에 따르면 나방 유충은 보호색으로 천적의 눈은 쉽게 피할 수 있을지 몰라도 풀을 뜯어 먹고사는 초식동물의 입까지 피하기는 어렵다고 했다. 주변과 구별되지 않는 색감이 오히려 초식동물의 입속으로 빨려 들어가는 불상사를 초래한다는 뜻이다. 심지어 잔디 깎는 칼에 베여 목숨을 잃는 경우도 허다하다. 쉽게 말해 쓰레기차를 피하려다 똥차에 치여 죽게 만드는 게 보호색의 아이러니라고 주장한다. 그의 표현대로 곤충의 보호색이 생명을 지키기 위한 보호 활동이 아니라 단지 '위

험한 사치'에 불과한 이유다.[9]

얼마 전까지만 해도 노량진역은 젊은 층 중심의 풍부한 유동인구에도 불구하고 스타벅스가 출점하지 않은 유일한 상권이었다. 입시와 공시를 비롯해 다양한 학원들이 즐비한 탓에 카페에서 공부하는 이른바 '카공족'의 비율이 월등히 높다는 이유에서다. 커피숍이 처한 열악한 영업 환경을 진작부터 파악하고 있던 스타벅스로서는 군이 이 지역에 대한 출점을 서두를 필요가 없었다. 오히려 최대한 미루고 보는 게 회사로서는 합리적인 의사결정이었는지도 모를 일이다.

그랬던 스타벅스가 최근 노량진역 인근에 점포를 개설하고 스스로 논란의 중심에 섰다. 개점 자체가 워낙 이슈이기도 했지만 불편하기 짝이 없는 매장 공간을 두고 여러 말들이 많다. 일단 노트북 사용에 우호적인 다른 커피숍들과 달리 전기 콘센트가 4개밖에 설치되어있지 않다는 점이 불만의 1순위로 거론된다. 그밖에 지나치게 낮은 테이블, 구둣방에서나 볼 수 있는 등받이 없는 의자 등도 뭇매를 맞는 또 다른 이유다. 노트북 사용은커녕 책을 읽는 것도 불편하다는 의견이다. 무엇보다 매장 내에서 오래 앉아있는 것 자체가 고역이라는 원성이 자자하다.

스타벅스가 고개를 숙이고 시설 개선을 약속하면서 사태는 일단락됐다. 하지만 내심 터져 나오는 웃음을 참고 표정을 관리하느라 꽤 힘들었을 것으로 예상한다. 논란이 일었다는 사실 자체가 카공족으로부터 점주의 이익을 보호하려는 자신들의 전략이 먹혀들었음을 시사해주기 때문이다. 게다가 의도하지 않았던 스캔들 전략이나 노이즈 마케팅까지 톡톡히 재미를 봤으니 나름 나쁘지 않은 결과다. 매장은 물론 회사를 홍보하는 데도 도움이 컸다. 무엇보다 손님과 점주 간의 상반된 이해利害 속에서 점주가 완벽한 승리를 거뒀다는 점에서 의미가 깊다. 시험에 인생을 걸고서 최대한 오래 앉아있어야 하는 자들과 이들을 빨리 내쫓아 회전율을 높여야 하는 사람 간의 첨예한 대립 관계 말이다.

커피숍 입장에서 카공족은 분명 수요를 억제해야 하는 디마케팅 Demarketing의 대상이다. 그런 그들을 겨냥한 스타벅스의 시도가 디마케팅 효과를 발휘할 수 있었던 것은 우리가 단지 커피를 마시기 위해 커피숍에 가지는 않기 때문이다. 안락한 의자와 편안한 분위기, 실내를 휘감는 감미로운 음악, 다양한 사람들의 자유로운 모습 등이 우리가 커피숍을 찾는 진짜 이유에 가깝다. 커피라는 유형의 상품은 물론이거니와 커피숍이라는 물리적 공간이 담아내는 모든 것들이 우리가 소비하는 대상물인 셈이다.

비단 커피숍만의 이야기가 아니다. 이미 세상은 **상품을 넘어 공간과 거기에 속한 모든 것들을 소비하기에 이르렀다.** 소매점만 봐도 그렇다. 물건을 사거나 파는 장소로만 머물러서는 안 되었기에 복합쇼핑센터가 소매점의 새로운 표준으로 자리를 잡았고, 급기야 최근에는 백화점을 위협하는 상황에까지 이르렀다. 얼마 전까지만 해도 백화점의 집객력에 기대야만 생존이 가능했던 쇼핑센터가 이제는 스스로 앵커가 되어 오히려 백화점을 먹여 살리는 시대가 도래한 것이다.

상품이나 가격만큼 공간의 중요성도 함께 커지면서 쇼핑센터에서는 '공간 전략'이라고 하는 또 하나의 영업 목표가 추가된다. 때마침 디지털 소매환경의 발달도 공간에 거는 기대를 한층 증폭시켰다. 오프라인을 기반으로 하던 기존의 소매점들이 '상품 구매를 위한 장소'에서 '상품 구경을 위한 쇼룸'으로 바뀌면서 말이다. 비록 온라인을 통한 구매를 염두에 두고 이루어진 방문이지만 오프라인으로서는 소비자가 상품 구경을 위해 **매장을 방문한 순간이야말로 그들의 마음을 돌려세울 수 있는 마지막 기회**이기 때문이다. 이익을 직감하는 순간 소비자는 온라인에 예정되어있던 구매를 즉시 오프라인으로 전환할 테니까 말이다.

최근 소매업자의 관심이 온통 '엔터테인먼트'에 집중되는 현실도 이같은 맥락과 맞닿아 있다. 갈수록 경쟁은 치열해지고 점포 간의 대체성도 점차 증가하는 상황에서 상품이나 가격, 서비스를 통해 제공할 수 있는 차별적 가치는 이미 바닥을 드러냈기 때문이다. 설상가상 가격과 편리함으로 무장한 온라인이 시장을 잠식해오자 위기에 처한 오프라인으로서는 그들이 결코 따라 하거나 흉내 낼 수 없는 무언가가 절실해질 수밖에 없다. 한 가닥 실오라기 같은 희망의 동아줄이자 위기를 극복할 또 다른 마케팅 전략의 하나로서 물리적 공간을 기반으로 한 엔터테인먼트가 주목을 받고 있다.[10]

모순되고 이율배반적인 것은 바로 이 부분이다. 독특함과 기발함을 넘어 이제는 지극히 보편적이고 일상적인 요소마저도 재미를 위한 소재로 삼아야 할 만큼 고객의 즐거운 기분 상태를 중요시하면서도 유독 공간 계획에서만큼은 여전히 소비자에게 고통과 불편을 강요한다. 즐거운 마음과 불편한 육체의 부조화가 가져다줄 스트레스는 생각지도 못한 채 말이다. 더구나 현대인은 이 반대의 상황에 익숙하다. 갈수록 몸은 편해지는데 마음은 점점 불안해지는 상황 말이다. 예컨대 우리에게 더없는 편리함을 가져다주는 휴대전화지만 급한 통화를 하는 와중에 신호나 배터리가 약해지면 마음이 불안하고 스트레스를 받게 되듯이 말이다. 이처럼 내면과 외면 간의 불일치는 우리에게 심리적인 불안과 스트레스를 가져다주며,[11] 이는 쇼핑센터라고 해서 예외는 아니다.

곤충의 보호색을 자신을 보호하기 위한 활동으로 보지 않은 카유아의 믿음도 여기에 기초한다. 그는 보호색을 '신경쇠약Psychasthenia의 표현'이라고 했다. 자신의 공간적인 위치를 파악하는 것은 물론 그 방향성마저도 정하기 힘든 유충으로서는 늘 불안감에 휩싸일 수밖에 없는데, 바로 이러한 심리가 주변 환경에 자신의 몸 색깔을 맞추는 방식으로 표출된다는 주장이다. 쉽게 말해서 자신을 숨기기 위한 장치라기보다는 이질적인 환경이 주는 스트레스를 줄이기 위해 보호색을 활용한다는 뜻이다.

곤충이 누리는 '위험한 사치'는 인간에게도 적용된다. 미국 듀크대학교의 엘리자베스 그로츠Elizabeth Grosz 교수에 따르면 인간은 자신을 하나의 공간적인 주체로 인식한다고 했다. 따라서 주어진 환경에 적응하지 못하는 경우, 불안감을 비롯한 각종 신경쇠약증세에 시달리게 된다. 공간을 통해 행동하고 저항하도록 훈육되어온 우리 몸으로서는 주위 환경에 속해있다는 '정박碇泊'의 느낌을 상실하는 경우, 정체성의 위기와 함께 깊은 불안감에 빠질 수밖에 없다는 이야기다.[12] 그리고 이러한 위기상황에서 우리 몸이 선택할 수 있는 옵션은 두 가지다. 어떻게든 환경에 적응해서 끝까지 버티든가 아니면 지금 바로 도망치든가 말이다.

초원에서 풀을 뜯는 초식동물은 그 와중에도 행여 다른 포식동물이 자신을 노리고 있지는 않은지 끊임없이 주위를 살핀다. 그런 그들이 맛까지 즐기며 식사할 여유는 없다. 하지만 맛을 즐길 여유가 없다고 해서 먹이활동까지 중단하지는 않는다. 맛을 음미하기에 앞서 살아남는 게 우선이기에 일단 배부터 든든하게 채워놓는 것이다. 곤충들 역시 마찬가지다. 삶과 죽음을 모두 풀숲에 의지해 살아가는 그들에게 그곳을 떠난 삶은 상상조차 할 수가 없다. 제 몸의 색깔까지 바꿔가며 어떻게든 스트레스를 이기고 버텨내며 끝끝내 목숨을 연명해가는 이유다.

하지만 우리에게 쇼핑센터는 애써 버티고 참아내야 할 삶의 터전은 아니다. 굳이 불편함을 감수하고 이를 이겨가며 끝끝내 쇼핑을 이어갈 이유가 없다. 소비자가 해야 할 행동은 명확하다. 하고 있던 쇼핑을 멈추고, 두 번 다시 그곳을 찾지 않으면 그만이다.

몸이 힘든 쇼핑센터에서 마음이 즐거울 리 없다. **공간을 소비함에 있어 신체의 안락함을 빼놓고 즐거움을 논하는 것 자체가 난센스다.** 진정한 즐거움이란 몸과 마음이 모두 편안할 때 느낄 수 있는 감정이기 때문이다. 이는 침팬지의 행동에서도 드러난다. 똑같은 맛과 크기의 바나나를 매달아 놓았음에도 침팬지는 늘 철 기둥이 아닌 나무 기둥을 선택해 기어오른다. 바나나를 먹는 건 즐겁지만 그 과정에서 경험하게 될 내면과 외면의 부조화는 내키지 않는 것이다.

소비자 역시 즐거운 마음에 편안한 육체가 더해질 때 비로소 정서적인 안도감을 느낀다. 나아가 쇼핑으로 인한 스트레스까지도 완화시킬 수가 있다.[13] 당연히 매출액에도 도움이 된다. 매장에서 의자라고는 눈을 씻고 봐도 찾아볼 수가 없었던 국내 백화점에서 최근 의자와 쉼터 등을 설치하는 붐이 일어나고 있는 이유다. 소비자가 육체적으로 편안함을 느끼는 만큼 1인당 구매 금액 또한 증가하고 있다는 평가가 연이어 나오고 있기 때문이다.

06
'소득'이 아닌 '가격'이 소비를 주도한다

예전만 해도 비행기는 경제적으로 여유가 있는 사람들이나 탈 수 있었던 고급 교통수단의 상징이었다. 그래서 개인적인 여행을 목적으로 발생하는 항공 수요* 역시 국민소득이 늘어나면서 함께 증가하는 것으로 알려져 왔다. 아무래도 살림살이가 나아지면 심리적으로든 경제적으로든 씀씀이와 여유도 함께 생겨날 가능성이 커지기 때문이다.

그렇다고 소득이 무턱대고 항공 시장을 성장시키는 것은 아니다. 소득이 증가함으로써 비행기 탈 일이 생겨나는 건 이제 막 소득이 오르기 시작하는 초기 구간에서다. 항공권을 포함한 여행 경비라는 것 자체가 개인에게는 기존에 없던 새로운 형태의 지출로 인식되기 때문이다.[14] 무척 생소하게 다가오는 소비인 만큼 지갑이 두둑해야만 비로소 해외여행을 떠날 마음이 생겨난다. 하지만 시간이 지나면서 해외여행도 점차 익숙하고 해묵은 소비로 인식되어 간다. 먹고살 만해지자 한때 유형처럼 번졌던 해외여행도 이내 자리를 잡고 증가세를 줄인다. 물론 그 와중에도 소득은 계속 늘어나고 있다. 결국 소득이 일정 수준을 넘어서

• 항공 수요는 크게 '레저형 여행자 시장LTM : Leisure Traveller Market'과 '업무형 여행자 시장BTM : Business Traveller Market'으로 구분된다. 이 책에서는 회사에서 항공권 비용을 부담하는 업무형 여행자 시장을 제외하고, 개인의 휴가와 휴양 등 레저를 목적으로 떠나면서 개인이 모든 비용을 부담하는 항공권에 대해서만 항공 수요라고 지칭하기로 한다.

면 항공 수요에 별다른 영향을 미치지 못하는 것이다.

깃털보다 가벼운 인간의 싫증이나 변덕도 여기에 한몫 거든다. 생애 처음으로 경제적인 여유가 생겼을 땐 누구나 여행의 즐거움에 빠져들기 마련이다. 재미있기도 하고 신기하기도 해서 이곳저곳 여행을 자주 다니게 된다. 하지만 그게 썩 오래가지는 않는다. 사람 사는 데가 다 거기서 거기란 걸 깨닫게 되면 이내 곧 시큰둥해지는 게 인간이다. 무엇보다 여행이라는 게 돈만 많다고 무작정 다닐 수 있는 성질의 것이 못된다. 돈도 돈이지만 그 못지않게 시간도 필요하다. 하지만 소득이 증가한다고 여유 시간까지 함께 늘어나는 건 아니다. 오히려 줄었으면 줄었지, 시간적인 여유는 좀처럼 늘어나기가 쉽지 않다.

이러한 사실은 국가별 항공 통계나 여행 통계를 통해서도 직접 확인해볼 수 있다. 대체로 소득 수준이 높아지면서 해외여행의 횟수도 함께 증가하는 모습이다. 하지만 소득이 일정 수준을 넘어서게 되면 그런 추세는 금방 모습을 감춘다. 실제로 높은 소득 금액 구간에서는 소득과 여행 횟수 사이에 특별한 상관관계가 관찰되지 않는다. 높은 소득과 비례할 정도로 여행을 많이 다니는 나라는 기껏해야 영국과 독일, 캐나다뿐이다. 나머지 국가들은 대부분 높은 소득에도 불구하고 소득이 낮은 다른 나라들과 비슷한 수준의 해외여행 횟수를 기록했다.

한계에 봉착한 '소득'을 대신해 항공 수요를 늘려주는 건 다름 아닌 '가격'이다.[15] 항공권이라는 것 자체가 워낙 가격이 만만치 않은 상품이다 보니 여행비용을 스스로 부담해야 하는 일반 소비자로서는 선뜻 구매에 나서기가 힘들다. 생활에 꼭 필요한 지출이 아닌 만큼 가격이 비싸지면 당연히 구매가 망설여진다. 거꾸로 이야기하면 가격이 저렴해지는 상황에서

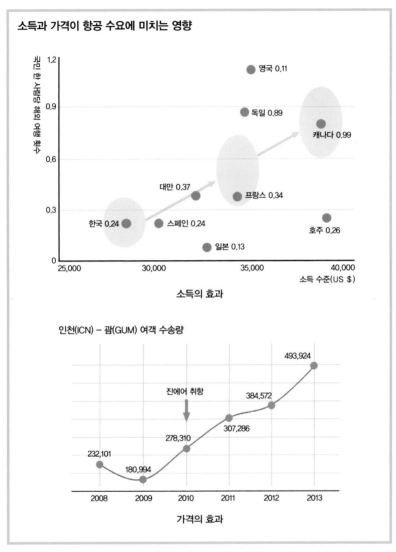

소득과 가격이 항공 수요에 미치는 영향

국민 한 사람당 해외 여행 횟수

- 영국 0.11
- 독일 0.89
- 캐나다 0.99
- 대만 0.37
- 프랑스 0.34
- 한국 0.24
- 스페인 0.24
- 일본 0.13
- 호주 0.26

소득 수준(US $)

소득의 효과

인천(ICN) - 괌(GUM) 여객 수송량

진에어 취항

- 493,924
- 384,572
- 307,286
- 278,310
- 232,101
- 180,994

2008 2009 2010 2011 2012 2013

가격의 효과

개인적인 여행 목적의 항공 수요는 소득보다는 가격에 민감하게 반응한다. 벌이가 얼마 되지 않는 상태에서 소득의 증가는 항공 수요를 폭발적으로 일으키더라도 소득이 일정 수준을 넘어가게 되면 별다른 영향을 미치지 못한다. 그때부터 소득을 대신해 수요를 늘리는 건 가격이다. LCC(저가 항공) 등장으로 항공권 가격이 이전보다 훨씬 저렴해지면서 항공 수요는 또 한 번 폭발적으로 늘어난다. [자료 : 제4차 공항개발 중장기종합계획 (2010), 항공진흥협회. 그림 출처 : 하쿠나마타타 항공 이야기(hakunamatata11.tistory.com)]

는 그만큼 소비가 늘어날 가능성이 커진다는 뜻이다. 항공권의 가격이 변화할 때 소비자의 반응은 민감하게 나타날 수밖에 없다. 특히 소득이 적은 사람일수록 가격에 대한 민감도는 더욱 커진다.

만약 항공권이 쌀이나 치약처럼 생활에 꼭 필요한 제품이었다면 가격 변화에 그리 민감하게 반응하지는 않았을 것이다. 마치 하루에 세 번씩 꼬박꼬박 반복해야 하는 식사나 양치질처럼 항공권 역시 가격이 얼마가 되든 소비의 양과 횟수를 줄이는 데는 분명 한계가 있을 것이기 때문이다. 애당초 저가 항공이라고 하는 새로운 개념의 서비스가 나올 이유조차도 없었다. 가격 탄력성이 낮다는 건 가격이 올라도 소비가 좀처럼 줄어들지 않음을 뜻하고, 이는 제품 가격의 상승이 곧 공급자의 수익으로 고스란히 이어짐을 의미한다. 그런 시장에서는 가격을 낮춰야 할 이유가 없다. 오히려 최대한 높게 유지하는 게 기업으로서는 합리적이다. 신경을 쓸 부분이 있다면 소비자의 거부감을 최소화하는 방안을 찾는 것이다.

하지만 항공권은 실생활에 꼭 필요한 상품이 아니다. 필수재가 아니라는 건 가격 탄력성이 높고, 이는 가격 변화에 수요가 탄력적으로 반응한다는 이야기다. 항공권의 가격에 따라 소비자가 민감하게 반응하니 항공 수요 역시 널뛰기를 할 수밖에 없다. 자연히 항공 시장에서는 운임을 낮추는 게 항공기 이용을 증가시키는 묘책으로 통하게 된다. 저가 항공이 탄생하게 된 배경이다. 실제로 **저가 항공이 등장하면서 해외여행을 떠나는 사람들은 폭발적으로 증가했다.** 저가 항공사인 진에어가 취항한 괌 노선이 대표적이다. 이들이 취항한 직후부터 인천과 괌을 오가는 관광객이 이전보다 급격히 증가했다.

항공업의 발전 과정은 소매업에도 그대로 투영된다. 전 세계 어느 국가든 소매업이 처음 발달하는 계기는 기본적으로 국민소득이 향상되면서다. 먹고살기 힘든 시절에는 인간의 핵심 활동이 '생산'에 머무르지만 그게 해결되는 순간 '소비'로 옮겨간다.[16] 한 인간을 규정하는 데 필요한 물음이 생계를 위해 '무엇을 하는가?'에서 '무엇을 소비하는가?'로 바뀌면서 이전에는 없던 소비가 급격히 늘어난다. '하는 일'이 아니라 '소비하는 제품'으로 자신의 능력을 대변하는 시대가 도래하면서 소비의 질 또한 그만큼 향상된다. 스스로 욕망을 일깨우고 자극하는 행위를 통해서 자신이 선택한 결정에 기반한 정체성을 드러내기 시작하는 것이다. 여기에 타인의 욕망을 욕망하는 인간의 본성까지 고개를 쳐들면서 남들이 원하는 것을 마치 내가 원하던 것이었던 것마냥 착각하기도 한다.[17] 그리고 이 모든 것들이 합쳐져 종국에는 과시적인 소비를 경쟁적으로 일삼게 된다.

하지만 그런 경쟁도 결국은 한때다. 처음엔 재미있고 흥미진진하다가도 시간이 지나면 모든 게 시시해진다. 자존감이 높아지고 정신적으로 성숙해지기 때문이다. 브랜드와 상품이 자신의 수준을 투영한다는 믿음이 점차 약해지는 것이다. 실제로 우리는 한때 국산 제품을 무시하고 외제에 열광했지만 여태 그러는 사람은 드물다. 정작 자국인들은 사용을 꺼리는 중국산 제품을 아무 거리낌 없이 구매하는 게 지금의 우리다. 이처럼 소득은 인간을 경제적으로도 풍요롭게 해줄 뿐 아니라 정신적으로까지 한층 성장하도록 만든다.

어찌 되었건 상류층을 중심으로 벌어진 과시적인 소비와 경쟁은 어제의 사치품을 오늘의 필수품으로 바꿔놓는 데 크게 일조했다. '낭비

정신'이 가진 막강한 시장 형성력과 때마침 진행된 기술 혁신이 서로 맞물리면서 가격 혁명이 일어났고, 그 산물로서 사치품의 대중화가 이루어졌기 때문이다. 극소수만이 누릴 수 있었던 고가품이 아무나 사용할 수 있는 대중품으로 거듭나게 된 건 모두 상류층의 과소비와 허영심 덕분이라는 의미다.

대표적인 게 컴퓨터다. 지금은 얼추 50만 원만 주면 꽤 괜찮은 모델로 구매할 수 있지만 처음 출시되었을 때만 해도 컴퓨터는 엄청나게 비싼 물건이었다. 25년 전에 출시되었던 386급 데스크탑의 가격이 무려 470만 원에 달했으니 말이다. 같은 해 홈쇼핑에서 판매된 뻐꾸기시계도 마찬가지다. 지금 생각해보면 말도 안 되는 가격인 18만 원에 판매됐다. 당시 자장면 한 그릇 가격이 2,500원 정도였으니 현재 가치로 환산하면 당시 판매 가격의 두 배 이상으로 봐도 무방하다. 소득 증가에 이은 가격 하락이 수요를 촉발하는 결정적 계기임을 보여주는 사례가 아닐 수 없다.

'기술 혁신'에 이은 또 한 번의 가격 하락은 '유통 혁신'을 통해 이루어진다. 기존의 유통 체계와는 전혀 다른 시스템이 시장에 나타나 가격에서 혁명을 일으키는 것이다. 온라인에 기반을 두고 공급자와 소비자를 직접 연결해주는 새로운 유통 채널이 대표적이다. 그동안 둘 사이에 끼어 이익을 가로채던 사람들이 한순간 불필요해졌다. 소위 '아마존 효과'•라고 일컬어지는 새로운 경제학 용어가 국제적으로 널리 통용될 정도로

• '아마존 효과Amazon Effect'란 온라인 쇼핑의 발달이 물가 상승을 억제하는 현상을 일컫는 용어로 글로벌 전자상거래업체인 '아마존닷컴'의 이름에 빗대어 표현한 것이다. 경기가 침체 국면에 접어들면 각국 정부는 시중에 돈을 풀어 경기를 활성화하는 소위 '양적 완화정책'을 추진하는 게 일반적인 관례다. 투자를 통해 고용을 늘리려는 것이다. 하지만 부작용도 따른다. 고용이 증대되어 실업률이 하락할수록 인플레이션은

말이다.

더군다나 소비자가 집을 나서지 않고도 물건을 받아볼 수 있도록 배려했으니 그 편리함과 고마움은 이루 말할 데가 없다. 저렴한 가격에 편리함까지 더해지면서 소비에 대한 부담감은 모두 훨훨 날아가 버렸다. 소비행위 자체가 더없이 가벼워진 셈이다. 시간은 흐르고 흘러 어느덧 우리는 온라인이 부추긴 '가벼운 소비'에 이미 흠뻑 젖어 들었음을 깨닫는다.

가벼운 소비란, 말 그대로 묵직한 소유를 내려놓고 물건을 필요한 순간에만 잠시 가지려는 소비 성향을 일컫는다.[18] 구매 결정에 대한 피로감을 덜고, 점점 빨라지는 트렌드 변화에 대응하기 쉽다는 장점이 있다. 마치 햄버거를 사 먹듯이 가볍게 옷을 구매하는 이른바 '패스트 패션'이 대표적이다. 저렴해진 가격만큼 상품에 대한 기대감도 낮아지면서 반평생 입어야만 했던 옷이 이제는 한 철만 입고 버리는 물건이 됐다. 최근에는 세탁비마저 아깝다는 이유로 두세 번만 입고 버려지는 경우도 허다하다. 가격 하락이 가져온 대량 소비가 저임금국가의 대량 생산과 맞물리면서 또다시 가격 하락으로 이어지는 이른바 '선순환(?)'을 거듭해온 결과다.

지금까지 경기 부양은 주로 재정 확장을 통해 이루어져 왔다. 주요 국가 대부분이 금리 인하나 감세, 재정지출 확대 등을 통해 침체 국면에서

가속된다는 것이 소위 '필립스 곡선'이 말하는 핵심 내용이기 때문이다. 그런데 최근 미국에서는 양적 완화 정책을 통해 실업률은 점점 낮아지는 상황임에도 불구하고 물가는 뚜렷한 상승세를 보이지 않고 있다. 이러한 현상이 일어나는 이유를 온라인 쇼핑에서 찾고 있는 것이 이른바 '아마존 효과'다. 전통적인 오프라인 소매점들마저도 대형 온라인 유통업체의 눈치를 살피느라 가격을 쉽게 올리지 못한 나머지 물가 상승이 억제되고 있다는 설명이다.

벗어나 경제를 성장시키고자 노력해왔다. 하지만 경기가 침체기에 빠지고 저성장이 고착화하면서 재정 투입이 실물 경제에 미치는 영향도 많이 약해진 모습이다. 확장적 재정 정책의 실효성에 대해 의문을 제기하는 사람도 부쩍 많아졌다. 2008년 글로벌 금융위기 이후부터 10년 동안 세계를 속속들이 해부해온 미국 컬럼비아대학교 애덤 투즈Adam Tooze 교수가 대표적이다. 그에 따르면 우리나라를 포함한 세계 각국은 지난 10년 동안 수없이 많은 재정 확장을 시행해왔음에도 성과는 그리 좋지 못했다.[19] 돈을 계속해서 뿌려댔는데 경제는 성장하지 않았다는 뜻이다. 이미 세상은 돈을 푸는 방법으로 경제를 살리던 시대에서 벗어났으며, 지금은 새로운 경제 구조를 만들어갈 필요성이 있다고 그는 이야기한다.

국가 경제도 그러할진대 하물며 하위 범주에 속하는 개별 경제가 이와 맥을 달리할 리는 없다. 국가 경제를 풍요롭게 만들던 '유동성'이 한계에 직면했다면 유동성을 키우는 핵심 요인인 '소득' 역시 소비를 촉발하던 기능에 빨간불이 켜질 수밖에 없다. 항공업은 물론 소매업에서도 이제는 '가격'이 '소득'을 대신하여 새로운 소비를 창출해내는 시대다. 항공업에서 '저가 항공'이 항공 수요를 증폭시켰다면 소매업에서는 '온라인'이 소비를 늘려가는 모양새다. 이른바 '가격 혁명'이 소비를 촉진하면서 성장한 업태가 바로 온라인 쇼핑이라는 뜻이다. 그들이 부추긴 '가벼운 소비'를 우리가 마음껏 즐기는 사이에 말이다.

물론 오프라인도 아직 기회는 남아있다. 온라인과 맞설 수 있을 정도로 가격에서 혁신만 일으킨다면 얼마든지 지금의 위기에서 벗어날 수 있다. 새로운 소비를 창출하는 가격 혁명의 효과는 오프라인이라고 해서 차별을 두지는 않을 테니까 말이다. 최근 '10년 전 가격'을 내세우며 대대적인 할인행사를 진행했던 어느 마트의 사례가 이를 증명한다. 온라인에 밀려 침체기에 접어들었다는 평가에도 불구하고 가격 인하를 통해 톡톡히 재미를 보았다고 알려졌다. 전년도 같은 기간과 비교하여 매출액은 무려 71%나 상승했고, 상품을 구매한 고객 수 역시 38%나 늘었다고 뉴스는 전하고 있다.[20]

얼마 전에 있었던 '대한민국 동행 세일 캠페인' 역시 같은 효과를 증명했다. 신종 코로나바이러스 감염증 사태로 해외여행이 어려워지자 쌓여있는 면세품 재고를 한시적으로 국내에 유통할 수 있도록 관세청이 허용하면서 시작된 할인 행사다. 침체기에 빠져있던 오프라인 소매점이 모처럼 활기를 되찾았다고 뉴스는 전한다. 해당 면세품을 판매한 백화점과 아울렛의 경우, 해외 명품 판매액이 지난해 같은 기간과 비교하여 무려 93%나 증가한 것으로 집계됐다. 매출액을 굳이 해외 명품에 한정 짓지 않더라도 상승세는 마찬가지다. 백화점과 프리미엄아울렛을 통틀어 각각 21%와 55%의 매출액 증가율을 기록했을 정도니까 말이다.[21]

물론 실익이 있었는지는 알 수 없다. 단지 매출이라는 '외형'만 키운 것인지 경영 혁신을 통한 체질 개선으로 '내실'까지 모두 채웠는지는 오직 당사자들만이 알 수 있다. 다행히 후자라면 온라인과의 경쟁에서 지속적인 우위를 담보할 수 있을 테지만, 만에 하나 전자인 경우라면 일시적인 이벤트로만 남을 뿐이다. 하지만 여기서 강조하고자 하는 건 그게 아니다. 온라인을 따라잡든 말든 **오늘날 소비를 촉진하는 핵심 요인은 '수요의 성장'이 아닌 '공급의 혁신'에 있음**을 일깨워주는 사례라는 점만으로도 의미는 충분하다.

문득 한 가지 의문이 든다. 수요를 촉발하는 요인이 이미 '수요'에서 '공급'으로 무게 추를 옮겨버린 상황에서 소득을 통해 소비를 진작하고 경기를 살리려는 정부의 노력은 무언가 조화롭지 못하다는 생각을 들게 한다. 취지나 노력은 충분히 이해하고 공감하더라도 그 방법만큼은 무작정 박수를 보내기가 어렵다. 소비자 진화론적 관점에서 들여다보면 우리나라 국민의 전반적인 수준은 이제 소득 향상을 통해 소비가 촉진되는 단계를 훌쩍 뛰어넘었기 때문이다. 차라리 경쟁을 통한 가격 인하 효과에 기대를 거는 게 훨씬 현실적이고 합리적인 방법이다. 가격에서 일궈낸 혁신이 새로운 소비를 창출해내는 지금의 상황과 보조를 맞춰가면서 말이다.

07
온라인과 오프라인,
경쟁이 아닌 협력적 동반관계

가벼운 소비가 일상화되었다는 건 이전보다 불필요한 소비가 많아졌다는 뜻이다. 이른바 '소비 과잉'의 시대다. 저렴해진 가격과 구매의 편리성이 중요한 이유겠지만 이성적이고 합리적으로 행동하던 소비자가 어느 날 갑자기 '재미'를 구매의 중요한 동기로 삼게 된 것 또한 하나의 원인으로 작용했다. 오늘날의 소비자를 일컬어 '플레이슈머Playsumer : Play+Consumer'라고 부르게 된 이유다. 무미건조하던 일상에 신기하고 재미있는 제품들이 저렴한 가격으로 쏟아져나오니 순간적인 흥미에 이끌려 물건을 구매하는 경우가 많아진 것이다.

당연히 이들 중 상당수는 '필요'와는 상관 없는 구매다. 그렇기 때문에 처음에는 마냥 신기하고 좋아 보이지만 일단 뜯고 나면 시큰둥해진다. 제품을 상자에서 처음 꺼내는 순간의 짜릿한 행복감이 어쩌면 가장 큰 구매효용일지도 모를 일이다. '언박싱Unboxing'이라는 용어가 하나의 이슈와 관심사가 될 정도로 말이다. 단지 호기심을 달래주는 것으로 제품은 자신에게 주어진 소명을 다하고, 제품의 가치 역시 모두 사라지고 만다.

그런 제품에 대해 재구매를 기대하는 건 현실적으로 무리다. 단지 호기심을 채우기 위한 목적으로 제품을 쉽게 구매하는 소비자들을 상대로 오프라인 소매점이 수지를 맞출 방법은 묘연해진다. 같은 면적이라면 비싸고 반복적으로 잘 팔리는 물건을 가져다 놓는 게 훨씬 현명한 처사다. 서점이 그렇다. 잘 팔릴 책을 선별해서 매장에 가져다 놓는 게 가장 중요하고, 다음이 진열이다. 어차피 매출액의 80%는 잘 팔리는 상위 20%의 책들로부터 창출되는 법이니까 말이다.

하지만 온라인은 다르다. 그들은 결코 공간을 붙들거나 시간에 얽매이지 않는다. 지구 반대편에 거주하는 사람도 고객이 될 수 있다. '대량 판매'라는 최고의 경제적인 이점을 누릴 수 있는 구조다 보니 일 년 내내 물건을 팔아야 할 필요성도 없다. 단 일주일이면 얼마든지 수익 실현이 가능하다. 무엇보다 영업 기반이 가상공간에 있다 보니 공간 효율성이라는 것을 따질 필요가 없다. 잘 팔리는 물건은 물론이거니와 안 팔리는 제품들까지도 모두 취급할 수 있다. 외형 확대에 매우 유리하다. 무한대의 서적을 진열해두고 있는 아마존 온라인서점이 대표적이다. 흥행성 없는 책들의 판매량을 합치면 잘 팔리는 책들을 합친 것보다 훨씬 많은 수준이다.

온라인 기반의 플랫폼은 소매업 시장에서 일종의 촉매제 역할을 담당했다. 잘 반응하지 않는 두 가지 물질에 촉매제를 가하면 빠른 반응이 일어나듯이 온라인 플랫폼 역시 그런 반응을 일으키는 데 일조했다. 경제적인 가치 교환이 어렵거나 혹은 교환을 위한 환경조성에 상당한 비용이 요구되는 시장 구조에서 촉매제로 작용한 것이다.[22] 대표적인 예가 광활한 국토를 가진 나라들이다. 땅끝 구석구석까지 쇼핑센터를 지어 올리려면 아무래도 적지 않은 시간과 돈이 필요하다.

그런 나라에서는 온라인이 신의 한 수가 된다. 온라인 쇼핑의 대명사로 불리는 '아마존'과 '알리바바'가 대표적인 사례다. 공교롭게도 둘 다 미국과 중국이라는 거대 국가를 배경으로 성장했다. 두 국가는 많은 인구가 넓은 지역에 뿔뿔이 흩어져 살고 있다는 공통점을 가진다. 그런 환경에서는 모든 소비자를 공략할 요량으로 구석구석까지 쇼핑몰을 짓는 건 무리다. 이럴 때 필요한 게 바로 온라인이다. 온라인은 인구 밀도가 낮고 접근성이 떨어지는 지역에서 엄청난 효율성을 발휘한다. 쇼핑 인프라가 부족한 지방 소도시 거주민들의 소비를 끌어내는 데 강력한 촉매제로 작용하는 것이다.

유통업체로서는 굳이 많은 돈을 들여가며 지역 곳곳마다 쇼핑센터를 지어 올릴 필요가 없다. 누군가가 구축해놓은 시스템과 인프라를 이용하기만 하면 그만이다. 예컨대 국가가 건설해둔 고속도로와 다른 운송 기업이 만들어놓은 배송 시스템을 서로 접목하는 방식으로 말이다. 추가할 것이 있다면 여기에 맞는 온라인 기반의 쇼핑몰을 만드는 것뿐이다. 최소한의 비용으로 재화와 서비스의 교환이 가능해지도록 자신만의 새로운 틀을 만들고, 그것으로 지금껏 오프라인 소매업자가 닿을 수 없었던 지역과 제품들까지도 모두 거래가 가능해진다. 새로운 부가가치가 창출되는 것은 당연한 결과다.

이것은 온라인이 기존에 없던 소비를 만들어냈다는 말과도 다르지 않다. 물론 온라인이 기록한 매출액 중에는 과거 오프라인 소매점에서 일삼던 소비가 일부 온라인으로 옮겨간 것도 있을 테지만 상당수는 **온라인이 촉매제가 되어 새롭게 창출된 소비다.** 이는 온라인을 단지 오프라인의 경쟁자로만 바라보는 지금의 인식에 문제가 있음을 시사해준다. 대다수의 우려와는 다르게 온라인은 오프라인을 고사시키러 온 저승사

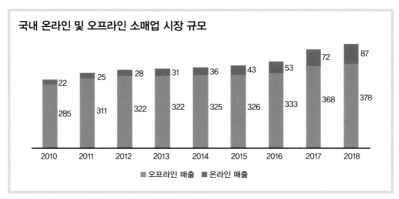

국내 온라인 및 오프라인 소매업 시장 규모

	2010	2011	2012	2013	2014	2015	2016	2017	2018
온라인	22	25	28	31	36	43	53	72	87
오프라인	285	311	322	322	325	326	333	368	378

■ 오프라인 매출 ■ 온라인 매출

자료 : 통계청(2019, 단위 : 조 원), 온라인 매출액에는 여행 및 예약 서비스를 비롯한 각종 서비스 거래액은 제외됨

자가 아니다. 이전보다 소매 시장을 더욱 크고 매력적인 곳으로 만들어 줄 협력적 보완관계를 가진 파트너다. 물론 국가 경제에까지 긍정적인 영향을 가져다준다면 더없이 고마운 일이다.

이는 관련 통계만 보더라도 알 수 있다. 해를 거듭할수록 온라인이 몸집을 키워온 것은 사실이지만 그렇다고 오프라인의 세가 이전보다 위축된 것도 아니다.[*] 온라인과 비교하여 증가 폭이 상대적으로 작기는 해도 **오프라인 매출액 역시 온라인과 함께 꾸준히 증가해왔음**을 확인할 수 있다. 소매 시장에서 온라인이 덩치가 커진 것은 사실이지만 이는 새로운 수요를 창출해 스스로 몸집을 불린 결과이지, 오프라인의 몫을 빼앗은 결과라고 볼 수는 없다. 오프라인이 꾸준히 성장하는 동시에 온라인

---

[*] 과거 메르스 사태 때의 경험을 되살려본다면, 2020년의 오프라인 매출액은 신종 코로나바이러스 사태로 인해 전년보다 감소세를 기록할 가능성이 크다. 하지만 이를 두고 오프라인 시장의 위기나 공멸을 단정하기는 어렵다. 매출액이 줄어든 원인 자체가 지나치게 일시적이고 외부적이기 때문이다. 메르스 때에도 소매 시장이 일시적으로 위축되기는 하였으나 사태가 종식되고 난 다음부터는 오프라인 매출액이 다시 상승했다.

의 발달은 소매 시장의 덩치를 키웠다. 그리고 이와 같은 현상은 미국이나 유럽 등 선진국의 소매 시장에서도 똑같이 관찰된다.

막연히 '경쟁자'인 줄만 알았던 신규진입자가 실제로는 '협력자'인 것으로 밝혀진 건 이미 항공 산업을 통해서도 간접적으로나마 경험한

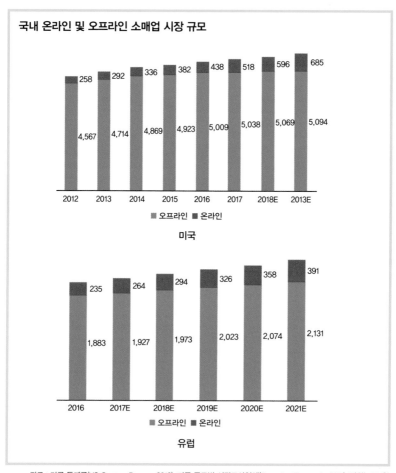

국내 온라인 및 오프라인 소매업 시장 규모

미국

유럽

자료 : 미국 통계국(US Census Bureau, 2018), 미국 글로벌 시장조사업체(Forrester Research, 2017), 단위는 조 원.

바다. 저가 항공이 처음 등장했을 때만 해도 사람들은 풀 서비스Full Service를 제공하는 기존 대형 항공사의 암울한 미래를 점쳤으니까 말이다. 저가 항공사가 기존 항공사의 수요를 모두 갉아먹을 것을 우려한 것이다. 하지만 저가 항공사의 진입과 확장은 오히려 항공 산업의 발전에 도움을 가져다준 것으로 평가된다. 평균 운임을 인하하여 항공 승객수를 늘리는 데 크게 공을 세웠다는 평이다.[23] 작은 파이를 두고 기존 항공사와 싸움을 벌인 게 아니라 파이의 크기를 키우는데 이바지한 것이다.

이는 소매 시장에서 온라인이 이뤄낸 성과와 비슷하다. 기존에 없던 새로운 수요를 창출해냈다는 점에서 말이다. 연구에 따르면 저가 항공사를 이용하는 고객의 상당수가 저가 항공에 의해 창출된 신규 수요였으며, 그들 가운데 절반가량은 만약 저가 항공이 나타나지 않았더라면 애당초 비행기를 이용하지 않았을 사람들이라는 사실까지 확인되었다.[24] 저가 항공이 기존 항공사와 경쟁 관계가 아닌 협력적 동반관계를 형성하고 있으며, 항공 시장을 확대하는 데에도 크게 이바지하였음을 실증적으로 증명해낸 셈이다.

물론 누군가는 항공 산업에서의 경험을 소매업에 적용하는 게 과연 타당한 일인지 의문을 표시할 수도 있다. 서로 다른 산업을 두고 지나친 확대 해석이라며 경계심을 드러낼지도 모를 일이다. 하지만 항공업과 소매업은 모두 '가격'과 '서비스'라는 두 가지 경쟁 요인을 통해 고객에게 호소하고 마케팅 활동을 펼친다는 점에서 속성이 같다. 두 가지 산업 모두 가격과 서비스를 제외하고는 달리 특별한 차별화 요인을 가지지 못한다는 뜻이다. 산업이 발달하고 변해가는 과정 역시 서로 닮을 수밖에 없다.

실제로 항공업과 소매업은 발달 과정이 많이 닮았다. 두 산업 모두 경쟁력의 원천이 가격과 서비스에 있다 보니 산업의 역사 또한 이 두 가지 요인에서의 변화를 토대로 삼는다. '고高가격-고高서비스'를 지향하는 대형 항공사와 직접적인 경쟁을 피할 목적으로 '저低가격-저低서비스'의 저가 항공사가 등장했듯이 소매업자 역시 가격과 서비스를 새롭게 조합하는 방식으로 경쟁을 피해왔다. 이 두 가지 요인에서의 차별화를 통해 기존에 없던 새로운 업태가 등장하고, 이전에는 보지 못했던 새로운 가치가 시장을 지배하고 창조해간다. 마치 정해진 궤적 안에서 빙글빙글 돌아가는 수레바퀴처럼 냉탕과 온탕을 오가며 경쟁에서 살아남기 위한 차별화 방안을 꾸준히 모색해가고 있는 것이다.[25]

이러한 차륜형車輪形 발전 가설에 비추어본다면 **오프라인 소매점은 분명 '서비스'에 방점을 두고 경쟁력을 추구해야 하는 업태다.** 그들이 경쟁자라고 여기고 있는 온라인 소매업자가 저렴한 '가격'을 핵심 경쟁력으로 삼아 등장한 업태이니까 말이다. 고객에게 제공할 서비스를 먼저 결정한 다음, 감당할 수 있는 가격으로 책정하는 게 순서다. 예컨대 백화점처럼 높은 수준의 서비스를 제공할 요량이라면 싸구려 제품도 비싸게 팔아야만 수지타산을 맞출 수가 있다. 하지만 그보다 낮은 수준에서 서비스를 마무리 짓겠다면 가격도 거기에 맞게끔 조정되어야 한다. 대형 마트를 비롯한 여러 업태의 '가격-서비스' 조합이 백화점보다 낮은 어딘가에 걸쳐져 있듯이 말이다.

그렇다면 온라인 소매점은 어떨까? 온라인은 '가격'을 무기로 등장한 업태다. '고가격-고서비스' 자체가 애당초 온라인이 등장하게 된 배경이나 취지와는 전혀 어울리지 않는 조합이다. 오프라인과 차별화를 꾀하기도 쉽지 않을뿐더러 경쟁우위를 점하는 것조차 불가능하다. 가격이나 서비스 가운데 하나를 다운시켜 차별화를 꾀하지만 이마저도 녹록지 않다. '고가격-저서비스'로는 소비자의 외면을 받을 게 뻔하고, '저가격-고서비스'로는 기업의 생존 자체가 위협을 당한다. 태생적으로 온라인은 '저가격-저서비스'로 나아갈 수밖에 없는 운명이다.

문제는 밥그릇을 지켜야 하는 오프라인의 초조함이다. 각자 치중해야 할 포지션이 따로 있음에도 지나치게 온라인을 경계한 나머지 불필요한 싸움을 시작한다. 때로는 출혈까지 감수해가며 치킨게임을 벌이기도 한다. 대표적인 사례가 온라인을 겨냥한 대형 마트의 초저가 판매 전략이다. 최근 온라인업체인 티몬과 위메프가 각각 '타임어택'과 '투데이특가' 등으로 강공을 해오자 대형 마트가 가격 할인으로 응수한 것 말이다. 이마트는 '에브리데이 국민가격'이라는 이름으로, 그리고 롯데마트는 '극한가격'이라는 타이틀을 걸고 각각 맞대응에 나선 바 있다.

물론 단기적으로는 효과가 있다. 일시적으로 부진해진 매출액을 메우는 데 있어서 가격 할인만큼 효과가 확실한 행사는 없다. 하지만 수익성 측면에서도 도움이 될지는 미지수다. 할인된 가격으로 물건을 팔고도 남는 게 있는 구조라면 애당초 그 가격에 팔고 있을 테니까 말이다. 문제 해결이라기보다는 단기적인 땜빵에 가깝다. 원래 유통 회사에서도 무능하고 책임감 없는 경영자들이 주로 가격할인을 많이 활용하는 편이다. 회사는 망하든 말든 자신의 평가만 좋게 받으면 그만이라고 생각하기 때문이다. 결론적으로 말해서 '가격'이라는 도구로는 오프라인이 온라인을 이기기가 쉽지 않다.

대형 마트의 패착은 온라인이 시작한 가격 경쟁에 너무나 쉽게 말려들었다는

사실에 있다. 애당초 게임의 상대가 되지도 못할뿐더러 겨우 상대로 인정을 받아 대결이 성사되더라도 이길 승산이 희박하다. 저렴한 가격이야 일정 부분 손해를 각오하고 따라서 한다손 치더라도 구매의 편리성까지 따라잡을 수는 없는 노릇이기 때문이다. 똑같은 가격이라면 소비자는 편리한 구매를 선택할 게 자명하다.

그들이 취했어야 할 선택은 소위 '양손잡이' 전략이다. 잘 쓰는 손으로 상대를 공격하고, 다른 손으로는 방어하는 전략이다. 잘하는 걸 앞세워 싸움을 주도해나가되, 가지지 못한 것은 뒤에서 조금씩 보완해가야 한다는 뜻이다. 기존의 역량을 효율적으로 활용하면서도 새로운 성장 동력을 찾아내기 위해 창조적인 탐색 활동에도 적극적이다 보면 언젠가는 왼손도 오른손처럼 자유자재로 쓸 수 있는 날이 도래하게 마련이다. 대형 마트 역시 서비스에 사활을 걸고, 가격은 서서히 보완해가는 방법을 쓰는 게 필요했다. 같은 기간, 편의점이 보여주었던 행보처럼 말이다.

대형 마트가 온라인에 맞서 쓸데없는 삽질을 해대는 동안 편의점은 가격에서 정면 대결을 피하는 대신 빠른 트렌드로 승부를 걸어 실속을 챙겼다. 전국 방방곡곡에 깔린 수많은 오프라인 유통망을 활용하여 소비자 트렌드에 신속히 대응하는 전략을 구사한 것이다. 그리고 그 과정에서 발생할 수도 있는 위험은 '대리점'이라고 하는 자신들만의 점포 운영 시스템을 활용하여 최소화했다. 모든 위험이 본사로 집중되는 대형 마트와는 다르게 전국의 수많은 대리점주와 손실을 조금씩 분담하는 방법으로 리스크를 분산한 것이다.

아울러 온라인과 '경쟁' 대신 '협력'을 선택한 것도 돋보이는 전략이다. 예컨대 세븐일레븐이 배달 앱 '요기요'와 메쉬코리아의 '부릉'과 함께 구매 제품에 대한 배달 서비스를 시작한 것처럼 말이다. 결과적으로 보면 둘 다 똑같은 오프라인 소매점이지만 '가격'에 집중한 대형 마트보다는 '서비스'에 치중한 편의점이 훨씬 더 많은 돈을 벌고 내실도 함께 다졌다는 평가다.

그렇다고 편의점이 '가격'을 완전히 포기한 것도 아니다. 다소 시간이 걸리기는 했지만 가격 경쟁력을 갖출 방안도 천천히 준비해왔다. '서비스'로 승부를 걸되, '가격'도 보완해가는 이른바 '양손잡이 전략'을 꾸준히 추진해온 것이다. 최근 편의점업계에 불고 있는 '라스트오더Last Order' 바람이 대표적이다. 유통기한이 임박한 제품을 그냥 폐기해버리는 대신 아주 저렴한 가격으로 판매하는 전략이다. 소비자로서는 가까운 가게에서 싼 가격에 물건을 구매할 수 있으니 두 팔 벌려 반길 일이다.

편의점 역시 재고에 대한 부담을 덜고 제품 폐기에 들어가는 비용을 최소화하는 장점이 있다. 해당 제품을 구매하러 왔다가 다른 제품까지 집어 드는 일도 빈번하게 발생하니 부수적인 매출도 발생한다. 영업 지표가 개선되는 건 당연한 결과다. 라스트오더 서비스를 가장 먼저 도입한 세븐일레븐의 경우, 제도를 시행한 이후 상품 발주와 판매량은 전년 대비 각각 21.8%와 24.6%가 늘었다. 반면 제품 폐기는 6.4%나 감소했다.[26]

'서비스'에 집중하는 오프라인과 '가격'을 중시하는 온라인은 대척점에 서 있어야 할 운명이다. 상대방의 약점이 곧 자신의 강점이란 걸 알기에 이기려는 노력은 늘 각자가 잘하는 핵심 역량을 향해 파고들게 마련이다. 각자 '고가격-고서비스'와 '저가격-저서비스'라는 양극단兩極端을 향해 나아갈 수밖에 없다. 상대방을 경쟁자로 인식할수록 서로 경쟁 관계가 성립하지 않는 아이러니한 결과가 발생해버린다.

최근 뚜렷해지고 있는 소비의 양극화도 그 연장선에 있다. 예컨대 각자 자신만의 핵심 역량에 집중한 채 이를 강화해나가다 보면 이전에는 없던 새로운 혁신이 일어난다. 지금까지 없던 매력적인 효용과 혜택을 소비자에게 선사해주기 마련이다. 합리적인 소비자라면 '가격'과 '서비스'를 두고 자신이 원하는 가치를 따라 하나의 방향으로 나아간다. 이도 저도 아닌 중간 부분은 텅텅 비게 되고, 시장의 양 끝단에 서 있는 소매업자가 수요 대부분을 차지하게 된다. '**소비의 양극화**'가 가져올 '**소매업의 양극화**' 현상이다. 양쪽 모두 적개심 가득한 눈으로 서로를 노려보지만 실제로는 경쟁자가 될 수 없는 관계다. 마치 수없이 스쳐 지나가는 타인들처럼 온라인과 오프라인 역시 서로에게 아무것도 아닌 존재에 불과하다.

08
어부지리漁父之利로 성장한 온라인 쇼핑몰

해외에 나갈 일이 있어서 간만에 김포공항을 찾았다. 비행기 탑승 시간까지는 아직 여유가 있고 때마침 셔츠를 사야 할 일도 있어서 시간도 죽일 겸 근처에 있는 복합 쇼핑몰에 들렀다. 매장 이곳저곳을 기웃거리다가 마음에 드는 셔츠를 발견하고는 재빨리 가격표부터 살폈다. 역시나 만만치 않은 가격이다. 얼른 셔츠를 제자리에 내려놓고 스마트폰을 꺼내 들었다. 온라인에서 검색해보니 똑같은 상품을 거의 절반 가격에 판매하고 있었다. 아무런 고민이나 망설임도 없이 핸드폰에서 구매를 마쳤다.

며칠 후 외국에서 돌아와 보니 구매했던 상품이 문 앞에 놓여 있었다. 매장에서 봤던 것과 똑같은 셔츠였다. 도대체 누가 이렇게 싸게 파나 싶어서 송장을 확인했더니 보낸 사람은 다름 아닌 내가 상품을 구경했던 바로 그 백화점이었다. 구매는 분명 온라인에서 했는데 물건을 보내온 사람은 오프라인 소매점이었던 것이다. 멀쩡한 매장을 놔두고 온라인에서, 그것도 말도 안 될 정도로 저렴한 가격에 물건을 판매하는 이유가 문득 궁금해졌다. 마침 해당 백화점에서 상품 매입 업무를 담당하는 친구가 있어서 물었더니 이런 대답이 돌아왔다.

"그래도 다른 업체에서 파는 것보다는 우리가 파는 게 나으니까"

오늘날 오프라인 매장은 하나의 쇼룸으로 전락해버렸다. 적지 않은 사람들이 매장에서 상품을 구경하고 필요한 정보만 습득한 다음, 실제 구매는 가격이 저렴한 온라인으로 옮겨간다. 이른바 '쇼루밍Showrooming' 현상이 일상적인 구매 패턴으로 자리를 잡은 것이다. 국내의 한 유통 업체가 밝힌 조사 결과 역시 이러한 현실을 뒷받침해준다. 이미 60%가 넘는 소비자들이 온라인과 오프라인을 오가며 물건을 구매하는 '크로스오버 쇼퍼Cross-Over Shopper'로 진화하였고, 예전처럼 오프라인 매장에만 머물러 있는 전통적인 유형의 소비자는 채 40%도 되지 않는다.[27]

소매 시장에 온라인이 스며들기 시작하면서 기존의 오프라인 소매점에 아무런 영향을 미치지 않았다면 그건 전부 거짓말이다. 피해는 주로 대형 마트를 비롯해 합리적인 가격과 소비를 표방하는 업태에 집중됐다. 쇼루밍이라는 것 자체가 가격에 민감한 소비자에게서 많이 나타나는 현상인 만큼 저렴한 가격을 앞세워 장사하는 점포가 영향권을 받는 것은 당연하다. 실제로 롯데는 최근 수익성이 떨어지는 점포에 대해 구조조정을 단행했다. 대형 마트와 슈퍼마켓을 중심으로 99개 매장이 문을 닫았다. 규모의 경제를 포기하고 수익성 좋은 점포만 남겨 효율성을 확보하겠다는 전략이다. 생존을 위한 점포 다이어트다.

이를 두고 누군가는 오프라인의 몰락을 이야기한다. 그간 번성을 누려온 오프라인 소매점이 이제 영광의 시대를 끝내고 역사의 뒤안길로 사라지게 될 전조 현상이라고 호들갑을 떤다. 하지만 점포 몇 개를 정리하는 것으로 오프라인의 몰락을 이야기하기엔 아직 이르다. 이미《리테일 로케이션》에서도 밝혔듯이 롯데의 결정은 이미 몇 년 전부터 예견되었던 일에 불과하기 때문이다. '외형'에 대한 집착을 버리고 '효율'을 선택하는 경영 전략의 변화와 그에 대한 실질적인 조치로서 받아들이는 게 현실적인 해석에 가깝다. 경쟁력 있는 점포만 남기고 나머지는 과감히 버리는 전략, 그리고 수익이 날 만한 곳으로 새롭게 출점하는 소위 '스크랩 앤드 빌드Scrap & Build' 전략을 이제 막 실천하는 중이다.

또 다른 누군가는 이게 다 온라인의 위력 때문이라는 주장을 펼치기도 한다. 물론 틀린 말이라고 단정하기는 쉽지 않다. 하지만 오늘날 오프라인의 위기가 단지 온라인 때문이라는 주장에 대해서만큼은 개인적으로 동의하기가 어렵다. 솔직히 **온라인보다 더 위협적인 건 오히려 정부에 의한 각종 영업 규제와 금지 조치들**이기 때문이다.

잘 알고 있듯이 오프라인은 꽤 오래전부터 정부 규제에 시달려왔다. 골목 상권을 보호한다는 명분으로 유통업체의 신규 출점을 불허하는 정책이 대표적이다. 이미 추가 출점은 사실상 길이 막힌 상태이고, 심지어는 사유재산권까지 침해되는 상황이다. 민간에게 쇼핑센터를 지으라고 땅을 비싸게 팔아먹을 때는 언제고, 지금에 와서는 정작 복합 쇼핑몰을 짓겠다는 땅 주인에게 인허가조차 내주지 않는 별 희한한 일까지 벌어지고 있으니 말이다. 오프라인으로서는 역사상 가장 버티기 힘든 암울한 시기가 아닐 수 없다. 정부 규제로 힘들어하는 와중에 내수 부진까지 꿋꿋이 감내해왔건만 엎친 데 덮친 격으로 사스와 신종플루, 메르스에 이은 코로나까지 쉴새 없이 들이닥치는 상황이다.

하지만 뭐니 뭐니해도 압권은 의무휴무제와 영업시간 단축을 필두로 한 영업 규제 조치다. 평일도 아니고 전체 매출액의 40%를 차지하는 주말을 콕 찍어 장사하지 말고 문을 닫으라고 했으니 몰락을 향해가는 건 당연한 결과다. 최근에는 여기서 한 발 더 나가는 모양새다. 환경보호를 위해 비닐과 종이상자 등을 사용하지 못하도록 규제하고, 얼마 전에는 여러 제품을 묶어서 싸게 판매하는 소위 '묶음 판매'에까지 제동을 걸려는 움직임을 보였다. 과도한 양의 테이프가 사용된다는 판단에서다. 따지고 보면 온라인 쇼핑이 환경오염에는 더욱 치명적인 데도 말이다. 어쨌거나 이와 같은 사정들을 고려하면 지금까지 오프라인이 버텨온 것만 해도 장하고 신기할 따름이다.

정부가 작정하고 달려드는데 버텨낼 장사는 없다. 이는 제아무리 잘나가는 온라인이라고 할지언정 마찬가지다. 주문이 가장 많이 들어오는 시간대에 홈페이지나 애플리케이션을 셧다운 해버리면 그들 역시 타격을 당해낼 재간이 없기는 매한가지다. 하지만 규제는 온통 오프라인에만 집중되었고, 그 이후부터 백화점과 대형 마트는 이전만큼 매출액을 늘려나가지 못했다. 이들이 힘든 시기를 버텨내는 동안 대신 몸집을 불린 건 온라인이었다. 오프라인에 대한 영업 및 출점 규제에 편승하여 얻어진 어부지리漁父之利로서의 성격이 짙다.

문제는 오프라인 중에서도 대기업 유통업체가 아닌 영세 재래시장이다. 애당초 재래시장을 살릴 목적으로 단행되었던 각종 규제가 오히려 재래시장의 목을 죄는 결과만을 초래하였으니 말이다. 아이러니도 이런 아이러니가 없다. 물론 대기업으로 흘러 들어가는 돈을 조금이나마 발라내어 영세 상인들에게 우회시키고자 하는 상생의 의미는 충분히 존중하는 바다. 하지만 그런 기대와는 달리 오프라인으로 향하던 돈은 재래시장을 거치지도 않은 채 온라인으로만 집중되고 말았다. 행여 재래시장으로 향했던 돈마저도 온라인으로 방향을 튼 것은 아닌지 우려스러울 정도다. 결과만 놓고 본다면 대기업 유통업체도 재래시장도 아무런 득을 보지 못한 채 그저 온라인 쇼핑몰만 좋은 일 시키는 꼴이 되고 말았다.

　모든 건 통계가 증명해준다. 매출액 규모만 놓고 보면 그 어떤 소매점도 최근(2018년) 영업 실적이 과거(2010년)보다 줄어든 곳은 없다. 심지어

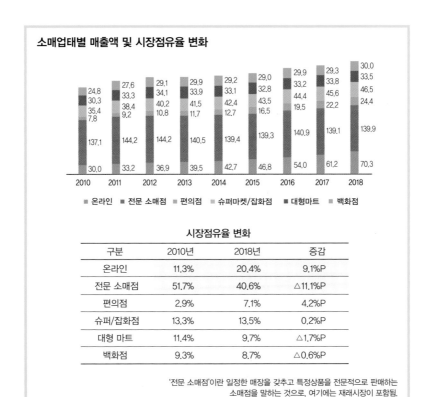

소매업태별 매출액 및 시장점유율 변화

범례: ■ 온라인 ■ 전문 소매점 ■ 편의점 ■ 슈퍼마켓/잡화점 ■ 대형마트 ■ 백화점

시장점유율 변화

구분	2010년	2018년	증감
온라인	11.3%	20.4%	9.1%P
전문 소매점	51.7%	40.6%	△11.1%P
편의점	2.9%	7.1%	4.2%P
슈퍼/잡화점	13.3%	13.5%	0.2%P
대형 마트	11.4%	9.7%	△1.7%P
백화점	9.3%	8.7%	△0.6%P

'전문 소매점'이란 일정한 매장을 갖추고 특정상품을 전문적으로 판매하는 소매점을 말하는 것으로, 여기에는 재래시장이 포함됨.

온라인에서 늘어난 시장점유율(9.1%P)은 같은 기간 전문 소매점(재래시장 포함)에서 빠져나온 수치(△11.1%P)와 얼추 비슷한 수준이다. 재래시장이 가지고 있던 시장점유율의 상당량이 온라인 영역으로 넘어갔음을 짐작해볼 수 있는 대목이다. 이와 달리 백화점과 대형 마트, 슈퍼마켓, 편의점 등 기존 오프라인 소매점이 기록하고 있는 시장점유율은 이전과 비교하여 큰 변화가 없다. 심지어 슈퍼마켓과 편의점의 시장점유율은 오히려 과거보다 더 늘어났다. 몰락을 이야기하기엔 너무나 건재한 편이다.

자료 : 통계청(2019), 단위는 조 원.

전년도와 비교해보더라도 결과는 달라지지 않는다. 죽는다고 온갖 비명과 앓는 소리를 질러대는 대형 마트의 매출액이 아주 조금 줄었을 뿐 나머지 업태는 대부분 늘었거나 최소한 답보 상태를 유지하는 중이다. 매출액이 줄어든 대형 마트조차 엄살에 비하면 현실은 썩 그리 힘들어 보이지 않다고 통계는 말한다.

하지만 100이라는 고정된 총량을 두고 지분 싸움을 벌이는 '시장점유율'을 보면 이야기가 달라진다. 서로 뺏고 빼앗기는 제로섬게임이다 보니 설령 매출액이 늘었더라도 더 많이 증가한 누군가에게 지분율을 빼앗기는 구조다. 재래시장이 포함된 전문 소매점이 바로 여기에 해당한다. 비록 매출액 규모는 과거보다 줄어들지 않았으나 같은 기간 동안 온라인 소매점이 워낙 강세를 보였던 만큼 전문 소매점의 시장점유율은 축소를 피할 수 없는 운명이었다.

재미있는 사실은 이 둘을 놓고서 시장점유율 변화의 폭을 비교해보았을 때 드러난다. **온라인이 확대한 시장점유율의 증가 폭만큼 전문 소매점(재래시장 포함)에서 빠져나갔음을 확인한** 수가 있기 때문이다. 물론 둘 간에 교차하는 시장점유율의 증감 폭이 정확하게 맞아떨어지는 수치는 아니다. 하지만 누가 보더라도 얼추 비슷하게 들어맞는 수준임을 부인하기 어렵다.

그에 비해 나머지 업태들은 예전과 비교하여 별 차이가 없다. 매출액이 늘면 늘었지, 줄어든 업태는 아무도 없고, 시장점유율에서만 약간의 변화를 보였을 뿐이다. 예전보다 아주 조금 줄기는 했으나 백화점과 대형 마트의 시장점유율은 여전히 건재한 수준이며, 심지어 슈퍼마켓과 편의점의 경우에는 점유율을 큰 폭으로 늘리기까지 했다. 오프라인 소매점의 몰락을 이야기하기에는 아직 때가 이르다.

통계가 말하는 바는 단순하다. **전통시장의 적敵은 정부가 생각하는 것처럼 기존 대기업 중심의 오프라인 소매점이 아닐지도 모른다. 정부가 손 놓고 있는 온라인이 어쩌면 정말로 무서운 적일 가능성이 크다.** 하지만 정부의 생각은 이와 많이 다른 모양이다. 대기업 중심의 오프라인 소매점을 겨냥한 규제만으로 전통시장을 살리기 위한 모든 노력을 다하고 있다고 믿는 듯 보인다.

그와 같은 정책들을 입안하기에 앞서 해외 선진 사례를 수없이 탐방했을 담당부처 혹은 지자체 관계자들에게 묻고 싶다. 혹시 영국의 코번트리 시장Coventry Market이나 스페인의 산 안톤 시장Mercado de San Anton 등을 다녀오지는 않았는지 말이다. 둘 다 대형 마트와 협력을 통해 전통시장만의 장점과 특징을 살리면서 동시에 상권 활성화까지 이뤄낸 사례라는 점에서 공통점을 가진다. 대형 마트를 때려잡아야 할 적으로 간주하는 우리나라와 달리 '적과의 동침'이라는 비아냥을 들어가며 서로를 껴안은 결과, 모두에게 이득이 된 대표적인 상생의 사례로 꼽힌다.

물론 그들도 처음에는 전통시장 안에 대형 마트를 끌어들이는 것 자체가 무척 생경하고 부담스러웠을 게 분명하다. 하지만 그런 어색한 동거에도 불구하고 시장은 문을 닫기는커녕 오히려 뒤늦은 전성기를 누리며 성업을 이어가는 중이다. 코번트리 시장은 영국시장협회가 선정하는 '최고의 전통시장'에 뽑히기도 했고, 거의 다 죽어가던 산 안톤 시장은 하루 방문객이 6천여 명에 달할 정도로 활기가 샘솟는다.[28] 재래시장의 매출액도 이전보다 무려 5배가량 늘어났다고 한다.

물론 공무원에게만 엄격한 잣대를 들이댈 수는 없다. 국내의 수많은 디벨로퍼가 그랬듯이 그들 역시 한 사람의 자연인으로서 애당초 출장이 아닌 해외여행을 다녀온 것일 수도 있다. 단지 눈으로만 무성의하게 여기저기를 둘러본 것이라면 그들이 내린 진단 역시 돌팔이 의사가 쓴 엉터리 처방전일 가능성이 크다. 재래시장을 보호하기 위해 시작된 정부 규제가 본연의 목적은 달성하지 못한 채 잘나가던 오프라인의 날개만 꺾은 셈이다. 그것도 모자라서 이제는 남은 두 발마저도 꽁꽁 묶지 못해 안달인 모습이 그저 안타까울 뿐이다.

정부가 오프라인을 때려잡는 과정에서 파생된 혜택은 모두 온라인으로 돌아갔다. 결과적으로 정부의 규제는 온라인에게 날개만 달아준 꼴이다. 피해는 고스란히 오프라인과 재래시장이 함께 입었다. 하지만 치명상을 입은 쪽은 정부의 계획대로 대기업 중심의 오프라인 소매점이 아니다. 오히려 혜택을 입었어야 할 영세 재래시장에 더 큰 피해가 갔다. 피해라고 부르기엔 대기업에 미친 영향이 너무나 미미한 수준이고, 그 크기를 따지더라도 재래시장이 떠안은 몫이 훨씬 더 큰 편이었으니까 말이다.

09

외형과 내실이
함께 진전을 이룰 때 성장한다

오프라인의 반격은 이미 시작됐다. 저가 공세를 퍼붓는 온라인을 상대로 연일 '초저가'라는 맞불을 놓으며 대응에 나서는 모습이다. 유럽에서는 온라인조차 불가능해 보이는 초저가를 앞세운 새로운 형태의 마트가 등장해 반격에 나섰다. 독일계 마트인 '리들LIDL'과 영국의 '알디ALDI'가 대표적이다. 물론 싸움의 도구가 '가격'이라는 게 마음에 걸리기는 한다. 하지만 그렇다고 가만히 당하고만 있는 것 역시 능사는 아니다. 특히나 이전보다 유통 과정을 획기적으로 혁신함으로써 가격 경쟁력을 갖춘 결과라면 말이다. 흔히 'PBPrivate Brand'라고 하는 자체 브랜드 상품을 한층 강화한 것도 초저가전략을 구사할 수 있게 된 또 하나의 이유다.

국내 소매업자의 대응은 좀 더 전방위적이다. 오프라인은 물론 경쟁의 진원지인 온라인에서도 전쟁을 선포했기 때문이다. 대표적인 업체가 이마트다. '노브랜드'라고 하는 PB상품을 통해 오프라인 매장을 중심으로 초저가 공격을 펼쳐나가던 이마트는 최근 온라인으로 공세의 영역을 넓혔다. 이마트몰을 비롯한 각종 온라인 쇼핑몰을 강화하는 방식으로 온라인과의 정면승부에 나선 것이다. 단지 거래를 중개만 하는 오픈마켓은 직접적인 공격 대상에서 제외된다. 쿠팡과 위메프 등 가성비를 앞세운 이커머스업체를 상대로 초저가 몰이에 나서는 모습이다.

의욕과 용기는 높이 평가할 만하다. 하지만 그 못지않게 걱정이 앞서는 것도 사실이다. 서비스에 사활을 걸어도 모자랄 판에 저렴한 가격으로만 승부를 보겠다는 오프라인의 생각과 시도에는 좀처럼 동의하기가 어렵기 때문이다. 그렇다고 절망적인 결과를 예상한다는 의미는 아니다. 공격하는 오프라인이야 당연히 일정 수준의 출혈을 감수하고 벌이는 일이겠지만 공격을 당하게 될 온라인 역시 적지 않은 타격을 입을 게 분명하기 때문이다. 이유는 온라인이 감추고 싶어 하는 비밀에 있다. 사람들 대부분이 혁신을 통해 가격 경쟁력을 확보했을 것으로 믿고 있지만 실제로는 그렇지 못한 온라인의 말 못할 속사정 말이다.

제조업에 종사하는 기업들은 흔히 '기술 혁신'을 통해 가격 경쟁력을 확보한다. 이와 비슷하게 소매업에서는 '유통 혁신'을 통해 가격 경쟁력이 달성되는 편이다. 하지만 여기에는 한 가지 유념해야 할 사항이 있다. 그것이 기술이든 유통 체계든 혁신에 기반을 둔 가격 경쟁력은 언제나 흑자를 전제로 한다는 사실 말이다. 제아무리 물건을 많이 만들거나 팔아도 늘 적자에서 벗어나지 못하고 허덕이는 상황이라면 그 가격을 경쟁력이 있는 가격이라고 부를 수는 없는 노릇이다.

엄밀히 말해 그런 말도 안 되는 가격은 기업의 재무 건전성이나 영속성 따위에는 전혀 관심이 없는 사람들이 구사하는 일종의 막무가내식 영업 전략이다. 쉽게 말해서 '모 아니면 도All or Nothing' 식의 무모한 모험을 벌이고 있거나 그게 아니면 애당초 기업을 오래 끌고 갈 생각이 없다는 뜻이나 마찬가지다. 그리고 그와 같은 결정은 대개 다음과 같은 생각에 기반을 두는 경우가 많다. "일단 경쟁자부터 모두 죽인 다음에 혼자서 시장을 좌지우지하자." 혹은 "시장점유율을 최대한 끌어올려서 기업 가치를 극대화한 다음, 누군가에게 비싸게 팔아먹고 도망가야겠다."

그런 음흉하고 발칙한 발상에 대해 알지 못하는 소비자는 이커머스 업체들이 가격에서 혁신을 이룬 것으로 철석같이 믿고 있다. 하지만 그들의 영업 지표를 들여다보면 그게 과연 혁신을 통해 이뤄낸 가격 경쟁력인지 의문을 감추기가 힘이 든다. 지금껏 시장에서 오직 가격으로만 밀어붙이느라 대규모 적자를 피하지 못한 것이 현실이니까 말이다. 이미 이야기했듯이 그것이 진정한 혁신을 통해 이룩한 가격이라면 지금의 적자 행진은 정말로 말이 안 되는 결과다. 따지고 보면 온라인의 성장도 외형을 통해 표면적으로만 관찰되었을 뿐 내면의 실리가 확인된 적은 아직 없는 셈이다.

정서적인 발달 없이 키만 훌쩍 커버린 아이를 놓고서 성장을 이야기하는 부모는 없다. 내실은 이루지 못한 채 덩치만 키우고 있는 산업을 성장 산업 혹은 유망 산업이라고 말하는 경제학자도 없다. 그런데도 사람들은 유독 온라인에만 평가가 관대하다. 국내 이커머스 업체들 가운데 고정적으로 흑자를 내는 기업은 단 한 군데도 없는데 말이다. 유일하게 이베이코리아가 흑자를 기록했지만 그들은 엄밀히 말해서 소매업자라기보다는 단순히 오픈마켓을 운영하는 중개업자에 가깝다. 온라인의 등장으로 소비자가 이전에 없던 새로운 효용을 즐기고 있는 것은 사실이지만 정작 온라인 업체는 그 이면에서 심각한 내상으로 고통스러워하고 있다. 경영부실의 위험이 커지고, 기업의 영속성에 빨간불이 켜지는 것은 당연한 귀결이다. 지금처럼 손해를 감수하고 물건을 내다 파는 출혈 경쟁을 이어간다면 이익률은 더욱 바닥을 향해 곤두박질칠 것이고, 내실을 다지는 데도 전혀 도움이 되지 않을 것이다.

온라인만의 높은 반품률도 결국 모든 게 왜곡된 거품이었음을 스스로 증명해낼 또 하나의 시한폭탄이다. 자칫 온라인의 운명을 뒤엎어버릴 수도 있는 아주 고질적이면서도 심각한 문제이기 때문이다. 물론 반품은 비단 온라인만의 문제는 아니다. 오프라인에서도 흔히 일어나는

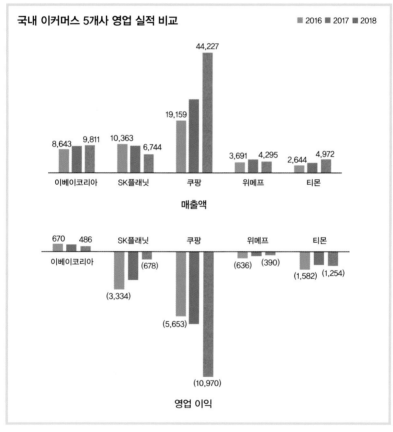

자료 : 비즈트리뷴(biztribune.co.kr), 이투데이(etoday.co.kr), 단위는 억 원.

일이다. 특히 백화점처럼 서비스 수준이 높은 업태일수록 반품이 이루어지는 확률이 높다.

심한 경우, 이런 일까지 목격한 적이 있다. 백화점 식품 매장에서 한우 사골을 구매한 다음, 집에서 재탕 삼탕 여러 번 곰탕을 끓여 먹고서는 국물이 우러나지 않는다고 반품을 요청하는 경우 말이다. 블랙리스트로 꼽히는 일부 진상 고객들이 보이는 행동이기는 하나 현실에서 종종 일어나는 일이다. 그나마 서로 얼굴을 맞대야 하는 오프라인이기에 온라인보다는 훨씬 사정이 나을 수밖에 없다.

실제로 온라인 쇼핑에서는 오프라인보다 물건을 반품할 확률이 3배나 높게 나타난다. 대표적인 사례가 어떤 제품을 선택해야 할지를 몰라 색상이나 크기별로 여러 개 주문하는 경우다. 눈으로 직접 보고 착용해본 다음, 가장 마음에 드는 하나만 남겨둔 채 나머지는 모두 반품해버린다. 자신의 집을 일종의 '피팅룸'으로 활용하는 셈이다. 이런 방식을 포함하여 온라인에서는 아주 다양한 유형의 반품이 이루어지는데, 그 덕에 온라인 쇼핑몰의 반품률은 매년 10%P씩 증가하는 추세다. 특히 미국에서는 1년 동안 항공기 5,600대 분량의 상품이 반품 처리되어 쓰레기 매립지로 보내진다고 한다. 이는 국내 온라인 쇼핑몰도 사정은 마찬가지다. 미국과 비슷한 수준의 반품률을 기록하고 있는 것으로 알려져 있다.[29]

그렇다고 소비자의 변심을 누가 말리거나 금지할 수도 없는 노릇이다. 소비자의 권익을 보호하기 위해서라도 반품은 철저히 보장되어야 할 필요가 있다. 번거롭고 피곤한 일이지만 그마저도 온라인이 소비자를 위해 감내해야 하는 사회적 효용이자 대고객 서비스다. 하지만 **오프**

라인보다 무려 3배 이상 높은 온라인에서의 반품을 행여 외형을 부풀리는데 악용해서는 안 될 일이다. 그들의 외형이 만약 반품된 상품의 몫까지도 모두 포함하고 있는 수치라면 그야말로 온라인은 절망스럽기 짝이 없는 상태라고 봐도 무방하다. 내실은 부실한 채 외형만 잔뜩 키워놓은 시장인데다, 알고 보면 그 외형마저도 거품으로 부풀려진 허수와도 다를 바 없을 테니까.

10

온라인 쇼핑의 시대는 오지 않는다

온라인 시장에서 기존의 오프라인 소매업자와 이커머스 업체들이 벌이고 있는 치킨게임은 생각보다 빨리 끝날 수도 있다. 승자를 예측해본다면 아마도 이마트처럼 오프라인에 기반을 두고 온라인을 병행하는 사업자가 승리할 가능성이 크다. 물론 근거는 경제적인 이유다. 다 같이 적자를 보는 상황이라면 아무래도 오프라인이 조금 더 유리한 위치에 서 있기 때문이다.

대표적인 게 자금력이다. 이미 많은 적자를 기록한 이커머스업체들로서는 준비된 실탄이 그리 넉넉하지 못한 편이다. 전국에 포진된 점포들로부터 매일매일 현금을 거둬들이는 오프라인 유통업체와 달리 이커머스업체의 수입은 오직 온라인 판매에 의존한다. 비유하자면 집 안에 우물이 있는 사람과 없는 사람의 차이다. 평소에는 대수롭지 않다가도 가뭄이 들면 차이가 확연해진다. 일단 버틸 수 있는 시간에서 상대가 안 된다. 겉으로 드러나는 자신감이나 느긋함도 천지 차이를 보일수밖에 없다.

가격 경쟁이 치열해질수록 이커머스업체의 돈줄은 점점 더 말라갈 테고, 부족한 자금을 마련하느라 여러모로 분주해질 수밖에 없다. 하지만 그들에게 허락된 방법은 그리 많지 않다. 오프라인 진출이 포함된 사업 다각화가 아니라면 누군가에게서 투자금을 유치하는 게 대규모 자금을 수혈받는 유일한 길이다. 그마저도 한두 번은 가능할지 몰라도 계속은 기대하기가 어렵다. 흑자가 나지 않는 고비용 구조를 인지하고도 밑 빠진 독에 물 붓기를 자처할 사람은 그리 많지 않을 테니까 말이다.

물론 치킨게임과도 같은 가격 전쟁의 종식이 곧 이커머스업체의 패배나 공멸을 의미하는 것은 아니다. 가격이 아닌 다른 새로운 경쟁력을 찾을 수도 있고, 그로 인해 수익성이 개선되어 적자가 흑자로 전환될 수도 있다. 가장 큰 적자를 기록하고 있는 쿠팡의 입장도 이와 비슷하다. 갈수록 누적되고 있는 적자는 이미 계획된 것이기에 아무런 문제가 없다고 했다. 수익이 나기 위해서는 일정 규모 이상의 매출액을 달성하여 규모의 경제를 이루는 것이 필요한데, 이를 위해서는 꾸준한 투자가 뒤따라야 하는 만큼 지금의 적자는 불가피하다는 뜻이다. 나름대로 일리가 있다.

문제는 가격이 아닌 다른 새로운 경쟁력을 과연 온라인에게 기대할 수 있는지다. 가격 경쟁력을 포기한다는 건 곧 자신들의 존재 가치를 부정하는 것이나 마찬가지기 때문이다. 가격을 핵심 경쟁력 삼아 오프라인에 대항하고자 했던 온라인의 등장과 그들이 추구해온 가치를 되새겨본다면 **가격의 포기는 곧 항복**이나 다름없다.

설령 가격이 아닌 다른 요인에서 경쟁력을 찾더라도 자신들만의 독보적인 경쟁력이 될 것이라는 보장은 없다. 상품이나 가격, 서비스 모두 모방의 가능성이 누구에게나 활짝 열려있다. 새벽 배송만 봐도 그렇다. 처음엔 마치 온라인만 할 수 있을 것 같았다가도 지금은 모두가 따라서 하는 중이다. 롯데든 신세계든 현대든 모두가 말이다. 대부분이 결국은 별 볼 일 없는 서비스가 되고 말 운명이다.

아무나 함부로 따라 할 수 없는 경쟁력은 오히려 오프라인 소매업자의 손에 쥐어져 있다. 다름 아닌 그들이 영업의 기반으로 삼고 있는 물리적인 공간으로서의 '입지'다. 이미 말했듯이 상품과 가격, 서비스, 판촉 등은 누구나 쉽게 따라 할 수 있는 개방형의 마케팅 믹스다. 하지만 유일하게도 입지만큼은 그 누구도 흉내를 내거나 따라 하기가 쉽지 않다.[30] 기본 속성 자체가 배타적인 성질을 가질 수밖에 없는 독보적인 경쟁력이라는 뜻이다. 따지고 보면 오프라인이 가진 '입지'라는 물리적 속성만이 그 누구도 모방할 수 없는 독보적인 경쟁력으로서의 가치를 지니는 셈이다.

이를 달리 말하면 오프라인은 마음만 먹으면 얼마든지 온라인과의 경쟁을 피할 수 있다는 의미가 된다. 이와 달리 온라인은 오프라인의 도전으로부터 결코 자유로울 수 없다. 모방이 가능한 이상, 오프라인은 온라인이 하는 모든 걸 따라서 하려고 덤벼들 것이기 때문이다. 결과적으로 온라인은 시장을 일정 부분 오프라인과 함께 나눠 먹어야 하지만 오프라인은 혼자서 시장을 독식하는 게 충분히 가능하다.

물론 여기에는 한 가지 중요한 전제가 필요하다. 오프라인에서 판매하는 상품을 온라인에서는 절대 구할 수가 없다는 조건 말이다. 조건이 충족되지 않으면 입지가 가진 배타적인 속성은 의미가 없다. 현실에서 이 같은 조건을 충족하기가 만만치 않지만 분명히 존재한다. 예를 들면 식당이나 미용실처럼 생활편의 업종에 속하는 가게들이 대표적이다. 우리가 살아가는 데 필요한 아주 기초적이고 필수적인 소비와 관련이 있다. 그런 만큼 모든 소비가 사라지는 극한의 상황에서도 이들만큼은 마지막까지 버티고 남아있을 공산이 크다.

또 하나의 예를 든다면 게임센터나 커피숍, 테마파크 등을 비롯한 여가 문화와 관련된 업종이다. 비록 필수가 아닌 선택적인 소비라는 점에서 매력은 조금 덜한 편이지만 시간과 소득이 늘어나면서 소비도 함께 증가한다는 장점이 있다. 그만큼 전망이 밝다는 뜻이다.

그러고 보면 온라인이 함부로 넘볼 수 없는 오프라인만의 독보적인 소비 영역은 딱 하나의 분야에만 한정되어있는 것처럼 보이지는 않는다. 서로 차원을 달리하는 두 가지 영역에 동시에 발을 걸치고 있다. 예를 들어 생활편의 업종처럼 아주 저차원의 본원적인 소비에도 관여하면서 여가 문화와 관련된 아주 고차원의 선택적 소비와도 깊은 관련이 있다. 자연히 이들 영역에서는 오프라인만의 독점적인 지위가 형성되고, 이를 제외한 나머지 영역에서 온라인과 치열한 경쟁을 벌이게 된다. 결론적으로 말해서 온라인과 시장을 공유하며 경쟁을 펼치는 건 오프라인이 지배하는 이 두 가지 독점 영역 사이에 긴 어정쩡한 소비 시장에서만 한정되어 일어나는 일이라는 뜻이다.

온라인이 쉽게 넘보지 못하는 이들 생활편의와 여가 문화 업종은 필수와 선택, 저차원과 고차원이라는 매우 분명하고 뚜렷한 차이점을 나누어 가진다. 하지만 동시에 인상 깊은 공통점 하나를 가지고 있기도 하다. 둘 다 '서비스'와 '공간'을 함께 소비하는 업종이라는 점이다. 이들이 온라인의 공격으로부터 자유로운 것도 따지고 보면 소비의 대상에 물리적인 공간이 포함되어 있기 때문이다. 온라인에 있어서 공간은 입지와 함께 좀처럼 가지기가 힘든 또 하나의 그림의 떡이다.

쇼핑이 단지 물건을 구매하는 일에만 한정되지 않고 '일련의 과정'으로 확대되어가는 시대에 이 두 가지 업종은 쉽게 포기해서도 포기할 수도 없는 거대 소비 영역이다. 하지만 온라인 쇼핑의 시대를 운운하기에는 그들은 이들 업종에 손조차 대지 못하고 있다. 이를 제쳐두고서 소매 시장의 새로운 지배자가 되겠다는 건 구구단도 외우지 못한 채 미적분을 풀겠다고 나서는 아이의 오만으로밖에 비치지 않는다. 지금껏 겨우 30% 남짓 달성한 게 전부고, 그마저도 홀로 차지한 게 아니라 오프라인 소매업자와 함께 나누어 달성한 성과다.* 온라인 쇼핑의 시대를 논하기엔 지금의 처지가 너무 초라하고, 앞으로 다가올 미래는 더욱 만만치가 않다.

그들이 말끝마다 언급하는 '규모의 경제'도 온라인 쇼핑의 시대를 가능하게 해줄 구원자가 아니기는 마찬가지다. 물론 온라인 쇼핑몰 역시 언젠가는 그토록 원하던 규모의 경제를 달성하여 수익성 개선과 함께 또 다른 경쟁력을 갖출 날을 맞이했으면 한다. 하지만 그들의 롤모델Role Model일지도 모르는 미국 아마존닷컴의 영업 지표를 들여다보면, 규모의 경제라는 게 과연 지금의 문제들을 한 방에 해결해줄 만병통치약일지는 한번 고민해볼 필요가 있다. 지난 20여 년 동안 아마존의 매출액은 무려 778배나 상승했어도 이익률은 기껏해야 3% 남짓에 불과하다. 그마저도 2018년이 되어서야 대폭 늘어난 수치다. 2017년도만 해도 이익률은 겨우 1.7%에 불과했다.

물론 매출액 자체가 워낙 크기 때문에 비록 이익률은 박해도 이익액

• 통계가 말하는 온라인매출액은 롯데와 신세계, 현대를 비롯한 기존의 오프라인 소매업자가 운영하는 온라인 쇼핑몰의 매출액까지도 모두 포함된 수치다. 따라서 온라인매출액이 증가한다는 것은 오프라인 소매업자의 매출액도 함께 늘어난다는 뜻이다. 온라인매출액이 점점 늘어난다고 해서 이를 오프라인의 위기로 인식하는 것은 다소 무리라는 뜻이다. 오프라인에 있어서 온라인은 부수적인 매출을 올려주는 하나의 보너스 채널인 셈이니까 말이다.

은 만족스러울 수 있다. 그 정도의 이익률이라도 달성한 게 어디냐고 반문을 해와도 딱히 대꾸할 말은 없다. 하지만 여기에서의 핵심은 **아마존만큼 매출액을 달성해야 겨우 3%의 이익이라도 남길 수 있다는 게 그들이 말하는 규모의 경제의 민낯**이라는 사실이다. 이 좁은 땅덩어리에서 과연 가능한 숫자인지는 모를 일이다. 확신이 있었다면 아마도 지금과 같은 저임금의 노동집약적인 구조 대신 아마존처럼 자동화된 물류센터를 짓는 데 자원을 집중하지 않았을까.

어렵사리 규모의 경제를 이루어낸다고 한들 싸워서 이긴다는 보장이 없다. 기껏해야 본전치기다. 이제 겨우 오프라인과 나란히 어깨를 맞추는데 필요한 최소 요구치를 달성했을 뿐이다. 오프라인은 이미 '규모의

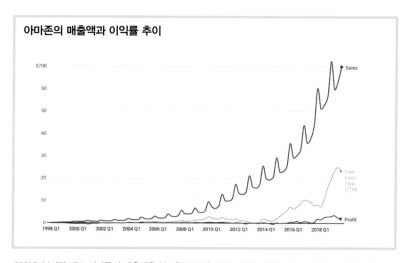

아마존의 매출액과 이익률 추이

1998년 1분기만 해도 아마존의 매출액은 약 9천만 달러, 영업 이익은 1천만 달러 적자였다. 이후 20년이 지난 2019년 3분기 매출액은 699억 8천만 달러, 영업 이익은 21억 3천만 달러를 기록했다. 지난 20년 동안 매출액은 무려 778배 늘어났음에도 이익률은 이제 겨우 3% 남짓에 불과하다. 그마저도 2018년에 와서야 대폭 늘어나면서 달성한 수치다. 매출액을 아무리 늘리더라도 규모의 경제가 그리 매력적으로 보이지 않는 이유다. [그림 출처 : 아마존닷컴(amazon.com), Recode By Vox(vox.com)]

경제'를 넘어 '범위의 경제'까지도 모두 확보해버린 상태다. 백화점과 할인점, 프리미엄아울렛, 면세점, 슈퍼마켓, 편의점 등 대부분의 업태를 모두 갖춘 것은 물론, 이제는 새로운 영역인 온라인까지 진출하여 또 하나의 전쟁을 수행 중이다. 규모의 경제를 통해 영업의 효율성을 확보한다고 한들 오프라인을 당해낼 재간이 부족하다. 오프라인은 이미 온·오프를 넘나들며 시너지 효과까지 마음껏 아우르고 있다. 온라인 소매업자가 꿈꾸는 장밋빛 미래가 단지 장밋빛으로만 물들지 않는 이유다.

가장 큰 문제는 **규모의 경제를 달성하기도 전에 온라인의 성장률이 점점 한계에 다다르고 있다는 사실**이다. 물론 다른 업태들과 비교해보면 여전히 높은 성장세를 이어가고 있는 현실을 부인하기는 어렵다. 하지만 이미 목표치에 도달하여 성숙기에 접어든 다른 업태들과 달리 온라인은 이제 막 성장기에 접어든 초기 단계다. 그런데 점점 힘을 잃어가는 성장 곡선을 보고 있자면 장차 규모의 경제를 약속하기에는 현실이 마냥 녹록하지만은 않다. 해마다 발표되는 성장률이 예전만 못할뿐더러 흘러가는 추세 또한 뒷심이 부족해 보인다. 이래저래 상황이 여의치 않은 게 사실이다.

상대적으로 높은 수준을 기록하고 있는 우리나라 소비자들의 온라인 소비지출액 비중 역시 같은 맥락이다. 전체 소비 지출액 가운데 온라인이 차지하는 비중이 무려 13.2%로 우리나라가 전 세계에서 1위를 차지했다. 아마존과 알리바바가 있는 미국이나 중국과 비교해서는 물론 전 세계 평균치보다도 무려 여섯 배나 높다. 당장 국제적인 지표만 비교해보더라도 국내 온라인 시장은 이미 성장할 대로 성장하였음을 미루어

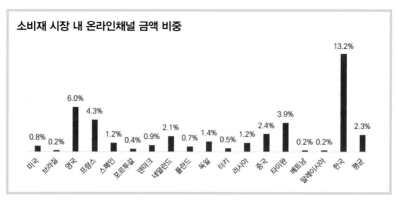

소비재 시장 내 온라인채널 금액 비중

미국	브라질	영국	프랑스	스페인	포르투갈	덴마크	네덜란드	폴란드	독일	터키	러시아	중국	타이완	베트남	말레이시아	한국	평균
0.8%	0.2%	6.0%	4.3%	1.2%	0.4%	0.9%	2.1%	0.7%	1.4%	0.5%	1.2%	2.4%	3.9%	0.2%	0.2%	13.2%	2.3%

자료 : 칸타월드패널(kantarworldpanel.com/kr), 2014년 기준

짐작해볼 수 있다.

　상황이 이러한데도 여태 매출액이 규모의 경제에 이르지 못했다는 것은 분명히 문제가 있다. **세계적으로 유례가 없는 성장률과 점유율을 달성하고도 아직 영업에서 효율성을 확보하지 못했다는 건 결국 무언가 다른 문제가 있다는 뜻이다.** 물론 그들의 바람대로 언젠가는 온라인에서도 규모의 경제가 빛을 발할 날이 올 수도 있다. 하지만 올지 안 올지도 모르는 그 날만 마냥 기다리고 있자니 시장은 점점 동력을 잃어가는 느낌이고, 심지어 이미 한계치에 다가선 것은 아닌지 의문마저 드는 게 사실이다. 그에 비해 경쟁은 날이 갈수록 점점 치열해져만 가고 있는데 말이다.

11
온라인의 탈을 쓴 오프라인

만약 온라인 시장에도 정체기라는 게 찾아온다면 그때는 단지 일시적인 현상으로만 끝을 맺지는 않을 듯하다. 온라인이 기록해온 매출액의 상당량이 '가벼운 소비'에 의해 달성된 것인 만큼 또 한 번의 혁혁한 가격 혁명 없이는 이전과 같은 소비 증가를 기대하기가 힘들기 때문이다. 하지 않더라도 아무 상관없는 소비인 만큼 소비량은 가격 변화에 가장 민감한 반응을 보일 테니까 말이다.

하지만 제아무리 온라인이라고 하더라도 무한정으로 가격 혁명을 이루어낼 수는 없는 노릇이다. 유통과 경영에서 그 어떤 의미 있는 진보나 혁신을 이뤄내더라도 소비자에게 제공할 수 있는 가격에는 이미 마지노선이 정해져 있다. 이는 **온라인이 창출해낼 수 있는 소비에도 애당초 그 한계와 총량이 정해져 있음**을 뜻한다. 그리고 그 한계 시점이 점점 다가오는 중이다.

재구매의 동기가 부족한 것 역시 온라인에서 더 이상의 소비 증가를 기대하기가 힘든 이유 중의 하나다. '필요'와는 상관없이 단지 '호기심'에 이끌려 구매한 것들이 대부분이다 보니 이미 흥미가 소진된 제품을 다시 구매하는 건 어리석은 행동이기 때문이다.

그렇다고 고객들이 평소 오프라인에서 믿고 구매해오던 고가의 제품에 대해 온라인 영역으로 소비를 옮겨오는 것도 아니다. 가벼운 즉석만남 정도는 온라인이 해결해줄지 몰라도 결혼을 염두에 둔 진지한 만남까지 온라인에 기대를 거는 건 행복한 결혼 생활을 꿈꾸는 사람으로서 현명한 처사가 되지는 못할 테니까 말이다. 그러기에 온라인은 한없이 가볍고 미심쩍은 수단으로서의 이미지를 털어내기가 무척 어려운 처지다.

저렴한 가격에 현혹되어 오프라인에서 온라인으로 갈아탄 생활필수품의 소비 역시 늘어날 가능성이 희박해 보이기는 마찬가지다. 예컨대 항공권을 생각해보면 이해가 쉽다. 이미 앞에서도 확인했듯이 저가 항공의 등장으로 늘어난 항공 수요는 여행을 목적으로 떠나는 항공권이었을 뿐 출장을 비롯한 비즈니스 목적의 항공 수요에는 아무런 영향도 미치지 못했다. 업무를 위한 출장이 '필수'라면 휴가를 목적으로 떠나는 여행은 '선택'이다. 가격 하락은 선택적 수요만 늘렸을 뿐 필수적 수요에는 영향이 미미했다.

마찬가지 이치로 생활에 꼭 필요한 소비는 가격이 싸진다고 해서 그 양까지 늘어나지는 않는다. 어느 날 쌀값이 폭락했다고 해서 하루에 세 끼를 먹던 사람이 갑자기 다섯 끼를 먹는 건 아니듯이 말이다. 생활필수품의 매출액에는 이미 넘을 수 없는 한계선이 그어져 있는 것이나 마찬가지다. 온라인을 통한 구매와 소비가 또 한 번 폭발적으로 늘어나기를 기대하기가 힘든 이유다.

고민이 필요한 순간은 이 모든 악재가 한꺼번에 겹치면서 정체기가 찾아왔을 때다. 이때부터는 생존을 위한 대책을 고민해야 하는데, 사실 선택할 수 있는 옵션은 그리 많지 않다. 이미 성장을 멈춰버린 파이를 두고 지금보다 더 많은 몫을 차지하기를 바란다면 다른 누군가의 먹거리를 빼앗는 것 말고는 달리 뾰족한 수를 찾기가 어렵다. 오프라인이 가진 몫을 최대한 많이 빼앗아오는 게 그나마 온라인이 취할 수 있는 유일한 해법이다. 솔직히 말해서 그게 최선이면서 전부이기도 하다.

하지만 그게 말처럼 쉬운 일이 아니다. 오프라인을 적으로 규정한 온라인이 무기로 내세울 수 있는 건 '가격'과 '편리성'이 전부이기 때문이다. 만약 온라인 시장에 정체기가 찾아온다면 가격과 편리성을 이용해 이미 오프라인에서 빼먹을 만큼 충분히 빼먹었다는 뜻이 된다. 이는 곧 온라인의 강점이 모두 소진되어 핵심 경쟁력으로서 한계 상황에 이르렀음을 의미하기도 한다.

정리하면 이렇다. 온라인이 오프라인의 몫을 빼앗겠다는 건 여러모로 쉽지 않은 일임이 분명해 보인다. 코로나19 사태처럼 아주 특별한 경우를 제외하고는 온라인은 오프라인의 영역을 함부로 넘볼 수가 없다. 이미 살펴본 통계 자료 역시 간접적으로나마 이를 뒷받침해준다. 온라인이 성장하는 동안 오프라인도 함께 덩치를 키워왔다. 과거보다 줄어든 오프라인도 분명히 있다. 재래시장과 로드샵을 비롯한 일부 소매점이 타격을 입었다. 하지만 줄어든 건 '시장점유율'일 뿐 '매출액'이 아니다. 따지고 보면 아무도 퇴행하지 않은 상태에서 온라인만 한 걸음 더 많이 앞으로 내디뎠을 뿐이다. 온라인의 성장을 스스로 자신의 먹거리를 창출해낸 결과라고 평가하는 이유다.

조금 비약하면 이런 해석도 가능하다. **온라인은 스스로 성장한 동시에 자신의 경쟁자인 오프라인의 매출에도 긍정적인 영향을 미쳤다**고 말이다. 그도 그럴 것이 온라인이 처음 등장했을 때만 해도 사람들은 소위 '쇼루밍'

이란 걸 걱정했던 게 사실이다. 온라인 쇼핑이 인기를 얻으면서 기존의 전통적인 소매점이 행여 상품을 구경하는 전시장으로 전락하지는 않을까 하는 조바심 때문이다. 하지만 실상은 달랐다. 온라인을 통해 상품정보를 확인한 다음, 오프라인 매장에서 구매하는 소위 '웹루밍' 소비자들이 대거 나타난 것이다.

미국의 모바일 마케팅 전문업체인 바이브Vibes 역시 같은 생각이다. 쇼루밍도 잘만 활용하면 오프라인의 매출액 증가에 도움이 된다고 말한다. 자체 분석에 따르면 쇼루밍은 실제로 현실에서 많이 일어나는 일이었다. 그렇다고 해서 돈이 모두 온라인 쇼핑몰로만 흘러 들어간 것은 아니다. 매장에서 운영 중인 온라인 쇼핑센터에서 물건을 구매한 사람들이 훨씬 더 많은 것으로 확인되었으니까 말이다.[31]

실상을 알고 보면 우리가 알고 있는 **온라인 매출액 가운데 상당 부분은 오프라인의 몫이다.** 비록 쇼핑은 온라인에서 할지언정 실제 물건을 팔거나 보내는 사람은 오프라인 소매업자인 경우가 상당수이기 때문이다. 앞서 소개했던 개인적인 경험 역시 같은 맥락이다. 백화점에서 마음에 드는 셔츠를 발견하고 온라인에서 더 싼 가격으로 구매했더니 정작 물건을 보내온 것은 애초에 제품을 구경했던 그 백화점이었듯이 말이다. 이는 실질적으로 오프라인의 매출로 보는 게 맞다. 롯데나 신세계 같은 오프라인 소매업자가 운영하는 수많은 온라인 쇼핑몰 역시 마찬가지다. 수단은 온라인이지만 본질은 분명 오프라인이다.

굳이 비유하자면 이런 논리와도 비슷하다. 예전에는 직접 가게로 찾아와서 자장면을 사 먹던 사람들이 어느 날 갑자기 전화로 배달을 시키는 시대가 되면서 중국집이 몽땅 다 망하게 생겼다고 우기는 꼴이다.

그나마 그건 좀 나은 편이다. 여태 전화를 걸어 음식을 시켜 먹던 사람들이 이제는 스마트폰을 통해 손가락 하나로 주문하는 시대가 되었다고 오프라인의 종말을 고하는 식이다. 발과 입이 해오던 역할을 단지 손가락이 대신 하게 된 것일 뿐 예나 지금이나 자장면을 내어주는 곳은 그 중국집 그대로인데 말이다.

그런데도 사람들은 마치 지금까지 없었던 엄청난 세상이 온라인에 의해 생겨난 것마냥 크게 오해하고 있다. 스마트폰과 배달 앱이 중국집을 몽땅 다 없애버릴 거라는 착각과 함께 말이다. 흔한 말로 왼쪽 주머니에 있던 돈을 오른쪽 호주머니로 옮겨놓았다고 해서 내 돈이 아닌 건 아니다. **중국집에 가서 음식을 먹어도 중국집 매출이고, 전화나 스마트폰으로 주문해서 먹어도 중국집 매출이다.**

지금껏 홀 영업만 이어오던 중국집 주인에게 전화와 스마트폰을 이용한 배달은 거부하기 힘든 유혹이다. 가게가 가진 물리적인 제약과 한계를 한 방에 제거해주기 때문이다. 일례로 배달 주문은 상권의 의미가 무색해질 만큼 점포의 영업 반경을 크게 넓혀주었다. 나아가 가게가 처한 입지 조건까지도 사실상 무의미해지도록 만들었다. 굳이 손님이 가게로 찾아올 필요가 없으니 후미진 장소라도 반드시 나쁘지만은 않다는 이야기다.

가게라는 물리적인 공간 역시 마찬가지다. 음식을 제공하는 장소가 매장 내부에서 외부로 무제한 확장되다 보니 수용할 수 있는 손님의 수에도 한계가 사라진다. 홀 영업에 배달이 추가되면서 매출액은 한층 탄력을 받게 되고, 영업 효율 또한 이전보다 훨씬 더 높아지게 마련이다. 온라인의 발달이 중국집을 위협한다고 단정 지을 수 없는 이유다. 오히려 전에 없던 새로운 무기를 하나 더 가지게 되었다고 보는 게 보다 합리적이다.

그런 혜택은 비단 중국집만의 전유물이 아니다. 소매업 시장에서도 온라인의 발달은 점포가 가진 물리적인 공간과 상권에서의 한계를 무너뜨리고, 지금까지는 상상도 하지 못했던 새로운 영업의 기회를 포착할 수 있게끔 도움을 주었다. 단지 상상이나 예측을 말하는 게 아니다. 실제로 그랬다. 미국의 글로벌 시장조사업체에 따르면 온라인의 발달은 전체 소매업 시장의 규모를 키우기도 했지만 그와 동시에 오프라인의 성장에도 도움을 주었다. 쉽게 말해서 오프라인 소매업자 역시 온라인이라는 수단을 통해 외연을 확장해왔다는 뜻이다. 온라인이 단지 오프라인을 죽이러 온 저승사자로만 비유되는 현실에 선뜻 동의하기가 힘든 이유다.

그렇다면 오프라인 소매점 역시 앞으로 가야 할 길이 분명해진 셈이다. 그들 역시 하나의 효과적인 영업 수단 혹은 새로운 판매 채널로서 온

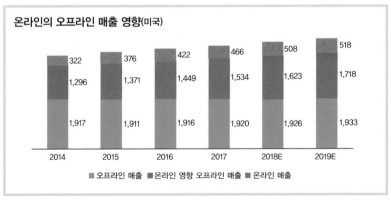

자료 : 미국 글로벌 시장조사업체(Forrester Research, 2017), 단위는 조 원

라인을 강화해나갈 가능성이 크다. 오프라인이 망해가는 것이 아니라 장사하는 수단과 방법을 온라인으로 조금씩 바꾸어가면서 스스로 진화해가는 과정에 있다고 이해하는 게 훨씬 합리적이다. 그동안 오프라인에 올려두고 있었던 무게추를 온라인 쪽으로 약간 옮겨가고 있다고 표현하는 게 아마도 가장 적당하지 않을까 싶다.

12
오프라인은 사라지지 않는다

온라인을 이용한 정치가 유행이다. 정치인 대부분이 유튜브와 SNS를 비롯한 다양한 온라인 채널을 이용하여 메시지를 전달하고 지지자를 끌어모은다. 유권자의 반응도 썩 나쁘지 않다. 구독자도 꾸준히 늘고 있고, 사람들의 이목과 관심을 끄는 데도 나름 성공했다. 혹자는 이러한 현상을 두고 '광장'을 중심으로 행해지던 과거의 정치 활동이 '가상의 공간'으로 자리를 옮겨가고 있다고 표현했다. 나름의 이유도 덧붙였다. 정치는 메시지가 중요하기에 굳이 후보자가 유권자를 직접 대면할 필요성이 없기 때문이라고 했다. 이런저런 이유로 정치는 광장에서 랜선으로 무대를 옮겨가는 것이 가능한 모양이다.

디지털 혁명 이후에 사람들은 물리적인 공간의 중요성이 서서히 감소할 것으로 예측했다. 건축가이자 도시 계획가인 윌리엄 미첼William J. Mitchell 교수가 대표적이다. 그는 미래의 도시를 디지털화된 '가상의 무대'로 표현했다. 컴퓨터 메모리와 화면 속의 공간이 지금의 부동산처럼 무척 값진 재산이 되고, 온라인 네트워크와 사이버 공동체가 지상의 운송망처럼 다양한 사람들을 이어줄 거라고 예견했다. 접촉은 연결로, 현장은 인터넷으로, 학교는 가상 캠퍼스로, 물리적인 거래는 전자거래로 변환되면서 물리적 공간의 중요성은 점차 감소할 것이라고 주장했다.[32]

이에 반해 디지털 기술의 발달이 오히려 공간의 집중을 더욱 가속화 할 것이라는 의견도 팽팽히 맞선다. 도시사회학자인 마뉴엘 카스텔Manuel Castells이 대표적이다. 그는 미첼의 '탈공간화脫空間化'와 반대되는 개념인 '재공간화再空間化'를 주장하면서 디지털 기술과 온라인의 발달은 정보처리의 공간과 지역적인 집중화를 더욱 가속화 할 것이라고 했다. 디지털 기술로 인해 대체되는 물리적인 공간 자체가 지극히 제한적일 것이라는 이야기다.[33]

생각해보면 둘 다 일리가 있는 주장이다. 특히 디지털 기술의 발달이 물리적 공간의 역할과 중요성을 대폭 감소시킬 것이라는 주장은 이미 생활에서 증명된 바다. 앞서 소개한 정치 영역에서의 사례가 대표적이다. 정치인의 경우, 메시지만 전달할 수 있으면 굳이 온라인과 오프라인을 가릴 이유가 없다. 효율성을 따지면 오히려 온라인이 훨씬 유리할 수도 있다. 한 번에 만날 수 있는 유권자의 수도 월등히 많고, 편의성도 뛰어나기 때문이다. 홍보 수단으로서의 파급력도 훨씬 큰 편이다.

하지만 전달해야 할 게 메시지가 아닌 상품이라면 상황이 달라진다. **직접 대면해야 하는 일들을 모두 디지털화하여 랜선으로 전달하기에는 한계가 있다.** 음악이나 소프트웨어, 항공권, 공연 티켓처럼 제품의 동질성이 보장되거나 품질에 대한 신뢰가 확보되지 않는 이상, 물건도 보여주지 않은 채 이를 설명하거나 구매를 설득하는 것은 여간 까다로운 일이 아니다. 견물생심見物生心, 뭐든 직접 봐야 욕심도 생겨나는 법이다. 극히 일부 품목을 제외하고는 소비자에게 상품 정보를 제공하거나 주문에 도움을 주는 정도의 보조적인 역할에 그칠 수밖에 없는 운명이다.

온라인이 소매 시장에 처음 등장하게 된 것도 원래 그런 배경이었다.

애당초 **오프라인을 대체할 목적이 아닌, 기존의 오프라인 소매점이 가진 한계를 넘어서기 위함이었다.** 그런 만큼 태생적으로 온라인은 오프라인의 그늘에서 벗어나기가 힘들다. 실제로 온라인은 소매업을 비롯한 다양한 분야에서 자신의 능력과 가치를 발휘하고 있지만 그렇다고 해서 오프라인을 뛰어넘거나 혼자서 시장을 휩쓴 곳은 단 한 군데도 없다.

식을 줄 모르는 라디오의 인기가 이를 대변한다. 디지털 사회가 가속될수록 아날로그 시대를 그리워하는 인간의 본성과 관련이 있다. 온라인이 주는 편리함에는 열광하면서도 한편으로는 오프라인이 주는 향수의 끈을 차마 놓지 못한다. 공항과 은행, 마트, 관공서와 같은 각종 공공장소에 설치된 자동 업무처리 시스템이 그렇다. 이미 많은 사람이 자동화기기에 익숙해진 상태지만 그 이면에는 아직도 창구를 이용해 일을 처리해야 하는 사람들도 많이 있다. 나이 많은 어르신들이 대체로 그런 편이다. 기계보다는 사람을 통해야만 비로소 마음이 놓인다. 시간이 흐르더라도 은행의 영업점이 인터넷 뱅킹이나 자동화기기 따위로 완전히 대체되기가 힘든 이유다.

콜센터 혹은 고객센터로 전화를 거는 경우도 하나의 예다. 자동응답을 통해서도 얼마든지 문제를 해결할 수 있음에도 굳이 안내원과의 통화를 고집한다. 제아무리 기술이 발달하고 기계가 인공지능을 늘려가더라도 문제 해결 능력만큼은 인간을 따라갈 존재가 아직은 없기 때문이다. 그런 이유로 기업들은 최근 기계식 응대를 줄이는 대신 콜센터 직원을 늘리는 추세다. 그리고 이는 소매업이라고 해서 그런 추세가 비껴갈지는 미지수다.

문제는 장차 고령화 사회가 진전될수록 이러한 현상이 가속화될 가능성이 크다는 사실이다. 이는 도시 개발에서 나타난 방향성 변화만 보더라도 충분히 공감이 간다. 예컨대 한창 일할 나이에 있는 사람들이 인구의 중심축을 이루던 시절에는 도시 외곽에 주거단지를 건설하는 '신도시' 열풍이 일었다. 휴식을 취할 때만큼은 삭막한 도시에서 벗어나 마음 편한 시간을 보내고 싶었음이다. 하지만 시간이 지나고 이들도 나이가 들면서 도시 개발의 패턴은 구도심 지역을 재개발하는 '도심회귀都心回歸'로 형태를 바꿨다. 점차 노인이 되어가면서 사람이 그리워진 것도 하나의 이유겠지만 무엇보다 일상을 꾸려나가는 데 있어서 다른 사람의 손이 절실해지기 때문이다. 나이가 들면 아무래도 도시가 교외 지역보다는 살기에 적합하다. 트렌드와 유행이 아무리 중요하다고 한들 시간이 지나면 모든 건 결국 제자리로 돌아오게 마련이다.

소매업 역시 마찬가지다. 지금은 죽는다고 난리를 치는 대형 마트도 영광의 시간을 누린지는 이제 겨우 15년 정도 지났을 뿐이다. 이전만 해도 그들의 자리는 모두 동네 슈퍼나 연쇄점 같은 영세 소매점이 꿰차고 있었다. 어느 날 갑자기 대형 마트가 점포 수를 늘리면서 그 많던 도매상들과 함께 한순간 모두 사라져버렸지만 말이다. 하지만 최근 근거리 쇼핑이 새로운 구매 패턴으로 자리를 잡으면서 자취를 감췄던 동네 슈퍼도 하나둘씩 모습을 드러내기 시작했다. 소매 시장 역시 도시 개발의 패턴과 마찬가지로 비록 먼 길을 둘러오기는 했지만 결국에는 제자리를 찾아 돌아온 셈이다.

어차피 소매업은 주인공이 계속 바뀌어 가는 시장이다. 새로운 경쟁자는 끊임없이 등장하고, 그들은 늘 혁신을 무기로 사람들의 소비 패턴을 바꾸어놓는다. 비록 지금은 온라인이 세를 불리지만 실상은 이미 한

동네슈퍼의 귀환

2000년대 초만 하더라도 동네마다 공터에 대형 슈퍼마켓이 하나씩 자리하고 있었다. 이후 대형할인점이 등장하면서 도매상과 함께 모두 사라져버렸지만 말이다. 하지만 최근 근거리 쇼핑의 시대가 도래하면서 다시 하나씩 생겨나는 추세다. 어느 동네를 가더라도 쉽게 찾아볼 수 있다. 소매업도 유행 따라 돌고 도는 시장이다. [그림 출처 : 경주시(gyeongju.go.kr)]

계가 정해져 있다. 현재 소비 시장에서 주축을 이루는 사람들 역시 종국에는 모두 늙어갈 테니까 말이다. 침침해진 눈과 예전만 못한 손놀림, 총기를 잃어가는 머리 등으로 고통스러워하는 노인들에게 온라인이 주는 저렴한 가격이나 편리함 따위가 얼마나 가슴에 와닿을지는 모를 일이다. 몸은 조금 수고스럽더라도 집 앞 슈퍼를 다녀오는 게 훨씬 유익할 수 있다. 나이가 지긋한 분들이 돈을 조금 더 주더라도 가깝고 편리한 곳에서 물건을 사는 것처럼 말이다.

그렇다고 해서 장차 핵심 수요층이 될 지금의 청소년들이 모두 온라인에만 빠져 있을 거라는 생각은 착각이다. 기성세대는 흔히 10대가 모바일 서비스에만 관심을 가진다고 착각하지만 실상은 그 반대다. 태어날 때부터 스마트폰을 가지고 놀면서 이미 온라인에 익숙한 Z세대로서는 차라리 오프라인이 색다르고 차별적인 매체다. 누군가를 만나서 무언가를 직접 체험해볼 수 있는 오프라인에 대한 니즈가 오히려 더 큰 편이라고 한다. 그들을 상대로 정기적인 오프라인 마켓을 개장하여 성공을 거둔 '러블리마켓Lovely Market' 관계자의 전언이다. 다만 '소통'이 중요한 그들의 특성을 고려하여 온라인을 통해 홍보와 마케팅을 얼마나 잘 전개해나가는지가 무척 중요하다고 했다.

온라인이 추구하는 저렴한 가격과 구매의 편리성은 곧 쇼핑에 소비되는 시간과 비용의 절감을 의미한다. **온라인 쇼핑을 통해 절약한 시간과 비용을 채울 새로운 니즈가 발생할 가능성이 있다.** 추측하건대 아마도 여가나 문화와 관련된 소비와 활동들이 일어날 개연성이 가장 커 보인다. 앞서 설명한 대로 그렇게 생겨난 여가 문화 소비는 오직 오프라인만의 소비 영역이다. 고차원의 선택적 소비와 저차원의 필수적 소비가 함께 오프라인만의 독점적인 시장을 형성한다는 뜻이다. 그러고 보면 이는 온라인이 제 살을 깎아 결국 오프라인 소매점에게 새로운 먹거리를 던

10대를 겨냥한 오프라인 마켓

러블리마켓은 10대를 대상으로 오프라인 마켓을 개설하여 성공을 거두고 있다. 사진은 서울 동대문 DDP에서 개최되었던 행사의 모습을 보인다. [그림 출처 : 플리팝(fleapop.co.kr)]

저준 것이나 마찬가지다.

　온라인의 미래가 그리 희망적이지 않은 건 뭐니 뭐니해도 국내 온라인 시장을 이끄는 업체들이 소매업자로서 가져야 할 역량을 제대로 갖추지 못해서이다. 실제로 롯데나 신세계를 비롯한 오프라인업체가 운영하는 일부 온라인 쇼핑몰을 제외하고는 대부분 그 역할이 판매자와 구매자를 연결하는 중개 서비스에 머무는 수준이다. 소매업자로서 기꺼이 감내해야 할 위험을 전혀 떠안고 있지 않다는 뜻이다. 심지어 그들은 소매업자라면 마땅히 가지고 있어야 할 그 어떤 유·무형적인 소매 자산도 전혀 보유하지 못한 상태다. 알맹이가 빠진 빈 껍데기와도 다르지 않다.

　이는 마치 단 한 대의 자동차도 보유하지 않은 채 택시 영업을 하는 '우버Uber'를 가리켜 운송업자라고 부르기 힘든 것과 같은 이치다. 그 어떤 부동산 자산도 소유하지 않은 상태에서 방을 빌려주는 '에어비앤비Airbnb'가 숙박업자로 분류되기 힘들 듯이 말이다. 아무런 콘텐츠도 생산하지 않는 '페이스북Facebook'을 가리켜 미디어라고 칭하는 사람들 역시 오직 자신들밖에는 없다. 진정한 미디어라면 나날이 꺼져가는 지금의 쇠락을 충분히 설명할 수 있어야 한다. 만약 미디어로서의 가치를 지니고 있었다면 갑자기 열풍이 식었다고 해서 기업 가치가 갑자기 쪼그라들지는 않을 테니까 말이다.

　때마침 가열되고 있는 혁신에 관한 논쟁 역시 의문이 들기는 마찬가지다. 온라인 쇼핑센터가 제공하는 서비스를 두고서 4차산업 혁명이니 뭐니를 운운하는 게 과연 온당한 일인지에 대한 갑론을박 말이다. 물론 '아마존 효과'에 따르면 긍정적인 면이 있는 것도 사실이다. 중간상인을 거칠 필요가 없는 데다, 실시간 비교가 가능해 오프라인보다 싼 가격에 물건을 살 수 있다는 장점은 충분히 인정하는 바다. 하지만 도소매업종을 중심으로 실물 경제에 악영향을 끼친다는 의견도 무시하기 힘들다. 최근 한국은행이 발표한 보고서에 따르면, 온라인 쇼핑의 확대가 연평균 물가상승률을 0.2%P 떨어뜨리고, 고용은 1만 6천 명을 감소시킨다고 했다.[34]

온라인 쇼핑이 가져다주는 사회적 효용과 부작용을 따지기 위해 그런 복잡한 분석이나 거시경제까지 들먹일 필요는 없다. 상식적으로만 생각해보더라도 온라인을 사업의 기반으로 삼고 있다는 사실만 다를 뿐 이미 오프라인이 구축해놓은 시장에 숟가락만 하나 더 얹어놓은 듯한 느낌을 지우기가 힘들다. 신기술은 온데간데없고, 단지 플랫폼을 활용한 새로운 사업 영역을 구축하기에 급급하다. 혁신이란 말로 그럴듯하게 포장은 했지만 실제로는 법의 허점을 노린 새로운 영리 취득에 가깝다.

물론 사업 모델이 반드시 개발자의 머리에서 나와야 한다는 법은 없다. 투자자의 잔머리가 변호사의 책상머리를 거친 사업도 충분히 자격은 있다. 다만 혁신을 이야기하기엔 민망함을 감추기 힘들다는 뜻이다. **진정한 혁신이면 가치를 지녀야 하고, 그런 가치는 저무는 트렌드 앞에서도 무기력한 존재가 아님을 스스로 증명해내야 한다.** 수없이 생겼다가 사라져버린 이전의 온라인 서비스들과 마찬가지로 온라인 쇼핑 역시 어느 순간 위기에 봉착하지 않는다는 보장은 없다. 소매업자로서 뚜렷한 역할과 가치를 품고 있다면 아무런 문제도 없지만, 행여 그렇지 않은 경우라면 그들 역시 소멸의 길로 향하는 다음 차례가 될 수도 있다.

그에 반해 오프라인 소매업자에게는 오랜 역사만큼이나 단단한 내공이 이미 다져있다. 오랜 기간 숱한 경쟁을 이겨왔기에 비효율성은 대부분 제거되고, 모두 최적의 상태로 단련되어있다. 갑작스레 등장한 온라인에게 한 대 얻어맞기는 했으나 치명상을 입은 건 아니다. 잠시 중심을 잃고 약간 휘청거렸을 뿐이다. 정신을 가다듬은 후 상대방의 약점을 포착하는 순간 반격은 시작된다. 연이은 카운터 펀치가 날아들 때쯤이면 아마도 온라인이 먼저 중심을 잃고 쓰러질지도 모른다.

예상되는 시나리오 가운데 가장 가능성이 커 보이는 것은 온라인이 유동성 위기에 직면하는 경우다. 행여 돈줄이라도 끊겨서 시장에 매물로 나오기라도 한다면 그 즉시 온라인의 위상은 한순간 물거품이 되어버릴 가능성이 크다. 관심은 오직 이를 인수하게 될 업체가 누구냐다. 솔직히 말해서 롯데나 신세계 같은 오프라인 소매업자가 인수할 가능성도 완전히 배제할 수가 없다. 만에 하나 그러기라도 하는 날엔 온라인은 오프라인에 예속된 하나의 채널로만 위상을 유지할 뿐이다. 소매시장을 이끄는 리더로서 오프라인의 지위가 온라인으로까지 확장되고, 오프라인 소매업자에 의해 운영되는 온라인 쇼핑센터가 온라인 시장을 장악해버리는 시대가 도래하게 된다. 궁금한 건 이런 시대를 가리켜 사람들은 과연 뭐라고 부를지다. 여전히 '온라인 쇼핑의 시대'일지 아니면 '오프라인 쇼핑의 시대'로 되돌아갈지 말이다.

온라인과 오프라인을 모두 장악해버린 오프라인 소매업자에게 온라인은 영업효율과 시너지를 위한 전략적 유통 채널로 활용될 가능성이 크다. 오프라인의 손길이 닿기 힘든 지역을 중심으로 온라인이 마수를 뻗치며 지금까지 단 한 번도 넘지 못한 물리적인 한계를 무너뜨리고자 시도할 것으로 예측된다. 지금까지와는 전혀 다르게 온라인과 오프라인을 완전히 차별화하여 경쟁 관계에 놓이지 않도록 포지션을 다시 정하는 것 또한 예상이 가능한 시나리오다. 예를 들어 **온라인을 오프라인 매장에서 누적된 악성 재고 상품이나 이월 상품을 싼 가격에 처리하는 전문 채널로 활용**하는 방법이 대표적이다. 오프라인 매장의 판매에도 지장을 주지 않으면서 브랜드가 가진 이미지 훼손에도 아무런 문제가 없다.

그와 달리 **오프라인 소매점은 지금보다 더욱 고급화를 향해 내달을지도 모를 일이다.** 생각해보면 백화점과 쇼핑센터는 원래 부유층을 위한 쇼핑의 장소였다. 우리 같은 서민들이야 저렴한 가격에 휘둘려 온라인 쇼핑으로 급속히 발걸음을 옮겨갈지 몰라도 부자들은 오히려 고급스러울 정도로 한산해진 쇼핑몰을 거닐며 그들만의 리그가 부활한 것을 기뻐할지도 모를 일이다. 쇼핑센터도 썩 나쁘지 않다. 어차피 매출액의 80%는 상위 20%의 고객에게서 나오는 법이니까 말이다. 더군다나 매출액에서 차지하는 비중과 구매 단가는 상위 고객일수록 점점 더 큰 폭으로 증가해나가는 추세다.

이러한 사실을 가장 잘 이해하고 있는 업체가 현대다. 온라인의 공세에 밀려 선제적으로 몸집 줄이기에 나선 롯데나 신세계와 달리 현대는 신규 점포를 순차적으로 늘려갈 계획이다. 2020년도만 봐도 그렇다. 대전과 남양주에 두 개의 프리미엄아울렛을, 그리고 여의도에는 서울 지역 최대 규모의 백화점을 개점할 예정이다. 이를 두고 업계에서는 뜬금없는 '역주행'이라고 비아냥거리기도 한다. 하지만 개인적으로는 국내 유통업체 가운데 가장 고급화를 지향하는 백화점이라는 점에서 충분히 이해가 가는 전략으로 이해된다. 온라인이 번성하건 말건 크게 신경 쓰지 않는다는 의미다.

이 책의 앞부분 어딘가에서 온라인과 오프라인은 서로 경쟁자가 될 수 없는 운명이라는 말을 했다. 각자 '저가격-저서비스'와 '고가격-고서비스'라는 완전히 상반된 효용을 향해 끊임없이 나아갈 것이기 때문이라는 설명과 함께 말이다. 예상대로라면 온라인과 오프라인을 모두 장악해버린 소매업자가 구사하게 될 전략이 바로 이것이다. 온라인과 오프라인을 분리하여 서로 양립할 수 없는 두 개의 극단적인 소비를 겨냥하는 것 말이다. 이런 식으로 이원화된 영업 전략을 구사한다면 그야말로 매출과 기회는 극대화하면서 위험과 비용은 최소화하는 게 가능해진다. 온·오프라인을 넘나드는 시너지를 통해 외형과 내실을 동시에 추구할 수 있게 되는 것이다.

그런 점에서 온라인은 지금껏 날지 못하던 '유통 공룡'에게 날개를 달아준 셈이다. 그들 역시 더 나은 경쟁력과 효율성을 위해서라도 온라인을 더욱 발전시켜야 할 필요성을 느끼게 된다. 하지만 그것이 '온라인 쇼핑의 시대'를 의미하지는 않을 전망이다. 설령 지금보다 온라인 쇼핑이 더욱 발전하더라도 소매업에서의 주인공은 언제까지나 오프라인일 것이기 때문이다. 온라인은 그 옆에서 감칠맛 나는 연기로 주인공을 돋보이게 할 한 명의 조연에 지나지 않는다.

기억할 것은 영화든 드라마든 주인공은 언제나 맨 마지막이 되어서야 죽음을 맞이한다는 사실이다. 물론 반드시 그래야만 한다는 법은 없다. 하지만 적어도 감독이나 관객, 스태프 사이에서는 암묵적으로 형성된 불문율이나 다름없다. 물론 오프라인 역시 언젠가는 장렬한 죽음을 맞이해야 할 날이 찾아올 수도 있다. 하지만 설령 그런 날이 오더라도 그때는 이미 온라인도 모두 사라져버린 다음일 가능성이 크다. 지구를 지배하는 인류마저도 모두 멸종해버린 이후 말이다.

13
상품과 가격에 이은 제3의 경쟁력, 공간

구도심 변두리 지역에서 입시 학원을 운영하는 친구가 있다. 중·고생을 대상으로 보충 수업을 진행한다. 처음 시작할 때만 해도 영세한 학원이었는데 지금은 학생도 많이 늘고 규모도 꽤 커졌다. 갈수록 경쟁은 심해지고 학령 인구는 줄어든다는데, 어려운 조건 속에서도 잘 꾸려나가는 모습이 꽤 수완이 있어 보인다. 비결이 궁금해 슬쩍 물어본 적이 있다. 머뭇거리던 그가 들려준 이야기는 사뭇 진지하면서도 흥미로웠다.

서울 강남에 있는 학원이라면 당연히 성적을 끌어올리는 게 성공의 비결이라고 했다. 하지만 모두가 다 그런 건 아니라고 토를 달았다. 적어도 자기가 있는 지역에서만큼은 핵심이 아니라는 뜻이다. 그가 강조한 것은 생활 지도였다. 방과 후 학생들이 방황하거나 일탈에 빠지지 않도록 지도하고 관리하는 게 더욱 중요하다는 의미로 받아들였다. 변두리 지역이라는 입지 특성 때문이다.

변두리 지역은 대개 맞벌이 부부의 비율이 높고, 자연히 부모의 귀가도 밤늦은 시간에 이루어지는 경우가 많다. 학부모로서는 자녀에게 공부를 가르치는 것보다는 나쁜 친구와 어울려 엉뚱한 길로 빠지지 않도록 보살펴줄 누군가가 더욱 절실하다.

친구가 주목한 건 바로 이 부분이다. 공부를 가르치는 사교육의 역할도 소홀히 해서는 안 되겠지만 그는 공교육까지도 자처했다. 학생 한 명 한 명을 밀도 있게 관리하는 동시에 학부모와의 상담도 자주 진행함으로써 말이다. 처음에는 엄격한 지도가 자칫 학생이나 학부모들로부터 원성을 사지는 않을까 걱정도 많았다고 한다. 하지만 오히려 그런 점이 학부모로부터 신뢰를 받고, 강력한 지지를 얻게 되는 핵심 경쟁력이 되었다고 한다. 의심이 해소되는 순간 확신이 생겨나고, 이는 곧 지속적인 등록으로까지 이어진다는 얘기다.

요약하면 이렇다. 학원은 교육을 위해 존재하는 장소지만 친구는 단지 거기에만 전념하지는 않았다. '교육'이 아닌 '보육'에 집중한 결과가 지금의 성공을 가져다주었다는 설명이다. 본연의 역할과 기능을 따르는 게 경쟁력을 위한 정도正道라는 건 부인할 수 없는 사실이지만 때로는 부차적인 기능이 차별성을 제공해주는 지름길이 되기도 한다.

시장은 '상품'과 '사람'이 모여드는 장소다. '공간'을 초월하여 다양한 사람들이 한자리에서 연결되고, '시간'을 뛰어넘은 상품들이 한데 뒤섞인다. 물건을 팔고자 하는 사람과 사고자 하는 사람이 만나 상품에 대한 정보를 교환하고, 생산량을 조절하며, 품질까지도 향상시킨다. 무엇보다 시장은 양쪽 모두에게 가장 적당하다고 생각되는 물건값을 정해주고, 서로가 합의한 가격에 재화와 서비스를 교환하거나 판매하도록 만든다. 한마디로 말해서 **시장은 '거래의 장소'**다.

예전만 해도 시장은 거래의 장소로서 역할에만 충실하면 그만이었다. 하지만 소비자가 바뀌고 소비 문화도 함께 변해가면서 시장에 거는 기대감에도 변화가 생겼다. 상품 거래뿐만 아니라 위생이나 청결, 신뢰,

편의성 같은 가치들이 함께 요구되기 시작한 것이다. 하지만 우리네 전통시장은 안타깝게도 그러한 시대적인 요구를 스스로 담아내지 못했다. 여기에 화답한 건 대형 마트였다. 소비자로부터 외면받은 전통시장의 자리를 이들이 대신 꿰차게 된 배경이다.

하지만 대형 마트 역시 영광의 시간을 오래 끌지는 못했다. 소매 환경은 또다시 변화를 거듭했고, 승리의 축배를 들었던 그들 역시 지금은 전통시장과 다를 바 없는 처지에 내몰렸다. 편의점과 슈퍼마켓, 그리고 온라인의 기세에 밀려 소비자의 기억 저편으로 사라질 위기에 처한 것이다. 거래 장소로서 역할뿐만 아니라 위생이나 청결, 서비스, 신뢰, 편의성 같은 여러 부가적인 가치들까지 모두 갖추었음에도 말이다. 모르긴 해도 이전과는 다른 새로운 소비 가치가 또다시 요구되고 있는 게 분명해 보인다.

하지만 정작 당사자들은 그 원인을 외부로 돌린다. 명절을 앞둔 재래시장에 인적이 드문 것도, 주말인데도 마트 계산대에 줄이 생기지 않는 것도, 그리고 자고 일어나면 빈 점포가 생겨나 있는 거리의 상가들도 모두 경기가 나빠진 탓이라고만 핑계를 댄다. 물론 아니라고 말하기는 힘들지만 그렇다고 전적으로 동의하기도 애매하다. 그러기엔 온라인과 백화점의 매출액이 설명되지 않기 때문이다. 시대적인 요구에 부응하지 못한 자신들의 패착은 간과한 채 듣고 싶은 말에만 귀를 기울이느라 정작 들어야 할 말은 놓치고 있는 건 아닌지 되돌아볼 때다.

바야흐로 소매업에도 패러다임의 변화가 절실히 요구되는 시점이다. 단순히 거래의 장소로서 가지는 역할론적 효용에만 의미를 둔 채 소매점을 운영하던 시대는 모두 끝이 났다. 지금까지 해왔던 방식으로는 언제 온라인에 잠식되어 종말을 고하게 될지 아무도 장담할 수 없다. 이들의 공세로부터 살아남을 수 있기를 바란다면 **비록 '거래의 장소'이긴 하나 '거래'보다는 '장소'에 집중하는 게 훨씬 안전하고 현명한 대처.** 마치 교육을 위한 장소임에도 교육보다는 보유에 집중했던 학원이 교육방송과 온라인 강의 등으로 쉽게 대체될 수 없었던 것처럼 말이다.

이는 스마트폰의 발전 과정만 살펴보더라도 충분히 이해가 가는 내용이다. 예컨대 요즘 전화기는 가히 컴퓨터라고 부를 수 있을 정도로 다양한 기능이 복합되어있다. 자연히 전화기로서 역할과 본질이 상당 부분 퇴색되고, 통화 기능을 사용하는 비중 역시 그리 높지 않은 편이다. 하지만 바로 이러한 점이 오늘날 스마트폰의 압도적인 지위를 가능케 한 핵심 요인으로 작용했다. 전화기로서 가져야 할 본질적인 기능과 역할을 스스로 가볍게 만들었기에 스마트폰이라는 새로운 전성기를 맞이할 수가 있었다.

갑자기 묻고 싶어진다. 손바닥보다 작은 핸드폰이 장족으로 앞서나가는 동안 어마어마한 규모를 자랑하는 쇼핑센터는 진화와 발전을 위해 스스로 어떤 노력을 기울여왔는지 말이다. 쇼핑센터 역시 스마트폰이 그러했듯 오프라인이 제공할 수 있는 모든 기능을 하나의 건물 안에 집적하고자 했던 노력만큼은 충분히 인정한다. 하지만 새로운 미래를 위해 쇼핑센터의 본질적인 기능인 '쇼핑'을 최소화하려는 노력에 대해서는 의구심을 숨길 수가 없다. 여전히 거래의 장소에 머물러 있기를 희망하고 있는 건 아닌지 스스로 되돌아볼 필요가 있다. 제아무리 많은 기능을 추가한다고 한들 '거래'가 아닌 '장소'에 방점을 두지 않는 이상, 그들이 맞이하게 될 미래 역시 전통시장이나 대형 마트의 그것과

다르지 않을 게 분명하다.

안타깝게도 디지털 세대가 소비를 주도하는 새로운 소매 환경에서 오프라인 소매점이 성장을 이어나갈 방법은 그리 많지 않다. 소비자에게 경험을 제공하는 '유일한 목적지'가 되는 것 말고는 딱히 말할 수 있는 게 없을 정도다. **공간이 가치를 더해주고, 공간 자체가 하나의 가치가 되는 새로운 소매점으로 만들어야 함이다.**

예를 들면 스타벅스가 그렇다. 그들은 판매하는 상품과 서비스에 공간이 가진 특별한 의미를 담아 전하고자 한다. 매장을 아무런 의미도 없이 텅 비어있는 '공간空間, Space'으로 남겨두기보다는 어떤 특별한 의미가 더해진 '장소場所, Place'로 만들고자 노력한다. 고객이 '기다림과 만남의 커피' 대신 '혼자만의 커피'에 집중할 수 있었던 이유도 바로 여기에 있다. 비록 일개 커피숍에 불과하지만 '커피'가 아닌 '공간'을 판매함으로써 스스로 '동네 다방'이 아닌 진정한 '스타벅스'로 거듭나고자 노력하는 것이다.

이는 결코 광고나 마케팅에 써먹을 요량으로 만들어진 빈말이 아니다. 단지 캐치프레이즈에 그치지 않고 행동과 실천으로 모두 이어졌기 때문이다. 실제로 스타벅스는 2017년 10월, 잘나가던 온라인 사업을 모두 접었다. 로고가 새겨진 머그잔과 텀블러, 커피 포장제품에 대해 온라인 판매를 모두 중단한 것이다. 이유는 간단했다. '공간'을 판매하는 회사로서 온라인을 통해 물건을 파는 게 경영 철학에 부합하는지 의문이 일었기 때문이다. 수익성이 꽤 좋은 포장제품 판매권을 네슬레에 매각한 것도 같은 이유다. 고객에게 제공되는 제품은 온라인에서 판매되면 안 되고, 특히 아마존을 통해서는 더더욱 안 된다는 게 하워드 슐

츠Howard Schultz 전 스타벅스 회장의 일관된 생각이라고 한다.

쇠락을 눈앞에 둔 대형 마트도 고민이 크다. 지금껏 유지해온 **넓고 쾌적한 '현대식 시장'에서 벗어나 새로운 가치가 담긴 장소로 거듭날 필요가 있기** 때문이다. 그도 그럴 것이 애당초 그들이 무기로 내세웠던 '합리적인 소비'나 '가격 혁명' 등의 가치는 이미 약발을 잃은 지 오래다. 한때 많은 소비자가 '할인점'이라는 명칭에 현혹되어 적지 않은 돈을 갖다 바치기는 했어도 그 가격이 결코 저렴한 수준이 아님을 깨닫기까지는 그리 오랜 시간이 걸리지 않았다. 관계 법령 역시 저렴하지도 않으면서 마치 가격이 싼 것마냥 소비자를 현혹한다고 해서 '할인점' 대신 '대형 마트'라는 명칭을 사용하도록 강제했을 정도다.[•]

물론 희망은 아직 남아있다. 대형 마트는 그 누구도 만만하게 여길 수 없는 어마어마한 자원과 장점들을 보유하고 있기 때문이다. 지역별로 고루 분포하는 수많은 점포와 풍부한 주차 시설이 하나의 예다. 어느 점포든 방문하기에 더없이 좋은 접근성과 편리성을 제공해준다. 관공서를 비롯한 각종 편의시설을 집적하여 지역주민을 위한 커뮤니티센터로 활용하기에 최상의 조건을 갖추고 있다. 점점 늘어나는 1인 가구를 위해 공간을 빌려주는 것도 하나의 대안이다. 좁은 주거 공간에 시달리는 그들로서는 작은 창고 하나도 무척 절실하기 때문이다. 주로 편의점과 슈퍼마켓을 이용하는 그들을 마트로 끌어들이는 것만으로 절

• 국내에 할인점에 처음 등장했을 때만 해도 해당 소매점에 대한 법률적인 개념이 정의되지 못했었다. 하지만 '할인점'이라는 용어 자체가 소비자에게 '싸게 물건을 판매하는 곳'이라는 의미로 잘못 받아들여져 자칫 영세 상인들을 위축시킬 수 있다는 우려가 힘을 얻으면서 유통업계에서 용어 개정을 요구하는 목소리가 일었다. 그에 따라 2006년 「유통산업발전법 시행령」에 의해 '대형할인점'에서 '대형 마트'로 명칭이 변경됐다.

반은 성공한 셈이다. 나아가 창업 공간까지 제공해줄 수 있다면 상주 인구를 늘리는 데 도움이 된다.

장차 다가올 고령화 사회도 대형 마트에게는 새로운 기회를 가져다 줄 예정이다. 노인들에게는 사시사철 시원하고 따뜻한 것만으로도 엄청 매력적이고 경쟁력 있는 장소로 인식될 테니까 말이다. 머지않아 병원이 앵커가 되어 소비자를 불러 모으는 시대가 도래할 수도 있다. 지금처럼 퍼스널 모빌리티Personal Mobility 시장이 성장을 거듭해나간다면 대형 마트 안에 마련된 넓은 주차 공간도 별 쓸모가 없게 된다. 그런 공간을 활용하여 작은 병·의원을 유치한다면 안정된 임대수입을 얻으면서도 상품을 판매할 소비자까지 불러 모으는 그야말로 일석이조의 효과를 누리게 된다.

여기에 적적하지 않을 구경거리까지 더해진다면 어르신들에게는 더없이 완벽한 여가 장소가 된다. 특히나 미세먼지가 기승을 부리는 요즘 같은 시기라면 깨끗한 공기를 뿜어주는 것만으로도 소비자를 불러 모으기에 충분하다. 예를 들면 '공기 마케팅'이 대표적이다. 행여 알프스에서 가져온 액화 산소라도 뿌려댄다면 매장은 온종일 아이들과 부모들로 북적이는 사랑방으로 변할지도 모를 일이다. 공기 때문에 집 밖으로 나가지 못하는 아이들을 마음껏 뛰어놀도록 해주고 싶은 게 모든 부모의 공통된 마음이다. **어쩌면 '몰링Malling'이란 용어에 이어 '마트링Martling'이란 신조어가 유행처럼 퍼져나갈 수도 있다.**

단순히 비어있던 '공간'이 무언가 의미가 있는 '장소'가 되면서 요구되는 역할에도 변화가 생겨난다. 그리고 그런 역할의 변화는 대개 소비자가 스스로 변함으로써 생겨난 결과다. 시간이 흐르면서 소비자는 변해가기 마련이고, 소비자의 변화는 곧 사람의 변화를 뜻한다. 그 과정에서 **공간의 역할과 의미에도 변화가 요구되는 것은 당연한 현상이다.** 마치 조개가 오랜 시간 분비 과정을 통해 만들어낸 것이 조개껍질이듯이 물리적인 공간 또한 인간의 실천적인 삶 속에서 형성된 불가분의 것이기 때문이다.[35]

한때 훌륭한 마케팅 도구로 칭송받던 '불편한 공간'이 효용성을 의심받기 시작한 것도 따지고 보면 변해버린 소비자 때문이다. 고객의 지갑을 열기 위해서라면 멀쩡한 사람도 뺑뺑이를 돌려야 했던 게 과거의 마케팅이었다면, 이제는 반갑지 않은 손님을 내치는 디마케팅의 수단으로밖에 대접받지 못하는 게 부정할 수 없는 현실이다. 심지어는 고객의 발길을 돌리게 만드는 미스 마케팅Mis-marketing의 상징으로까지 낙인이 찍혀버리고 말았다. 이미 말했듯이 소비자가 과거에 머물러 있지 않고 계속 변화해감으로써 나타난 현상이다.

사람의 변화가 공간에 반응하는 방식과 공간의 역할까지 바꾸었다면, 역으로 그런 공간을 통해서 사람을 변화시키는 것도 생각해볼 수 있다. 그리고 이러한 가능성은 그 누구보다도 소매점을 운영하는 사람들의 관심을 끌어내기에 충분하다. 물리적인 공간으로서 매장은 소비자와 직접 소통하는 장소라는 점에서도 의미가 깊지만[36] 매장의 분위기에 따라 소비자의 구매 행동이 달라진다는 점에서 소매업자에게 시사하는 바가 적지 않다.[37] 매장을 방문한 고객들에게 무언가 의미 있는 경험을 선사해줌으로써 제품 판매에 적잖이 영향을 미칠 수 있다는 뜻이다.[38] 매장 환경에 대한 전략적인 접근을 통해 소매점을 '손님을 기다리는 매장'에서 '손님 스스로 찾아오는 매장'으로 재탄생시킬 수도 있다.

상품 구매에서 계획 구매가 줄고 충동구매가 늘어난 것도 여기에 한 몫 거든다. 이제는 소비자가 어떤 상품과 브랜드를 구매할지 마음먹고 가게를 방문하는 경우는 매우 드물다. 대략 30%의 사람들만이 계획적인 구매를 하고, 나머지는 모두 현장에서 순간적인 감정을 이기지 못해 저질러지는 충동적인 구매다.[39] 그리고 그런 소비자의 마음을 흔드는 건 다름 아닌 현장에서 얻게 되는 정보와 인상 같은 것들이다. 기대와 달리 각종 매체를 통해 습득된 정보는 생각보다 힘을 쓰지 못한다. DM 광고와 홈쇼핑, SNS, 인터넷 등 온라인을 통해 이미 많은 정보가 흘러 넘치기 때문이다. 특히 남성보다는 여성이 매장에서 얻는 정보에 더욱 민감하게 반응하는 편이다. 소비자의 충동구매를 부추기는 효과적인 인스토어In-Store 커뮤니케이션 수단으로서 '공간 전략'에 관심을 쏟을 수밖에 없는 이유다.

문제는 물리적인 공간을 통해 얼마나 효과적이고 효율적으로 사람을 변화시킬 것인가다. 조개껍질과 그 안에 들어있는 생명체 간의 관계를 이해하기 위해서는 그 둘에 대한 이해가 필수이듯이 공간 계획의 효율성은 결국 공간과 그 안에 담길 사람에 대해 얼마나 잘 이해하고 있는지에 달려있다. 공간 계획의 기저基底에는 반드시 인간에 대한 이해가 전제되어야 한다. '분위기'에 따라 달라지는 인간의 행동과 무의식적으로 반복되는 '습성', 그리고 사물의 '형태'에 반응하고 적응해나가는 모습을 살펴보는 것에서부터 공간 계획은 시작될 필요가 있다.

2장

분위기 활용하기

01
분위기에 따라 달라지는 이미지

고시원을 가본 적이 있는가? 그곳에서는 서로 마주치는 법이 없다. 같은 층에 살면서도 누가 이웃인지 모를 정도로 서로를 피해 다닌다. 문이 동시에 열렸다가도 약속이나 한 듯 이내 문을 닫고 안으로 숨는다. 그 모습이 마치 모랫구멍에서 고개를 내밀었다가 황급히 몸을 다시 집어넣는 칠게를 닮았다. 인기척이 모두 사라지고 나서야 비로소 방에서 빠져나온다.

밖에서는 그렇게 당당하던 사람도 유독 이곳에만 오면 마음이 움츠러든다. 현관으로 들어갈 때도 누가 지켜보고 있지는 않은지 주변을 살핀다. 초라한 자신을 들키고 싶지 않아서다. 다른 사람과 마주치는 것도 내키지는 않는다. 다들 비슷한 처지란 걸 알기에 거울에 비친 자신을 보는 것 같아 마음이 편치 않다. 꽃다운 청춘들로 가득한 곳이지만 언제나 우울함만이 감도는 장소다.

인간은 누구나 환경의 지배를 받는다. 그 영향의 크기를 두고는 '환경결정론'과 '환경가능론', '환경확률론' 등으로 학자마다 의견이 갈리지만 환경이 인간에게 영향을 미친다는 사실만큼은 모두가 동의한다. 거주하는 지역에 따라 신체에도 차이가 발생할뿐더러 행동이나 태도 같은 개인적인 특수성에도 영향을 미친다. 심지어 개인의 행동 차이는 순전히 서로 다른 환경에서 자란 탓이라는 주장까지 등장할 정도다.[1] 화목한 가정에서 자란 사람일수록 배우자에게 더 많은 공감과 애정을 표현한다거나,[2] 불우한 가정일수록 범죄에 쉽게 빠져든다는 사실이 이를 증명한다. 유흥업소가 밀집된 지역일수록 범죄 발생 비율이 높다는 조사 결과 역시 무관하지 않다. 까마귀 싸우는 곳에 백로가 갈 일은 만무하고, 먹을 가까이에 둘수록 손이 검어지는 건 당연한 이치일 테니까.

스키너가 주장했듯이 인간은 단순한 조건반사 기계가 아니다. 주변 환경과 끊임없이 상호작용해나가는 동물인 동시에 우리가 알고 있는 것보다 훨씬 더 많이 환경에 반응하며 살아가는 존재다.[3] **행동을 변화시키는 데 있어서 환경을 바꾸는 것만큼 효과적인 방법이 없다.** 도시 계획이 대표적인 예다. 각종 기호와 선을 이용해 자동차와 보행자의 움직임을 통제하고 조정함으로써 도시 기능을 유지해나간다. 최근에는 범죄 예방을 위해 '셉테드CPTED ; Crime Prevention Through Enviromental Design'라는 개념까지 도입했다. 거리 분위기를 밝고 쾌적하게 바꾸는 것만으로 범죄 발생량을 줄일 수 있다는 생각이다. 환경 변화가 인간의 행동을 바꾸는 데 효과적이라는 믿음이 있었기에 모두 가능했던 일이다.[4]

환경을 통해 인간의 행동을 제어하려는 노력은 건물에서도 자주 목격된다. 상업용 건축물의 경우, 공간이 사람을 얼마나 효과적으로 지배하느냐에 따라 건물의 가치와 활용도에 차별적인 평가가 뒤따르기 때문이다. 물리적인 공간 역시 환경의 한 요소로서 인간의 행동에 영향을 미친다는 믿음이 깔려있다. 마치 바깥에서는 누구보다 당당하고 발랄했던 젊은이들이 유독 고시원이라는 공간에만 들어오면 남의 눈을 피

시스티나성당의 천장 벽화

바티칸 시스티나성당 천장에 그려진 미켈란젤로의 '천지창조'와 '최후의 심판'은 모두 창문 사이로 들어오는 빛을 이용해 후광이 비치도록 그려졌다. 그림을 보는 사람들이 눈이 부시도록 일부러 그렇게 설계되었다는 설명이다. 신을 똑바로 바라보지 못하도록 말이다. [그림 출처 : 위키미디어 커먼스(commons.wikimedia.org)]

해 문도 함부로 못여는 신세로 전락해버리듯이 말이다. 초라함을 감추기 위해 죄인처럼 행동할 수밖에 없다.

공간을 통한 행동 제어는 기본적으로 인간의 심리를 왜곡하는 방식으로 이루어진다. 예컨대 바티칸 시국市國의 시스티나성당에 그려진 천장 벽화가 대표적이다. 미켈란젤로의 '천지창조'와 '최후의 심판' 모두 창문 사이로 들어오는 빛을 이용해 후광이 비치도록 그려졌다. 사람들이 벽화를 볼 때 눈이 부시도록 일부러 그렇게 만들었다. 그림 속의 신을 똑바로 바라보지 못하게 만듦으로써 공손한 태도를 갖추도록 강제하는 것이다.

법원이나 검찰청 건물이 마치 그리스 신전이나 유럽의 성城처럼 크고 웅장하게 지어진 것도 마찬가지 이유다. 의도적으로 높게 설치된 판사석 역시 사법부의 권위를 과시하기 위함이다. 심리적으로 위축되고 자세를 낮추도록 유도하는 데 효과가 있다는 설명이다. 미국의 연방준비은행FRB : Federal Reserve Banks이나 우리나라의 한국은행 건물 역시 같은 맥락이다. 그 어떤 경제 위기가 닥치더라도 자국의 금융 시스템은 쉽게 망하지 않고 충분히 대응할 수 있다는 무언의 메시지를 주기 위해 아주 단순하면서도 전통적이며 신뢰감을 주는 디자인을 채택하고 있다.

공간을 이용한 심리 왜곡은 소매업에서도 활용 가치가 크다. 실제로 **소매점의 매출액은 매장 환경이 가진 작고 미묘한 단서들에 의해 영향을 받는 경우가 많다.** 대부분 제품의 속성과는 아무런 관련이 없는, 음악이나 조명, 향기 같은 것들이다. 음악은 상품 판매와 소비 지출에 직접적인 영향을 미치며,[5] 고객과 판매원의 친화적인 관계에 도움이 되는 것으로 알려져 있다.[6] 조명은 고객의 체류 시간에 긍정적인 역할을 하는데,[7] 조명이 밝을수록 더 많은 상품을 탐색하고 관심을 보인다고 보고되었다.[8] 향기는 각자 좋았던 과거의 기억을 소환하게 만듦으로써[9] 제품에 대해 긍정적인 인상을 심어주고 좋은 평가를 이끌어낸다.[10] 나아가 다양성을 추구하는 행동에도 관여하는 것으로 알려져 있다.[11] 실제로 향기 마케팅을 시행하기 전과 후를 비교한 사례에 따르면, 제품 구매율은 이전보다 10%P 상승하였고, 1인당 평균 구매 금액도 이전보다 39%가량 높아

미국 연방준비은행 및 우리나라 한국은행 건물

연방준비은행

한국은행

미국의 연방준비은행과 우리나라 한국은행은 '금융 시스템 안정'이라는 중요한 역할을 한다. 그래서 그 어떤 경제 위기에도 잘 대처할 수 있는 능력과 힘을 가지고 있음을 보여주기 위해 건물도 신뢰감을 주는 디자인을 채택하고 있다. [그림 출처 : 인베스토피디아(investopedia.com), 블록인프레스(blockinptess.com)]

진 것으로 조사됐다. 재방문 의향도 이전보다 5%P가량 높았다.[12] 소매점의 영업 실적에 영향을 미치는 중요한 외부 요인으로서 매장 공간이라는 환경 요소에 대해 깊이 고민해볼 필요가 있다.

물론 전통적인 인지심리학에서는 여전히 제품 구매를 소비자의 이성적인 판단과 의사결정의 결과물로 이해하고 있다. 모든 소비자는 상품을 선택하거나 구매 의사결정을 내리기 전에 정교하고 의식적인 정보처리 과정을 경험하며,[13] 제품에 대한 정보를 수집하고 통합하는 과정에서 해당 제품에 대한 신념과 태도 등이 굳어진다고 믿는다. 상품 구매 의사결정에 필요한 구체적인 행동들 역시 그 연장선에서 벗어나기 힘들다.[14]

하지만 우리가 일상에서 경험하는 구매 과정은 전혀 그렇지 않다. 소비자가 충분한 정보를 가지지 못한 상태에서도 구매가 이루어지며, 특정 제품에 대해 가지고 있는 익숙함이 무심결에 상품을 집어 들게 만들 수도 있다. 주변 상황에 의해 즉흥적으로 이루어지는 '비계획적 구매' 혹은 '충동구매'를 하는 경우도 비일비재하다. 반드시 복잡한 의식적인 정보처리 과정을 통해서만 구매가 이루어지는 것이 아니라[15] 때에 따라서는 상황적인 요소가 더욱 중요해지기도 한다. 그래서 어쩌면 소매업이야말로 공간을 통한 심리 자극이 가장 절실한 분야인지도 모를 일이다.

그 절실함의 실천이 바로 점포 환경에 관한 연구다. 환경심리학에 따르면 점포 환경은 전체적인 시각에 의해 좌우된다고 한다. 소비자의 반응은 주로 시각적인 자극에 의존한다.[16] 소비자는 여러 환경 요인을 개별적으로 인지하고 처리하기도 하지만 그 행동과 반응을 결정짓는 환경적 자극은 대체로 전체적인 형태로 작용한다는 뜻이다.[17] 쉽게 말해서 소매점은 전체적인 분위기가 중요하고, 그런 분위기는 주로 시각적인 자극에 따라 결정된다. 입구에 들어서자마자 자못 경건해지는 성당이나 괜히 위축되고 위압감을 느끼는 법원과 검찰청처럼 말이다. 시각적으로 그런 느낌이 들도록 공간을 디자인했기에 그런 느낌을 받는 것이다. 분위기에 압도되었다는 표현 자체가 대부분 시각적으로 제압당한 상태를 일컫는다.

여기에는 시각적으로 취약한 인간의 생물학적인 특성도 한몫 담당한다. 사람들 대부분이 자신의 그림자 색깔을 회색 또는 검은색으로 알고 있지만 실제로는 그림자가 드리워진 땅이나 벽의 색깔과 거의 일치한다. 차이가 있다면 보색의 힌트로 인해 명암에 있어서 훨씬 더 어두운 빛을 띠고 있을 뿐이다.[18] 예를 들어 황록색의 잔디 위에 드리워진 그림자는 어두운 보랏빛이 감도는 녹색의 빛깔이다. 신이 내려준 눈으로 아름다움을 보기보다는 오직 편리한 쪽으로만 인지하는 데 익숙해져 있기에 나타나는 현상이다. 공간 중심의 시각적인 자극을 이용해 사람들의 눈과 심리를 속이는 게 그리 어려운 일이 아닐 수도 있다.

분위기 있는 사람이 이성에게 인기가 많듯이 **분위기는 사람이든 사물이든 가치 있게 보이도록 만드는 힘을 가지고 있다.** 미국의 워싱턴포스트지가 유명 바이올리니스트 조슈아 벨Joshua Bell과 함께 진행한 실험이 이를 증명한다. 보스턴 심포니 홀에서 연주할 때 죠슈아 벨의 연주 가치는 무려 22만 달러에 달했다. 하지만 어느 허름한 지하철역에서 연주했을 때 사람들이 평가한 가치는 겨우 32달러에 지나지 않았다. 그마저도 단 7명의 보행자만이 그의 연주에 관심을 보였다. 유명한 음악가의 연주마저도 저평가되게끔 만드는 게 바로 분위기가 가진 힘이다.

조슈아 벨의 연주 가치

보스턴 심포니 홀에서는 무려 22만 달러에 달하는 연주 가치를 평가받았던 조슈아 벨이 지하철역에서는 겨우 32달러에 지나지 않았다. 사람이든 사물이든 가치는 장소와 분위기에 따라 얼마든지 달라질 수 있음을 보여준다. [그림 출처 : 다음 블로그(blog.daum.net), 워싱턴포스트(washingtonpost.com)]

분위기는 상품 판매가 이루어지는 소매점에서 더욱 중요해진다. 특히 백화점이나 대형 복합쇼핑센터처럼 사회적인 제품을 판매하는 곳일수록 역할은 더욱 커진다. 실제로 청소기나 컵, 볼펜 같은 실용적인 제품을 구매할 때보다는 옷이나 신발 같은 패션 제품을 고를 때 사람들은 점포의 분위기를 더 많이 고려하는 편이었다.[19] 사회적인 **제품일수록 해당 상품의 이미지가 자신의 이미지로 직접 연결된다고 믿기 때문이다.**

그래서인지 똑같은 제품을 백화점에 진열해두었을 때와 시장에 쌓아두었을 때 사람들이 보이는 반응은 완전히 극과 극이다. 백화점에서는 고급 제품으로 받아들이면서 시장에서는 싸구려 상품으로 취급해버린다. 제품의 이미지라는 것도 결국은 점포의 분위기에 따라 좌우된다는 사실이 실감이 날 정도다. 한때 성행했던 '태그Tag갈이'라는 것도 이와 같은 심리를 악용한 범죄 행위다. 시장에서 파는 싸구려 제품을 사다가 기존 태그를 떼어내고는 그 자리에 자신의 브랜드가 새겨진 태그를 다시 붙이는 식이다. 그리고는 마치 자신들이 생산한 고품질의 제품인 척 백화점에 납품한다. 소비자로서는 감쪽같이 속을 수밖에 없다. 어차피 그들이 보고 믿은 건 상품이 아닌 백화점의 이미지와 화려한 분위기니까 말이다.

그렇다면 이제 이야기는 점포의 분위기를 향해 흘러갈 차례다. 어떤 분위기가 소매점에 도움이 되는지 고민해볼 필요가 있다. 예를 들어 성당이 주는 거룩함이나 성스러움 같은 분위기가 좋을지, 법원이 주는 위압감이 좋을지, 아니면 병원에서 느끼는 긴장감이 좋을지 말이다. 물론 그게 전부는 아니다. 규모를 통해 느끼게 할 수 있는 압도감이나 위압감, 건물의 형태를 활용하여 조성할 수 있는 개방감과 폐쇄감, 밀도 조절을 통한 한산함과 밀집감, 색감과 재질을 활용한 따뜻함과 차가움, 장식과 소품으로 연출한 화려함과 고급스러움 같은 것들도 모두 소매점이 발산할 수 있는 분위기의 종류들이다. 심지어 인간의 감정과 관련된 즐거움과 우울함마저도 시각적인 분위기로 연출해낼 수 있다. 어차피 물리적인 공간이라는 것 자체가 여러 가지 시각적인 자극들로 뭉쳐진 하나의 응집체에 불과할 테니까 말이다.

공간을 통해 공간 기획가가 추구해야 할 분위기의 방향은 비교적 명확하다. 무엇보다 일단 점포를 방문하고 싶은 마음이 들게 하는 분위기다. 그런 다음 매장을 방문한 사람들에게 저절로 돈이 쓰고 싶은 생각이 들게끔 분위기를 조성하는 게 올바른 순서다. 마치 평소에는 얌전하게 행동하던 사람도 유독 카지노에만 들어서면 인생을 걸어보고 싶은 욕망이 불끈 솟구쳐오르듯이 말이다. 우연인 듯 보여도 결코 우연이 아니다. 적절한 분위기에 그럴듯한 상황을 곁들이는 방식으로 계획되고 연출된 하나의 완벽한 시나리오다. 마치 자신이 행운의 주인공이 될 것만 같은 설레는 분위기를 바탕으로 적절한 순간마다 환호성이 터져 나오게끔 상황을 체계적으로 조합해둠으로써 말이다. 누구든 착각에 빠지는 순간 최면은 시작된다. 그리고 모든 행동과 움직임은 누군가의 지시에 따라 철저히 통제된다. 쇼핑센터라고 해서 사람들에게 최면을 걸지 말라는 법은 없다.

최면 능력은 소매점이나 공간 기획가에게 정말 꿈같은 일이다. 쇼핑센터를 방문한 사람들을 자신이 정해둔 규칙에 따라 움직이도록 만들 수만 있다면 지금처럼 매장을 밀도 있게 사용하지 않아도 된다. 고객이 더 오래머물고 더 많이 사는 데 도움이 되는 분위기를 이해하고, 이를 실천하는 것만으로도 얼마든지 효율성을 끌어올릴 수가 있기 때문이다. 매장을 잘게 쪼개거나 테이블을 빽빽하게 채워야 할 이유가 없다. 굳이 소비자를 밀집된 사육장에 가두지 않고서도 정해진 매장 공간을 충분히 효율성 있게 활용할 수가 있다.

이를 위한 첫 번째 도구가 바로 점포의 분위기다. 이미 충분히 설명한 대로 소매점의 분위기는 소비자가 해당 가게에 대해 가지게 될 이미지를 결정한다. 그렇게 각인된 이미지는 또다시 매출액을 비롯한 각종 영업지표와 직접적인 연관 관계를 맺는다. 이 때문에 누군가는 매장의 분위기가 시장점유율 변화를 가장 잘 설명해주는 요인 가운데 하나라고 했다.[20] 또 다른 누군가는 소비자의 점포 이용도를 가장 잘 설명해주는 핵심 변수라고도 했다.[21] 시간과 비용을 들여서라도 매장이 주는 느낌과 분위기에 대해 알아봐야 할 중요한 이유다.

02
우울함에 집을 나서는 사람들

스마트폰이 세상에 처음 등장했을 때만 해도 반드시 가져야하는 물건은 아니었다. 비유하자면 비싼 장난감 정도가 적합하다. 하지만 시간이 흐르면서 상황은 달라졌다. 스마트폰이 우리의 일상 속으로 깊숙이 파고들기 시작했다. 경쟁적으로 개발한 다양한 애플리케이션 역시 스마트폰의 대중화를 앞당기는데 한몫 거들었다. 일상 대부분에서 스마트폰이 활용되고, 그만큼 의존도도 높아졌다. 손에서 스마트폰을 내려놓지 못하는 수준을 넘어 이제는 없으면 불편함을 느낄 정도다. 스마트폰은 어느덧 생활필수품의 지위에까지 올라서고 말았다.

높아진 위상을 증명이라도 하듯 우리는 자그마한 고장에도 서둘러 서비스 센터를 찾는다. 행여 문제라도 생기면 당장 새 기계로 교체해버린다. 결코 저렴하다고 말하기 힘든 스마트폰을 망설임도 없이 덜컥 구매하는 것이다. 심지어 멀쩡한 기계를 새것으로 바꾸는 사람도 있다. 새로 나온 최신 기능이나 디자인에 반해서인 경우도 있지만 아무런 이유도 없이 충동적으로 그렇게 하는 사람도 적지 않다.

우리가 물건을 사는 건 대개 필요한 물건이 생겼거나 혹은 평소에 쓰던 물건이 망가지거나 없어졌을 때다. 이런 구매를 가리켜 '필수 소비'

혹은 '생활 소비'라고 부른다. 명칭은 달라도 둘 다 '필요'에 의한 기능적 소비라는 점에서 본질은 똑같다. 하지만 우리가 행하는 소비는 이게 전부가 아니다. 이미 가지고 있지만 더 좋아 보이는 게 있어서 새로 구매하기도 하고, 또 어떨 때는 아무런 이유도 없이 그냥 저지르기도 한다. 전자가 '과소비'라면 후자는 일종의 '중독 소비'다. 둘 다 필요와는 아무런 상관이 없다. 단지 '욕구'에 의해 저질러진 비기능적 소비에 불과하다. 요즘 말로 바꾸면 지름신이 강림하여 잠시 정신줄을 놓은 결과라고 표현할 수 있다.

소비 유형이 다르다고 해서 장사하는 사람들이 이를 가려가며 손님을 받지는 않는다. 돈만 준다면 누구든 환영이다. 하지만 어떤 소비가 더 돈이 되는지를 묻는다면 망설임 없이 대답할 수 있다. 굳이 안 해도 되는 과소비나 중독 소비가 훨씬 더 돈이 된다고 말이다. 소비 유형에 따라 상품 가격에 상당한 차이가 존재하기 때문이다. 일반적으로 **필요에 의한 기능적인 제품보다는 욕구를 채우기 위한 비기능적인 제품이 훨씬 비싼 편이다.** 그게 무엇이든 '헛된 것일수록 비싼 법'이라는 말이 생겨난 이유다.

가격에 따라 달라지는 소비자의 반응 역시 장사하는 사람에게는 돈이 되고 안 되고를 판단하는 하나의 요소다. 고가의 사치품을 살 때는 가격에 둔감하던 사람도 유독 저가의 필수품에는 민감하게 반응한다. 비싼 레스토랑이나 술집에서는 아무 거리낌 없이 카드를 꺼내놓으면서도 겨우 몇만 원도 안 되는 전기료 걱정에 한여름철 무더위에도 에어컨을 꺼놓는다. 심지어 슈퍼마켓의 50원짜리 비닐봉지와 종이백에는 손사래를 치면서도 명품 브랜드가 찍힌 60만 원짜리 비닐가방과 33만 원짜리 종이가방은 없어서 못 팔 정도로 인기가 많다. 모든 **마케팅의 포**

비닐과 종이로 만든 명품가방

셀린celine에서 출시한 63만 원(US$590)짜리 비닐가방과 질샌더Jil Sander가 내놓은 33만 원(US$310)짜리 종이가방은 물건이 없어서 못 팔 정도로 인기가 많다. [그림 출처 : 셀린 공식 인스타그램(instagram.com/celine), 패션테이프(ftape.com)]

인트가 소비자의 니즈Needs가 아닌 원츠Wants, 즉 필요가 아닌 욕구에 쏠릴 수밖에 없는 이유다.

그중에서도 특별히 주목받는 건 바로 부정적인 감정들이다. 소비자 스스로 지갑을 열게끔 만드는 욕구는 대부분 좋지 않은 감정들로부터 비롯되기 때문이다. 우울한 마음을 달래거나 기분 전환을 위해 쇼핑센터를 찾는 여성들이 대표적인 사례다. 미국의 마케팅 리서치업체인 스틸러맨Stilerman & co.에 따르면, 상품 구매를 목적으로 쇼핑센터를 방문한 소비자는 23%에 불과했다. 나머지는 모두 외로움을 달래거나 남아도는 시간을 소비하기 위해 들른 사람들이었다. 국내 사정도 이와 비슷하다. YMCA가 조사한 바에 따르면, 무려 40%에 가까운 여성들이 우울하거나 답답함을 느낄 때 쇼핑을 하게 된다고 대답했다.[22] 단지 부정적인 감정을 해소하고 기분을 전환하기 위한 목적에서 쇼핑 활동이 행해지는 것이다.

심리가 불안한 사람은 쇼핑에 대한 자제력도 부족하다. 물건을 구매할 때 소비자는 인지적 혹은 이성적인 판단보다는 무의식적인 감정이나 정서 등에 의해 더 큰 영향을 받게 되는데, 이때 기분이 좋은 긍정적인 감정보다는 슬픔 같은 부정적인 정서 상태가 더 많은 쇼핑을 유발한다고 알려져 있다. **슬프고 불안하고 우울한 감정 상태에 있는 사람일수록 순간적인 감정을 이기지 못한 나머지 충동적인 소비를 일삼을 가능성이 크다는** 뜻이다. 평소 쌓여있던 부정적인 감정들을 쇼핑이라는 활동을 통해 한꺼번에 해결하고자 하는 욕구가 강하게 나타나는 것이다.

이유는 다름 아닌 인간이 사회적 동물이라는 사실에 있다. 우리는 대개 자신의 존재감을 의심받을 때 불안하고 우울해지는데, 이때 자존감을 회복하기 위한 노력으로써 과시적이고 과장된 행동이 나타난다. 이는 연구를 통해서도 이미 확인됐다. 동료들로부터 자신에 대한 부정적인 평가와 이야기를 전해 들은 학생들에게서 과시적이고 과장된 행동이 상대적으로 많은 편이었다.[23]

과시적인 소비는 바로 그 연장선에 놓여 있다. 과시적인 '행동'이 과시적인 '소비'로 바뀌어 표출되었을 뿐 내적 불균형을 해소하려는 욕구의 결과라는 점에서는 둘 다 똑같다. 이전보다 더 많이 소유함으로써 낮아진 자존감이 회복될 거라는 착각의 결과물이다. 자신도 모르는 사이에 평소보다 과한 소비를 일삼는 것이다.[24] 당연히 효과도 있다. 일단 지름신이 왔다가 가면 우리 뇌의 보상중추인 측좌핵에서 도파민이 분비되어 이전보다 기분이 한결 좋아진다.

부정적인 감정의 대표주자는 뭐니 뭐니해도 '슬픔'이다. 슬픔은 이성적인 판단을 마비시켜 사람들에게 무언가를 더 많이 사고 더 비싼 가격에 구매하도록 만든다. 이러한 사실은 영화 관람객을 대상으로 한 실험을 통해 확인됐다. 슬픈 영화를 보고 나온 사람들이 즐거운 영화를 관람한 사람들보다 훨씬 강한 소비 성향을 보인 것이다. 똑같은 물건을 무려 30%나 더 비싼 가격에 구매하고,[25] 33%나 더 저렴한 가격에 팔아 치우는 모습을 관찰할 수 있었다.[26] 음식을 먹을 때도 마찬가지였다. 슬픈 감정에 놓인 사람들이 그렇지 않은 사람들보다 무려 36%나 더 많은 음식을 먹어 치웠다.[27] 특히나 팝콘이나 초콜릿, 버터처럼 몸과 건강에 좋지 않은 소위 '쾌락적인 음식'을 많이 먹는 모습이었다.[28]

이러한 결과는 영화관을 하나의 앵커 시설로 두고 있는 대규모 복합 쇼핑센터 운영자가 결코 허투루 흘려들을 수 없는 유익한 시사점을 제공한다. 영화관에서 상영할 영화의 주제나 장르를 선택할 때 유용한 하나의 기준으로 활용할 수가 있기 때문이다. 예컨대 코미디처럼 밝고 재미있는 영화보다는 **슬프고 애절한 주제의 영화를 상영하는 게 쇼핑센터 매출액에는 훨씬 유리하게 작용**할 수 있다.

매장의 위치나 평면계획을 정할 때도 마찬가지다. 관람객이 상영관으로 들어갈 때 거치는 '입관 동선'보다는 영화를 다 보고 난 다음 빠져나올 때 통과하는 '퇴관 동선'이 매장의 입지로는 훨씬 적합할 것이다. 소비자의 감정이 인위적으로 조작된 이후에 맞닥뜨리게 될 매장 공간이니까 말이다. 특히나 매장에서 판매하는 제품이 충동적인 욕구를 이기지 못한 채 소비되는 경향이 강한 것들일수록 더더욱 그러하다.

슬픈 감정이 소매점에 도움이 되는 것은 또 있다. 원래 낭비벽이 있던 사람은 물론, 평소 현명하고 이성적으로 행동하던 사람조차도 근시안적인 인간으로 만들어버린다는 사실 때문이다. 조금만 기다리면 더 큰 보상이 있을 게 뻔히 보이는데도 당장 눈앞의 것에 집착하도록 만든다. 사람들에게 슬픈 영화와 기분 나쁜 영화, 그리고 평범한 영화를 보여준 다음, 어떤 보상유형을 선택하는지 그 결과를 관찰한 실험이 대표적이다. 지금 당장 현금으로 받아 갈 것인지 아니면 나중에 우편으로 더 큰 금액의 돈을 받을 건지 말이다.

결과는 흥미로웠다. 슬픈 영화를 본 사람들에게서 지금 당장 받아 갈 수 있는 현금을 선택한 비율이 높게 나타난 것이다.[29] 지금 당장은 만족감을 얻을 수 있는 선택일지 몰라도 장기적으로는 손해를 보는 결정이나 마찬가지다. 슬픔을 느낄 때 사람들은 금전적 혹은 경제적인 판단을 잘 내리지 못한다는 의미다. 즉각적인 만족감에 민감하게 반응함으로써 결국에는 돈을 낭비하고 만다.

그 이유에 대해서는 헛헛해진 마음 때문이라고 했다. 예컨대 슬픔은 '상실'과 연결되는데, 상실된 무언가가 남겨놓은 빈자리와 그것이 가져온 심리적인 허기를 채우려는 욕구가 생겨나면서 사람들에게 비합리적인 사고와 소비가 일어나도록 이끈다는 설명이다. 쉽게 말해서 슬픈 기분이 들면 지금 바로 얻을 수 있는 행복감을 더욱 중요하게 여긴다는 뜻이다. 소위 말하는 '현실 중시 편견Present Bias'이 생겨나면서 투자에서도 슬픈 감정의 사람들이 일반 사람들보다 13~34%가량 낮은 수익률을 기록하게 된다.

그런 점에서 **소비란 결국은 우리 내면에 깔려 있던 '부정적인 감정'이 싹을**

틔우고, '무의식'이 결정한 것을 '의식'이 합리화시켜나가는 과정 정도로 이해해볼 수 있다. 소비를 촉발하는 점화 장치로서 부정적인 감정의 공로만큼은 인정해줄 필요성이 있다는 뜻이다. 그도 그럴 것이 우리나라 성인들 대부분이 슬픔이나 불안, 우울함 등을 달랠 목적으로 애초에 필요 없었던 소비를 일삼는다고 한다. 소위 '감정 소비'라는 명목으로 매월 15만 원 정도를 고정적으로 지출한다고 알려져 있다.[30]

　이러한 사실들만 놓고 보면 쇼핑센터 운영자나 공간 기획가로서는 일부러라도 소비자의 마음을 슬프고 우울하거나 불편하게 만들 필요가 있다고 생각할 법도 하다. 하지만 무턱대고 고객의 부정적인 감정을 자극하는 게 그들로서 해야 할 일의 능사는 아니다. 설령 소비가 촉발되더라도 그게 쇼핑센터로 유입된다는 보장은 그 어디에도 없기 때문이다. 감정 소비가 행해지는 장소가 주로 오프라인이 아닌 온라인 쇼핑몰이라는 조사 결과가 이를 강력히 지지한다. 부정적인 감정이 잠재된 소비 욕구를 자극하는 데는 성공할 수 있을지 몰라도 이들의 발길을 쇼핑센터로 향하게 만들 강제력은 지니지 못했다는 뜻이다.

　무엇보다 소비자의 몸과 마음을 불편하게 만드는 건 쇼핑센터의 존재 가치와 정면으로 배치된다. 슬픔이나 불안, 우울 같은 부정적인 감정에서 벗어나려는 보상심리와[31] 낮아진 자존감을 회복하려는 자기방어적인 심리가 서로 힘을 합쳐서 즉흥적인 소비를 일으킨다는 점에서 말이다. 단지 기분 전환을 위해 쇼핑을 일삼는 사람들이 꽤 많다는 사실이 이미 이를 증명했다.[32] 스스로 유쾌해지기 위해 쇼핑센터를 찾은 사람들에게 일부러 불쾌감을 심어준다는 것 자체가 난센스고 모순이다.

소비자를 집 밖으로 내쫓은 것만으로 부정적인 감정의 역할은 이미 다했다.

굳이 쇼핑센터에서 신경 써야 할 감정이 아니다. 공간 계획을 통해 공간 기획가가 챙겨야 할 소비자의 감정은 따로 정해져 있다.

즐거움에 지갑을 여는 소비자

'재미'의 어원은 '자미滋味'다. 좋은 맛이라는 의미와 함께 자양분이 많고 맛이 좋은 음식을 가리킬 때 흔히 사용되던 단어다. 하지만 어느 순간 의미를 달리하더니 지금은 완전히 다른 뜻으로 변해버렸다. 주로 어떤 일이나 이야기가 감칠맛 나고 즐거울 때 사용되는 표현으로 바뀐 것이다. 그러한 경우에 사람들이 느끼는 감정이나 기분 상태를 나타내는 표현으로써 '재미'라는 단어가 널리 사용되고 있다.[33]

재미는 우리에게 즐거움을 선사해준다. 즐거움이 결과를 나타내는 '마음'이면 재미는 수단으로서의 '감각'이다. 흔히 재미있다고 말하는 것들 대부분이 인간의 오감을 일깨워 기분을 좋게 만드는 일차원적인 자극이다. 사냥에 사용되는 덫이 동물의 감각을 겨냥하고, 충치균이 단맛을 미끼로 아이들을 유혹하듯이 말이다. 쇼핑센터도 충치균과 다를 바 없다. 고객의 '즐거움'을 강조하는 듯해도 실상은 '재미'를 주는 데 초점을 맞춘다. 재미를 미끼로 소비자를 유혹하고, 마음껏 소비하도록 꼼수를 부리는 것이다.

슬프고 우울하고 불안한 마음은 우리 내면에 잠재된 소비 욕구를 일깨운다는 점에서 깊은 의미가 있다. 인간에게는 몹쓸 감정일 수 있어도 적어도 소매점에게는 장사에 도움을 주는 고마운 존재다. 적지 않은 유통 기업이 여전히 마케팅이라는 이름의 허울 좋은 탈을 뒤집어쓴 채 사람들의 부정적인 감정을 긁어대는 데 골몰하는 이유다. 문제는 이미 집을 나와서 점포로 들어선 사람들을 상대로 그러고 있다는 게 미련해 보이기는 하지만 말이다.

소매업자에게는 미안한 이야기지만 소비자의 지갑을 여는 건 슬픔이나 우울함, 불편함 같은 부정적인 감정이 아니다. **오히려 즐거움이나 놀라움 같은 긍정적인 감정들이 소비를 이끌고 효과도 크다.** 즐거움은 소비자가 겪는 쇼핑의 경험을 활성화하고,[34] 이 과정에서 유쾌한 감정으로 전환된 기분 상태는 또다시 쇼핑에 대한 만족도를 끌어올리기 때문이다. 즐거움이 클수록 고객이 느끼는 쇼핑의 경험 또한 긍정적인 것으로 각인된다.[35]

패션 제품을 판매하는 매장들마다 특수 조명을 경쟁적으로 도입하여 설치해두는 이유다. 손님이 예쁘고 잘생겨 보이도록 만들어야 기분이 좋아지기 때문이다. 실제보다 훨씬 날씬해 보이는 거울을 가져다 놓은 것도 같은 목적이다. 일종의 아부성 장치라고 보면 무방하다. 고객이 매장에서 느끼는 즐겁고 유쾌한 감정들이 제품의 판매는 물론 브랜드의 이미지와 상품 평가에도 엄청난 도움을 가져다준다는 사실을 이미 잘 알고 있기 때문이다.

소매업 분야에서 우리보다 훨씬 앞서 있는 미국이나 유럽, 일본의 소매업자들이 이러한 사실에 대해 모르고 있었을 리 없다. 이미 오래전부터 매장 공간의 상당 부분을 소비자에게 즐거움을 주기 위한 시설들로 가득 채우고 있었으니까 말이다. 더군다나 그들은 누구보다 자본주의를 맹신하고 추종해온 사람들이 아니던가? 다른 부가적인 혜택을 기대할 수 없는 상태에서 수익성이 낮은 엔터테인먼트 시설을 굳이 고집해왔을 리 없다.

물론 그 효과를 놓고서는 개인마다 의견이 갈릴 수도 있다. 실제로 엔터테인먼트 시설은 사람들을 불러 모으는 효과에 대해서 의문을 가지는 사람이 많다. 가장 대표적으로 끌어모으는 대상이 일부 계층에 한정된다는 지적이다. 쇼핑 목적의 방문객보다는 다른 활동을 위해 쇼핑센터를 찾는 소위 '돈이 안 되는' 사람들만 집중적으로 끌어모은다는 주장이다.[36] 만약 그게 사실이라면, 앵커로서의 위상과 입지에도 일정 부분 손상이 가해질 수밖에 없다.

이와 같은 우려와 반론에도 불구하고 그들이 끝끝내 엔터테인먼트 시설을 고집해온 데는 다 그럴 만한 이유가 있었다. **즐거움에 대한 갈구가 그와 관련된 시설이나 서비스를 찾게끔 할 것**이라고 믿었기 때문이다. 실제로 엔터테인먼트 시설을 갖추고 있는 쇼핑센터일수록 해당 점포에 대한 소비자의 선호와 애착은 매우 강하게 나타났다.[37] 단지 엔터테인먼트 시설을 도입하는 것만으로 점포에 대한 소비자의 흥미를 유발하고, 다른 경쟁 점포들과 구별되는 자기만의 정체성을 확립할 수 있었던 셈이다.

엔터테인먼트 시설이 가져다주는 즐거움의 가치는 다른 경쟁 점포와의 차별성을 강조하고 부각하는 효과 외에도 여러 다양한 가치를 지닌다. **먼저 온통 판매시설만 가득했던 쇼핑공간에 활력을 불어넣는 효과다.** 아무리 둘러봐도 보이는 거라고는 상품과 매대, 마네킹밖에 없다면 그만큼 단조롭고 재미없는 공간은 없다. 무언가 이질적이고 색다른 시설이 들어와야만 비로소 다양성의 가치가 완성된다. 그렇게 갖춰진 다양한 볼거리는 소비자에게 즐거움을 넘어 놀라움이나 반가움까지 선사하게 마련이다. 점포 내에서 소비자의 시간 소비가 증가하는 것은 당연한 결과다.[38]

일단 고객의 체류 시간을 늘리는 데 성공한 엔터테인먼트 시설은 소비자의 감정에까지 마수를 뻗는다.[39] 그와 관련된 시설을 이용한 사람일수록 긴장이나 흥분 같은 고조된 감정을 경험할 가능성이 커지기 때문이다. 핵심은 그와 같은 감정들이 제품 판매에 도움을 가져다준다는 사실에 있다. 즐거움이나 기쁨, 열광, 유쾌함, 지배감, 우월감 같은 감정들이 강도를 더해갈수록 소비자는 더 많은 구매 행동을 보이며,[40] 심지어 충동구매를 즐기는 사람들에게서조차 그런 감정들이 활성화되어 나타났다.[41] 쇼핑센터 안에서 유희적인 시간을 많이 경험한 고객일수록 소비한 시간과 금액이 높았으며, 이러한 현상은 나이가 젊을수록 두드러졌다.[42] 충동구매를 유도해내기에 즐거움을 선사해주는 것만큼 효과적인 수단은 없어 보인다. 더군다나 그것이 젊은 층을 대상으로 하는 쇼핑센터라면 말이다.

물론 예외도 있다. 모든 소매점이 똑같은 효과를 기대할 수는 없는 노릇이다. 달리 말하면 소매점의 종류나 유형에 따라 즐거움이 충동구매를 발생시킬 가능성과 빈도는 서로 달라진다는 뜻이다. 예를 들어 제품의 구색이 다양하고 일괄구매가 가능한 소매점일수록 충동구매가 발생하는 비율은 높은 편이다.[43] 백화점이나 대형 복합 쇼핑몰 같은 점포들 말이다. 판매 상품에 따른 차이도 관찰됐다. 주로 패션과 관련된 제품들에서 비계획적인 구매가 많았다.[44] 특히 의류와 액세서리 제품이

충동구매를 일으키는 핵심 품목이었다.[45]

소매점 혹은 제품의 유형이나 종류에 따라 충동구매의 수준이 달라진다고 해서 즐거움의 가치까지 평가절하할 필요는 없다. **발생량과 빈도에만 차이가 있을 뿐 즐거움이 충동구매를 일으킨다는 사실 자체에는 아무런 변함이 없기 때문이다.** 특히 백화점을 비롯한 오프라인 소매점에 있어서 즐거움의 가치는 여전히 유효하다. 주로 편의품을 취급하는 온라인과 달리 그들은 충동구매에 취약한 선매품과 패션 제품들을 주력 상품으로 판매하기 때문이다. 그런 그들로서는 고객에게 즐거움을 선사해야 할 명분과 필요성이 명확하다. 소비자의 마음속에 즐거운 감정을 싹틔우는 촉매제로써 엔터테인먼트 시설의 가치와 역할은 건재할 수밖에 없다.

선택에서 필수가 된 즐거움

다행스럽게도 우리나라 소매점들 역시 즐거움의 효과와 가치에 대해 이미 잘 알고 있는 듯하다. 서로 경쟁하듯 엔터테인먼트를 개발하고 시설 유치에 온 힘을 기울인다. 영화관이나 공연장, 게임센터 같은 시설은 이미 차별성을 잃어버린 지 오래고, 최근에는 벤치나 쓰레기통 같은 일상적인 소품마저도 즐거움을 주는 소재로 활용되는 추세다.[46] 무언가 거창하고 대단한 것들이 즐거움을 가져다줄 거라는 기대가 힘을 잃고, 대신 소박하고 평범한 것으로부터 찾으려는 노력이 빈자리를 채워가고 있다.

즐거움이 '마음'이면 재미는 '감각'이라고 했다. 즐거움이 결과라면 재미는 과정에 해당한다. 즐거운 마음은 재미를 통해 이룰 수가 있다는 뜻이다. **고객에게 즐거움이라는 감정을 불러일으키고자 하는 소매점으로서는 '재미'라는 요인에 집중해야 한다.**

그런 이유로 '재미'가 콘셉트가 되어 소매점이 등장하기도 한다. 일본의 '돈키호테'를 벤치마킹한 '삐에로쑈핑'이 대표적이다. 지금은 모두 사라지고 없지만 그래도 한때는 재미있고 신기한 물건들을 선보이며 입방아에 올랐다. 비록 영업 실적은 부진했어도 젊은 층의 관심을 끌고 흥미를 자극하기에는 충분했다. 날로 치열해지는 경쟁과 끝을 모르는 불황 속에서 젊은 사람들 역시 잠시이기는 하나 저렴한 비용으로 팍팍한 현실을 잊게 해줄 장소가 필요했을 테니까 말이다.

비록 결과는 안 좋았어도 시도만큼은 나무랄 데 없이 시의적절했다. 공교롭게도 점점 변해가는 젊은 층의 소비 특성과 맞아떨어졌기 때문이다. 그도 그럴 것이 **요즘 젊은이들이 행하는 소비는 대체로 그 목적이 '과시'가 아닌 '재미'에 쏠려 있다.** 국내 대학생을 상대로 한 설문조사 결과만 보더라도 그들의 소비에 대해 평소 우리가 얼마나 많은 편견을 가지고 있었는지 알 수 있다. 실제로 그들은 기성세대가 오해하는 것처럼 타인과 차별화하여 자신의 개성을 표현하거나 스스로 멋있어 보이기 위해 무언가를 소비하는 게 아니었다. 그런 '과시적'인 요소보다는 오히려 '쾌락적'인 요소가 그들의 소비 성향을 가장 잘 설명하는 최상위의 키워드였다.[47] 오히려 기성세대가 남들에게 자랑하거나 보여주기 위한 과시적인 소비를 남발할 뿐 그들은 소비 그 자체를 즐기고 있었다. **재미있는 것 혹은 재미를 위해 돈을 쓰고 제품을 구매한다는 말이다.**

이를 의식이나 한 듯 때마침 중국에서는 '재미'를 하나의 서비스로 제공하는 쇼핑몰까지 생겨났다. 매장을 방문한 사람들에게 공포감을 선사할 목적으로 매장 바닥을 모두 유리로 마감한 것이다. 물론 유리는 위층에서만 내려볼 수 있도록 특수한 재질로 만들어졌다. 아래층이 훤히 내려다보이는 유리 바닥을 걸으며 사람들은 마치 살얼음판을 걷는 듯한 공포감에 휩싸인다. 그 과정에서 짜릿함과 재미를 경험하게 될 것이라는 예상이다.

도대체 공포가 재미와 무슨 상관이냐고 의아해하는 사람도 있겠지만 분명히 관련이 있다. 밤에 혼자서는 화장실조차 가지 못할 정도로 극심한 후유증에 시달리면서 군이 돈을 내고 공포영화를 보는 이유가 그 증거다. 미국 피츠버그대학교 연구진에 따르면, 사람들은 미리 예견된 공포를 자발적인 형태로 경험하게 되면 기분이 좋아진다고 한다. 놀이공원마다 하나씩 있는 '귀신의 집'이 그렇다. 두뇌 활동을 관찰하기 위한 특수 센서를 부착한 상태로 시설을 이용하게 했더니 성별과 관계없이 절반가량의 사람들에게서 기분이 좋아진 것을 확인했다. 이용객 대부분이 귀신의 집을 빠져나오면서 행복감을 느끼는 모습이었다.[48] 마치 몸이 아플 때 고통이 지나가면 기분이 좋아지는 것과도 같은 원리다.

때마침 함께 쇼핑할 남자친구를 빌려주는 쇼핑몰도 생겨났다. 가방을 대신 들어주거나 사진을 찍어주며 쇼핑에 관한 가벼운 조언을 해주는 게 그들의 역할이다. 요금은 우리나라 돈으로 1시간에 약 170원 정도이니 공짜나 다름없다. 돈을 벌기 위한 목적보다는 단지 고객에게 재

남자친구를 빌려주는 쇼핑센터

중국의 한 쇼핑센터에서는 함께 쇼핑할 남자친구를 아주 저렴한 가격에 빌려주는 서비스를 선보였다. 돈을 벌 요량이 아니라 단지 고객에게 재미와 즐거움을 선사해주기 위해서다. [그림 출처 : 사우스차이나모닝포스트 (scmp.com)]

미와 즐거움을 선사하기 위한 장치로 보는 게 맞다.

물론 공짜인 듯 아주 저렴하기는 해도 이 모든 노력은 당연히 공짜가 아니다. 이러한 서비스가 소비자에게 가져다주는 즐거움은 결국 쇼핑센터의 이익과도 맞아떨어지기 때문이다. 이미 언급했듯이 고객의 감정 상태는 소매점의 판매 실적에 직접적인 영향을 미친다. 쇼핑의 만족도와 쇼핑에 소비되는 시간, 판매원과 이야기를 나누려는 의지, 돈을 지출하려는 경향, 점포에 대한 애착이나 선호도 등 거의 모든 요인과 밀접한 관련을 맺는다.[49] 쇼핑의 의지와 의도를 비롯하여 제품 구매 의사결정과 관련된 모든 과정이 소비자의 감정과 다른 변수 간의 상호작용으로 만들어진 결과라는 주장까지 있을 정도다.[50] 단지 소비자를 즐겁게 만들려는 노력만으로도 쇼핑의 만족도와 재방문율을 높이고, 종국에는 수익성 향상까지도 함께 노려볼 수가 있는 것이다.[51]

하지만 여기에도 반론은 있다. 물론 즐거움을 주는 시설 혹은 프로그램이 소비자의 감정을 자극하고, 그렇게 형성된 감정이 점포 내에서 일어나는 소비 활동과 직간접적인 관련을 맺는다는 사실 자체에 대해서는 전혀 부정하지 않는다. 둘 간의 인과관계가 뒤바뀔 가능성에 대한 지적이다. 감정이 원인이 되어 소비가 일어나는 게 아니라 소비를 한 결과 감정이 달라진 것일 수도 있다는 이야기다. 즐거운 감정이 소비를 불러일으킬 가능성만큼 쇼핑이라는 활동을 통해 소비자의 마음이 즐거워진 것일 수도 있다고 받아들인다.

이를 뒷받침할 만한 연구도 존재한다. 미국 마이애미대학교 연구진이 진행한 실험이 대표적이다. 이들은 예쁜 물건이 소비자로부터 더 많은 선택과 비싼 가격을 받으며, 외모가 준수한 사람일수록 성공할 가능성이 크다는 사실에 착안했다. 그리고는 예쁜 물건을 고르는 행동이 소비자의 기분이나 행동에 어떤 영향을 미치는지 살폈다. 먼저 실험 참가자들에게 예쁜 디자인과 별로 예쁘지 않은 두 가지 제품을 보여주고는 이들 가운데 하나를 선택하도록 했다. 그런 다음 사회적으로 민감한 이슈에 대해 개인적인 생각을 물었다. 이후 피실험자와 반대되는 누군가의 의견을 들려주고는 그의 주장이 얼마나 설득력 있고 타당한지를 평가해달라고 요구했다.

결과는 무척 흥미로웠다. 디자인이 예쁜 제품을 선택한 사람일수록 유연하고 개방적인 태도를 보였기 때문이다. 자신과 생각이 다른 사람의 글에 대해 긍정적인 평가가 주를 이뤘다. 매우 지적이라든가 설득력 있는 의견이라는 식으로 말이다. 이러한 결과에 대해 연구진은 예쁜 제품을 보고 선택하며 구매하는 과정에서 스스로 자존감이 높아진 결과라고 설명했다. 자연히 타인과 그 의견에 대해서도 존중하는 태도가 형성될 수밖에 없다는 이야기다. 상품을 구매하는 행동이 소비자의 기분이나 행동 등에 일정 부분 영향을 미칠 거라고 추측은 했지만 실제로 실험을 통해 사실로 확인된 셈이다.

이러한 연구적 성과에도 불구하고 소비자가 점포에서 느끼는 감정과 소비 행위 간의 인과관계는 여전히 불분명한 상태다. 권력이 부패하는 게 아니라 부패한 사람이 권력에 다가가는 것이라는 누군가의 표현처럼 즐거운 감정이 상품 구매를 유도한다기보다는 쇼핑 행위의 결과로서 즐거움이 생겨났을 가능성도 완전히 배제하기는 어렵다. 관련 연구 대부분이 피실험자의 주관 개입이나 인지적 오류에 대한 구체적인 대책도 없이 오직 소비자의 기억과 회상에만 의존한 채 이루어졌기 때문이다.

실제로 분석에 사용된 자료들을 보면, 상당수가 소비자의 입에서 흘러나온 말에 근거를 두고 있다. 과거에 매장을 방문했던 경험이나 기억을 떠올리게 한 다음, 그들 스스로 말을 내뱉도록 만드는 것이다. 예컨대 이제 막 쇼핑을 끝낸 소비자를 인터뷰하면서 매장 환경에 대한 인식이나 쇼핑의 경험, 현재 기분 상태 등을 물어보는 방식이다. 성심성의껏 대답해주지만 대부분 응답자의 의식이 개입되어 만들어진 답변들이다. 개인적인 주관이나 사정, 의도와 같은 불순물들이 함께 포함되었을 가능성이 크다.

문제는 두 변수 간의 상관관계를 확인할 수는 있어도 인과관계를 밝히는 데는 역부족이라는 사실이다. 실제로 소비자의 기분 상태가 매장 환경에 대한 평가나 구매 제품의 수, 체류 시간 등과 긍정적인 관계를 형성한다는 사실까지는 연구를 통해 모두 확인됐다. 하지만 무엇이 원인이고 무엇이 결과인지는 여태 확인하지 못한 상태다.[52] 연구자들 역시 기억이나 회상에 의존한 방식으로는 소비자의 감정 상태가 쇼핑 행위의 원인인지 결과인지 정확하게 규명하기가 어렵다는 의견을 연구의 한계점으로 지적해 두기도 했다.[53]

하지만 이 같은 논란에도 한 가지 사실만큼은 분명하다. 손님이든 가게든 즐거움이 득이 되면 되었지, 해가 될 일은 전혀 없다는 점 말이다. 음식이 맛있으면 식사가 즐거워지는 것처럼 하는 일이 재미 있으면 하기도 훨씬 수월해진다. 삶을 살아가는 맛도 한결 맛깔스러워지기 마련이다. 쇼핑 역시 마찬가지다. 조금만 걸어도 금방 피곤해지는 쇼핑에 재미라는 양념이 더해지면 피로감은 훨씬 덜하다. 달아난 피로만큼 마음에 여유가 생기고 이내 즐거움으로까지 이어진다. 즐거움은 소비를 촉진하고 소비는 또다시 즐거운 감정을 만들어낸다. 쇼핑을 이어가는 과정에서 선순환의 구조가 틀을 갖춰가는 것이다.

중요한 것은 그런 소비의 선순환은 오직 오프라인 소매점만의 전유물이라는 사실이다. 웬만해서는 온라인에까지 그런 기회는 주어지지 않는다. **실재하지 않는 가상의 공간에 기반을 둔 그들로서는 결코 따라 하거나 흉내 낼 수 없는 가치 중의 하나가 바로 '즐거움'과 '재미'이기 때문이다.** 온라인과 밥그릇 쟁탈전을 벌여야 하는 오프라인으로서는 즐거움과 재미에 거는 기대가 한층 커질 수밖에 없다. 물론 온라인과의 싸움에서 이기기 위함만은 아니다. 같은 처지에 놓인 다른 오프라인 경쟁자들과 이어가야 할 싸움에서도 꼭 필요한 무기다. 이래저래 재미와 즐거움은 이제 선택이 아닌 필수가 되어버렸다.

05
인간은 언제 개방감을 느낄까

사람들은 누구나 넓고 시야가 트인 곳을 좋아한다. 도시인의 일탈은 늘 드넓은 바다를 향해 있고, 그게 여의치 않으면 가까운 한강을 찾아 아쉬움을 달랜다. 아파트 광고에는 언제나 '조망권'이라는 단어가 단골처럼 등장하고, 자동차 광고 역시 탁 트인 운전자의 시야가 빠지지 않고 언급될 정도다. 야경이 내려다보이는 루프탑Roof-Top 카페는 사전예약 없이는 구경조차 힘들고, 같은 커피숍이라도 바다가 보이는 자리에만 사람들이 그득그득하다. 진화론적으로 사냥과 경계에 유리해서라지만 그런 어려운 설명 따위는 전혀 필요하지 않다. 그냥 그런 장소에 있으면 저절로 기분이 좋아지고 가슴도 후련해지기 때문이다.

뻥 뚫린 곳에서의 자연 풍광은 심리적인 쾌적함을 넘어 정신 건강에도 도움을 준다. 단 20초만 바라봐도 빠르게 뛰던 심장이 진정되고, 5분 정도 지나면 높았던 혈압도 정상으로 돌아온다고 한다. 큰 병원들이 수목樹木이나 조경造景을 통해 넓고 쾌적한 환경을 조성하는 데 힘쓰는 이유도 바로 이 때문이다. 병실 밖으로 드넓고 아름다운 풍광이 내다보일 때 환자들은 더 빨리 회복하는 것으로 확인되었다.[54] 실제로 수술을 받은 환자가 정원이나 나무가 내다보이는 병실에 입원하는 경우, 담벼락이 보이는 병실에 머물 때보다 빠른 회복 속도를 보인다고 한다. 진통

제 투여를 요청한 횟수도 훨씬 적게 나타났다.[55]

물론 그런 효과는 비단 환자들에게만 한정되지는 않는다. 일반인들역시 자연경관에 고무되기는 마찬가지다. 예컨대 자연 풍광을 바라보는 동안 사람의 눈동자는 잘고 세세한 부분에 시선이 고정되지 않고 이리저리 기분 좋게 배회한다. 심지어 삭막한 빌딩들 사이로 나무 몇 그루가 전부인 도심 쌈지공원에 앉아 있는 것만으로도 심리적인 위안을얻는다.[56] 자연이 인간을 치유한다는 말이 실감이 날 정도로 아주 즉각적인 효과를 가져다준다.

자연 풍광 중에서도 사람들은 물이 있는 풍경을 좋아하는 편이다. 세계적으로 유명한 휴양지 대부분이 바닷가를 끼고 있고, 국내의 인기 있는 휴양지 또한 바다나 호수, 계곡 등 다양한 수水공간 옆에 마련된 곳이 많다. 강이나 바다를 바라볼 때 엔도르핀을 비롯한 각종 신경 세포가 활성화되기 때문이다.[57] 실제로 그런 풍경이 내다보이는 집에서 사는 사람들이 그렇지 않은 사람들보다 8~12%가량 더 많은 시간을 집에서 보내는 것으로 알려져 있다. 특히 그런 풍경은 물의 양이 많을수록 선호도가 증가하는 특징을 보이는데, 사람들은 연못이나 습지보다는 흐르는 강을 더 선호했고, 그런 강보다는 산속에 자리한 커다란 호수를 훨씬 더 좋아하는 모습이었다.[58]

물은 주변 환경을 더 좋아 보이도록 만드는 효과도 가지고 있다. 같은 산이라도 물이 없는 것보다는 물이 있는 풍경이 훨씬 아름답다. 그런 장소를 사람들이 선호하는 건 당연한 현상이다. 설령 그것이 인공적으로 조성된 수변 공간일지라도 말이다. 하지만 기왕이면 자연적인 게훨씬 낫다. 똑같은 수변 공간이라도 인간이 만든 것보다는 자연에 의해 형성된 풍경이 훨씬 선호되고 더 가치가 높다.

이와 관련된 흥미로운 실험도 있다. 각기 다른 풍경이 내려다보이는 호텔 객실 사진을 보여주면서 사람들이 어떤 방에 관심을 가지는지 살핀 것이다. 사람들은 대부분 물이 포함된 자연풍경이 내다보이는 객실을 가장 선호하는 것으로 나타났다. 숙박비로 지급할 의사가 있는 금액도 가장 높게 확인됐다. 여기에는 흥미로운 사실 한 가지가 숨겨져 있다. 연구진에 따르면, 사람들이 물이 있는 풍경을 선호했던 것은 사실이지만 '물'보다는 '자연' 그 자체가 객실 선호도에 더욱 중요한 영향력을 미쳤다는 설명이다. 물이 있는 '인공적'인 환경보다는 물이 없더라도 '자연적'으로 형성된 풍경에 사람들은 더욱 우선순위를 둔다는 뜻이다. 지급할 의사를 보였던 숙박비 역시 인공의 수변 공간보다는 차라리 물이 없는 자연경관에서 더 높게 나타났다.[59] 인위적인 풍경에 단지 물을 더하는 것만으로는 신이 빚어낸 대자연을 이길 수는 없다는 뜻이다.

이는 대규모 복합쇼핑센터를 만들고 운영하는 사람이나 공간 기획가에게 적지 않은 시사점을 제공한다. 쇼핑센터라는 것 자체가 인간이 만드는 대표적인 거대 인공 구조물이기 때문이다. 그런 **쇼핑센터에 단지 물을 더하고 수변 공간을 조성하는 것만으로도 방문객의 마음을 충분히 사로잡을 수 있다**고 연구는 귀띔해주고 있다.

물론 그것이 꼭 대규모일 필요는 없다. 아주 약간의 물을 가미하는 것만으로도 효과는 충분하다. 친수 공간이 있다는 사실이 중요한 핵심이지 물의 양은 중요하지 않다는 게 관련 연구들의 공통된 결론이었기 때문이다. 설령 물의 양을 늘리더라도 추가적으로 증대되는 만족도는 매

물이 있는 공간이 마련된 쇼핑센터

인간이 만든 대표적인 인공 구조물인 쇼핑센터의 경우, 단지 약간의 물을 가미하는 것만으로 방문객의 마음을 얻을 수 있다. 물론 물의 양은 그리 많지 않아도 상관이 없다. 그런 이유로 세계적으로 유명한 쇼핑센터 대부분이 건물 내부와 외부에 다양한 수변 공간을 마련해가는 추세다.

우 미미한 수준이라고 했다.

사람들이 물이 있는 풍경을 좋아하는 건 다름 아닌 개방감 때문이다. 대개 수평으로 된 면은 마치 공간이 확장되는듯한 느낌을 가져다주는데, 물이 이루는 수평면 역시 하나의 '펼쳐진 면'으로써 시각을 증대시키는 효과가 있다. 주변 공간이 협소하더라도 물이 있으면 넓고 쾌적하며 시원스럽게 느껴지는 이유다. 특히 수면과 지면의 높이가 비슷한 경우, 마치 지면이 연속되는듯한 느낌을 받게 된다.

이와 달리 수면이 지면보다 높으면 빛의 굴절에 의한 착시효과로 인해 공간이 확장되는 듯한 느낌을 받는다. 사방으로 펼쳐진 수평면 위에 주변 환경이 투영되면서 공간의 수평적인 확장은 극에 달하게 된다. 여기에 물이 가진 조용한 이미지가 더해지면서 공간적인 여유와 함께 원근감까지도 발현된다. 주변이 마치 통일된 하나의 공간으로 여겨질 정도다.[60] 우리가 좋아하는 본질이 물인지 물이 가져다주는 개방감인지 고민해볼 필요가 있는 대목이다.

06
개방감에 모였다가 다시 흩어지는 사람들

개방감의 효과는 실내 공간에서도 어김없이 나타난다. 사람들 대부분이 천장이 높은 장소를 선호하는 모습만 봐도 그렇다. 천장의 높이가 낮을수록 사람들은 답답하고 혼잡함을 느낀다.[61] 그런 곳에서는 가까이에 있는 사람들을 신경 쓰지 않을 수가 없다. 더군다나 요즘같이 감염병이 유행하는 상황이면 더더욱 그러하다. 자신을 위해서든 타인을 배려해서든 끊임없이 적정 거리를 유지하는 데 온 신경을 곤두세워야 한다. 보통의 사람들이면 **자신도 모르는 사이에 천장이 높은 곳으로 자리를 옮겨가게 마련이다.** 사람을 끌어모으는 수단으로써 개방감이 활용될 수 있음을 시사한다.

사람들을 끌어모아야 할 팔자를 타고난 쇼핑센터가 이를 간과할 리 없다. 실제로 개방감은 이미 대부분의 백화점과 쇼핑센터에서 두루 활용되고 있는 분위기 조성 기법 가운데 하나다. 예를 들면 1층 매장의 천장 높이를 다른 층들보다 훨씬 높게 만들어놓은 게 대표적이다. 높게 솟은 천장은 미적으로도 아름다울 뿐만 아니라 접근하기에도 한결 쉬워 보이기 때문이다.[62] 건물 바깥에 있는 사람들을 안으로 끌어들이기 위해 개방감이라고 하는 미끼를 던져놓은 셈이다.

사람들이 가장 많이 드나드는 출입구 주변으로 흔히 '보이드Void'를 설치해두는 것도 같은 이유에서다. 건물의 바닥과 천장을 뚫어 위층을 올려다보거나 아래층을 내려다볼 수 있도록 만들어놓은 커다란 구멍이다. 답답한 실내 공간에 몇 개 층을 뚫어서 만든 보이드는 마치 사막한가운데에서 오아시스를 만난 듯한 청량감을 선사한다. 압도적인 개방감에 정신이 홀릴 수밖에 없다. 마치 그랜드캐니언이 주는 대자연의 웅장함 앞에서 우리가 무척 감격스러워하듯이 말이다.

그 위용에 압도된 사람들은 마치 자석에 이끌리듯 보이드로 다가갈 수밖에 없다. 그리고 앞에 다다라서는 절로 고개가 뒤로 젖혀진다. 자신의 의지와는 상관없이 무의식적으로 위층에 뭐가 있고 무슨 일이 일어나고 있는지 자동으로 올려다보는 것이다. 이는 마치 유럽의 거대 성당 앞에서 흔히 보이는 행동과도 크게 다르지 않다. 관광객 대부분이 대성당 건물 앞에 서자마자 맨 꼭대기부터 올려다본다. 그리고는 시선을 천천히 아래로 내린다. 저 높은 하늘나라에 닿을 듯이 우뚝 솟은 첨탑을 가장 먼저 쳐다보도록 설계해두었기 때문이다. 보이드 역시 같은 원리다. 쇼핑센터에 들어오자마자 맨 꼭대기 층까지 먼저 살펴보라고 만든 공간 기획가의 놀라운 장치다.

물론 그런 보이드에 대해 무용론을 제기하는 사람도 제법 많은 편이다. 쇼핑센터를 하나의 물리적인 공간으로만 바라보는 사람들이 주로 그렇다. 예를 들어 쇼핑센터를 지키고 관리하는 사람들이 대표적이다. 물론 그들의 지적도 딱히 틀린 말은 아니다. 멀쩡한 건물을 뚫어 몇 개 층을 비워놨으니 공간 효율성에 문제가 생기는 건 당연한 이야기다. 비워진 공간만큼 떨어지는 에너지의 효율성 또한 부인하기 힘들다. 이래저래 얻는 것보다는 잃는 게 더 크다는 게 보이드에 대한 그들의 일관

쇼핑센터에 설치된 보이드

쇼핑센터는 바닥과 천장을 뚫어 만든 보이드를 통해 고객에게
개방감과 가시성을 선사해준다.

된 생각이다.

하지만 이 같은 우려가 무색해질 정도로 여전히 쇼핑센터는 보이드에 대한 미련을 버리지 못하고 있다. 비효율성 정도는 기꺼이 감내해도 괜찮을 만큼 보이드가 주는 상업적인 가치가 무척 크기 때문이다. 가장 대표적인 게 이제 막 **건물 안으로 들어온 사람들을 보이드가 마련된 중앙부로 끌어모으는 역할**이다. 다른 층에 마련된 상품이나 행사 등을 사람들에게 미리 귀띔해주기 위함이다. 그게 끝이 아니다. 더욱 중요한 역할은 쇼핑몰의 심장으로서 기능이다. 우리 몸 온갖 구석으로 혈액을 공급해주는 게 심장의 역할이라면 **보이드는 쇼핑센터 안으로 들어온 사람들을 사방팔방으로 흩뿌리는 기능을 담당**한다. 같은 층 안에서의 수평적인 이동은 물론 수직 방향의 다른 층으로까지 사람들을 고루 분산시킨다.

기껏 중앙으로 모여든 사람들이 이내 이곳저곳으로 흩어지는 건 개방감의 효과가 생각보다 오래가지 않아서다. 개방감으로 인해 처음에는 마냥 좋았던 기분도 일정한 시간이 지나면 불안함과 산만함으로 그 정체를 바꾸어간다. 심리적인 쾌적함도 좋지만 오래 서 있기에는 지나치게 횡한 느낌을 주기 때문이다. 숨을 곳 하나 없이 탁 트인 공간에서 안정감을 느끼거나 안전하다고 생각하는 사람은 아무도 없다.

사람들이 원하는 진짜 쾌적한 공간은 개방감을 느끼되 몸을 숨길 수 있는 공간도 함께 갖추고 있어야 한다. 정확히 말하면 **개방된 공간 옆에 마련된 다소 폐쇄적인 공간이 가장 이상적인 장소**다. 건물 안으로 치자면 높은 천장의 밝은 공간 옆에 있는 천장이 낮고 약간 어두운 공간이다.[63] 집으로 따지면 다락방이고, 쇼핑센터에서 찾자면 보이드에서 약간 떨어져 있는 매장 부분이다. 아이들이 다락방을 자주 오르내리듯이 소비자들 역시 자연스레 보이드 인근의 매장 쪽으로 몸을 붙여서 걸음을 옮길 수밖에 없는 구조다.

이는 평원이 내려다보이는 어두운 동굴을 안전하고 아늑한 은신처로 여겼던 조상들의 문화 탓이 크다. 원시시대 인간들 역시 특별히 고민하지 않더라도 몸을 숨기거나 휴식을 취할 수 있는 피신처가 되어주면서 물과 음식을 찾아 조망할 수 있는 장소를 선호했다. 개방감과 폐쇄감이 동시에 어우러진 장소를 최적의 주거지로 꼽은 것이다. 물론 그것이 진화적 적응의 결과인지 실용주의적 판단의 결과인지는 알 길이 없다. 중요한 것은 인간은 본능적으로 '조망'과 '피신'이 모두 가능한 지역을 선호하고, 그중에서도 자신의 몸을 숨길 수 있는 장소를 끝끝내 찾아낸다는 사실이다.[64]

우리네 일상만 들여다봐도 그렇다. 어린 시절에 떠났던 수학여행이나 대학교 MT 때 숙소에서의 경험을 떠올려보자. 여러 명이 함께 잠을 자야 하는 커다란 방에서 학생들은 언제나 등을 벽면에 기댄 채 빙 둘러앉는다. 그 어떤 친구도 방 한가운데에 우두커니 앉아 스스로 우주의 중심이 되려고 하지는 않는다. 레스토랑이나 카페에서도 마찬가지다. 사람들은 모두 가장자리 좌석부터 먼저 채우면서 자리를 잡는다. 가운데 자리가 주는 뻥 뚫린 듯한 느낌이 썩 유쾌하지는 않기 때문이다. 넓은 공간이 주는 개방감은 그렇게 우리를 아무도 모르는 사이에 가장자리 쪽으로 슬며시 밀어내고 있다.

개방감의 원조는 뭐니 뭐니해도 중세시대에 만들어진 넓은 광장이다. 유럽의 오래된 광장을 가보면 사람들은 대부분 광장 한가운데가 아닌 가장자리에 앉아 휴식을 취하고 있다. 광장 가장자리 부분이 가운데 자리보다 안전하다는 보장도 없는데 말이다. 실제로 광장처럼 사람이 중심인 공간에서는 오히려 가운데 부분이 가장자리보다 훨씬 나을 수도 있다. 주변에서 일어나는 일들을 살피고 관찰하려면 아무래도 가운데 자리가 유리하기 때문이다. 안전도 안전이지만 무엇보다 다른 사람들의 움직임이 잘 보여야만 그곳에서 오래 머물고 싶은 마음도 함께 생겨난다.[65]

광장에 앉아서 시간을 보내지 않고 그냥 지나칠 때도 마찬가지다. 사람들은 대부분 광활한 공간 한가운데를 가로지르지 않고 가장자리를 따라 빙 둘러서 이동한다. 심리적으로 편해서이기도 하지만 그렇게 하면 훨씬 다양하고 풍부한 볼거리를 마주할 가능성이 커지기 때문이다. 예를 들어 가장자리를 따라 걸으면 광장 내부는 물론이거니와 자신이 걷고 있는 가로변에서 일어나는 일들까지도 모두 구경할 수가 있다. 건물의 외관이라든가 가게 안과 바깥에 앉아있는 사람들, 심지어는 가게 안에서 벌어지는 광경까지도 모두 볼거리가 된다. 광장 안과 밖이라는 서로 다른 성격과 내용을 가진 두 가지의 경험을 동시에 즐길 수 있는 것이다.

이를 종합하면 사람들이 보이드나 광장처럼 넓고 개방된 공간을 에둘러 피해서 가는 이유는 크게 두 가지로 요약된다. 흔히 '광장 공포증Agoraphobia'이라는 표현이 말해주듯 광활한 공간에 대한 막연한 두려움일 수도 있고, 다른 한편으로는 공허한 공간을 둘러싸고 있는 가장자리 공간에 대한 애정일 수도 있다. 하지만 정답이 무엇이든 변하지 않는 사실이 있다. 사람들이 가장자리를 선호하고 굳이 그런 외진 지역을 거쳐서 이동하는 건 어쨌거나 그 빈 공간 때문이라는 사실 말이다. **헛되이 비**

워진 공간인 것 같지만 따지고 보면 주위를 가치 있는 곳으로 만드는 의미 있는 공간이다. 추적추적 비가 내리는 을씨년스런 바깥 풍경이 오히려 내가 있는 방안을 더욱 아늑한 장소로 만들어주듯이 말이다.

노자老子가 이르기를, 형체가 있는 것들은 모두 이로움을 지니지만 그 형체를 쓸모 있게 만드는 건 무형의 것이라고 했다. 수레바퀴가 유용한 것은 그 가운데에 서른 개의 수레바퀴 살이 모이는 중심구멍이 있기 때문이고, 그릇을 쓸모 있게 만드는 것 역시 그릇을 이루는 진흙 덩어리가 아닌 그릇 내부의 비어있는 공간이라고 했다. 우리가 집에서 편히 쉴 수 있는 것은 벽과 벽 사이가 아무것도 없이 텅 비어있기 때문이며, 보이드와 광장 주변이 사람들로 북적이는 것 또한 그런 장소가 주변을 위해 스스로 비워진 공간으로 남아있기를 자처했기 때문이다.

고비용과 저효율에 대한 끊임없는 지적과 비판에도 불구하고 쇼핑센터에서 광장이나 보이드를 쉽게 포기할 수가 없는 것도 같은 이유 때문이다. 사람들을 모으고 흩뿌리는 역할도 무척 중요한 기능 중의 하나지만 무엇보다 매출액을 끌어올리기 위한 영업 전략으로서의 성격이 더 강하다. 상품 판매라는 핵심적인 활동이 이루어지는 장소로서 '매장'의 가치와 매력을 증폭시키기 위한 목적이 더 크다는 뜻이다. 밝고 개방된 느낌의 광장과 보이드를 조성함으로써 주변을 어둡고 밀폐된 느낌으로 만들 수가 있기 때문이다. 그래야만 사람들이 매장이 있는 쪽으로 바짝 붙어서 다니게 된다. 어차피 사람들이 좋아하는 장소는 밝고 개방된 공간 옆에 마련된 천장이 낮고 약간 어두운 장소일 테니까 말이다.

우리는 모두 넓고 탁 트인 공간을 좋아한다고 믿고 있지만 실제로는 그렇지 못하다. 사람들이 진짜 좋아하는 곳은 넓은 장소도 아니고 그렇다고 좁은 장소도 아닌, **좁은 공간에서 넓게 트인 공간으로 이어지는 장소다.**
우리가 살아가는 집만 보더라도 그렇다. 사람들은 대부분 그런 입지에
지어진 집들을 선호하는 편이었다.[66] 좁고 답답한 곳을 헤매다가 갑자
기 넓고 시원한 장소를 발견했을 때 왠지 모르는 짜릿함을 느낄 수가
있기 때문이다. 마치 기대하던 바가 현실이 되었을 때 더없는 만족감
에 휩싸이듯이 말이다. 그런 장소에서 인간의 뇌와 오감이 활성화되는
건 당연하다. 체류를 비롯한 다양한 활동들이 앞다투어 일어날 수밖에
없는 환경이다. 물건을 팔아먹기에 더없이 훌륭한 장소라는 뜻이다.

07

쇼핑에 집중하게 만드는 폐쇄감

개방감이 느껴지는 장소는 처음 접할 때는 좋지만 얼마 가지 않아 결국 질리고야 만다. 산꼭대기에서 내려다보는 풍경이 제아무리 아름답고 멋지더라도 우리는 정상에서 오래 머무르는 법 없이 서둘러 산에서 내려온다. 오히려 사방이 탁 트여 훤히 볼 수 있다는 게 문제다. 무엇 하나 안 보이거나 불확실해 보이는 구석이 없으니 흥미가 생겨날 리 없다. **뭐든 예측이 가능할 정도로 다 보이면 재미가 없어지기 마련이다.**

오스트리아 건축가인 카밀로 지테Camillo Sitte가 말했듯이 중세 유럽의 도시가 매력적으로 느껴지는 것도 이러한 불확실성 덕분이다. 길을 걷는 도중에 때때로 넓은 광장이 나타나기는 하지만 이들 광장을 이어주는 건 결국 불규칙한 형태와 다양한 방향으로 얽히고설킨 좁은 골목길이다. 지금 어디를 향해 걸어가고 있는지조차 가늠할 수 없을 정도로 좁고 구불구불한 골목길을 헤매다가 느닷없이 맞닥뜨린 거대한 광장은 보행자에게 엄청난 시각적인 반전과 의외성을 선사한다. 좁은 공간에서 넓은 공간으로 나아갈 때 경험하게 되는 공간 밀도에서의 대조 효과가 해당 장소에 대한 호감도를 높이는 것이다. 달리 말해서 불확실성에서 확실성으로 나아갈 때 말이다.

흥미와 관심은 대개 불확실한 사물이나 장소에서 시작된다. 불확실성은 호기심을 불러일으키고, 호기심은 모든 행동의 동기가 된다. 불확실성을 줄여나가기 위해서는 정보가 필요하고, 이를 위해 탐색이 시작되기 때문이다. 탐색은 다양하고 구체적이되, 내용에 제한이 없다. 어차피 사람들이 갈구하는 건 '진실'이 아닌 매력적인 '자극'이기 때문이다. 인류의 역사를 바꾼 위대한 탐구 가운데 상당수가 실은 단순히 지루함에서 벗어나려는 목적에서 비롯된 것처럼 말이다.

광장이나 보이드 주변에 서 있던 사람들이 가장자리에 있는 매장 근처로 발걸음을 옮겼다는 건 지루함에서 벗어나기 위한 탐색을 시작했다는 뜻이다. 천장의 높이가 상대적으로 낮은 공간, 다시 말해서 약간의 폐쇄성이 드리워진 장소에 흥미를 느끼고 제 발로 걸어들어온 것이다. 쇼핑센터에서는 천장의 높이조차 함부로 정해서는 안 되는 이유다. **아늑한 기분이 들고 호기심이 생겨날 정도로 폐쇄적이되, 답답한 느낌이 들어서는 안 된다.** 너무 낮아서도 안 되지만 너무 높아서도 안 된다는 뜻이다.

실제로 사람들은 천장이 높다고 무조건 좋아하지는 않는다. 천장이 높은 방과 낮은 방을 두고서 하나만 선택하라고 하면 대부분 높은 방을 선택하겠지만 높이도 지나치면 역효과만 가져올 뿐이다. 총 73명의 학생을 대상으로 천장높이에 대한 선호도를 조사한 존 베어드John Baird 교수의 연구가 이를 뒷받침한다. 학생들의 선호도는 천장의 높이가 3.04m일 때 가장 높았으며, 이 지점을 지나 더 높아지게 되면 선호도는 오히려 감소하는 모습이었다.[67] 흥미로운 건 주변 사람들과 친밀감을 형성하는 데는 오히려 낮은 천장이 유리하다는 사실이다. 천장의 높이가 낮은 곳에서 사람들은 주위의 동료들과 대화하려는 경향을 강하게 보였고, 심지어 친해지고 싶다는 생각까지도 많이 하는 모습을 관찰할 수 있

었다.[68]

천장의 높이가 일정한 수준을 넘어가게 되면 아예 아무런 지각이나 느낌조차 없다는 주장도 있다. 예컨대 사람들은 바닥에서 천장까지의 높이가 3m인 사무실보다는 2.4m 정도 되는 근무 공간에서 훨씬 답답한 느낌을 받는다. 천장이 낮은 공간일수록 답답함을 느끼는 건 당연한 결과다. 하지만 천장 높이를 조금 더 올려 각각 3.6m와 3.9m인 공간을 차례로 경험하게 되면, 그 느낌에서 크게 차이가 나타나지 않는다. 천장의 높이가 우리 몸의 '수직 도달 범위'를 한참 넘어서게 되면 인간이 가진 높이 측정 능력이 급속히 감소하기 때문이다.[69] 쉽게 이야기해서 우리가 일어선 상태로 팔을 위로 뻗었을 때 손이 닿을 수 있는 최대 높이를 넘어가게 되면 공간과 높이에 대한 지각 능력이 상당 부분 둔감해진다는 뜻이다.

쇼핑센터로서는 참으로 다행스러운 일이 아닐 수 없다. 천장의 높이는 곧바로 건물 공사비로 직결되는 만큼 적당한 높이는 소비자에게 쾌적함을 선사하는 효과와 함께 투자비 절감에도 많은 도움을 가져다주기 때문이다. 실제로 국내 쇼핑센터의 경우, 개방감이 필요한 1층 매장이나 프리미엄아울렛 같은 아웃도어Outdoor 스타일의 매장을 제외하고는 대부분 천장의 높이를 3.5m 수준에 맞춰두고 있다. 여성 고객의 평균 신장과 시야각을 고려하여 개방감을 느낄 수 있는 최소한의 천장높이를 산출하고, 그 결과치를 표준화한 다음 이를 건축 설계에 반영해온

● 산출 근거를 보면 대충 이렇다. 인간이 거부감 없이 머리를 움직일 수 있는 범위는 좌우로 각각 45도(합계 90도), 상하로 각각 15도와 30도(합계 45도)다. 시야각 자체가 좌우로는 넓고 위아래로는 좁은 특성을 가진다. 그마저도 평소 땅을 보고 걷는 습성으로 인해 아래쪽을 보는 시야가 위쪽보다 두 배 이상 넓다. 하지만 머리의 움직임에 안구의 움직임까지 더하면 위로도 최대 45도까지 시야를 확보할 수 있다. 여기에 평균 시

것이다.•

하지만 그들이 정해놓은 기준에는 정작 중요한 사실 하나가 간과되어 있다. 그들의 계산은 **개방감이 확보되는 최소한의 천장 높이를 찾아내는 데는 성공했을지 몰라도 소비자가 쇼핑에 집중할 수 있는 최적의 높이를 찾아내는 데는 실패했기 때문이다.** 개방감의 장점에만 집중한 나머지 폐쇄감이 주는 효용에는 무감각했다는 뜻이다. 창의력 향상에 도움이 되는 개방감을 좇느라 집중력을 높여주는 폐쇄감을 포기했다는 의미이기도 하다. 쇼핑센터에서 창의력이 집중력보다 유용한지는 알 수 없는 문제이지만 말이다.

어쨌거나 높은 천장이 창의력 향상에, 그리고 낮은 천장이 집중력 강화에 도움이 된다는 사실은 이미 여러 연구를 통해서도 검증된 바다. 천장의 높이가 각각 2.4m, 2.7m, 3.0m인 방에서 진행되었던 실험이 대표적이다. 연구진은 실험 참가자들을 각각의 방으로 데려간 뒤, 창의력을 요구하는 문제와 집중력이 필요한 문제들을 풀게 했다. 결과는 무척 흥미로웠다.

먼저 천장의 높이가 가장 높은(3m) 방 사람들은 창의성을 요구하는 문제에 무척 강한 모습이었다. 천장이 낮은 다른 2개의 방에 있었을 때보다 두 배 이상 창의적인 문제에 능숙함을 보였다고 한다. 하지만 천장 높이가 가장 낮은(2.4m) 방에서는 전혀 다른 모습이었다. 창의력보다

력 1.0을 가정하면 사람들은 최대 3m 앞에 있는 피사체를 식별할 수 있다. 그리고 성인 여성의 평균 신장이 161cm인 사실을 고려하면 눈의 높이는 대략 150cm에 이른다. 이러한 사실들을 모두 종합해보면 시야 내에 천장이 들어오지 않는 최소한의 천장 높이는 3.5m라는 결론에 이르게 된다. 물론 시야각 등에서는 관련 연구와 교과서에서 이야기하는 수치와 다소 차이를 보이지만 나름 과학적인 방법과 계산식에 의해 정해진 기준이다.

는 집중력을 요구하는 문제에 강한 모습을 보였다. 천장이 높은 방에서는 넓은 시각으로 각각의 문제들에 접근하여 서로 간에 공통점을 찾으려고 노력했던 반면, 천장이 낮은 방에서는 문제 하나하나에 개별적으로 집중하는 모습을 보인 것이다.

연구에 따르면 높은 천장은 '자유'의 개념을 점화시킨다고 한다. 인간의 정보처리 능력을 활성화하여 창의력 향상에 도움을 가져다준다. 최근에 지어지는 업무용 빌딩들이 늘어나는 공사비에도 불구하고 층고를 조금씩 높이는 것은 아마도 이 때문인지도 모를 일이다. 실제로 천장의 높이를 2.4m부터 30cm씩 높일 때마다 직원들의 추상력과 창의력은 두 배 이상 높아진다는 것이 관련된 연구의 결론이다.[70] 사무 공간으로서 업무용 빌딩이 갖춰야 할 경쟁력 확보를 위해서라도 높은 천장은 필수인 셈이다.

높은 천장이 창의력에 도움을 가져다준다는 연구는 이 외에도 많이 있다. 예컨대 한 변의 길이가 1.5m인 정육면체 상자 안에서 생각해낸 답은 상자 밖의 넓은 공간에서 떠올린 답보다 창의성이 떨어질 가능성이 큰 것으로 알려져 있다.[71] 자녀가 창의력에 관한 문제를 풀고 있다면 형광등을 켜주기보다는 책상 위의 스탠드 조명을 켜주는 게 훨씬 효과적이라는 주장[72]도 눈길을 끈다. 좋은 아이디어는 가까이에서 비춰주는 밝은 불빛 아래에서 더욱 잘 떠오르는 법이다.

이와는 상반되게 낮은 천장은 '얽매임'과 '한계'의 개념을 점화시킨다고 한다. 개별 항목에 대한 정보처리를 도와 집중력을 높여준다는 뜻이다. 사무실이나 독서실 등에서 파티션Partition 같은 칸막이를 통해 공간을 여러 개로 나누는 것도 이와 비슷한 이유에서다. 개방된 공간에서는 아무래도 시선이 분산될 가능성이 크기 때문이다. 분산된 시선에 의해 무작위로 받아들여진 시각적 이미지들이 뇌에서 내리는 각종 명령에 영향을 주고, 그로 인해 집중력에 방해가 된다.

인간의 무의식 또한 집중력을 요구하는 활동에서는 낮은 천장을 선호하는 것으로 나타났다. 실험 참가자들에게 방안에서 음악을 감상하고 있는 자신의 모습을 상상하라고 한 경우에는 높은 천장에 대한 선호가 높았던 반면, 독서나 잡담, 식사 같은 활동을 떠올리게 한 상황에서는 그 반대였다.[73] 집중력이 필요한 활동이었던 만큼 낮은 천정에 대한 애착이 훨씬 강하게 나타난 것이다. 상상 속 활동조차 천장 높이에 대한 선호가 분명하게 갈라진다는 사실이 무척 흥미롭다.

성별에 따른 선호의 차이도 천장의 높이를 정함에 있어서 간과해서는 안 될 요소 중의 하나다. 실제로 **쇼핑센터의 핵심 고객이라고 할 수 있는 여성들의 경우, 개방감에 대한 선호가 상대적으로 낮은 편이다.** 누구나 좋아할 법한 고층 건물에서의 거주라든지 드넓은 초원에 대한 선호조차도 남성들과 비교하면 현저히 낮은 수준이다. 오히려 남성들이 개방적인 풍경을 좋아하는 편이며, 집에 머무를 때조차 열려있는 풍경을 선호한다.

이와 같은 사실은 풍경 사진에 대한 선호도를 조사한 실험을 통해서 확인되었다. 여성이 남성보다 '은신처'로 상징되는 장소나 사물이 담겨있는 풍경을 훨씬 더 선호하는 모습을 보였기 때문이다. 물론 남자라고 해서 모두 폐쇄적인 풍경을 싫어하거나 거부하는 모습을 보인 건 아니었다. 하지만 여성들과 비교해봤을 때 상대적으로 은신처에 대한 매력을 덜 느끼는 것만큼은 분명했다.

이러한 결과는 다른 유사한 실험에서도 마찬가지였다. 실험 참가자들에게 성인 남성 모습의 인형과 여성 모습을 한 인형을 각각 하나씩 손에 들려주고는 이 가상의 인물들이 가장 만족감을 느낄 만한 장소를 찾아 배치해달라고 부탁했다. 여성 참가자들은 대체로 남성과 여성의 인형 모두를 은신처 부근에 가져다 놓았던 반면, 남성 참가자들은 남자 인형은 개방된 장소에, 여자 인형은 은신의 장소에 각각 따로 배치하는 모습이었다.[74] 비록 남자 인형이 배치된 장소는 실험 참가자의 성별에 따라 상반된 결과를 보였으나 여자 인형만큼은 놓인 장소가 모두 은신처로 서로 일치한 셈이다. 여성이 **폐쇄적이고 은밀한 공간을 선호한다는 것을 실험에 참여한 남녀 모두 무의식적으로나마 인정을 한 것이나 다름없다.**

물론 이와 상반된 결과를 보여주는 실험도 있다. 총 174명의 사람에게 창문의 개수와 모양을 각기 달리하는 다양한 건물의 그림들을 보여주고는 어느 정도의 개방감이 가장 좋은지를 물어본 실험이 대표적이다. 소위 '차폐에 대한 개방 비율VSR : Void to Solid Ratio' 선호도를 조사한 실험이다. 실험 결과에 따르면 사람들은 개방 비율이 약 43% 정도 되는 건물에 가장 후한 점수를 줬다. 창문을 비롯한 각종 개구부開口部가 전체 표면의 절반에 조금 미치지 않았을 때이다.

개방 비율이 서로 비슷한 조건에서는 창문의 '너비'보다는 '높이'가 인기를 가르는 기준으로 작용했다. 옆으로 길쭉하게 생긴 창문보다는 위아래로 뻗어 있는 창문이 인기가 많았다는 뜻이다. 특히 층수가 많을수록 개방 비율이 높은 건물에 대한 선호가 높았다. 고층 건물일수록 외부에 대한 개방감이 더욱 중요하다는 의미로 해석된다. 한 가지 특이한 점은 여성들이 남성들보다 개방 비율이 높은 입면을 더 선호했다는 사실이다.[75] 폐쇄적인 공간에 선호를 보였던 이전의 실험들과 정반대의

차폐에 대한 개방 비율의 선호도 조사

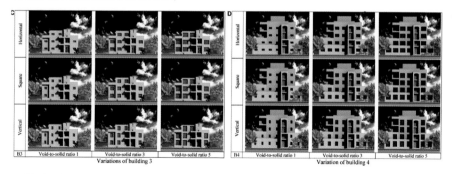

그림은 서로 다른 2개의 건물에 대해 창문의 크기와 모양을 달리하여 입면을 변화시켜 만든 다양한 디자인의 조합을 보여준다. 실험참가자들에게 해당 그림을 보여준 다음, 가장 이상적인 개방감을 가진 건물을 선택하도록 했다. 사람들은 대체로 건물에서 차지하는 창문의 비율이 약 43% 정도인 입면에서 가장 높은 선호도를 보였으며, 특히 여성들이 남성들보다 개방성이 강한 입면을 선호하는 편이었다. [그림 출처 : 사이언스다이렉트(sciencedirect.com)]

결과를 보여주었다는 점에서 흥미롭지 않을 수가 없다.

비슷한 사안을 두고 정반대의 결과를 보인 두 가지 실험에서의 차이는 다름 아닌 여성들이 집을 바라보는 관점에 있었다. 예컨대 이전의 실험들은 모두 실험참가자가 집 안에 머무르는 자신을 가정한 상태에서 진행된 것들이다. 집 안에서 바깥을 내다보는 시각으로 개방감과 폐쇄감을 판단했다는 의미다. 하지만 이후에 진행된 실험은 그와 정반대의 상황을 가정한다. 건물의 개방 비율에 대한 선호도 실험은 피실험자가 집 밖에 나와 있는 자신을 가정하고 있다. 조금 떨어진 곳에서 건물을 바라보며 개방감에 대한 선호를 평가한 것이기 때문이다.

이는 결국 자신의 위치가 어딘지 그 가정을 달리함에 따라 실험의 결과도 함께 달라진 것으로 추측해볼 수 있다. 예컨대 여성들이 집 안에 있다면 폐쇄감이 느껴지는 은밀한 공간을 선호한 반면, 집 바깥에서 바라볼 때는

개방적인 구조의 집을 더욱 좋아한다는 의미가 된다. 물론 그 이유를 명쾌하게 설명해준 연구는 아직 나타나지 않은 상태다. 그나마 가장 설득력 있는 추측은 실용성에 기반을 둔 평가다. 그냥 보기에는 개방적인 게 좋을지 몰라도 직접 들어가서 살기에는 다소 폐쇄적인 공간이 더욱 안전하게 느껴질 수 있다는 뜻이다. 집 안이라면 약간 어둡고 막힌 듯한 느낌의 공간이 더욱 쾌적하게 다가올 것이고, 바깥에서는 창이 크고 넓은 건물이 훨씬 더 아름다운 건물로 인식된다는 의미다.

그렇다면 이제 쇼핑센터나 공간 기획가가 취해야 할 자세와 행동은 무척 분명해졌다. 지금까지 그래왔듯이 개방감을 우선시하던 태도를 계속 유지할 것인지 아니면 그만 포기하고 폐쇄감을 선택할 것인지 양자 간에 하나를 택해야 할 시점이다. 물론 잠재 고객으로서 쇼핑센터 바깥에 서 있는 여성들도 쇼핑센터에는 무척 중요하고 매력적인 존재임을 부인하지는 않는다. 그들에게는 쇼윈도를 크게 만들고 천장의 높이도 잔뜩 올려서 최대한 개방감 있게 만들어놓은 건물이 훨씬 쾌적한 장소로 여겨질 수 있다.

하지만 쇼핑센터가 더 소중히 다뤄야 할 사람은 이미 쇼핑센터 안으로 몸을 옮겨온 고객이다. 공간을 단지 눈으로만 보지 않고, 직접 체류하며 온몸으로 부대끼는 여성 소비자들 말이다. 그런 그들이 생각하는 쾌적함의 기준은 오히려 약간은 답답하고 폐쇄적인 느낌을 더욱 원하고 있을 가능성이 크다. 마치 집 안에 머무를 때 여성들은 다소 어둡고 천장이 낮은 폐쇄적인 공간을 오히려 아늑하고 안전한 느낌으로 받아들이고 이를 선호했던 것처럼 말이다.

08

몸과 마음을 병들게 하는 밀집감

"너를 길들이려면 어떻게 해야 하니?"

생텍쥐페리De Saint-Exupéry의 소설《어린 왕자》에 등장하는 어린 왕자는 여우에게 어떻게 하면 친구가 될 수 있는지 그 방법을 물었다. 그러자 여우가 대답했다.

"우선 내 곁에서 조금 떨어져서 이렇게 풀숲에 앉아 있어. 그리고 날마다 조금씩 더 가까이 다가앉아도 돼"

여우가 말해준 방법은 '시간'과 '거리'였다. 서로 친해지기 위해서는 먼저 충분한 시간이 필요하다는 뜻이다. 그리고 함께 보낸 시간만큼 개인 공간이 줄어들면서 둘 사이의 심리적인 거리도 조금씩 좁혀나갈 수 있음을 알려준 것이다.

모든 것에는 적당한 거리가 필요하다. 이른 저녁 시골 마을의 개 짖는 소리나 닭 우는 소리도 맞춤한 거리에서 들을 때가 제격이고, 물 위를 떠놀다 서로 부딪혀 부서지는 얼음장 소리 또한 강 한가운데보다는 강기슭에서 들을 때 그 울림이 더 둥글고 풍성하다고 했다. 사랑도 마찬가지다. 아무리 아끼고 사랑하는 사람이라도 적당한 거리를 유지해야 좋은 관계가 오랫동안 유지된다. 조급한 마음에 갑작스레 다가가면 누구나 부담을 느끼고 상대를 밀쳐낸다. 마치 스프링이 서로를 반발하듯이 말이다.

동물들에게 적당한 거리는 생존의 문제다. 제 명대로 살다가 죽으려면 개체 간에 일정 거리를 유지하는 게 필수적이다. 밀도가 높으면 개인 공간을 유지하는 게 어려워져 스트레스에 노출된다. 실제로 쥐가 그렇다. 밀도가 낮을 때는 정상적인 사회생활을 영위하지만 밀집된 장소에서는 난폭하고 잔인한 싸움으로 많은 개체가 죽어 나갔다.[76] 건강에도 문제가 생긴다. 간이나 콩팥 같은 주요 기관들이 손상될 뿐만 아니라 분비선 기능도 정상적으로 작동하지 않았다.[77] 심지어는 번식 기능에도 악영향을 미쳤다. 수컷과 암컷 모두에게서 생식 능력이 저하되는 결과가 관찰된 것이다.[78]

물론 적당한 밀집은 서로에게 유익하다. 야생에서 살아가는 동물들에게 무리 생활은 생존에 도움을 준다. 천적의 공격으로부터 자신이 희생당할 확률을 N분의 1로 낮추고, 먹이를 먹는 도중에 고개를 들어 주변을 경계할 시간도 줄어든다. 그런 점에서 무리 생활은 동물에게 있어서 더없이 안전하고 효율적인 생활 방식이다.[79] 하지만 그러한 장점도 개체 수가 적정 수준으로 유지될 때만 유효하다. 무리의 크기가 일정한 수준을 넘어서게 되면 경쟁이 심해지고 분쟁도 잦아진다. 먹이를 사냥하는 데 써야 할 힘과 시간을 싸우는 데 허비할 수밖에 없다.

동물들도 그게 얼마나 비합리적인지를 잘 안다. 그래서 본능적으로 과밀집의 상황에서 벗어나려는 시도가 일어난다. 흔히 레밍Lemming으로 알려진 나그네쥐가 대표적이다. 설치류는 번식력이 뛰어나서 몇 년마다 개체 수가 급격히 증가하는 현상이 나타나는데, 그럴 때마다 서식지에 음식과 거처 등이 모자라는 일이 발생한다. 이런 상황이 오면 레밍들은 몇 개의 집단으로 나누어져 새로운 서식지를 찾아 떠나는데, 이동 과정에서 물을 만나면 헤엄을 쳐서라도 필사적으로 움직이려고 한다. 물론 그중에 상당수는 물에 빠져서 생명을 잃는 일도 빈번하다.

하지만 그런 움직임과 시도를 단지 '이동'이 아닌 '도망'으로 보는 시각도 있다. 개체 수가 점점 늘어나는 밀집 상황에서 스트레스를 견뎌내지 못한 나머지 서식지를 떠나 도망치는 것으로 간주한다. 이동 과정에서 물에 빠져 죽는 것 역시 단순한 사고로 보지 않았다. 물을 건너기 위해 헤엄치다가 빠져 죽는 게 아니라 죽으려고 일부러 몸을 던진 것으로 여긴다. 밀집이 주는 극한의 스트레스를 이기지 못한 개체가 스스로 죽음을 선택했다는 얘기다. 때로는 서로를 잡아먹는 난폭성까지 보여가면서 말이다.[80]

밀집을 싫어하는 건 다른 동물들도 마찬가지다. 무리를 지어 사는 새들 역시 다른 개체들과 일정한 간격을 유지한다. 먹이를 먹을 때 다른 새가 먹이를 쪼는 거리Pecking-Distance 안에는 절대 들어가지 않으려고 하고, 전선 위에 앉을 때도 서로 일정한 간격을 유지한다. 이는 식물들도 마찬가지다. 산에서 자라는 나무들조차 일정한 간격을 두고 가지를 뻗거나 잎사귀를 틔운다. 광합성에 필요한 자기만의 공간을 확보하기 위한 일종의 생존 전략인 셈이다.

다른 개체들과 사회를 이루어 사는 인간도 밀집을 싫어하는 건 마찬가지다. 밀집으로 인한 스트레스에 장시간 노출되면 발달이나 인성, 성격 등에 문제가 생긴다. 예컨대 정신이 없을 정도로 사람들이 북적대는 집에서 자란 아이들은 넓은 주거 공간에서 생활한 아이들보다 발달 속도가 느리다. 학교 수업도 잘 따라가지 못하고, 학교나 가정에서 말썽도 많이 일으키는 편이라고 알려졌다. 함께 거주하는 사람이 많아 시끄럽고 개인의 사생활이 보장되기 힘든 환경에서는 정신적·심리적으로 문제가 생길 가능성이 커지기 때문이다.

밀집은 현대인의 스킨십Skinship 결여를 설명하는 키워드이기도 하다. 본래 인간은 스킨십을 좋아하고 그에 대한 욕망까지 가진 존재지만 도시라는 한정된 공간에서 오랫동안 밀집된 상태로 살아가다 보니 오히려 스킨십이 결핍된 역설적인 상황에 이르게 되었다는 설명이다. 밀집된 환경이 사람들의 의지와는 상관없는 과잉 접촉을 강요하고, 그로 인해 소규모의 친밀한 집단 생활에 적합하게끔 설계된 인간의 생물학적인 본성마저도 철저한 거부 반응의 대상으로 전락해버리고 말았다. 사회생활에서 필요한 최소한의 접촉마저도 행여 상대방에게 성적인 신호나 공격적인 행동으로 오해받지 않도록 고도로 양식화되어 왔다.[81] 악수라는 행동이 그렇게 생겨난 것처럼 말이다.

사람들이 서로 간에 일정한 거리를 유지하려고 노력하는 것도 비슷한 맥락의 행동이다. 서로 온기는 나누되 가시에 찔리지 않을 정도로 적당히 떨어져 있으려고 한다. **인간관계에서 일어나는 갈등의 대부분이 누군가와 무언가를 공유하면서 비롯된다**는 것을 잘 알기 때문이다. 재산이나 사람을 공유할 때 갈등이 생기듯 공간도 마찬가지다. 거리가 가까워질수록 갈등이 격해지고 분쟁도 잦아질 수밖에 없다. 반가운 건 잠시일 뿐 어느 정도 시간이 지나면 한 공간에 있다는 사실만으로도 신경이 곤두선다. 좁은 공간에서 함께 시간을 보내다 보니 심리적인 변화가 일어났기 때문이다. 이를 두고 흔히 '고립 효과Isolated Effect'라고 부른다.

고립 효과가 나타나는 이유는 간단하다. 물리적으로 **밀집된 상황이 다른 사람에 대한 호감도를 떨어뜨리기 때문이다.** 도시의 인구 규모에 따라 달라지는 사람들의 친절도가 그렇다. 자그마한 시골 마을 사람들이 대도시에 사는 사람들보다 이방인에게 호의적이라고 느끼는 통상적인 견해 말이다. 상대적으로 밀집이 덜한 환경에서 살고 있기 때문이라고 추측해볼 수 있다. 대단지 아파트보다는 규모가 작은 아파트에서 주민들 간에 끈끈한 유대관계가 목격되는 것도 마찬가지다. 밀집 외에는 달리 이유를 설명할 길이 없다. 무엇보다 이는 실제 연구를 통해서도 확인된 사실이다.

연구는 기숙사에 거주하는 학생들을 대상으로 이루어졌다. 대형 기숙사의 학생들은 처음에는 다소 경쟁적이고 강한 반응을 보이다가 시간이 지나면서 주변 사람들과 상호작용을 멈춘다고 했다. 그리고는 자신의 공간에서만 맴도는 움츠린 모습을 보였다고 한다. 하지만 소형 기숙사의 학생들은 달랐다. 경쟁보다는 협력적인 성향이 강했다. 공용 공간을 중심으로 다른 학생들과 지속적인 관계를 맺고, 이를 유지하기 위해 노력하는 모습이 두드러지게 나타났다.[82]

비슷한 결과를 확인한 연구는 또 있다. 길을 걷다가 땅에 떨어진 편지 봉투를 주웠을 때 이를 주운 사람이 잃어버린 누군가를 대신하여 우체통에 넣어주는지 그 비율을 관찰한 실험 말이다. 실험은 마치 누군가가 실수로 흘려놓은 듯이 기숙사 주변에 편지 봉투를 떨어뜨리는 것으로 시작된다. 당연히 봉투의 겉면에는 수신인의 주소가 쓰여있고 우표까지 붙어있다. 주운 사람이 할 일이라고는 그냥 우체통에 넣어주는 게 다다. 그렇게만 하면 모든 게 해결되도록 설계되어 있다.

실험의 결과는 예상했던 바와 정확히 일치했다. 편지의 회신율, 다시 말해 봉투를 주운 사람이 잃어버린 사람을 대신하여 우체통에 넣어주는 비율은 건물 내에 거주하고 있는 학생들의 밀집도와 관련이 있었다. 밀집도가 낮은 기숙사일수록 편지의 회신율이 높게 나타난 것이다. 예를 들어 고밀도와 중밀도의 기숙사에서는 각각 58%와 79%에 머물렀던 회신율이 저밀도에서는 88%까지 치솟았다.[83] 밀집이 덜한 곳일수록 심리적인 여유가 생겨날 가능성이 크고, 자연히 주변 사람들에 대한 배려나 관심 또한 함께 높아진다고 추측해볼 수 있다.

사회적 동물에게 사회성은 존재의 본질이나 다름없다. 인간이 머무는 모든 공간이 사회 활동을 일으키는 물리적인 기반이라는 점에서 건축 계획은 기본적으로 밀집을 해소하는 방향으로 나아갈 수밖에 없다. 시간이 흐를수록 사회적 공간으로 진화해가는 쇼핑센터 역시 예외는 아니다. 물리적인 밀집은 반드시 제거해야 할 대상이자 최소화할 필요가 있는 회피상황이다.

실제로 **쾌적한 보행 환경은 소비자의 이동 경로로 채택될 가능성을 높인다.** 쉽게 말해서 상업가로의 활성화를 이끄는 핵심 요인으로 작용한다는 뜻이다. 그리고 여기서 말하는 보행의 쾌적성이란, 거리가 얼마나 깨끗하고 아름다운가의 문제들뿐만 아니라 사람들로 붐비는 정도가 적정한 수준으로 유지되는가의 문제까지도 모두 포함하는 개념이다. 최근 서울연구원에서 발행한 보고서가 이러한 주장에 대한 구체적인 증거를 제시한다. 차로를 축소하고 보도를 확장하거나 각종 보행자 시설을 정비하는 노력만으로 유동인구와 주변 가게의 매출액을 동시에 증가시킬 수 있음을 보여준 것이다. 서울 도봉구에 있는 도로가 대표적인 사례다. 차로를 축소하고 보도 폭을 넓히는 조치로 보행자와 유모차 등이 편하게 오갈 수 있게 되면서 유동인구가 1년 만에 무려 35.6%나 늘었다고 연구는 밝히고 있다.[84]

밀집 상황이 가져다주는 부정적인 효과도 쇼핑센터로서는 부담스럽다. 고밀도의 상황에서 필연적으로 발생하게 되는 타인에 대한 호감도 하락이나 작업능률 저하 같은 부작용만 보더라도 밀집은 소비자의 행동에 부정적인 영향력을 행사할 가능성이 크기 때문이다. 예를 들어 진열된 상품에 쏠려야 할 소비자의 관심이 자칫 엉뚱한 곳으로 향할 수도 있다. 쇼핑 활동에서 집중도가 떨어지는 것 역시 마찬가지다. 외부자극을 처리하는 능력에 일정한 한계를 가진 인간으로서는 모두 어쩔 수 없는 결과들이다. 상대적으로 더 중요한 자극에 더 많은 주의를 기울일 수밖에 없기 때문이다.[85] 밀집 상황에 놓인 소비자로서는 눈앞의 상품보다는 **붐비는 주변이나 부딪히는 타인이 더욱 신경 쓰이고 거슬릴 수밖에 없다.** 쇼핑센터 대부분이 충분한 넓이의 동선을 확보하여 최대한 밀집감을 해소하려고 노력하는 주된 이유다.

그도 그럴 것이 실제로 밀집은 상품 구매에 있어서 소비자의 몰입을 저해하고 쇼핑 활동에도 방해가 된다. 대표적인 것이 '부딪힘 현상Butt-Brush Effect'이다. 파코 언더힐에 따르면, 여성 소비자는 매장에서 낯선 사람들과 신체적인 부딪히면 곧바로 쇼핑을 멈추고 서둘러 매장을 떠나버린다고 한다. 백화점 출입구 근처에 마련된 한 넥타이 매장에서의 경험이 그랬다. 해당 매장으로 다가가던 손님들이 행여 백화점으로 들어오던 손님들과 부딪칠까 봐 걸음을 멈칫하는 모습을 보인 것이다. 그렇게 한두 차례 다른 사람과 부딪힘을 경험한 고객들은 대부분 넥타이 구경을

포기한 채 서둘러 매장을 빠져나가는 모습이었다.[86]

고객이 매장 내에 머무르는 시간이 길어질수록 상품의 구매 확률이나 구매량이 함께 증가한다는 것은 부인하기 힘든 정설이다. 그런 점에서 여성 소비자가 쇼핑센터 내에서 경험하게 될 '낯선 사람과의 접촉 AIT ; Accidental Interpersonal Touch'만큼 쇼핑센터 매출액에 치명적이고 위험한 일은 없다. 더군다나 해당 매장에서 판매하는 제품이 구매 의사결정에 많은 시간과 고민을 요구하는 것들이라면 더더욱 그러하다. 실제로 **고객들 간에 신체적인 부딪힘이 많이 발생하는 매장일수록 판매율이 현저히 낮은 것으로 확인됐다.** 주로 스마트폰처럼 제품 가격이 비싸고 직원과의 상담 시간이 많이 소요되는 제품일수록 부딪힘 현상으로 인한 매출액 감소가 심각했다. 흔히 말해서 가격이 비싼 제품들 말이다.

단지 구경만 즐기는 아이쇼핑 소비자가 지나치게 많은 것도 부딪힘 현상을 일으키는 중요한 요인이다. 유명 브랜드 매장의 경우, 그런 사람들이 지나치게 많이 유입되어 정작 제품구매를 위해 방문한 고객들이 불편을 겪는 경우도 종종 발생한다. 고객의 방문을 유인할 목적으로 발행한 DM 쿠폰 역시 마찬가지다. 매장으로 유인된 소비자가 저가의 행사 상품만 구매하고는 그냥 나가버리는 과정에서 다른 고객들과 불필요한 신체적인 접촉을 유발한다. 이처럼 장사를 잘해보려고 했던 시도가 오히려 문제를 일으키는 부메랑이 되어 돌아오기도 한다.

이러한 문제를 최소화하기 위해서는 행사에 제공되는 미끼 상품들을 따로 모아서 진열해두는 것도 하나의 묘책이 된다. 예컨대 미끼 상품을 매장 바깥에 진열해두면 행사에 이끌려 방문한 사람과 단순 아이쇼핑 소비자가 매장 안으로 유입되는 확률을 상당 부분 낮추는 효과가 있다.

하지만 부작용도 각오해야 한다. 고객들 간의 부딪힘 현상은 최소화할지 몰라도 행사를 통해 유입된 고객이 다른 제품까지 구매하기를 바라고 기획했던 행사의 본래 취지와는 전혀 부합하지 않을 수도 있다. 차선은 미끼 상품 진열대를 매장 맨 안쪽으로 밀어 넣는 방법이다. 구매 고객과 행사 고객, 그리고 아이쇼핑 소비자를 서로 분리하여 신체적인 부딪힘을 최소화하면서도 행사를 통한 연계 구매 효과를 조금이나마 기대해볼 수가 있기 때문이다.

어찌 되었건 쇼핑센터에서 경험하는 낯선 사람과의 접촉은 성별을 가리지 않고 남녀고객 모두에게 부정적인 감정과 결과를 가져다준다. 하지만 흥미롭게도 밀집으로 인한 불쾌감의 원인은 모두 남성들에게 집중되어 있다. 여성 소비자의 경우, 동성인 여성들보다는 이성인 '남성'으로부터의 접촉에 더욱 부정적으로 반응하였으며, 남성 소비자 역시 이성인 여성보다는 동성인 '남성'과의 접촉에 더욱 부정적인 반응이었다.[87] 남성이든 여성이든 모르는 '남자'와의 접촉이 쇼핑할 기분을 망치는 핵심 요인이라는 뜻이다. 높은 밀도의 공간에서 발생하는 스트레스 대부분이 남성에 대한 기피와 혐오로부터 시작된다고 봐도 무방할 정도다.

이는 쇼핑센터에서 추구해야 할 밀집 해소의 방법이 낯선 남성들과의 접촉을 최소화하는 쪽으로 나아가야 함을 분명히 시사해주고 있다. 매장의 위치를 정하거나 동선을 계획할 때 남성 고객의 움직임을 최소화하는 방향으로 이뤄질 필요가 있음을 이야기한다. 남성을 위한 매장이나 시설들을 모두 쇼핑센터 중심과는 떨어진 외곽 지역이나 다소 후미진 지역에 배치하는 등의 방법을 동원해서라도 말이다.

09
때로는 활력이 되기도 하는 밀집감

밀집을 해소하는 가장 손쉬운 방법은 공간을 넉넉하게 계획하는 것이다. 하지만 밀집감은 단지 공간을 확장하는 것만으로 해소할 수 있는 문제는 아니다. 실제로 **밀집은 사람들이 느끼는 '공간의 크기'보다 자신이 맞닥뜨리게 될 '사람의 수'에 의해 좌우되는 편이다.**[88] 사람들로 붐비는 공간에 설치된 이동식 칸막이가 혼잡함을 덜 느끼게 해주는 것도 바로 이런 이치 때문이다. 칸막이를 통해 일종의 '개인적인 공간'을 만끽하게 됨으로써 밀집에 대한 인식이 반감되는 것이다. 비록 물리적인 공간은 줄어들었어도 마주하는 사람의 수 역시 함께 줄어듦으로써 말이다.

그러다 보니 밀집 상황에서 나타나는 인간의 행동도 공간이 가진 실제 밀집도보다는 사람들이 지각하는 수준에 의해 주로 결정된다.[89] 성별이나 나이, 성격 같은 개인적인 성향에서의 차이는 물론이거니와 해당 장소의 분위기나 그곳에서 일어나는 행위의 종류 같은 여러 상황적인 조건들도 사람들의 밀집 인식에 영향을 미친다. 나아가 주변 사람들과의 접촉밀도나 관계성 같은 사회적인 조건에 따라서도 개개인이 체감하는 밀집의 강도는 얼마든지 달라질 수 있다는 얘기다.

나라마다 차이를 보이는 대인관계 문화만 봐도 그렇다. 똑같이 영어를 모국어로 쓰는 미국이나 영국조차 대인관계에서 보이는 사람들의 성향에는 큰 차이가 있다. 예를 들어 혼자 있고 싶을 때 미국인은 조용히 방으로 들어가 문을 닫는 편이다. 하지만 영국인은 모두가 함께 있는 공간 한구석에 처박혀서 아무 말도 하지 않은 채 조용히 앉아 있다. 그런데 미국인에게는 같은 공간에 있으면서 말을 걸지 않는 건 무척 무례한 행동이다. 혼자 있고 싶은 영국인의 신호를 알아차리지 못하고는 결국 실례를 범하고 만다. 이러한 문화적인 차이를 고려한다면 영국인보다는 미국인이 밀집된 공간에 훨씬 취약할 수밖에 없는 구조다.

문화적인 차이는 대화하는 방식에서도 드러난다. 영국인의 경우, 같은 공간에 있는 다른 사람들에게 자신들의 대화가 들려서는 안 된다고 생각한다. 그러다 보니 최대한 목소리를 낮춰서 사람들과 이야기를 나누게 된다. 하지만 그런 모습은 미국인에게 마치 비밀스러운 모의나 작당을 하는 것처럼 보일 뿐이다. 미국인에게 대화는 같은 공간 안에 있는 사람들이 모두 들을 수 있어야 하기 때문이다. 큰 소리를 내지는 않더라도 주위의 사람들이 들을 수 있는 톤으로 대화를 나누는 데 익숙하다.

이러한 차이에 대해 가장 설득력이 있는 설명은 그 원인이 서로 다른 주택 구조에서부터 비롯되었다는 주장이다. 영국을 비롯한 유럽의 오래된 전통 가옥의 구조가 영국인의 다소 비밀스럽고 은밀한 문화를 잘 설명해준다는 뜻이다. 그도 그럴 것이 옛날 영국의 집들은 모든 방이 일렬로 배치되어 있어서 다른 방을 통해야만 들락거릴 수 있었다. 마치 홀과 홀끼리 이어지는 박물관이나 미술관의 구조처럼 말이다. 각각의 방들이 모두를 위한 공용 통로처럼 사용되다 보니 개인의 사생활이 보장되기가 쉽지 않은 구조다. 자연히 대화도 조심스레 나눌 수밖에 없다. 아주 오래전부터 영국인들은 밀집된 스트레스 상황에 충분히 길들

영국의 전통 가옥 구조

우리나라 주택은 대부분 거실이나 복도를 통해 각각의 방들로 들어가게 되어있다. 하지만 영국의 오래된 집들은 대부분 복도를 통해 독립적으로 각각의 방으로 들어가는 구조가 아니다. 방을 입구부터 차례로 배치하여 어느 한 방을 통해 다른 방으로 들어가는 구조를 보인다.

여왔음을 유추해볼 수 있는 대목이다.

성별의 차이도 같은 밀집 상황에 대해 체감의 정도를 달리하게 만드는 중요한 요인이다. 예컨대 **고밀도가 주는 부정적인 반응은 여성보다는 남성들에게서 강하게 나타나는 편이다.** 연구에 따르면 남성들은 고밀도의 공간에서 대부분 부정적인 기분을 느끼지만 흥미롭게도 여성들은 그 반대라고 알려졌다.[90] 한산한 대학교 캠퍼스와 사람들로 붐비는 상가 지역에서 학생들이 경험한 스트레스 수준이 이를 증명한다. 남학생들은 상가와 사람들이 몰려있는 번화가에서 스트레스가 증가하는 모습을 보였지만 여학생들은 전혀 그렇지 않았다.[91] 스트레스로 인한 맥박과 혈압의 증가, 질병의 발생, 생리적 변화 등도 여성보다는 남성들에게서 훨씬 두드러졌다. 물리적인 밀집으로 인해 타인에 대한 호감도나 작업능률이 하락할 가능성이 여성보다는 남성들에게서 훨씬 더 크게 나타날 수 있음을 시사해주는 대목이다.

이러한 차이가 발생하는 가장 근본적인 이유는 성별에 따라 '개인 공간Personal Space'에 대한 지각과 관념이 서로 다르기 때문이다. 다른 사람으로부터 침해받지 않을 정도로 충분히 떨어져 있으려는 심리적인 선호 거리 말이다. 대체로 남성들이 생각하는 개인 공간이 여성들보다 훨씬 넓은 편이다. 사적인 공간에 대한 욕구도 여성보다는 남성들에게서 훨씬 더 강하게 나타난다.

그렇다 보니 **남성은 상대방의 매력도에 따라 공간적인 위치에 별다른 변화를 보이지 않는다.** 예컨대 두 명의 남성이 같은 장소에 함께 있는 경우를 생각해보면 이해가 빠르다. 죽마고우처럼 서로 아무리 강한 우호적인 감정을 공유하는 사이더라도 이 둘의 공간적인 위치는 좀처럼 쉽게 변하지 않는다.[92] 남자는 서로 좋아하고 아끼는 사이라고 해서 필요 이상으로 가까이 다가가지는 않는다는 뜻이다.

이와 달리 **여성은 상대방에 따라 자신의 공간적인 위치를 달리하는 편이다.** 좋아하는 타인에 대해서는 좀 더 밀접한 거리에서 상호작용을 하게 된다는 뜻이다.[93] 예를 들어 여성과 여성의 조합이 대표적이다. 서로 팔짱을 낀 채 길을 걷는 여성들을 쉽게 볼 수 있는 것처럼 상대방에 대한 호의적인 감정이 서로를 공간적으로 더욱 밀착하게 만든다. 그로 인해 서로에 대한 좋은 감정은 더욱 증폭되어간다. 주로 언어적인 메시지를 통해 친밀감을 표시하는 남성들과 달리 여성들은 비언어적인 방식에 의한 교감에 익숙하고 경험도 훨씬 많기 때문이라고 설명한다. 좋아하는 타인에 대한 공간적인 반응이 즉각적이고 수월하게 나타난다는 이야기다.

그런 여성들만의 특성은 이성 간의 '매력-근접Attraction-Proximity' 관계에서도 비슷한 모습을 보인다. 남녀가 공간적으로 밀착해있는 게 남성이 여성에게 가까이 다가가서인지, 아니면 여성이 남성에게 다가서기 때문인지, 그것도 아니면 둘 다 서로에게 다가가기 때문인지를 분석했더니 여성의 역할이 훨씬 더 큰 것으로 확인된 것이다. 쉽게 말해서 연인혹은 친한 이성 친구 사이에 물리적인 거리가 점점 가까워지는 것은 주로 여성들이 매력이 있다고 느끼는 남성에게 더 가까이 다가서기 때문이라는 결론이다. 이는 **상대방이 발산하는 매력에 반응하는 과정에서 여성이 남성보다 몸의 위치나 자세를 더욱 능동적으로 정한다는 뜻**이나 다름없다.

밀집된 상황에서 보여주는 남녀 간의 행동 양식의 차이도 이와 무관하지 않다. 예컨대 경쟁이 미덕이라고 교육받은 남성들은 기본적으로 군중을 위협의 원천으로 간주한다. 하지만 친화가 미덕이라고 배운 여성들은 군중에 대한 친화력이 상당히 큰 편이다.[94] 무리 속의 다른 동성 개체들에 대해 남자는 '전투 아니면 도피Fight or Flight' 성향을 보이는 것과 달리 여자는 '배려와 친교Tend and Befriend'로서의 성향을 강하게 나타낸다.

이는 원숭이 사회만 들여다봐도 충분히 이해되는 내용이다. 수컷 두 마리가 같은 우리에 있으면 맨날 싸움박질만 해대겠지만 암컷 두 마리가 함께 있으면 서로 털을 골라주는 행동을 통해 긴장을 푼다. 막무가내로 싸움을 걸어봐야 생존의 확률만 낮아지고, 자손 번식에도 실패할 가능성이 커지기 때문이다.[95] 남성과 비교하여 여성이 훨씬 더 사회적이고 협동적인 존재라는 사실에 대한 방증이기도 하다.[96]

외로움을 느끼는 이유나 동기 역시 마찬가지다. 혼자라서가 아니라 홀로서지 못해서 생겨나는 게 외로움이라는 감정임에도 여자는 혼자라서 외로움을 느끼고, 남자는 혼자이지 못해서 외롭다. 둘이서 함께 있든 따로 떨어져 있든 남녀 모두가 동시에 행복해질 수 없는 이유다. 그런 남녀에게 밀집이 가져다주는 의미와 느낌이 같을 리 없다. 혼자이고픈 남성에게 밀집은 독이 되지만 누군가와 함께하고픈 여성에게 혼잡은 오히려 약이 될 수도 있다는 의미다. 물론 혼잡함의 정도에는 반드시 적당함이 전제되어야 하겠지만 말이다.

개인이 처한 상황적인 조건도 밀집에 대한 느낌과 반응을 달리하는 중요한 변수 중의 하나다. 예컨대 지금 있는 장소의 분위기나 그 속에서 이루어지는 행동의 종류 같은 것들 말이다. **실제로 같은 밀집도라 하더라도 일상적인 길거리에서보다는 축제가 벌어지는 장소나 흥겨운 클럽 안에서 느끼는 감정이 훨씬 덜 불쾌하다.** 물리적으로는 무척 높은 밀도와 혼잡함을 느끼더라도 오히려 그런 번잡한 상황이 흥을 돋우고 즐거움마저 배가시킨다. 만약 클럽이나 축제장을 갔는데 사람들이 적어서 한산한 분위기를 풍기고 있다면 그 느낌이 어떨지 상상해보라. 사람들이 덜 붐벼서 몸은 편할지 몰라도 활기를 느끼기엔 역부족이다. 재미와 흥미를 상실해버릴 가능성이 크다.

주변 사람들과의 관계나 접촉의 빈도를 비롯한 여러 사회적인 조건들도 밀집의 느낌을 다르게 만드는 요인이다. 가령 우리는 대도시나 대단위 아파트 단지 같은 고밀도의 공간에 살고 있으면서도 정작 이에 대해 불편을 느끼거나 크게 불쾌해하지 않는다. 이웃을 비롯한 주변 사람들과의 교류나 접촉에 대한 기대가 별로 크지 않기 때문이다. 비록 '물리적'인 밀도는 높더라도 '사회적'인 밀도가 그리 높지 않기에 스트레스가 덜하다는 의미다. 아울러 혼잡하고 북적대는 개인의 일상 자체가 너무나도 많은 주의를 필요로 하기에 상대적으로 '지엽적인' 관심사에는 신경을 쓸 여력이 별로 없어서이기도 하다.[97]

엄청난 인파가 빽빽이 들어찬 야구장이나 축구장 같은 각종 스포츠 관람 공간 역시 마찬가지다. 상상만 해도 진절머리가 날 정도로 많은 사람이 밀집된 장소임에도 대부분 즐겁게 응원하며 여유 있는 시간을 보낸다. 내 주변에 다닥다닥 사람들이 붙어있기는 해도 이들 모두는 사회적인 교류가 전혀 필요하지 않은 사람들이기에 가능한 일이다. 만약 그곳이 학교나 직장처럼 빈번히 접촉하고 지속적인 관계를 꾸려나가야 하는 사람들의 집합체였다면 아마 그 누구도 버텨내기가 힘든 장소였을 게 분명하다. 대부분 일찌감치 자리를 박차고 일어나 뛰쳐나갔을 게 틀림없다.

10
밀집 상황에 임하는 쇼핑센터의 자세

지금까지의 내용이 사실이라면 쇼핑센터에서는 굳이 아까운 공간을 낭비해가면서까지 밀집 해소를 위해 노력할 필요는 없어 보인다. 어차피 쇼핑센터의 핵심 고객은 여성이고, 그들은 밀집감에 덜 민감한 존재이기 때문이다. 때에 따라서는 오히려 밀집된 상황을 좋아할 수도 있다. 전혀 모르는 남자가 불쑥 접근해오면 경계심이나 긴장감으로 인해 스트레스를 받겠지만 연인이나 친구, 가족처럼 평소 유대가 깊은 사람과 거리가 생겨나면 행여 둘 간의 관계까지 멀어질까 걱정하며 스트레스를 받는 게 여자라는 존재이기 때문이다.

쇼핑센터 역시 클럽이나 축제처럼 어느 정도 북적임이 있어야 흥도 나고 쇼핑하는 재미도 느낄 수 있는 장소라는 점에서 적당한 밀집은 오히려 권장해야 할 사안이 분명하다. 소비자의 쇼핑 만족도에 어떠한 요인들이 영향을 미치는지를 분석한 연구도 입장이 비슷하다. 우리의 일반적인 생각과 달리 쇼핑센터의 디자인이나 매장 배치와 같은 물리적인 조건은 쇼핑몰의 매력에 아주 미미한 영향을 미치는 데 그쳤다. 흥미롭게도 소비자의 만족도에 중요한 영향력을 행사한 것은 다름 아닌 매장의 혼잡도였다.

분석에 따르면 사람들은 **조용하고 한적한 쇼핑몰보다는 약간 시끄럽고 북**

적이는 쇼핑센터를 훨씬 선호했다.[98] 쇼핑의 만족도 역시 그런 장소에서 높게 나타나는 편이었다. 밀집은 대개 통제감에 대한 인식을 감소시켜 인간의 행동이나 감정에 부정적인 영향을 미치기 마련이지만,[99] 쇼핑센터에서의 밀집은 경쟁에 관한 인식을 끌어올려서 오히려 긍정적인 감정과 쾌락적인 쇼핑 가치를 제공해주기 때문이다.[100] 특히 휴식이나 놀이를 위한 장소에 머물 때 사람들은 약간의 소음이 있는 환경을 더욱 선호하는 편인데,[101] 쇼핑센터 역시 그와 비슷한 시설이라는 점에서 충분히 이해가 가는 대목이다.

주변 사람들과의 사회적인 접촉이나 교류에 대한 기대감이 낮은 것도 굳이 쇼핑센터가 밀집을 해소하지 않아도 되는 변명 거리가 된다. 물리적인 밀도는 높더라도 사회적인 밀도가 그리 높지 않으니 혼잡으로 인해 스트레스를 받거나 불쾌감을 느낄 가능성이 그리 크지 않다는 의미다. 조금 붐비더라도 별다른 문제가 되지는 않는다. 오히려 불필요할 정도로 넓은 공간과 동선이 자칫 횅한 분위기를 자아낼까 걱정된다. 활력이 사라진 공간으로 각인될까 봐 우려되기 때문이다. 물론 그런 경우에는 아기자기한 모양의 다양한 키오스크를 동원하여 공간의 틈을 메우는 게 유일한 답이다. 사람들에게는 또 다른 볼거리를 제공해주면서 매장을 한결 활기찬 장소로 보이도록 연출하는 일석이조—石二鳥의 효과를 누릴 수 있을 테니 말이다.

키오스크를 설치하는 것 말고도 혼잡도를 조절하는 방법은 다양하다. 아무리 비좁고 협소한 공간이라도 계획과 연출을 통해 얼마든지 밀도감을 해소하고 물리적인 한계를 극복할 수 있다. 가장 손쉬운 것은 개방감을 확보해주는 방법이다. 개방감이 느껴지는 공간일수록 혼잡도는 덜하기 때문이다. 문제는 어떤 방식으로 개방감을 확보할 것이냐다. 가장 대표적인 게 천장의 높이를 높여주는 방법이다.[102] 아울러 창문의 크기를 키우고 개수를 늘리는 것도 효과적인 방법이다. 천장이 높을수록, 그리고 창문이나 문을 통해 외부로 열려있는 공간일수록 개방감은 확대되기 때문이다. 그에 따라 공간의 혼잡도는 훨씬 경감된다.

밀집에 의한 혼잡감은 공간의 형상을 달리하는 방법을 통해서도 조절이 가능하다. 예를 들어 같은 면적이라도 모서리가 각진 것보다는 둥근 모서리를 가진 방이 밀집감 해소에는 도움이 된다.[103] 어쩔 수 없이 방을 사각으로 만들어야 할 때도 방법은 있다. 가로세로의 비율을 달리 정하는 것만으로도 느낌을 다르게 만들 수 있다. 예컨대 네모반듯한 정사각형의 공간보다는 한쪽으로 길쭉한 직사각형의 방에서 혼잡도는 훨씬 경감되는 편이다.[104] 소매점에서는 매장의 형태가 활용 대상이다. 매장의 모양을 어떻게 만드냐에 따라 혼잡한 공간을 여유롭게 보이도록 만들 수도 있고, 자칫 썰렁해 보일 만큼 한산한 쇼핑센터를 활기찬 장소로 연출해낼 수도 있다.

행위가 일어나는 장소의 위치도 혼잡도를 달리 느끼도록 만드는 요인이다. 일반적으로 공간의 구석진 곳보다는 가운데 부분에 있을 때 혼잡도를 덜 느끼는 것으로 알려져 있다. 사람들이 생각하는 개인 공간의 범위가 구석진 곳보다는 가운데 부분에 있을 때 훨씬 작아지기 때문이다. 이는 매장에 집기나 가구, 비품, 쇼케이스Show-Case 등을 배치하는 데 있어서 적지 않은 시사점을 제공해준다. 목적에 따라 배치 장소와 형태를 달리할 필요가 있음을 시사해주기 때문이다.

가령 소비자에게 밀집감을 줄여주기 위한 목적이라면 제품 구매를 비롯한 각종 행위가 매장의 가운데 부분에서 일어나도록 위치를 정할 필요가 있다. 소비자의 몸이 가급적 매장의 중심부를 향하도록 각종 집기와 비품 등을 배치해둠으로써 말이다. 이와 반대로 밀집감을 조성해야 하는 경우라면 집기와 비품의 위치도 함께 달라져야 한다. 어떤 식으로든 소비자가 매장의 가장자리로 이동해서 쇼핑 활동을 이어가도록 유도하는 게 이상적인 배치 방식이다.

그 외에도 벽면에 칠해진 색상이 돌출되도록 적절한 조명을 통해 매장을 밝게 만드는 것 역시 밀집감을 덜 느끼게 만드는 방법 가운데 하나다. 또 벽에 사진이나 포스터, 그림, 장식물 등을 설치하여 시선을 분산시키면 매장이 넓어 보이는 효과를 거둘 수 있다.[105] 매대와 상품 진열대, 의자 등을 배치할 때도 방법은 있다. 고객들이 서로 얼굴을 마주 보지 않도록 하는 게 밀집감 해소에는 효과적이다. 이미 언급했듯이 밀집감은 사람들이 느끼는 '공간의 크기'보다는 자신이 맞닥뜨리게 될 '사람의 수'에 의해 좌우되는 편이니까 말이다. 물론 고객들 간에 친밀도가 높거나 상호작용이 일어날 가능성이 큰 경우라면 서로를 마주 보도록 배치하는 게 더욱 적합할 수도 있다. 하지만 적어도 **밀집감 해소가 목적인 경우라면 '사회 원심형' 배치보다는 '사회 구심형' 배치가 훨씬** 유리하다. 서로가 마주 보는 일이 없도록 만드는 것 말이다.

인간이든 동물이든 지나친 밀집은 서로에게 해롭다. 육체적으로 피곤하고, 정신적으로 피폐해진다. 하지만 적당한 수준의 밀집은 많은 면에서 도움이 된다. 생활에 활력을 불어넣고, 마음에도 생기가 돈다. 쇼핑센터를 비롯한 각종 소매 공간 역시 사람들이 없어서 한산한 것보다는 다소 붐빌 때가 훨씬 생동감이 있다. 무엇보다 자칫 썰렁해 보일 정도로 밀도가 낮은 소매 공간은 이미 방문한 사람들조차 건물 밖으로 내쫓아버린다. 무조건 밀집을 해소하는데 열을 올리기보다는 적당한 수준에서 관리하고 이를 유지해나가는 게 훨씬 이로울 수도 있다.

하지만 쇼핑센터에서 말하는 '적당한' 밀집은 그 구체적인 용도나 장소에 따라 달리 적용될 필요가 있다. 예를 들어 광장이나 길거리처럼 다수의 사람이 다양한 활동을 벌이는 공용 공간은 다소 붐비게끔 연출하는 게 효과적이다. 밀집된 공간이 매장과 상품에 대한 소비자의 노출을 증대시키기 때문이다. 비록 인간은 직선 모양의 단축된 동선을 선호하는 존재이기는 하나 군중이 있으면 이러한 본능마저도 쉽게 포기해버린다. 사람들이 오가는 동선 주변으로 적절한 밀집 상황을 조성함으로써 보행 거리와 이동 시간을 늘리는 효과를 기대해볼 수 있다는 뜻이다. 이는 곧 보행 속도를 늦추는 데도 도움이 된다.

하지만 상품 구매 활동이 직접적으로 일어나는 매장 공간만큼은 절대적으로 예외다. 일단 소비자가 진열된 상품에 관심을 가져야 하고, 쇼핑 활동에서도 집중력이 요구되기 때문이다. 매장에서만큼은 소비자가 서로 몸을 부대끼거나 그런 유사한 상황들로 인해 얼굴을 붉히는 경우가 결코 있어서는 안 된다. 그러기 위해서는 무엇보다 매장이 물리적으로 붐비지 않아야 한다. 적어도 직접적인 상품 판매가 일어나는 장소에서만큼은 저밀도로 계획하는 게 필수다. 상품과 고객이 직접 서로를 마주하는 쇼핑센터의 핵심적인 공간 말이다.

11
이타적인 소비를 이끄는 따뜻함

우리가 날씨를 이야기할 때 흔히 사용하는 '온도溫度'는 한자가 의미하는 대로 '따뜻한溫 정도度'를 나타내는 단어다. 의미만 놓고 보면 봄과 여름에만 사용하는 게 합당하지만 실제로는 선선한 날씨의 가을철을 넘어 온종일 찬 바람이 몰아치는 한겨울에서조차 일관되게 사용되고 있다. 엄연히 '차가운冷 정도度'를 뜻하는 '냉도冷度'라는 단어가 존재하는데도 말이다.

우리가 온도라는 단어를 쉽게 내려놓지 못하는 건 관심의 초점이 '따뜻함'에 맞춰져 있다 보니 그런 것이다. 만약 우리가 차가운 느낌을 더 좋아했더라면 아마도 단어 사용은 '차가움'에 방점이 찍힌 냉도에 더욱 집중되었을지도 모른다.

따뜻함이란 촉각으로 인식되는 온열의 속성이다. 하지만 때로는 열 속성의 감각적 인식 범위를 벗어나 감정적인 상태로 이해되기도 한다. 애정이나 부드러움, 안정감, 아늑함 같은 긍정적인 느낌으로 인식되는 것이다.[106] 태어나자마자 엄마로부터 경험한 따뜻함에 대한 기억 때문이다. 갓 태어난 아기가 신체적인 접촉을 통해 엄마와 애착을 형성하는 과정에서 경험한 감각이 하나의 이미지로 각인되었다는 의미다. 엄마의 따뜻한 온기가 애정이나 애착 같은 감정들과 결부되면서 자연스레 그와 같은 인식이 생겨난 것이다.[107]

그래서인지는 몰라도 **따뜻함이 주는 느낌과 이미지는 대체로 긍정적**이다. 몸에 열이 많은 사람을 제외하고는 대부분 따뜻한 것을 좋아한다. 본능적으로 먹이에 집착하는 동물들조차 때로는 먹이보다는 따뜻함에 더 큰 욕구와 애착을 보이기도 한다. 붉은 털 새끼원숭이가 그렇다. 새끼원숭이는 우유를 빨 수 있는 철로 된 어미 인형을 택하는 대신 비록 젖은 나오지 않더라도 천으로 만들어진 원숭이 인형을 선택했다.[108] 따뜻함의 의미가 온열 속성의 본원적인 의미에 그치지 않고, 친화적이고 사회적인 속성으로까지 확장되면서 나타난 현상이다. 흔히 '체화된 인지 Embodied Cognition'라고도 부른다.

체화된 인지는 우리 몸이 체득한 다양한 감각 경험에 은유적인 의미를 발현시킨다. 사람들의 인지와 태도, 감정에까지 영향력을 미친다.[109] 예를 들어 **따뜻함에 대한 지각은 친화적인 성향을 북돋는다.**[110] 사람들에게 차가운 컵과 따뜻한 커피잔을 손에 들고 있도록 한 뒤 누군가에 대한 평소 생각을 물어본 실험이 대표적이다. 차가운 컵 대신 따뜻한 커피잔을 들고 있었던 사람이 타인을 더 너그럽고 자상한 사람으로 평가하는 편이었다.[111] 그들에게 강한 사회적인 친화 동기가 형성되었기 때문이다.[112]

체화된 인지는 상업적으로도 활용할 가치가 크다. 마케팅에서 이용되는 '점화 효과'가 대표적이다. 소비자가 가지고 있던 지식이나 경험, 정보 등이 어떠한 단서를 통해 촉발되어 상품 구매에까지 영향을 미치는 과정 말이다. 소비자의 비의식적인 의사결정 과정을 공략한다는 점에서 무척 중요하게 받아들여지는 개념이다. 주로 브랜드와 로고를 이

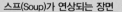

용하는 경우가 많으며, 주어진 상황에서 특정 상품이나 브랜드를 떠올리도록 각종 시각적인 자극을 활용하는 경우가 대부분이다. 하지만 인간의 오감을 통해서 인지되는 감각적인 경험들 역시 점화 효과를 유발하는 효과적인 수단이다. 대표적인 것이 따뜻함이다.

누군가가 만졌던 컵이 따뜻할수록 그 사람을 따뜻한 사람으로 평가하듯이 따뜻한 온기를 경험한 소비자는 은유적인 의미를 통해 브랜드가 가진 정체성이나 개성을 따뜻한 것으로 받아들인다.[113] 그런 제품에 대해 더 높은 가치를 매기는 것은 당연하다. 일례로 제품을 평가하기 전에 따뜻한 물건을 쥐고 있었거나 실험 장소의 온도가 높았던 경우에 사람들은 상품에 대한 구매 금액을 더 높게 책정하는 편이었다.[114] 날씨와 공간의 온도, 혹은 사물의 온도 등을 조절함으로써 소매점과 브랜드, 상품에 대한 이미지를 조작할 수 있음을 시사해준다. 나아가 상품 가격은 물론 매출액까지도 증대시킬 수 있음을 보여주는 아주 의미 있는 결과다.

물론 그 방법이 오직 물리적인 온도에만 국한되어 있지는 않다. **매장 환경을 이용한 이미지 연출로도 얼마든지 가능한 일이다.** 매장 인테리어와 각종 집기 비품 등에 사용되는 색상이나 조명, 냄새 등을 통해서 말이다. 먼저 시각적으로 따뜻한 이미지를 갖는 매장의 경우, 소비자의 점포 선호도에는 영향을 미치지 않았으나 소비자의 내적 상태와는 상호작용을 하는 것으로 확인됐다. 다른 사람들과의 친화 동기가 높은 소비자일수록 시각적으로 따뜻한 매장에 대한 접근 의도가 높게 나타난 것이다.[115]

시각적인 따뜻함은 뭐니 뭐니해도 **자연 채광을 활용하는 방법이 가장 효과적**이다. 창문을 크게 내는 등의 방식으로 햇빛이 잘 들어오도록 만드는 것이다. 자연광으로서의 빛은 무엇보다 학업 성취도를 끌어올리는 데 지대한 효과를 발휘한다. 햇볕이 잘 들어 밝은 분위기의 교실일수록 출석률이 높았고, 학생들의 문제 행동 역시 적게 발생하는 편이었다. 학생들끼리 잘 어울리면서 학습 분위기에도 긍정적인 영향을 미쳤다. 하지만 교실에 창문이 없어서 햇빛을 못 보게 되면 결과는 안 좋게 변한다. 학생들이 말썽을 피울 확률이 높아지고, 서로에 대한 공격성도 훨씬 강해지는 편이었다.[116]

자연 채광을 통한 따뜻한 분위기는 상업용 건축물에서 활용할 가치가 크다. 특히나 자연을 접하고 즐길 만한 기회가 없는 도심 속 업무 공간이라면 더욱 그럴 가능성이 크다. 예컨대 사무실에 채광창과 창문을 설치하여 햇빛이 충분히 들어오게끔 만들면 직원들의 업무 만족도가 이전보다 훨씬 높아지는 것으로 확인됐다. 자칫 업무 집중력이 저하될 수 있다는 우려에도 불구하고 최근 업무용 빌딩 대부분이 햇볕이 잘 들도록 창문을 크게 디자인하는 이유다.

자연광의 효과는 소매 공간에서도 무척 요긴하게 활용될 수 있는 요소다. 햇볕 쬐는 걸 좋아하는 인간의 본능이 소매점에서 충족되는 경우, 더 많은 손님이 찾아와 매장에서 오랜 시간을 머물게 된다.[117] 당연히 매출액을 비롯한 각종 영업 실적 증대에 도움이 된다. 실제로 창문이 없는 폐쇄적인 점포에서 상품을 판매해오던 어느 슈퍼마켓의 경우, 이후 채광창이 많이 설치되어 자연광이 실내로 충분히 들어오는 건물로 가게를 옮겼더니 매출액이 이전보다 무려 40%나 증가했다.[118] 물론 그게 입지 변화의 결과물일 가능성도 완전히 배제하기는 어렵지만 말이다.

시각적인 따뜻함은 색상을 통해서도 분위기 조성이 가능하다. 대개 빨강이나 주황색 계열의 색상들이 따뜻한 색으로 분류된다. 그런 따뜻한 색상을 많이 사용한 매장일수록 제품 가격에 대한 인식이나[119] 소비자의 감정과 구매 의도,[120] 상품 구색에 대한 평가[121] 등에 긍정적인 영향을 미치는 것이 확인됐다. 물론 그 붉음의 정도에는 반드시 적당함이 전제되어야 하겠지만 말이다.

실제로 지나치게 붉은 색감의 벽이나 조명 등은 사람들의 감각을 자극하여 오히려 불쾌감을 유발한다. 특히 유아와 정신 질환자를 비롯한 취약 계층에게 더욱 위험한 것으로 알려져 있다. 장시간 붉은빛에 노출되면 분노와 불안감에 시달릴 수 있다.[122] 정신적으로 아무런 문제가 없는 사람도 마찬가지다. 강렬한 붉은빛에 노출되면 문제해결이나 의사결정 능력에 문제가 생긴다. 생산적인 대화를 나눌 가능성 또한 현저히 줄어드는 편이다.[123] 붉은색의 환경이 혈압과 맥박을 상승시켜 사람을 흥분시키고 활기차게 만드는 건 분명하지만 자칫 불안과 긴장감을 유발하여 분노와 공격성을 보이도록 만들기 쉽다.[124]

후각적인 따뜻함도 쇼핑센터에 도움이 된다. 후각으로 체득된 온열의 이미지도 소비자의 공간 지각에 영향을 미치는데,[125] 특히 가게 안으로 들어온 사람들에게 사회적인 밀도 인식에서 편향을 초래한다. 예를 들어 따뜻한 향기로 인식되는 바닐라, 시나몬 등의 향기는 민트향 같은 시원한 향기에 비해 사회적인 밀도에 대한 인식을 더욱 높여준다. 물리적으로는 답답함이 전혀 없는 넓은 공간에서도 마치 사회적으로 밀집된 듯한 느낌을 받게 된다는 뜻이다. 그로 인해 스트레스가 유발되고, 행동에 대한 통제감이 감소하는 것은 당연한 결과다.

이어서 등장하는 것은 원래의 상태로 돌아가고자 하는 회귀본능이다. 현재 마주하고 있는 불안하고 불쾌한 상태를 극복하고, 이전의 안정된 상황을 회복하고자 하는 동기로 작동하는 것이다. 심리적인 밀집감을 해소하기 위해 가장 먼저 나타나는 현상은 '기능'보다는 '명성'에 집착하는 행태다. 실용성보다는 허영심을 자극하는 광고에 맹목적인 선호를 보일 수밖에 없다. 이어서 프리미엄 브랜드를 선호하는 보완적인 행동이 나타나고, 연이어 상품 구매나 소비로까지 확대되는 모습이다.[126] 심리적인 밀집에서 벗어나기 위한 노력이 다른 사람들과 차별화된 소비를 추구하는 방식으로 발현되는 것이다. 쓸데없이 비싼 제품을 선택하고 구매하는 행동을 통해서 말이다. 쇼핑센터로서는 정말로 고마운 일이 아닐 수 없다.

　따뜻함의 효과는 거기서 끝나지 않는다. 나보다는 다른 사람을 먼저 생각하는 **타인 지향적인 행동과 소비를 유발하는 데 도움을 가져다준다.** 실제로 물리적으로 따뜻함을 경험한 사람은 차가움을 경험했던 사람보다 타인에 대한 배려가 훨씬 큰 편이다. 예컨대 누군가에게 선물할 목적으로 물건을 구매하는 경우가 대표적이다. 따뜻함을 경험한 사람들에게서 더 높은 수준의 품질과 더 비싼 가격의 제품을 선물해주고자 하는 성향이 강하게 나타났다.[127] 백화점이나 쇼핑몰처럼 선물 목적의 구매 고객이 다수인 소매점에서 귀담아들어야 할 이야기다. 생필품이나 편의품처럼 구매자가 직접 소비하는 제품을 판매하는 가게보다는 패션잡화 상품을 비롯해 선물용 제품을 판매하는 소매점에서 물리적인 따뜻함과 그런 이미지에 대한 강화가 절실해 보인다.

　온도가 소비자의 제품 선호나 금전적인 의사결정에 어떠한 영향을 미치는지를 분석한 연구 역시 비슷한 결과를 확인했다. 따뜻한 공간에 있었던 사람들이 주식시장에서의 가격 예측이나 구매제품 선택, 게임 베팅과 같은 각종 **경제적인 의사결정 과정에서 타인의 의견을 잘 듣고 존중하는 태도를 보여준** 것이다. 따뜻함에 대한 경험이 다른 사람에 대한 사회적인 친밀감을 높임으로써 그의 의견을 신뢰할 수 있고 타당한 것으로 여기도록 만들었다는 주장이다. 자연히 그의 생각에 동조하는 행동으로까지 이어지게 된다.[128] 대부분 누군가와 함께 쇼핑센터를 찾는 국내 쇼핑객의 방문 특성을 고려할 때 참고할만한 충분한 가치가 있다. 그들 역시 함께 쇼핑하러 온 동반자에게 상품이나 제품 구매에 대해 의견을 물을 테니까 말이다.

시각적으로 따뜻한 이미지를 주는 매장 환경에서도 다른 사람을 배려하는 행동과 소비는 유효하다. 제품을 구매한 고객들에게 두 가지 프로모션 행사를 소개하고, 그중 하나를 고르도록 한 실험이 대표적이다. 구매 가격 중에서 일정 금액을 할인받을 수 있는 옵션과 가격 할인 대신 그 금액만큼 누군가에게 기부할 수 있는 옵션이 제시된 것이다. 놀랍게도 시각적으로 따뜻한 매장 환경에 있었던 사람일수록 자신이 가격할인의 혜택을 누리기보다는 누군가에게 기부하는 것을 선택하는 비율이 높았다.[129] 따뜻한 색상이 타인지향적인 소비와 행동을 촉발했다는 설명이다.[130]

　따뜻한 분위기가 소매점에서 그렇게 긍정적인 효과를 발휘한다면 그보다 더욱 강렬한 열 속성인 뜨거움에 대해서도 생각해볼 만한 가치가 있다. 뜨거움과 관련하여 체화된 인지적 경험이 유발하는 소비자의 감정이나 상업적인 가치 등에 관해서 말이다. 연구에 따르면 뜨거운 공간에 있었던 사람들은 차가운 온도에 노출된 사람들보다 모든 면에서 충동적인 성향이 강한 편이었다.[131] 만약 이러한 특성이 상품 구매나 소비에서도 예외가 아니라면 스파나 온천, 사우나처럼 뜨거운 공간을 배경으로 하는 서비스 업종에서도 관심을 가져볼 만한 사안이다. 서비스만 제공해오던 기존의 획일적인 영업 방식에서 벗어나 상품 판매라고 하는 영역으로까지 사업 확장의 가능성을 시사해주기 때문이다. 목욕이나 마사지 같은 서비스를 제공하는 것 외에도 안마기나 피부관리 제품, 건강식품 등 그들의 서비스와 관련이 있는 상품들에 대한 판매까지도 영업활동에 추가해볼 수 있다는 뜻이다.

12

냉정과 열정 사이

따뜻함은 물론이거니와 심지어는 뜨거운 느낌마저도 장사에는 도움이 되다 보니 대부분의 소매점이 그런 분위기를 선호하고 공간 기획가 역시 그런 분위기를 연출하려는 노력을 보인다. 그리고 보면 사람들로 붐비는 커피숍이나 카페는 대부분 따뜻한 느낌을 풍기고 있는 것 같다. 목재로 된 테이블이나 난색의 조명 등을 주로 이용함으로써 말이다. 덕분에 소비자들 역시 편안한 마음으로 매장을 방문하여 여유 있게 시간을 보낼 수 있었다. 그리고 보면 공간 기획가는 사람들이 따뜻한 분위기를 선호한다는 사실을 이미 잘 알고 있었던 셈이다.

이를 거꾸로 해석하면 차가움은 소매점이나 공간 기획가로부터 배척되는 분위기라는 뜻이다. 굳이 활용한다면 효과적인 디마케팅의 수단이 그나마 최선의 방안이다. **불필요하거나 반갑지 않은 사람들의 방문을 억제하는 도구로 차가운 분위기가 활용될 수도 있음을 뜻한다.** 고가의 시계나 액세서리를 판매하는 어느 명품 매장이 대표적인 사례다. 대개 금속이나 유리로 된 진열 선반과 한색의 조명을 이용해 차가운 이미지를 부각하고, 불필요한 고객의 무분별한 방문을 의도적으로 차단한다. 판매하는 제품에 대해서도 고급스럽고 차별적인 이미지를 구축하는 효과가 있다.

감성을 자극하는 따뜻함과 달리 **차가움은 이성적이고 실용적인 판단을 촉진한다.** 연구에 따르면 차가운 스카프를 착용한 사람들이 따뜻한 스카프를 맨 사람들보다 공감 능력이 떨어지고, 도덕적으로도 이성적인 판단을 하는 경향이 강하게 나타났다.[132] 이는 색상에서도 마찬가지다. 높은 채도로 활력을 느끼게 해주는 따뜻한 색상들과는 반대로 채도가 낮은 차가운 느낌의 색상에서는 마음이 한결 차분해진다. 그래서 따뜻한 느낌의 붉은색 요소가 배제된 방에서 시험을 본 학생들이 더 높은 점수를 받을 가능성이 크다. 실제로 하늘색 페인트로 천장이 칠해진 방에서 IQ 검사를 받은 사람들이 상대적으로 높은 점수를 기록하는 편이다.[133]

이러한 현상은 쇼핑센터라고 해서 예외가 되지는 않는다. **물리적으로 차가운 온도의 쇼핑공간일수록 소비자의 이성이 활성화되어 충동구매가 무력화될 가능성이 크다.** 그 빈자리는 이성적이고 합리적인 소비로 대신 채워지게 마련이다. 소매점의 입장에서는 반갑지 않은 결과다. 그래서 차가움은 대개 실용적인 목적으로만 활용되는 편이다. 예컨대 백화점이나 대형 마트 지하층에 마련된 신선식품 판매 매장이 대표적이다. 차가운 온도를 제품의 신선함과 연결하는 소비자의 심리를 이용하여 사람들에게 자신이 제공하는 식료품을 신선한 것으로 인식하도록 각성시킨다.

신선해지는 건 상품에 대한 이미지만이 아니다. 판매하는 장소에 대한 이미지도 신선해지기는 마찬가지다. 무더운 여름날 식음 매장에서의 온도조절이 대표적인 사례다. 실내를 시원한 온도(18~20도)로 맞춰두면 더위에 지친 사람들에게 즉각적인 만족감을 줄 수 있다고 한다. 평소 마음에 안 들던 매장조차 긍정적으로 이미지가 바뀔 수밖에 없다. 동시에 손님들이 매장 내에서 머무르는 시간까지도 이전보다 훨씬 짧아지게 만드는 효과가 있다. 가게가 작아서 테이블 수가 모자라거나 혹은 손님이 붐비는 매장에서 회전율을 높이는 묘책으로 활용해볼 만한 방법이다.

이처럼 물리적인 차가움도 선택적으로 잘만 활용하면 소매점이나 제품 판매 등에 도움이 된다. 심리적인 차가움 역시 마찬가지다. 활용하는 사람에 따라 충분히 매력적인 도구로 쓰일 수도 있고, 상업적으로도 그럴 만한 가치는 풍부한 편이다. 예를 들면 사회적인 고립감이 대표적이다. 차가움에 대한 인지나 지각 자체가 외로움을 비롯한 사회적인 배제와 관련이 있다 보니[134] 그런 상태는 대개 사람들에게 심리적인 차가움을 유발한다. 몸과 마음을 위축시키고 심지어 체온마저 떨어뜨린다. 실제로 온라인 게임에서의 경험이 그랬다. 서로 공을 주고받는 경기를 하는 도중에 동료들로부터 따돌림을 경험한 사람은 상대적으로 체온이 떨어지고 손도 무척 차가워지는 모습이었다.[135]

중요한 것은 정신적으로 차가운 것을 경험하게 되면 그로 인한 부정적인 기억을 상쇄하기 위한 노력을 내보인다는 사실이다. 억지로라도 따뜻한 경험을 추구하게 된다. 마치 추운 곳에 있었던 사람이 따뜻한 물부터 찾듯이 낮아진 체온과 심리적인 온도로 인해 따뜻한 음료나 음식에 대한 욕구가 증가한다.[136] 물리적인 따뜻함이 감정과 심리 완화에 도움을 가져다주기 때문이다. 실제로 사회적인 배제를 경험한 사람들 대부분이 따뜻한 컵을 건네거나 손을 따뜻하게 해주는 것만으로도 안 좋은 감정이 해소되거나 완화되는 모습이었다.[137] 따뜻한 속성의 제품이나 식음료 등을 판매하는 가게에서 새겨들을 필요가 있는 이야기다.

신체적 혹은 정신적으로 차가움을 경험한 사람은 몸을 따뜻하게 하려는 행동 외에도 마음을 데우고자 노력하는 모습까지도 함께 내보이기 마련이다. 이전보다 더 따뜻한 방향으로 소비 활동을 촉진함으로써 말이다.[138] 영화관에서 진행되었던 실험이 이를 증명한다. 물리적으로 차가운 온도에 노출되었던 사람들에게서 로맨스 영화에 대한 호감도가 증가하는 현상이 관찰되었는데, 이들 대부분이 로맨스 영화를 따뜻한 이미지로 인식하고 있었다.[139] 여러 편의 영화가 동시에 상영되는 멀티플렉스에서 관심을 가질만한 연구 결과다. 인기가 있는 특정 영화에만 관람객이 몰리는 경우, 실내온도 조절을 통해 사람들의 영화 선택을 제어하거나 유도할 가능성을 시사해주기 때문이다.

차가움은 여러 사람이 함께 소비하는 이른바 '사회적 소비'를 늘리는 데도 도움이 된다. 신체적이든 심리적이든 차가움을 경험한 소비자일수록 소속감을 느낄 수 있는 제품에 대해 선호를 보이기 때문이다.[140] 영화 관람 패키지에 대한 사람들의 평가가 이를 뒷받침한다. 실험에서 제시된 영화관람 패키지는 총 두 가지였다. 가격에도 차이가 없었고, 영화 관람을 위한 티켓에 팝콘과 음료가 포함되었다는 점도 똑같았다. 하지만 하나는 1인용, 다른 하나는 2인용이었다. 실험 결과에 따르면 차가움을 경험한 사람들에게서 2인용 패키지에 대한 선택 비율이 높게 나타났다. 신체를 통해 경험한 차가움이 심리적인 차가움으로 이전되어 다른 누군가와 함께 소비하고자 하는 사회적 소비 욕망이 증폭되었다는 설명이다.[141]

비슷한 결과를 보여준 실험은 또 있다. 차가온 온도(17~18도)의 공간에 있었던 사람들이 따뜻한 온도(26~27도)의 공간에 머물렀던 사람들보다 사회적인 소비(2인용 간식과 음료)에 대한 매력을 더 높게 평가한 것이다. 점원들 역시 비슷한 행태를 보였다. 낮은 온도(20도)에 노출되었던 판매원들이 높은 온도(25도)에 있었던 판매원들보다 더욱 고객지향적인 모습이었다.[142] 물리적인 차가움이 외로움에 대한 인식을 높여 따뜻함을 추구하는 행동으로 이어진 결과겠지만, 다른 한편으로는 타인에게 좋은 인상을 심어주기 위한 목적으로 사회적인 행동과 소비가 일어난 측면도 무시할 수 없다.[143] 아울러 스스로 부정적인 감정을 해소하기 위해 제품에 대한 지불 의사가 높아진 결과로도 해석될 수 있다.[144] 레스토랑이나 식음료점, 커피숍, 영화관, 공연장처럼 누군가를 동반한 상태에서 사회적인 소비가 이루어지는 상업시설 운영자들이 귀담아들을 만한 이야기다. 그런 장소에서는 **실내를 다소 차갑게 유지하는 편이 소비량과 객단가를 늘리는 데 더욱 도움이 될 수 있음을 짐작해볼 수 있다.**

지금까지 이야기한 내용을 정리하면 쇼핑센터를 비롯한 각종 상업용 공간에서는 대체로 따뜻한 분위기와 온도를 유지하는 편이 여러모로 유리해보인다. 물론 때에 따라서는 차가운 온도나 분위기가 소매점 영업에 긍정적인 결과를 가져다주기도 한다. 하지만 이는 회식이나 단체모임 같은 사회적인 소비에서 한정된다. 일상적인 소비와는 조금 동떨어진, 어쩌다 한 번씩 하게 되는 아주 특별한 경우에만 차가움이 긍정적인 결과를 가져다준다고 정리할 수 있다.

하지만 이러한 흐름과는 전혀 어울리지 않게 오히려 차가움이 따뜻한 분위기보다 훨씬 유리하다는 주장도 종종 눈에 띈다. 차가운 이미지의 푸른색 매장 환경이 따뜻한 느낌의 붉은색 매장 환경보다 소비자의 제품 구매나 매장 내 체류 시간 증대에 도움이 된다는 의견이 대표적인 사례다.[145] 사람들을 매장 안으로 끌어당기는 건 빨강이나 오렌지, 노랑 같은 따뜻한 색조의 분위기지만 그들의 지갑을 열고 더 많은 돈을 지출하게 만드는 건 파랑이나 초록 같은 차가운 분위기의 색깔이라는 뜻이다.[146]

여기에서 좀 더 나아가 소비자들 스스로 차가운 분위기의 매장을 더욱 좋아한다는 주장도 있다. 소비자를 대상으로 매장 인테리어 색감에 대한 선호도를 조사한 결과가 그렇다. 따뜻한 느낌의 오렌지색보다는 차가운 느낌의 푸른색 색감이 많이 사용된 매장이 소비자로부터 훨씬 더 호의적인 평가를 받았음을 확인한 것이다.[147]

이러한 주장들은 대개 차가운 온도나 분위기가 유발하는 창의적인 사고에 근거를 두는 편이다. 연구에 따르면 청색이나 청록색 계열의 차가운 색상 환경에 노출된 사람들에게서 두 배 이상 많은 창의적인 결과물이 생산되는 것으로 알려졌다.[148] 사무실의 집기와 벽면이 온통 차가운 계열의 색깔들로만 칠해지는 이유도 직원들에게 창의력을 고무시키기 위한 목적에서라고 한다. 고층 빌딩의 외벽이 주로 그러한 계열의 색상으로만 뒤범벅되는 것 역시 차분함이나 시원함, 신비, 숭고함과 같은 이미지를 사람들에게 각인시키기 위해서다. 기업 혹은 건물주가 가진 위상과 가치 등을 건물을 통해서나마 간접적으로 과시하기 위함이라고 설명한다.

어쨌거나 여기에서의 핵심은 **차가움이 배양한 창의력이 제품 판매나 소비 등에 도움이 된다는 주장**이다. 그리고 그 이유를 '연상력' 때문이라고 했다. 예를 들어 차가운 이미지의 푸른색은 주로 하늘이나 바다 등을 연상하게끔 만든다. 그런 차가운 색감이 정신적인 일탈과 휴식을 촉진하고, 현실과는 동떨어진 백일몽白日夢을 불러일으키며, 종국에는 불필요한 소비와 사치에까지 이르게 만든다는 이야기다.

일단 논리만 놓고 보면 되게 그럴듯하다. 따뜻함보다는 차가움이 오히려 소매점에 도움이 될 수도 있겠구나 싶은 생각도 든다. 차가움에 자극을 받은 이성이 인간의 창의적인 사고를 불러일으키고, 여기에 기반한 상상력이 소비를 촉진한다는 논리가 그 전개 과정으로 볼 때 전혀 억지스럽지 않기 때문이다. 하지만 이성이 지나치게 비대해지는 경우에는 오히려 상상력을 저해하는 부작용만 낳을 뿐이다.

그런 이성을 대신하여 소매점을 먹여 살리는 건 결국 인간의 가슴으로부터 우러나오는 감성이다. 언뜻 이성이 세상을 움직이는 듯해도 실제로 그것을 바꾸는 힘은 언제나 감성으로부터 나오는 편이었으니까 말이다. 지금까지 세상을 바꿔온 혁신적인 제품들이 대체로 그러하다. 여태 그 누구도 생각하지 못했던 물건들을 세상에 등장시킨 원동력은 대부분 우리가 비합리적이라고 얘기해왔던 감성의 힘이었다. 그 구체적인 사례를 굳이 열거하지 않더라도 이미 머리에 떠올릴 수 있을 만큼 충분히 말이다.

그런 위대한 감성이 시한부의 운명까지 겸비했으니 그 절실함은 더욱 크게 느껴질 수밖에 없다. 하지만 제아무리 세상을 바꾸고 기업과 소매점을 먹여 살리는 감성일지라도 영광은 영원히 지속되지는 않는다. 때가 되면 결국 이성에 압도당하는 게 어쩔 수 없는 감성의 숙명이다. 젊은 나이에는 뜨겁게 불타오르던 가슴도 점차 나이가 들면서 차가운 머리에 자리를 내어주어야 하듯이 말이다. 언제부터인가 먼저 다가가기보다는 일단 기다리게 되고, 생각이나 행동도 감정에 치우치는 법이 없다. 감성 대신 이성을 우선시하면서 친구들도 하나둘씩 곁에서 사라져간다. 때가 되면 열정은 식게 마련이고, 그 뒤에는 언제나 냉정만

이 남아있다.

그러고 보면 열정과 냉정은 감정의 시작과 끝에 불과하다. 이 두 개의 껍데기 사이에 존재하는 수많은 시간과 감정의 온도가 어쩌면 우리가 집중해야 하는 진짜 알맹이일지도 모르는 일이다. 한때는 열정이었지만 언젠가는 냉정이 될 그 중간 과정으로서의 감정과 마음의 온도들 말이다. 물론 이것이 '뜨뜻미지근함'을 의미하지는 않는다. 그랬다면 영화 '냉정과 열정 사이' 역시 제목을 '미지근함'으로 했을 것이다. 그런 정확한 표현을 놔두고 굳이 애매한 제목을 정한 데는 다 그럴 만한 이유가 있었을 것이다. 수많은 감정의 스펙트럼이 존재하는 중간과정을 생략한 채 이성과 감성, 냉정과 열정 가운데 하나만을 콕 집어 이야기하는 것 자체가 무의미하다는 뜻일 테다.

똑같은 이치로 따뜻함과 차가움을 앞에다 두고 어떤 게 더 쇼핑센터의 영업에 도움이 되는지 양자택일하고자 하는 노력도 따지고 보면 아무런 의미가 없다. 이 두 가지 가치들 사이에 산재하는 수많은 분위기의 스펙트럼을 모두 무시한 발상에 지나지 않을 테니까 말이다. 더군다나 양극단으로 제시된 따뜻함과 차가움은 이분법적인 잣대로 갈라쳐야 할 만큼 서로 대척점에 서 있는 감각 개념도 아니다. 잘 알다시피 '차가움'의 반대는 '뜨거움'이요, '따뜻함'의 반대는 '시원함'이기 때문이다. 선택을 강요해야 한다면 차라리 뜨거움과 차가움 중에서 하나를 고르라고 하는 게 오히려 더 정확한 표현이다.

소매점이나 공간 기획가로서도 선택해야 할 것 역시 뜨거움이나 차가움 따위가 아니다. 굳이 택해야 한다면 '뜨거움과 차가움 사이'가 적당해 보인다. 단순히 뜨뜻미지근한 것이 아닌, 섞는 비율에 따라 따뜻함이 되기도 하고, 때로는 시원함이 되기도 하는 그런 어중간한 분위기와 온도 말이다. 그런 온도는 계절에 따라 느껴지는 분위기도 상대적일 수밖에 없다. 같은 온도의 물이라도 겨울에 손을 담그면 따뜻하고, 여름에는 시원하게 느껴지듯이 말이다. 체온과 비슷한 온도의 물에 손을 담그더라도 지금 내가 겨울 속에 있는지 혹은 여름 속에 있는지를 금방 알 수 있을 정도다. 그러니 그게 따뜻함인지 시원함인지는 확언하기가 어렵다. 다만 확실한 것은 뜨거움도 차가움도 아니라는 사실 하나뿐이다.

3장

습성 활용하기

01
중심을 바꾸는 건 '규모'가 아닌 '형상'

곤충학자에 따르면 벌은 최대 10km의 거리를 한 번에 날아갈 수 있다고 한다. 그런데도 벌의 행동 반경은 대략 4km에 불과하다. 특히 수분授粉 활동을 나갈 때 벌의 활동 범위는 반경 2km 이내로 급격히 줄어든다. 자기 벌통으로 돌아오는 데 필요한 시간을 고려하기 때문이다. 그리고 귀소를 위한 효율적인 이동 범위는 대략 500m 이내라고 한다. 태양의 방위각을 기억했다가 자신의 벌통을 찾아 돌아오는 벌들로서는 해의 위치가 많이 바뀌기 전에 돌아오는 게 안전하기 때문이다. 자신의 비행 능력과는 별개로 비행의 효율을 고려한 거리 선택과 그에 맞는 수분 활동이 이루어지는 셈이다.

벌처럼 날지는 못해도 인간 또한 발 달린 짐승인지라 마치 온 세상을 휘젓고 다닐 것만 같아도 실상은 그렇지 못하다. 휴대전화 사용자들을 추적해 분석한 연구만 봐도 그렇다. 사람들은 자기 마음대로 움직이는 게 아니라 대략 5~10km의 범위에서 단순한 이동 패턴을 보이는 모습이었다.[1] 물론 채 1%도 안 되는 극소수의 사람들에게서는 광범위한 이동 패턴이 관찰되기도 했다. 하지만 그들 역시 이동의 반경만 넓을 뿐 소수의 정해진 장소들을 반복적으로 찾는다는 점에서 짧은 거리를 이동하는 사람들과 별반 다르지 않았다. 불과 몇몇 장소만을 다니면서 시간을 소비하는 소위 '거듭제곱의 법칙'을 따르고 있음이 확인된 셈이다.

그러고 보면 벌이든 인간이든 그 움직임이 랜덤 워크Random Walk 이론*의 하나인 '레비플라이트Levy Flight 법칙'**을 따르는 건 아닌 모양이다. 아무런 법칙이나 패턴도 없이 마구잡이로 움직이거나 이동하는 것은 아니라는 의미다. 그리고 그 이유는 둘 다 무리를 지어 사는 습성에 있다. 집과 벌통이라는 베이스캠프를 중심으로 삶이 반복되기에 지극히 규칙적인 이동 패턴을 보이는 것이다. 매일 매일 돌아가야 할 곳이 있기에 **움직임에 있어서 귀소 시간을 고려해야 하고, 그러다 보니 활동 반경 자체가 제한적일 수밖에 없다.** 오지를 탐험하는 대원들이 해가 떨어지기 전에 베이스캠프로 복귀하려면 반드시 일정한 거리를 벗어나지 않고 임무를 수행해야 하는 것처럼 말이다.

베이스캠프는 쇼핑센터를 찾은 소비자에게도 존재한다. 궁극의 베이스캠프는 각자의 집이겠지만 쇼핑을 마친 소비자가 집으로 돌아가기 위해 반드시 들러야 할 곳이 쇼핑할 때의 실질적인 베이스캠프다. 도보나 대중교통을 이용해 방문한 고객이라면 처음 들어왔던 출입구, 승용차를 가지고 방문한 소비자라면 주차장이 베이스캠프가 된다. 쇼핑센터와 공간 기획가 역시 소비자의 이런 귀소본능을 알기에 매장과 동선

---

* 주식시장에서 주가의 움직임을 예측하는 이론 중의 하나로 주식가격이 일정한 법칙을 따르지 않고 임의대로 움직인다는 내용을 말하고 있다. 현재의 주가는 제공된 정보 대부분이 이미 반영된 것이고, 미래의 주가는 임의대로 형성되는 것이기에 투자자는 최대한 많고 다양한 종목으로 투자대상을 분산하여 장기간 투자해야 한다는 결론에 이르게 만드는 이론이다.

** 움직이는 물체가 때로는 현저하게 큰 스텝으로 이동함으로써 움직임의 패턴을 물론 시스템의 특성까지도 변화시키게 되는 것을 의미한다.

을 순환하는 형태로 만든다. **쇼핑센터를 걷다 보면 자연스레 처음 출발했던 곳으로 다시 돌아올 수 있게끔 말이다.**

문제는 귀소 시간이다. 과거의 쇼핑센터는 대부분 우수한 '입지'를 핵심 경쟁력의 기반으로 삼았기에 '규모'에 대한 집착은 크지 않았다. 하지만 출점 경쟁이 가속화되고 가용한 우수 입지가 희소해지면서 상황이 변했다. 경쟁력의 핵심이 '입지'가 아닌 '규모'로 대체되어버린 것이다. 특히 유통업에서 아무런 경험과 전문성을 가지지 못한 기업일수록 그런 경향이 심했다. 압도적인 크기를 자랑하는 소위 '메가 스토어Mega Store'들이 하나둘 생겨나기 시작한 것이다.

어마어마한 크기의 쇼핑센터는 분명히 작은 것보다는 경쟁력을 가진다. 소비자의 눈을 단박에 사로잡는 동시에 사람들의 입방아에 오르내릴 가능성이 크다. 때로는 사회적인 이슈로까지 부상한다. 일반 대중을 상대로 호기심을 자극하고 방문의 욕구까지 끌어내는 건 당연한 결과다. 더군다나 쇼핑센터의 규모는 곧 거기에서 판매되는 상품의 양과 다양성을 의미한다. 규모가 커질수록 상품 판매에 대한 기회가 늘어나다 보니 매출액은 자연히 증가한다. 소매점의 물리적인 규모가 상권 확대는 물론 매출액 증대에도 긍정적인 영향을 미치는 것이다.

하지만 적정 수준을 벗어난 규모는 소비자에게 시련만 안긴다. 한 바퀴 둘러보는 데만 해도 상당한 시간이 소요되고, 체력적으로도 버거워진다. 자연히 **소비자로서는 쇼핑 영역을 일정한 반경 이내로 제한을 한다거나 아니면 쇼핑을 중도에 포기하게 된다.** 마치 중국의 자금성을 미처 다 둘러보기도 전에 중도에 포기해버리고 마는 것처럼 말이다. 까도 까도 똑같은 상자만 계속해서 나오는 매직 박스처럼 자금성 역시 아무리 문을 넘어도 거대한 광장만 반복해서 나오기 때문이다. 점점 거대해지는 쇼핑센터가 과연 옳은 현상인지 생각해볼 필요가 있는 대목이다.

　더군다나 점점 비대해지는 현대인의 육중한 몸을 고려한다면 이는 더욱 심각하게 고민해볼 필요가 있는 문제다. 몸집이 비대해질수록 거리에 대한 부담감도 함께 커질 수밖에 없는 구조이기 때문이다. 콜로라도 대학교 제시카 위트Jessica Witt 교수의 연구가 이를 증명한다. 그는 사람들이 세상을 있는 그대로 이해하는 것이 아니라 자신의 신체 조건과 운동 능력을 바탕으로 각자의 입맛에 맞게 차별적인 모습으로 인식한다고 주장하였다.[2]

　대표적인 예가 월마트 매장에서 진행된 실험이다. 쇼핑객에게 25m가량 떨어져 있는 옥수수 더미를 가리키며 지금 있는 곳으로부터 그곳까지의 거리가 어느 정도일 것 같은지를 물었다. 그 결과, 뚱뚱한 사람들이 평균 체중의 사람들에 비해 약 10%가량 더 멀리 있는 것으로 인식하고 있음이 관찰되었다. 같은 거리라도 뚱뚱한 사람일수록 더 멀어 보이고, 같은 크기의 공도 운동 신경이 좋은 사람에게는 더 크게 보인다는 뜻이다. 날로 뚱뚱해져 가는 소비자를 위한다면 적당한 크기의 쇼핑센터가 오히려 합리적일 수도 있음을 시사해준다.

　적정한 수준을 벗어난 쇼핑센터 규모는 수익성에도 도움이 안 되기는 마찬가지다. 매출액과 시장점유율을 비롯한 외형 확대에는 도움이 될 수 있어도 단위 면적당 매출액으로 표현되는 영업효율에는 오히려 독이 되기 때문이다. 이유는 '한계효율 체감의 법칙'에 있다. **쇼핑센터의 물리적인 규모가 한 단위씩 증가할 때마다 얻게 되는 수입의 크기가 조금씩 줄어드는 현상이다.** 이는 제품 소비량이 한 단위씩 늘어날 때마다 효용 혹은

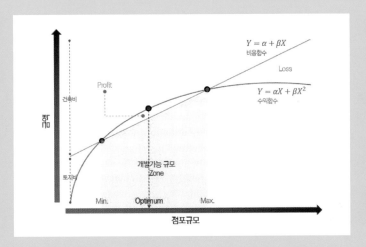

점포 규모를 결정하는 함수

$Y = \alpha + \beta X$
비용함수

Loss

$Y = \alpha X + \beta X^2$
수익함수

건축비

Profit

개발가능 규모
Zone

토지비

Min.   Optimum   Max.

점포규모

점포 개발의 비용 함수는 토지 매입비를 상수로 하고, 점포 규모에 따라 건축 공사비가 비례하여 증가하는 1차 함수의 형태를 가진다. 반면 수입 함수는 규모가 증가할수록 수입의 크기가 점차 감소하는 2차 함수의 형태를 띤다. 따라서 수입 함수가 비용 함수보다 위쪽에 위치하는 구간에서 점포의 규모가 결정되어야 개발에 따른 수익성이 보장된다. [그림 출처 : AK Robbie Partnership㈜]

만족도가 줄어드는 소위 '한계효용 체감의 법칙'과도 비슷한 개념이다.

갈수록 줄어드는 수입과 달리 투자비를 비롯한 각종 비용은 면적에 비례하여 늘어난다. 커진 건물의 규모만큼 면적도 늘어나고, 그만큼 공사비도 많이 투입될 수밖에 없는 구조다. 하지만 규모 확대를 통해 기대할 수 있는 공사비 절감 효과에는 이미 마지노선이 정해져 있다. 정리하면 '수익'은 결국 쇼핑센터가 규모를 키울수록 늘어나는 '투자비'와 그 반대로 움직이는 '수입' 간의 함수로 정의된다. 자연히 이윤으로서의 수익은 정해진 물리적인 규모의 범위 안에서만 가능하다. 쇼핑센터 개발을 통해 **기대되는 수입이 예상되는 비용보다 우위를 점하는 구간 안에서 점포의 규모를 정해야 하는** 것이다.[3]

물론 이러한 내용을 단순히 이론으로 치부하더라도 할 말은 없다. 그도 그럴 것이 현실에서는 손해를 감수하고서라도 규모를 키워야 하는 경우가 종종 발생하기 때문이다. 예를 들어 시장을 선점하거나 방어할 목적으로 점포를 출점한다거나 혹은 기존에 있던 매장의 규모를 키우는 경우처럼 말이다. 입지 조건이 그다지 좋지 않은 지역에서 쇼핑센터를 개발해야 하는 경우 역시 마찬가지다. 입지에 자신이 없으면 규모를 키워서라도 경쟁력을 올릴 필요가 있다. 하지만 소매업에 전문성을 가진 유통업체라면 약간 다를 수도 있다. 설령 그런 절박한 경우라 하더라도 그들은 규모 자체에 목표를 둔 쇼핑센터를 만들지는 않는다. 엄밀히 말하면 자신이 보유한 상업 콘텐츠를 모두 집어넣다 보니 자연스레 덩치가 커졌을 뿐이다.

자신들이 보유한 콘텐츠를 총망라했다는 건 쇼핑센터를 만들고 운영하는데 여러 회사가 관여하였음을 의미한다. 대표적으로 롯데가 그렇다. 일반 소비자가 보기에는 그저 롯데가 만든 대규모 상업시설쯤으로 뭉뚱그려 보이지만 실제로는 그룹 내에 속한 여러 계열사가 함께 투자하여 만든 합작품이다. 호텔이나 영화관, 대형 마트, 백화점, 테마파크를 비롯한 다양한 상업시설들을 개발하고 운영하는 회사들이 각자 할당된 면적에 따른 지분만큼 투자하여 만들어놓은 게 대규모 복합쇼핑센터다. 겉으로 보기에는 하나의 회사인 듯해도 자세히 들여다보면 한 회사가 아니다.

그런 점에서 보면 롯데가 개발한 대규모 복합쇼핑센터의 경우, 각 계열사가 보유한 상업적인 콘텐츠를 하나의 건물에다 몽땅 집적해주는 조건으로 그들에게 투자비를 조금씩 나누어 분담시킨 것으로 보면 이해가 쉽다. 어차피 계열사별로 따로 출점해야 하는 점포들을 모두 한자리에 몰아서 출점한 것 정도로 이해해도 크게 무리가 없다는 뜻이다. 기왕 점포를 출점할 거라면 위험은 서로 나누면서 집적을 통한 시너지를 더하는 게 전체적으로든 개별적으로든 서로에게 득이 되기 때문이다. 그런 사정을 모르는 건설사나 시행사만이 혼자서 모든 위험을 떠안은 채 대규모 쇼핑센터를 만들어낸다. 아무런 시너지 효과도 없이 위험만 잔뜩 홀로 뒤집어쓴 채로 말이다.

문제는 규모가 가지는 실효성이다. 혼자서 모든 위험을 뒤집어쓰고 대규모 점포를 만들지만 실제로 경쟁력을 갖추거나 영업 활성화가 보장될지는 아무도 모르는 일이다. 전국에서 영업 중인 국내 쇼핑센터의 영업 실적 자료만 봐도 그렇다. 대규모로 지어진 쇼핑센터들 가운데 기대만큼 영업효율이 높은 곳은 기껏 5개 점포에 불과하다. 그리고 이들은 모두 해당 지역을 대표하는 일번점一番店으로서의 지위를 가진 점포들이다. 각 도시의 가장 번화한 곳에 지어진 일종의 랜드마크라는 뜻이다. 입지로 보나 규모로 보나 외형과 효율에서 모두 우수한 실적을 기록할 수밖에 없는 조건이다.

문제는 규모만 거대할 뿐 입지적인 여건은 모두 별로인 쇼핑센터들이다. 매출액은 다소 높을지 몰라도 효율성 측면에서는 오히려 소규모 점포들보다도 못한 수준이다. 단순히 규모만 키우는 게 소매 경쟁력을 위한 능사가 아님을 증명한다. 특히나 입지적인 열세를 극복할 목적으로 점포의 규모를 확대한다는 게 얼마나 의미가 없고 무모한 짓인지를

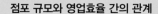

점포 규모와 영업효율 간의 관계

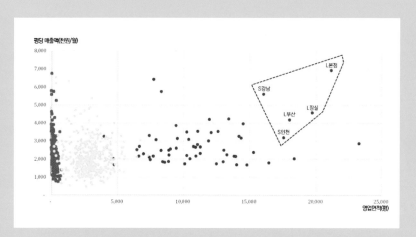

대규모 쇼핑센터 가운데 영업효율(단위면적당 매출액)이 높은 점포는 롯데 본점과 잠실점, 부산본점, 신세계 강남점과 인천점뿐이다. 나머지 점포의 영업효율은 상대적으로 규모가 작은 점포들에 비해 매우 저조한 편이다. 높은 영업효율을 기록한 거대점포들의 공통점은 모두 국내 최고의 입지에 자리를 잡았다는 사실이다. 규모 확대를 통한 영업 활성화는 결국 우수한 입지가 뒷받침될 때 가능하다는 사실을 말해준다. [그림 출처 : AK Robbie Partnership㈜]

새삼 일깨워준다. 영업 실적 자료만 놓고 보면 **규모 확대의 효과는 우수한 입지가 뒷받침될 때 비로소 기대할 수 있는 가치**임을 시사해주기 때문이다. 매출액은 조금 더 늘릴 수 있을지언정 효율성에서는 그 반대다. 들이는 돈에 비하면 남는 게 별로 없다는 뜻이기도 하다.

　이는 비단 롯데나 신세계 같은 유통 회사에서 만든 쇼핑센터에만 적용할 수 있는 이야기가 아니다. 일반 건설사나 시행사가 만든 쇼핑센터까지 모두 포함해서 보더라도 결과는 달라지지 않는다. 소매 경쟁력을 결정하는 두 가지 핵심 요인인 '입지'와 '규모'를 각각 축으로 설정하

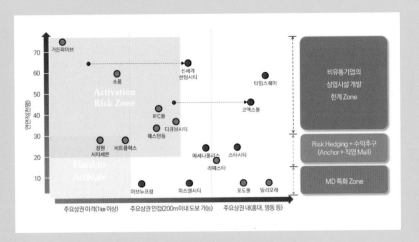

입지와 규모에 의한 매트릭스

소매 경쟁력의 핵심은 '입지'와 '규모'다. 이 두 가지 기준에 따라 국내 쇼핑센터를 배치해보면 그림에서와 같다. 붉은색이 대체로 활성화에 성공했다는 평가를 받는 쇼핑센터고, 파란색은 그렇지 못하다는 평가가 많은 쇼핑센터다. 입지가 좋지 않은 곳일수록 규모를 키우는 경향이 심했고, 이들은 대개 활성화에 성공하지 못했다는 평가가 주를 이룬다. 성공사례는 대체로 입지가 좋은 곳에서 대규모로 개발된 상업시설이다. 흥미로운 건 입지가 우수하다고 해서 반드시 활성화가 보장되는 건 아니라는 사실이다. 소규모 상업시설의 경우, 입지가 좋은 곳에서도 실패한 사례가 있었고, 입지가 다소 나쁘더라도 성공한 사례는 분명히 있었다. 규모보다는 입지가 중요하고, 입지보다는 특화된 정체성이 더욱 중요함을 시사해주는 대목이다. [그림 출처 : AK Robbie Partnership㈜]

고, 각각의 쇼핑센터를 각자의 포지션에 맞게끔 배열한 다음, 영업 활성화 여부를 평가한 결과가 그렇다. 같은 '대규모' 쇼핑센터라도 입지가 우수한 지역일수록 영업 활성화에 성공한 비율이 높았다. 마찬가지로 입지가 좋지 않은 지역에서는 아무리 규모가 큰 쇼핑센터라도 활성화에 어려움을 겪는 경우가 많았다. 단순히 규모로만 어떻게 해보려고 노력할 게 아니라 입지와의 연계성이 더욱 중요할 수도 있음을 시사해주는 대목이다.

흥미로운 사실은 아무리 입지가 훌륭하더라도 무조건 활성화를 기대할 수 있는 건 아니라는 점이다. 특히 작은 규모의 쇼핑센터들에서 그런 경향이 강하게 나타났다. 우수한 입지에도 불구하고 영업 활성화에 어려움을 겪는 경우가 의외로 많이 있었다. 물론 반대의 경우도 있었다. 입지는 우수하지 않더라도 영업 활성화에 성공한 사례들 말이다. 대개 자기만의 분명한 콘셉트와 정체성을 가지고 점포를 개발한 경우다. 여기에 포함되지 않는 것들은 대부분 어정쩡한 포지션으로 개발된 상업시설들이었다. 남아도는 면적을 소화하기 위해 이것저것 채워 넣기에 바쁘다가 결국에는 정체성마저 잃어버린 쇼핑몰들이다. 어설픈 다양성의 가치를 좇느라 선택과 집중에서 실패했다는 말과도 다르지 않다. **소규모 상업시설일수록 성공의 핵심은 특화된 기능이나 시설과 같은 요인들에 있는 것이지, 입지나 규모가 결정적인 요인이 될 수 없음**을 확인해준 사례다.

생각해보면 우리나라 사람들만큼 크고 널찍한 것을 좋아하는 민족이 또 있을까 싶다. 그도 그럴 것이 일단 '대한민국大韓民國'이라는 국호부터가 '큰 대大'자로 시작할 정도니까 말이다. 도로명 주소에 등장하는 도로들도 온통 '대로大路'만 있을 뿐 '소로小路'는 없다. 강과 바다를 가르는 다리들도 크기와는 상관없이 온통 '대교大橋'만 가득하다.

그런데 정작 엄청난 땅덩어리를 가진 중국에서는 그 이름에서 '대大'자를 찾아보기가 힘들다. 이유를 찾자면 '중국中國'이라는 나라 이름에서도 엿볼 수가 있듯이 그들이 지향하는 본질은 '규모'가 아닌 '중심'이기 때문이다. 이는 스스로 지칭하는 '대국大國'이라는 용어에서도 충분히 드러난다. 자신의 속국 정도로 여기는 주변의 '소국小國'들과 차별화하기 위해서 그런 용어를 사용한 것일 뿐 그 진정한 속뜻은 '거대 국가'라기보다는 '세계의 중심'에 가깝다.

그들이 자주 사용하는 '순망치한脣亡齒寒'이라는 사자성어 역시 마찬가지다. 마치 이웃 나라를 보호하거나 옹호하기 위한 표현인 듯해도 실상은 주변국을 모두 자신의 들러리로 전락시킨 것에 불과하다. 자신은 '이빨'에다, 나머지 국가는 모두 이를 시리지 않게 해주는 '입술'에다 비유함으로써 말이다. 구강구조만 보더라도 이빨이 중심에 있고, 입술은 이를 둘러싸고 있는 주변에 지나지 않는다.

수학적 정의에 따르면 '중심'은 특정 도형의 내부에서 의미 있는 직선들이 교차하는 하나의 지점을 의미한다. 원圓을 예로 들면 모든 지름이 겹쳐서 지나가는 교차점, 그리고 다각형은 도형 내부를 이등분하는 직선들이 모두 교차하는 지점이 중심이 된다. 그런 **중심은 도형의 모양이 바뀌면서 그 위치를 달리할 수는 있어도 도형의 크기와는 아무런 상관이 없다.** 단지 규모를 키운다고 해서 주변이 중심으로 변할 수는 없다는 뜻이다.

이러한 불변의 진리에는 아랑곳하지도 않은 채 여태 거대 쇼핑몰을 만드는 데에만 열을 올리는 사람이 많다. 규모에 집착을 보이는 이유가 자신이 만든 쇼핑센터를 세상의 중심이 되도록 하기 위함이라는 점에서 문제는 심각하다. **중심이 되기 위해서는 '규모'가 아닌 '형태'를 바꾸는 게 제대로 된 처방**이기 때문이다. 무턱대고 덩치를 키우기보다는 스스로 중심에 설 수 있는 모양이나 형태가 어떤 것인지부터 고민하는 게 우선이다. 그런 다음 시장의 요구에 맞도록 약간씩 그 모양을 바꾸어나가는 게 가장 현실적이면서도 빠르고 현명한 방법이다.

물론 여기서 말하는 '형태'는 당연히 건물의 물리적인 형태를 말하는 것이 아니다. 경쟁력 있는 소매업자로서 갖춰야 할 성격이나 정체성을 의미한다. 그런 점에서 볼 때 쇼핑센터를 개발하는 사람 스스로 자신이 지향하는 궁극의 목표가 무엇인지 근본적인 질문부터 던질 필요가 있다. 원하는 게 단지 '규모'인지, 아니면 진정한 세상의 '중심'이 되고자 하는 것인지 말이다.

02
공간 확장의 방향, 수직과 수평

효율성을 고려하지 않은 채 이루어지는 규모의 확대는 쇼핑센터에서
경계해야 할 대상 중의 하나다. 하지만 최소한의 경쟁력을 확보하기 위
해서라도 일정 수준 이상의 규모는 필수적이다. 소비자가 가진 다양한
니즈를 충족시키고, 그들에게 폭넓은 선택의 기회를 가져다주기 위해
서는 그에 필요한 최소한의 규모를 갖춰야 하기 때문이다.[4] 다양한 카
테고리의 상품들을 두루 갖춰놓아야 함은 물론이거니와 어느 한 가지
상품에 대해서도 비교 구매가 가능하도록 대체 상품들을 진열해두어
야 한다. 쇼핑센터로서 사명과 역할을 다하기 위해서는 상품 구색의 깊
이와 폭을 담보하는 충분한 크기의 매장 공간이 필요해지는 것이다.

경쟁력 확보에도 도움이 되고 효율성 측면에서도 아무런 문제가 없
는 규모가 결정되었다면, 다음은 이를 어떤 방식으로 펼칠 것인가에 관
한 판단이다. 흔히 건축 계획에서는 공간적인 틀을 확장해가는 방법으
로 '수직'과 '수평'을 이야기한다. 쇼핑센터 역시 이 두 가지 방향 가운
데 어떤 축을 공간 확장의 기준으로 삼을지 선택해야 할 필요성이 생긴
다. 예를 들어 요즘 지어지는 쇼핑몰처럼 땅 넓은 줄 모르고 옆으로만
퍼져나가도록 만들 것인지, 아니면 과거의 백화점들이 그랬듯이 위아
래로 매장을 집적시킬지 말이다. 물론 무엇을 선택하건 간에 공간을 확

장하는 데는 아무런 문제가 없다. 다만 소비자의 선호도나 영업효율 등에서 차이가 있을 뿐이다.

소비자를 한 명의 자연인으로 바라본다면 당연히 수직보다는 수평 방향이 낫다. 수직은 각종 나무와 풀들이 성장해가는 방향으로 중력을 극복하기 위한 '노력'을 상징하는 반면, 수평은 지표면이 뻗은 방향으로서 활력이나 압박감이 없는 편안한 '휴식'을 의미하기 때문이다.[5] 수평의 자연 위에 수직의 건물들이 더해진 도시라는 공간에서 살아가는 인간에게 수직 방향으로의 이동은 불필요한 근육 사용을 유발하여 쓸데없이 힘만 들게 만들고, 보행의 리듬마저 무너뜨린다.

하지만 인간을 소비자 혹은 고객으로 바라본다면 이야기가 달라진다. 쇼핑을 마친 후 각자 처음 발걸음을 내디뎠던 베이스캠프로 되돌아가야 하는 그들로서는 지나치게 멀리 나가는 것 자체가 여간 부담스러운 일이 아니다. 수평적인 확장을 선택하더라도 지나치면 안 된다. 갔던 길을 걸어서 되돌아오기보다는 엘리베이터나 에스컬레이터를 이용하여 베이스캠프로 귀환하는 게 훨씬 쉽고 빠르며 편안하기 때문이다.

수직 방향으로의 공간 확장이 더욱 매력적인 것은 특정 상품이나 매장에 대한 탐색 능력과 접근성까지도 배가시킬 수 있다는 점이다. 백화점이 각층 마다 성격을 달리하여 매장과 상품들을 배치해두고 있는 것은 소비자가 각자 원하는 물건을 찾아 쉽고 빠르게 이동할 수 있도록 만들어주기 위함이다. 어차피 백화점은 상품 구매라는 뚜렷한 목적 의식을 가지고 방문하는 장소로서의 성격이 강하기 때문이다.

수익성 측면에서도 백화점은 수직으로 매장을 전개하는 게 합리적이다. 주로 땅값이 비싼 도심 지역에 들어서는 입지 특성을 고려하면, 같은 규모와 면적이라도 수직 방향으로 매장을 확장하는 게 훨씬 유리하기 때문이다. 토지도 효율적으로 사용하면서 투자비도 절감할 수 있다. 하지만 도시 외곽의 교외 지역처럼 땅값이 저렴한 곳이라면 굳이 수직 방향을 고집할 필요는 없다. 특히 주차 공간을 확보하는 게 이유라면 오히려 수평 방향으로 공간을 넓히는 게 훨씬 효율적이다. 건물을 지어 올리는데 드는 건축 공사비보다 노외 주차장으로 사용될 땅값이 저렴한 경우가 많이 발생하니까 말이다. 설령 공사비와 땅값이 비슷한 경우라도 건물을 지어서 올리는 것보다는 차라리 땅을 사는 게 낫다. 건물은 모두 감가상각으로 소실되어버리는 반면, 땅은 자산으로 남아서 가치를 불리기 때문이다. 도심의 백화점들이 대개 고층의 구조를 보이는 것과는 대조적으로 외곽 지역에 분포하는 쇼핑몰들이 저층으로 넓게 펼쳐진 구조를 보이는 이유다.

만약 땅값에 대한 부담이 사라진다면 어떨까? 도심 지역에서도 저층으로 넓게 퍼진 쇼핑센터를 볼 수 있을까? 일단 소매업자는 차치하더라도 쇼핑센터를 이용하는 소비자로서는 그런 건물을 선호할 가능성이 크다. 이동이 번거롭고 에너지 소모도 많은 수직 구조보다는 수평 구조를 좋아할 게 분명하다. 체류하는 장소 또한 고층보다는 저층 매장에 머무를 가능성이 크다. 당연히 매출액도 고층보다는 저층에서 많이 발생할 수밖에 없는 구조다. 건물주로서는 저층부에 최대한 많은 매장을 배치하여 임대수입을 극대화하려고 노력을 보일 것이다.

결론부터 이야기하면 맞는 말일 수도 있고, 아닐 수도 있다. 예를 들어 우리가 길을 걸을 때 흔히 보게 되는 건물들이라면 당연히 그렇게 하는 게 맞다. 도로를 따라서 좌우로 늘어서 있는 일반적인 형태의 상가 건물들 말이다. 길을 오가는 보행자를 상대로 장사를 하는 그들로서는 될 수 있는 한 소비자와 가깝고 눈높이도 맞는 저층부에 매장을 내는 게 훨씬 유리하다. 사람들의 눈에 잘 띄는 가게일수록 이용 확률이 높아지기 때문이다. 여기에 접근성까지 더해지면 효과는 배가된다. 상품 구매는 둘째치고 일단 방문 확률만 놓고 보면 건물의 상층부보다는 아래층이 훨씬 유리하다. 그리고 방문율에 비례하여 증가하는 구매율을 고려한다면 제품 판매에도 결코 불리한 구조는 아니다.

문제는 그와 다른 스타일의 상업용 건물들이다. 예를 들면 타임스퀘어나 롯데월드몰 같은 대규모 복합쇼핑센터가 대표적이다. 이런 건물 안에 분포하는 매장들은 거리의 상가들처럼 밖에서 길을 걷는 보행자를 대상으로 하지 않는다. 일단 건물 안으로 발을 들여놓은 사람들이 그들의 목표다. 이들은 대부분 쇼핑이라는 뚜렷한 목적의식을 가지고 쇼핑센터를 찾은 사람들이기에 자신이 가야 할 곳이 고층부에 있더라도 방문한 목적이 흐려지지 않는다.

일단 발을 들이면 한 바퀴를 빙 둘러보고 나서야 비로소 원래 있던 자리로 돌아가게끔 설계된 구조도 고려 대상이다. 어차피 전체를 다 훑어야만 돌아나갈 수가 있으니 고층부라고 해서 특별히 나쁘거나 불리하다고 말하기가 어렵다. 비유하자면 외부에 펼쳐진 보행로와 그 위를 걸어가는 사람들, 그리고 양옆으로 줄지어 있는 가게들을 몽땅 쇼핑센터 안으로 옮겨놓은 것에 불과하다. 차이가 있다면 그런 거리의 모습을 수직으로 쌓아 집적해두었다는 점만 다를 뿐이다. 보행로와 보행자는 모두 노상에다 남겨둔 채 그저 매장만 층층이 쌓아둔 일반상가 건물과는 개념 자체가 다르다. 당연히 층별 매장효용에도 차이가 있을 수밖

상업용 건축물 특성에 따른 층별 임대료 분포

일반상가 건물

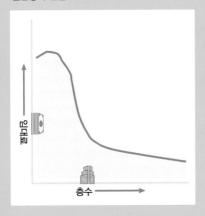

임대료 / 층수 ➞

쇼핑센터(백화점)

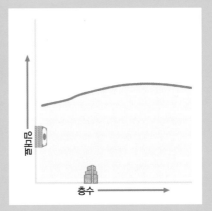

임대료 / 층수 ➞

길을 오가는 사람들을 공략하는 일반상가 건물은 저층일수록 임대료가 비싸고 고층에서 임대료가 저렴해지는 특성을 보인다. 이와 달리 건물 내로 들어온 사람들을 영업 대상으로 삼는 쇼핑센터의 경우에는 층수가 임대료에 별다른 영향을 미치지 않았으며, 오히려 고층일수록 높은 임대료를 보이는 경우가 많았다.

자료 : Tony Shun-Te Yuo & Colin Lizieri, "Tenant Placement Strategies within Multi-Level Large-Scale Shopping Centers", Journal of Real Estate Research, Vol.35, No.1, pp.25–51, 2013.

에 없다.

이러한 사실은 실제 연구를 통해서도 이미 증명된 바다. 외국의 사례를 실증분석한 연구에 따르면, **일반상가 건물은 높은 층에 있는 매장일수록 임대료가 저렴해지는 반면, 백화점이나 쇼핑센터에서는 층수가 매장의 임대료에 영향을 미치지 않는 모습이었다.**[6] 설령 영향을 미치는 경우라도 높은 층에 마련된 매장일수록 오히려 임대료가 비싸지는 특성을 보였을 뿐 단지 고층이라는 이유로 저렴하지는 않았다. 목표로 하는 고객이 길거리를 오가는 사람들인지, 아니면 건물 안으로 들어온 사람들인지에 따라 결과도 함께 달라진 것으로 해석된다.

물론 이들 두 가지 유형의 상업용 건축물이 테넌트 혹은 개별 매장을 배치하는 방식에서 보여주는 차이 또한 이와 무관하지는 않다. 예를 들어 일반상가 건물의 경우, 대체로 '분산 전략Dispersion Strategy'에 따라 매장을 배치하는 편이다. 말이 전략이지, 쉽게 말해서 아무런 원칙이나 기준도 없이 단지 임차인의 요구나 희망에 따라 무작위로 테넌트의 위치를 정한다는 뜻이다. 이와 달리 백화점을 비롯한 쇼핑센터에서는 '부분화 전략Departmentalization Strategy'을 채택한다. 개별 매장의 업종은 물론, 판매하는 상품의 종류와 특성에 따라 테넌트를 분류하고 이들을 범주화하여 나름의 기준에 따라 매장을 배치한다는 뜻이다.

비슷한 현상은 국내 상업용 건물에서도 종종 목격된다. 명동 거리 초입에서 수많은 유동인구를 대상으로 장사를 하는 눈스퀘어가 대표적이다. 해당 건물에서는 층별 임대료 지수가 매우 뚜렷한 편이었다. 1층을 기준으로 위아래로 갈수록 임대료가 저렴해지는 모습을 보인 것이다. 하지만 나름의 집객력을 발휘해서 외부의 사람들을 끌어들이는 여타의 쇼핑몰들은 달랐다. 위층 혹은 아래층으로 갈수록 임대료가 일관되게 증가 또는 감소하지도 않았을뿐더러 그 외에 다른 어떤 의미 있는 법칙도 발견되지 않았다. 1층이라고 해서 무조건 임대료가 비싼 것도 아니었고, 오히려 고층 매장이 1층보다 훨씬 더 비싼 경우가 많았다.

확인한 바와 같이 상가용 점포를 평가하거나 선택하는 데 있어서 기존의 고정관념을 따를 필요는 없다. **저층 매장이라고 해서 무조건 선호하거나 고층이라고 해서 겁먹고 피해서도 안 될 일이다.** 상업용 건축물에서 공간을 확대해 나갈 때도 마찬가지다. 반드시 수평 방향의 확장만이 수익성

국내 주요 상업용 빌딩의 층별 임대지수

구분	타임스퀘어	포도몰	디큐브시티	눈스퀘어
4층	102%	101%	–	68%
3층	139%	107%	143%	72%
2층	64%	87%	82%	91%
1층	100%	100%	100%	100%
지하1층	117%	114%	112%	16%

단위면적당 임대료를 기준으로 1층을 100이라고 했을 때 각층별 비율(2016년 기준)

을 보장하는 유일한 길이라고 맹신할 필요는 없다. **소매점의 종류나 형태에 따라 때로는 수평이 유리하기도 하고, 또 어떤 때는 수직 방향이 수익 향상에 도움이 되기도 한다.** 건물을 지을 때 1층과 저층부를 최대한 넓히려는 노력에도 사고의 전환이 필요한 시점이다. 믿기 어렵겠지만 국내 백화점과 쇼핑몰의 상당수가 다른 층에 비해 가장 협소한 1층 바닥 면적을 가지고 있다.

소매점의 종류와 유형 역시 마찬가지다. 무엇을 팔고 어떻게 운영되느냐에 따라 소매점이 추구해야 할 공간 확장의 방향은 달라질 필요가 있다. 예를 들면 백화점과 대형 마트가 대표적이다. 전국의 점포를 전수조사하여 분석한 연구에 따르면, 백화점은 층수가 많은 구조에서 높은 영업 실적을 기록한 반면, 대형 마트는 층수가 적을수록 매출액과 영업효율이 높게 나타났다.[7] 백화점은 수직 방향으로 매장을 펼치고 공간을 확장해나가는 게 투자비 절감과 매출액 증대로 이어져 수익적으로 도움이 된다는 뜻이다. 이와 달리 대형 마트는 수평 방향이 훨씬 유리하다.

물론 건물의 '층수'는 '규모'와 연동되는 지표라는 점에서 이를 곧이 곧대로 받아들이는 건 무리다. 실제로 백화점은 규모가 클수록 다층의 구조를 보일 가능성이 크다. 우수한 영업 실적의 원인이 큰 '규모'에 있는지 '층수'로 대변되는 '공간 확장의 방향'에 있는지 구분하기가 어렵다. 오히려 층수가 많아져야 할 정도로 '규모'를 키웠다는 사실 자체가 높은 영업 실적을 불러일으킨 실질적인 원인이라는 해석도 배제하기가 힘들다.

대형 마트 역시 수평 방향으로의 매장 확대가 높은 매출액의 원인이라고 하기에는 근거가 부족하다. 공간 확장의 방향 자체가 주로 출점 방식에 의해 결정되기 때문이다. 예를 들어 유통업체가 직접 땅을 사서 건물을 짓는 소위 '자가 출점'의 경우에는 매장을 수직으로 집적하는 고층 구조가 일반적이다. 땅값을 최소화하기 위해서다. 하지만 대규모 복합단지 내에 건물을 빌려서 소위 '앵커테넌트'로 들어가는 '임차 출점'의 경우에는 전혀 다르다. 주로 지하층을 중심으로 넓은 단층 구조로 대형 마트가 배치되기 때문이다.

수평적 확대냐 수직적 전개냐는 결국은 점포를 빌려서 출점하는지, 아니면 직접 건물을 지어서 출점하는지에 따라 결정되는 편이다. 따라서 '단층' 구조가 의미하는 '수평' 방향으로의 매장 확대가 우수한 영업 실적의 원인이라기보다는 오히려 '대규모 복합단지' 안에 점포를 개설했다는 사실이 매출액에 영향을 미쳤다는 게 더욱 설득력 있는 해석이다. 복합단지 내부라는 입지적인 장점이 시설 집적의 효과를 누릴 수 있도록 도와주고, 그로 인해 높은 매출액을 기록한다는 논리다.

물론 여기에도 반론은 가능하다. 대형 마트가 대규모 복합단지 안에서 누릴 수 있는 시설 집적의 효과는 생각보다 그리 크지 않기 때문이다. 대형 마트의 시설 복합방식을 '내적 복합'과 '외적 복합'으로 구분하여 그 효과를 분석한 연구 결과가 그렇다. 대형 마트 안에 각종 편의 시설과 놀이시설 같은 다양한 시설들을 구성하는 '내적 복합'의 경우, 그런 복합적인 구성이 대형 마트 매출액에 긍정적인 결과를 가져다주는 것으로 확인됐다.

하지만 문제는 우리가 주목하고 있는 '외적 복합'이다. 대형 마트 외부에 영화관이나 백화점 같은 다양한 시설들이 함께 복합되는 경우 말이다. 이러한 사례에서는 시설 복합이라는 속성 자체가 대형 마트 매출액에 도움을 가져다준다는 증거를 전혀 찾을 수 없었다.[8] 대규모 복합단지 내에 입점한 대형 마트라고 해서 높은 매출액을 기대할 수 있는 건 아니라는 뜻이다. 그렇다면 결론은 분명해진 셈이다. 시설 복합이 우수한 영업 실적의 원인이 아니라면 결국 수평 방향으로의 매장 확대가 대형 마트 매출액에 도움을 가져다준 것으로 마무리 지을 수 있다.

대형 마트에서 수평 방향의 매장 확대가 영업에 유리한 이유는 의외로 단순하다. 판매되는 상품 자체가 대부분 생활필수품을 중심으로 구성되어 있기 때문이다. 식료품과 생활용품 등 생활에 필요한 상품만을 취급하는 업태의 특성을 고려할 때 판매하고 있는 상품 대부분이 방문객의 구매 목록에 이미 올라있을 법한 것들이다. 매장 곳곳에 흩어져 진열된 상품들 모두가 사실상 원스톱 쇼핑의 대상물이다. 바퀴가 달린 카트를 끌고 매장 여기저기를 돌아다녀야 하는 소비자로서는 위층과 아래층을 오가는 것보다는 한 층에서 해결하는 게 훨씬 편리하다. 아무리 많은 엘리베이터와 무빙워크를 설치하더라도 소비자로서는 가급적 수직 이동이 없는 단층 구조의 매장을 선호할 수밖에 없다.

이와 달리 백화점은 온갖 종류의 상품들을 두루 갖추고 있는 업태다. 서로 관련이 있는 상품은 물론이거니와 그렇지 못한 상품들까지도 몽땅 카테고리별로 나누어 진열하고 판매한다. 하지만 소비자는 바로 구매하거나 평소에 관심을 두고 있던 제품에 대해서만 선택적으로 접근하고 싶어 한다. 관심도 없고 사지도 않을 상품을 굳이 시간을 허비해 가며 구경해야 할 이유가 없다. 그런 소비자에게는 시간 효율성이 생명이나 마찬가지다. 층별로 서로 다른 범주의 상품들을 배치하고, 에스컬레이터나 엘리베이터 같은 수직 이동 수단을 이용하여 각각의 층들을 연결하는 게 합리적이다. 소비자의 선택적인 매장 방문을 가능케 하여 불필요한 이동을 최소화해주기 때문이다.

육식동물을 위한 층별 상품 구성

육식동물과 초식동물은 눈의 위치가 서로 다르다. 예컨대 육식동물은 두 눈 사이의 거리가 가깝고, 얼굴 정면에 모든 눈이 자리한다. 그와 달리 초식동물은 눈과 눈 사이의 거리가 멀다. 대체로 얼굴 양옆으로 눈이 하나씩 붙어있는 경우가 많다.

육식동물의 눈은 사냥에 유리하게끔 진화해왔다. 두 눈 모두 정면을 향하고 있기에 시선을 사냥감에 고정해두기가 쉽다. 두 눈으로 동시에 볼 수 있는 '양안兩眼 시야'가 넓다는 것도 장점이다. 입체시立體視가 발달하여 거리감 파악에도 도움이 된다. 사냥감의 위치와 거리를 정확히 파악함으로써 사냥에서의 성공률이 높아지는 것이다.

이와 달리 초식동물의 눈은 포식자로부터 자신을 지키는 데 유리하도록 발달했다. 눈이 얼굴 양옆으로 하나씩 붙어있어서 겹치는 시야각이 없다. 두 눈으로 동시에 볼 수 있는 곳이 없으니 입체감과 거리감을 느끼지 못한다. 대신 시야의 범위는 무척 넓다. 예컨대 토끼는 한쪽 눈으로만 전후방 190도까지 모두 살필 수 있다고 한다. 양쪽 눈을 더하면 360도 전체를 다 보고도 20도가 남는다. 시야가 닿지 않는 사각지대가 없으니 등 뒤에서 일어나는 움직임까지도 모조리 잡아낼 수 있다. 육식동물로부터 살아남기 위해 늘 주변을 살펴야 하는 초식동물에게 적합한 눈 구조가 아닐 수 없다.

육식동물과 초식동물은 눈동자도 서로 다르게 생겼다. 예컨대 말이나 양, 염소 같은 초식동물은 가로로 길쭉한 모양의 동공을 가졌다. 넓은 시야를 확보하는 데 도움이 되기 때문이다. 얼굴 양쪽으로 떨어져 하나씩 붙어있는 눈에 가로형의 동공이 맞물리면서 볼 수 있는 시야의 폭은 더욱 확대된다. 풀을 뜯는 도중에 언제 어디서 나타날지 모르는 포식자로부터 자신을 보호하기 위한 최상의 조건이다.

한편 고양이나 뱀, 악어, 상어, 살쾡이 같은 포식자의 동공은 아래위로 가느다랗게 찢어진 형태다. 가까운 거리에 있는 사냥감을 포착하고, 이들의 작은 행동 하나하나에 집중하는 데 유리하다. 아울러 먹잇감의 민첩한 움직임을 따라 시선을 옮기는 데도 적합하다. 동공을 크게 확장하거나 축소하는 것이 가능하기에 빠르게 움직이는 물체에 대해 순간적으로 초점을 맞출 수 있다. 시야에서 사냥감을 놓쳐버리는 경우가 최소화된다.

식성으로 보면 인간은 육식도 초식도 아니다. 이것저것 있는 대로 다 집어 먹는 잡식동물이다. 하지만 소비자로서의 인간은 분명 육식과 초식으로 구분된다. 가령 대형 마트를 찾은 소비자는 초식동물에 가깝다. 주위를 두리번거리며 걸어가는 모습이 초식동물을 닮았기 때문이다. 초식동물이 주위를 경계하기 위해서라면 소비자는 원하는 상품을 빠르게 찾기 위해서다. 어쩌다 한 번씩 방문하는 소비자가 필요한 물건들을 하나도 빠트리지 않고 모두 챙기기 위해서는 부지런히 고개를 이리저리로 돌려야 한다. 그런 소비자에게 필요한 것은 다름 아닌 넓은 시야다.

그런 이유 때문인지는 몰라도 대형 마트에서는 늘 수평이 기준이 된다. 매장도 수평 방향으로 전개하는 게 유리하고, 상품도 수평 진열이 기본이다. 자연히 단층 구조로 된 매장이 선호되고, 진열대에서도 시야의 가로 선을 따라 상품이 채워지게 마련이다. 그렇게 하는 게 상품을 소비자에게 의도적으로 노출하거나 그들의 관심을 유발하는 데 있어서 커다란 효과를 발휘하기 때문이다. 필요한 제품을 찾아다니느라 여기저기 둘러보던 소비자로서는 애당초 필요하지 않았던 물건까지도 충동적으로 구매하게 된다. 특히 소매점에서 특별히 팔고 싶거나 팔아야 할 물건이 있을 때 중간중간마다 슬쩍 끼워두는 방식으로 수평 진열이 활용되기도 한다.

이와는 상반되게 백화점을 찾은 소비자는 포식자로서의 성격이 강하다. '목적 구매'라는 성향이 말해주듯이 그들이 보이는 쇼핑 행태는 마치 사냥하는 육식동물을 닮았기 때문이다. 필요한 상품에 대해 집중적으로 탐색하고, 이를 대체할 수 있는 여러 상품을 꼼꼼하게 비교한다. 그런 그들에게는 수직 진열이 효과적이다. 같은 종류의 상품들을 진열대 위아래에다 배치해두면 상품에 대한 집중력이 훨씬 배가되기 때문이다. 고객으로서는 몸을 좌우로 움직이지 않고 고개만 살짝 들었다가 내리는 것만으로도 상품을 탐색할 수 있다. 최소한의 움직임만으로 모든 제품을 한눈에 훑어볼 수 있기에 상품에 대한 인식률도 높은 편이다. 무엇보다 고객 스스로 관심을 가지거나 소비자가 필요로 하는 제품을 진열할 때 매우 유용하다.

포식자를 위한 배려는 매장을 배치하는 방식에서도 드러난다. '버티컬 MD$^{Vertical\ MD}$'이라는 용어에서도 엿볼 수가 있듯이 **백화점에서의 상품별 매장배치는 늘 수직적인 방향으로 이루어진다.** 층별로 분리하여 각각 다른 카테고리에 속하는 상품들을 배치해두는 것이다. 소비자가 각자 원하는 상품에 대해 선택적으로 접근할 수 있도록 배려한 것이다. 궁극적으로는 소비자의 시간과 비용을 절감해주기 위해서다. 하지만 정작 중요한 이유는 따로 있다. 상품에 대한 소비자의 집중력을 끌어 올리기 위해서다. 무언가에 집중할 필요가 있을 때 수평보다는 수직구조가 훨씬 도움이 되기 때문이다.

이런 이유로 인해 오늘날의 백화점은 모두 층을 기준으로 상품을 구성해놓고 있다. 획일적이고 개성이 없다. 아마도 국내를 대표하는 두 개의 백화점이 모두 일본 기업에 모태를 두고 있다 보니 그렇게 된 측면도 있다. 일본 백화점의 특성이 자연스럽게 우리나라로 전해진 것이다. 설령 그렇긴 해도 일본 백화점의 층별 구성 역시 아무런 근거나 맥락도 없이 함부로 정해졌을 리는 없다. 오랜 시간 시행착오를 반복하면서 도출된 수많은 옳고 그름의 결과가 축적되어온 산물일 가능성이 크다. 그런 점에서 오늘날 백화점의 층별 구조는 결국 매출액이나 영업의 효율성, 수익성 등과 같은 지표에 의해 판단되고 수정되어왔을 게 분명해 보인다.

그런 추정을 마치 증명이라도 하듯이 오늘날 백화점의 층별 상품 구성은 이들 상품의 매출액 비중과 정확히 일치하는 모습이다. 패션잡화와 해외명품을 필두로 매출액 비중이 높은 순으로 백화점의 핵심층을 차지하고 있다는 뜻이다. 이는 대형 마트도 예외가 아니다. 기억을 더듬어보면 핵심이 되는 층에는 늘 식품 매장이 있었다. 이를 제외한 나머지 층으로 의류를 포함한 각종 공산품과 서비스 제품이 배치되는 모습이다. 대형 마트에서는 신선식품이 가장 중요한 핵심 상품이기 때문이다. 전체 매출액에서 차지하는 비중도 당연히 식품매장이 가장 크다.

04
모든 위치는 다 나름의 이유가 있다

곰곰이 생각해보면 좋은 층을 차지했으니 매출액도 많고 비중도 높아야 하는 건 당연하다. 원인과 결과를 뒤집어서 생각해볼 수도 있다는 얘기다. 매출액이 높아서 좋은 층을 차지했다기보다는 좋은 자리에 있다 보니 매출액이 늘어난 것일 수도 있다는 논리다. 하지만 시장 원리대로라면 가능성이 희박하다. 위층으로 올라갈수록 임대료가 저렴해지는 가격 구조에서는 수익성이 검증된 상품만 우수한 입지로 들어올 수 있기 때문이다. 장사하는 사람들 역시 비싼 임대료를 감당할 수 있을 정도로 잘 팔리는 제품이 아닌 이상 핵심층을 고집하기는 힘들다. 지금의 구성이 가장 효율적이고 수익성에 도움이 되는 결과라고 조심스레 추정해볼 수 있다.

　그런데 이러한 추정에는 치명적인 오류가 내포되어 있다. 백화점 같은 대규모 쇼핑센터의 경우, 저층부라고 해서 반드시 임대료가 비싸거나 고층 매장이라고 해서 저렴한 것은 아니라는 앞장의 내용과 정확히 배치되기 때문이다. 이를 고려한 가장 현실성 있는 이유는 '가격'과 '빈도'로 대체가 가능하다. 예컨대 층별 상품배치의 기준으로서 '매출액'은 간단히 표현해서 상품의 '판매 가격'에 '판매량'을 곱한 것이다. 여기서 '판매량'은 기본적으로 제품을 구매한 '고객의 수'와 직접적인 관련성을 가진다. 하지만 그게 전부는 아니다. '판매량'은 소비자의 '구매 빈도'와도 관련이 있다. 그렇다면 매출액은 가격이 비싸면서 자주 구매하는 상품일수록 점점 커질 수밖에 없는 구조다.

유념해야 할 것은 단순히 가격이 비싸거나 혹은 소비자가 자주 구매하는 제품이라고 해서 반드시 매출액이 높은 것은 아니라는 사실이다. 예를 들어 TV나 냉장고, 침대 등은 아주 비싼 가격임에도 불구하고 전체 매출액에서 차지하는 비중은 그리 높지 않은 편이다. 평생을 살면서 기껏해야 한두 번 구매하는 내구재이기 때문이다. 반대의 경우에 속하는 치약이나 비누 등도 마찬가지다. 수시로 구매할 정도로 구매 빈도는 높으면서도 정작 매출 기여도는 낮다. 저렴한 소비재이기 때문이다. 비록 표현은 '매출액'이지만 그 속을 들여다보면 **백화점에서의 상품 배치는 '가격'과 '구매 빈도'를 기준으로 정해지고 있음**을 유추해볼 수 있다. 실제로 백화점 매장을 떠올려보면 대개 그런 식이다. 위층으로 올라갈수록 가격이 저렴하거나 혹은 자주 구매하지 않는 상품들로 매장이 가득 채워져 있음을 확인할 수 있을 테니까 말이다.

물론 여기에는 '부피'도 고려되었다. 사전적인 의미의 가격을 따진다면 당연히 백화점 1층에 진열된 화장품보다는 8층에 진열된 냉장고가 훨씬 더 비싼 제품이다. 하지만 여기에 부피를 결부시키면 이야기가 달라진다. 냉장고보다는 화장품이 훨씬 더 비싼 고부가가치 상품이다. 각각의 제품이 깔고 앉은 매장 공간의 면적을 고려하고, 여기에 행여 좋은 층일수록 임대료가 비싸지는 상황까지 겹쳐진다면 제품이 가진 부피와 비교하여 가격이 비싼 상품들이 핵심층을 차지하는 건 당연한 일이다. 화장품이나 명품, 잡화 제품처럼 작고 비싼 물건들이 주로 1층 매장을 점령하고 있는 이유다. 그런 고부가가치 상품들이 마치 진흙탕 같은 바깥의 현실 세계와 대조를 이루며 백화점 1층 매장을 판타지로 가득한 동경의 장소로 만들어준다.

하지만 백화점의 층별 상품 구성이 단지 가격이나 수익성 같은 각종 영업 지표에 의해서만 정해지는 것이라면 그것만큼 재미없는 일도 없다. 매출 기여도나 영업효율을 근간으로 하되, 여기에는 또 다른 중요한 고려 사항들이 동시에 결부되어 있다. 예를 들어 소비자의 특성이나 상품 특성 같은 것들 말이다. 단적인 예로 백화점은 단순히 상품의 종류에 따라 층이 구분된 듯 보여도 실상은 전혀 그렇지 못하다. '상품' 이전에 또 하나의 중요한 분류 체계가 있다. 바로 '소비자'다. 해당 상품을 구매하는 주 이용고객에 따라 각층을 범주화해서 한곳에 묶어둔 것이다. 이를 업계에서는 흔히 '조닝Zoning'이라고 부른다.

백화점에서의 층별 상품구성은 대략 세 개의 존Zone으로 이루어져 있다. '여자'를 위한 공간과 '남자'를 위한 공간, 그리고 '남자와 여자' 모두를 위한 공간이다. 물론 가장 핵심이 되는 위치에는 언제나 여성들을 위한 공간이 마련되어 있다. 1층을 중심으로 지하 1층부터 지상 4층까지는 대개 식품이나 패션잡화, 여성 의류 등을 비롯한 각종 여성용 상품들로 매장이 채워진다. 남성을 위한 공간은 에스컬레이터나 엘리베이터를 타고 중력을 한참 거슬러 올라간 다음에야 비로소 나타난다. 그리고 그 위의 층들은 모두 중성적인 공간에 해당한다. 가전제품이나 가구, 아동용품 등 가족을 위한 상품이나 성별에 상관없는 제품들을 전시해두고 있다. 그 외에 식당이나 미용실 같은 각종 편의시설도 함께 마련되어 있다. 이들 역시 남녀 모두를 위한 공간에 해당한다.

이처럼 매장의 위치만 보더라도 그동안 남성들이 백화점으로부터 얼마나 푸대접을 받아왔는지는 극명해진다. 하지만 이 정도로는 약과다. 각각의 구역 내에서 세부적으로 매장이 구성되는 방식을 알게 되면 차별의 체감도는 더욱 심해진다. 예컨대 **여성용 제품의 경우, 상품의 종류에 따라 층을 달리하여 배치된다.** 1층에는 패션잡화, 2층에는 여성 의류 등이 자리하듯이 말이다. 상대적으로 넓은 공간이 여성을 위한 매장으로 할당되었기에 가능한 일이다. 서로 종류가 다른 제품들끼리는 층으로 구분이 되고, 서로 대체 관계를 이루거나 혹은 경쟁 관계에 있는 제품들끼리 같은 층 내에 함께 집적된다. 상품을 구매할 때 상대적으로 넓은

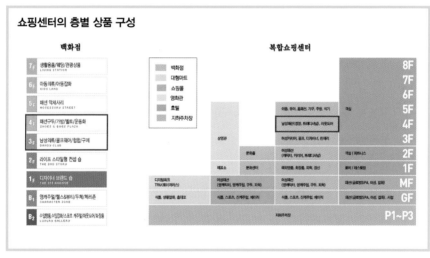

백화점이든 복합 쇼핑센터든 지상 1층부터 4층까지 핵심층에는 주로 여성 고객을 위한 상품들이 채워진다. 그 위로 남성을 위한 매장이 배치되고, 나머지 위층에는 가전·가구·아동 등 성별과 관계없는 모두를 위한 공간이 마련된다. 각층 매장마다 서로 종류가 다른 상품들을 진열해두는 여성 매장과 달리 남성 매장(붉은색 테두리)은 정해진 한두 개 층 안에 관련된 모든 상품을 집적시킨다. 필요한 것만 집어 들고 바로 빠져나가는 성향을 고려하여 백화점을 들른 김에 몽땅 다 사가라는 의미다. [그림 출처 : AK Robbie Partnership㈜]

선택의 폭과 기회는 물론 다양한 비교 선택의 가능성과 편의성까지도 모두 누릴 수 있게 되는 것이다.

이와는 대조적으로 **남성용 제품은 모두 한자리에 배치된다.** 같은 종류에 속하는 대체 관계의 상품은 물론, 서로 다른 범주에 속해 보완적인 관계를 갖는 제품들까지도 모두 한곳에 집적된다. 남성에게 할당되는 매장 공간이 상대적으로 협소해서이기도 하지만 진짜 중요한 이유는 남성 고객의 목적 구매 성향 때문이다. 필요한 물건만 집어 들고는 뒤도 돌아보지 않은 채 서둘러 매장을 빠져나가는 쇼핑행태 말이다. 소비자에게 연관구매를 기대하는 소매점으로서는 남성이 구매할 만한 상품들을 모조리 한자리에 모아둘 수밖에 없다. 기왕 매장을 방문한 김에 필요한 것들을 모조리 다 사가라고 말이다.

여성 고객에게는 상품에 대한 비교와 선택의 기회를 높여줌으로써 구매 효용을 높여주는 게 필수적이다. 가장 마음에 드는 물건을 고를 수 있도록 매장을 구성하고 상품을 진열하여 구매에 대한 만족감을 최대한 높여야 한다는 뜻이다. 하지만 **남성 고객은 조금 다르다. 구매 효용보다는 원스톱 쇼핑의 니즈를 충족시키는 게 최우선이다.** 평소에 백화점을 자주 들락거리지도 않을 뿐만 아니라 어쩌다 운 좋게 방문하더라도 필요한 것만 달랑 사서 내빼는 그들에게는 구매 가능성이 있는 물건들을 한꺼번에 쇼핑할 수 있도록 해주는 게 그나마 최선이기 때문이다.

좋은 건 소매점 입장에서도 마찬가지다. 애당초 구매 목록에 없었던 물건들까지도 판매의 기회가 주어지니까 말이다. 아기용 기저귀매장 옆에 함께 진열되는 갖가지 맥주 제품이 대표적인 사례다. 아내에게 등을 떠밀려 아기 기저귀를 사러 온 아빠들은 늘 계획에 없던 맥주까지 무심코 집어 들고는 한다. 스포츠와 골프, 가전제품, 생활용품, 아동용 의류와 용품 등이 주로 남성용 매장 주변으로 배치되는 이유다.

상품마다 가지고 있는 고유의 특성도 층별 상품 구성에 영향을 미치는 요인 중의 하나다. 대표적인 게 충동구매의 가능성이다. 소비자에게 **충동구매를 일으킬 소지가 큰 제품일수록 사람들로 북적이는 공간에 매장을 배치해두는 게 바람직하다.** 가령 화장품이나 액세서리를 비롯한 각종 패션 잡화제품 같은 것들 말이다. 이런 제품들은 주로 사람들이 많이 다니는 1층에다 매장을 만드는 게 여러모로 유리하다.

이는 가구나 전자제품 등을 굳이 핵심층에다가 매장을 두어야 할 필요가 없는 이유와도 연결된다. 대부분 소비자관여도가 높고 구매의 목적성이 매우 강한 상품들이기 때문이다. 이런 제품은 소비자가 이미 구매를 결심하고 점포를 방문하는 경우가 많다. 판매 매장이 어디에 위치하든지 반드시 찾아가게 마련이다. 따라서 고층이나 지하층 등 오히려 접근성이 떨어지는 곳에 배치하는 게 공간 활용도 측면에서는 무척 유리하다. 자연히 건물의 전체적인 활성화나 영업효율 등에도 긍정적인 결과를 가져다준다. 식당을 비롯한 각종 편의시설이 백화점 상층부에 위치하는 것도 같은 이유에서다. 소비자관여도는 높지 않아도 상품 구매나 시설 이용에 있어서 목적성이 큰 상품과 서비스를 취급하고 있기 때문이다.

제품이 나타내는 상징성도 무시할 수 없는 요인이다. 흔한 비유로 백화점의 1층은 사람으로 치면 얼굴이나 마찬가지다. 점포의 첫인상을 결정하고, 이미지에도 영향을 미친다. 입구에 들어서자마자 눈에 들어오는 광경은 물론, 매장에서 흘러나오는 소리와 냄새, 분위기까지도 세세히 각인된다. 그런 핵심층에다가 아무 제품이나 함부로 진열해둘 수는 없는 노릇이다. 쇼핑센터를 상징하면서도 가장 고급스럽고 부가가치가 높은 제품들을 가져다 놓는 게 합리적이다.

1960년대만 하더라도 최고의 고급품과 사치품은 외국산 전자제품이었다. 그래서 당시 백화점 1층에는 한결같이 외제 전자제품들이 자리를 차지하고 있었다. 하지만 오늘날은 많이 달라진 모습이다. 해외 명품이나 화장품, 패션잡화 제품 등이 주로 1층 매장을 점령하고 있다. 시대가 바뀌면서 소비에 대한 사람들의 인식이나 가치도 함께 달라졌기 때문이다. 여기에 화장품이나 향수 제품에서 풍기는 은은한 향기가 더해짐으로써 백화점의 고급스러운 이미지는 배가된다.

이미 앞에서도 확인했듯이 고급스러움은 개방감을 통해서도 경험이 가능한 이미지다. 그런 점에서 고급스러운 이미지를 지향하는 소매점이 이제 막 입구에 들어선 사람들에게 꽉 막힌 듯한 느낌을 주는 것은 모순된 행동이다. 대용량의 전자제품과 덩치 큰 가구, 그리고 갖가지 마네킹과 옷가지들로 시야를 가려놓는 게 대표적인 예다. 고급스러운 매장으로 보이기를 원한다면 최대한 부피가 작은 상품들을 1층에다 가져다 놓는 게 합리적이다.

그런 상품 배치는 손님들을 매장 안으로 끌어들이기 위해서라도 필수적인 조치다. 기억을 더듬어보면 쇼핑센터 밖에 있는 사람들을 안으로 끌어당기는 것은 다름 아닌 1층 매장의 높은 천장이 선사해주는 시원한 개방감이라고 했다. 부피가 작은 상품들을 위주로 1층 매장을 꾸미면 개방감에도 해가 되지 않고 그 자체만으로도 고급스러워 보인다.

상품 부피에 대한 고려는 물류 차원에서도 결코 소홀히 할 수 없는 일이다. 가령 부피가 크면 상품을 이동하는 데 애로가 생긴다. 구매한 상품을 들고 집으로 돌아가야 하는 소비자는 물론이거니와 제품이 팔릴 때마다 새로 매장에 채워 넣어야 하는 쇼핑센터도 힘든 건 마찬가지다. 이론상으로는 개방감이나 상징성에서만 문제가 안 된다면 최대한 저층부에 진열해두는 게 가장 효율적이고 편리하다.

하지만 실제 현실은 조금 다르다. 쇼핑센터에서 구매한 가구나 냉장고를 가지고 집으로 돌아가는 소비자는 없기 때문이다. 쇼핑센터 역시 매장에 진열되어 있던 제품을 고객에게 배달해주는 경우는 무척 드물다. 비록 구매와 대금 결제는 쇼핑센터 안에서 이루어지더라도 제품은 따로 마련된 물류창고로부터 배달받는다. 쇼핑센터는 그저 전시장일 뿐, 부피가 크다고 해서 굳이 아래층에 두어야 할 이유는 없다.

물류 차원에서 위치가 정해지는 상품이 있다면 바로 식품이다. 근거는 약해 보이지만, 쇼핑을 마친 주부가 저녁 찬거리 마련을 위해 들르게 되는 마지막 코스로서 식품 매장을 주차장과 가장 가까운 지하층에 마련해두었다고 한다. 완전히 틀린 이야기는 아니지만 물류 동선을 고려한 이유가 더 크다. 식품은 날짜와 시간에 무척 민감한 상품이기 때문이다. 신선도와 유통기한이 매우 중요하다 보니 매일매일 점포로 들어오고 나가는 상품의 양과 회전율이 상당히 높은 편이다. 상품 이동의 효율성과 편의성이 무척 중요한 변수가 된다. 그러다 보니 상품의 이동 거리를 최소화하는 게 물류 관리의 핵심이다. 검품장과 하역장이 몰려 있는 지하층에 식품 매장을 배치해둘 수밖에 없다.

식품 매장에는 많은 쇼케이스Show Case(냉장고 혹은 냉동고)가 필요하다는 사실도 지하층과의 적합성을 높여주는 요소다. 육류와 생선, 채소 같은

1차 식품은 물론이거니와 우유나 음료 같은 가공식품조차도 신선도 유지를 위한 특수 장치가 필수적이다. 한 번 설치하면 이동이나 철거가 쉽지 않을 정도로 무거운 특수장비인 만큼 매장변경의 가능성이 낮은 지하층에 두는 게 여러모로 합리적이다. 아울러 식료품은 판매에 앞서 세척이나 해체를 비롯한 각종 가공 작업이 뒤따른다는 점도 고려되어야 할 사안이다. 이 과정에서 생겨나는 각종 부산물과 쓰레기, 하수, 악취 등을 처리하기 위해서도 지하층이 적합하다. 이래저래 식품은 지하층에 있어야 할 운명이다.

쇼핑센터의 층별 상품 구성을 결정하는 마지막 요인은 바로 **안전에 대한 고려**다. 그도 그럴 것이 백화점은 불특정 다수가 방문하는 다중이용시설로 화재나 테러 같은 각종 재난으로부터 취약한 구조다. 안전에 대해 누구보다 세심한 관심을 기울이고 신경을 쏟을 수밖에 없다. 대표적인 조치가 전자제품 매장과 식당가를 고층부에 배치하는 것이다. 두 매장 모두 전력과 화력 사용량이 많아 화재 발생의 위험이 크다는 공통점을 가진다. 건물의 가장 높은 층에 배치하여 연기나 불길로부터 피해를 최소화할 필요가 있다. 물론 고층의 식당가가 아닌 지하 식품 매장에 함께 두어야 하는 식음시설도 있다. 이런 경우에는 화력 사용을 최소화한다. 지하층의 식품 매장과 함께 배치되는 푸드코트Food Court나 델리Deli ; Delicatessen 등이 주로 간편 조리시설에만 국한되는 이유다.

물론 지금까지 이야기한 것들이 쇼핑센터의 층별 상품 배치를 위한 절대적인 기준은 되지 못한다. 기업이나 개별 점포에 따라 얼마든지 달라질 수가 있고, 시간이 흘러가면서 추세 또한 함께 변해 갈 것이다. 백화점 1층에는 늘 화장품 매장이 있어야 한다는 공식마저도 모두 무너뜨릴 기세로 변화는 이미 진행 중이다.

실제로 국내의 한 백화점은 그 귀한 1층에다가 각종 인테리어 소품과 가구 등을 판매하는 편집 매장을 설치하기도 했다. 보통 6~8층 정도에 구겨 넣을 법한 매장을 핵심층으로 끌어내린 것이다. 아울러 1층에 테마형 전문관을 도입한 백화점도 있다. 심지어 지하에 있던 식음 매장을 1층으로 끌어 올린 사례까지 등장할 정도다. 1층 매장을 단순한 상품 판매 공간이 아닌 문화와 식음을 비롯한 다양한 요소를 경험할 수 있는 복합 공간으로 만들겠다는 의도다. 쇼핑 목적을 달성하기 위한 장소 외에도 백화점을 꼭 한 번 들를 필요가 있는 일종의 관광지로 만들겠다는 목표가 아닌가 싶다.

물론 앞으로의 쇼핑센터가 지금과는 전혀 다른 모습으로 진화해나갈 거라고 해서 지금까지 했던 말이 모두 헛소리가 되는 것은 아니다. 어차피 세상은 '사물'들의 총체가 아닌 '사실'들의 총체니까 말이다. 장차 백화점은 그 모습을 달리하며 변화해가더라도 한때 지금과 같은 모습이었다는 사실만 기억해주면 그걸로 충분하다. 목표를 이루는 방법이 자꾸만 바뀌어 가는 것일 뿐 목적이나 목표 자체는 절대 변하지 않는다.

05

왼쪽으로 도는 게 익숙한 사람들

온갖 번뇌와 잡념들로 괴로워하고 있던 무렵, 나는 보라매공원을 걷고 있었다. 2km가 넘는 공원 가장자리 길을 다람쥐 쳇바퀴 돌듯 아무 생각도 없이 걷고 또 걸었다. 그러다 보면 주체할 수 없는 억겁億劫의 시간이 물어다 주는 고통마저도 모두 눈 녹듯이 사라져버리기 때문이다.

오랜만에 다시 찾은 공원은 예나 지금이나 사람이 많다. 각자 이곳을 찾은 목적이 서로 다른 만큼 그들의 걸음걸이나 언뜻언뜻 보이는 행동 역시 제각각이다. 하지만 같은 게 하나 있다. 몸을 움직이는 방향이다. 마치 약속이라도 한 듯이 한 방향으로만 트랙을 따라 돌고 있다. 걷는 사람은 매일 바뀌어도 방향만큼은 절대 불변이다.

인간이 창조한 물건들 가운데 빙글빙글 돌아가는 것들은 대부분 시계 반대 방향을 향하게끔 만들어졌다. 테마파크의 회전목마도 왼쪽으로 돌아가고, 큰 건물 입구에 설치된 회전문도 시곗바늘과는 정반대의 방향으로 돌아간다. 각종 스포츠 경기도 마찬가지다. 육상이나 빙상, 사이클, 경마처럼 속도를 겨루는 경기는 모두 왼쪽으로 원을 그리며 달리도록 규칙이 정해져 있다. 야구처럼 점수를 겨루는 경기 또한 마찬가지다. 타자와 주자는 언제나 시곗바늘이 움직이는 방향과 반대쪽으로 달

왼쪽으로 도는 것에 익숙한 사람들

운동장 트랙을 돌 때나 회전목마를 탈 때, 그리고 회전문을 통과할 때에도 우리는 언제나 시계 반대 방향으로 돌도록 유도된다.

리도록 요구된다. 심지어 고스톱이나 포커 같은 도박 게임조차 예외는 아니다. 게임의 순서는 늘 시곗바늘의 움직임과 반대로 돌아간다.

문득 그 이유가 궁금해진다. 일단 사람들 대다수가 오른쪽보다는 왼쪽으로 돌 때 훨씬 더 편하고 수월하게 느낀다는 의견이 정설이다. 그리고 그 이유에 대해서는 선천적인 요인이 거론된다. 대표적인 것이 '심장 위치설'이다. 인간의 심장이 대부분 왼쪽 가슴에 자리하기 때문이라는 이야기다. 최대한 심장에 무리가 가지 않도록 움직일 필요가 있는데, 왼쪽으로 회전하는 것이 신체 이동에 따른 심장의 움직임을 최소화한다는 주장이다. 걷거나 달릴 때 몸의 왼편을 축으로 설정하면 심장이 움직이는 거리가 훨씬 짧아지게 된다. 자연히 심장에도 무리가 덜 가게 되는 것이다.[9]

심장보다는 뇌가 주된 이유라는 주장도 있다. 뇌 과학이론에 따르면 인간은 오른쪽 두뇌가 왼쪽 뇌보다 공간지각력에서 뛰어나다고 한다. 우뇌가 지배하는 왼쪽 눈으로 앞을 살피는 게 오른쪽 눈보다 훨씬 편하고 시야를 확보하는 데도 유리하다는 뜻이다. 해변의 모래사장에 찍혀 있는 수많은 발자국이 그 증거로 제시된다. 대부분 직선을 그리지 않고 구불구불 휘어진 궤적을 남긴다. 대략 48m의 파장과 4m의 진폭을 기록하면서 말이다. 흥미로운 것은 대부분 왼쪽을 향해 조금씩 휘어져 걷다가 어느 순간 오른쪽으로 갑자기 방향을 튼 흔적이 역력하다는 사실이다. 무의식적으로 왼쪽으로 휘어지는 곡선을 그리며 걷는 도중에 정신이 번쩍 들어 급하게 방향을 수정한 흔적이라는 의견이다.[10]

불안감이 증폭될 때 주로 오른쪽 뇌를 많이 사용한다는 사실도 우리가 왼쪽으로 회전할 수밖에 없는 이유로 거론된다. 사람들에게 눈을 가린 상태로 걸음을 옮기도록 했더니 대부분 왼쪽 방향으로 치우쳐 이동하는 경향이 강하게 관찰된 실험이 그에 대한 증거다. 이는 수영에서도 마찬가지다. 수영선수에게 두 눈을 가린 상태로 헤엄치게 하면 똑같은 현상이 목격된다. 눈을 가린 채 걸음을 걷거나 헤엄을 쳐야 하는 상황 자체가 무척 불안하고 어색하기 때문이다. 그런 불안한 상황이 오른쪽 뇌를 자극하면서 나타난 결과가 좌측회전이라고 설명한다. 자극을 받은 우뇌가 우리 몸을 왼쪽으로 틀게 만들고, 자연히 앞으로 나아가는 방향 또한 왼쪽으로 치우칠 수밖에 없다는 이야기다.[11]

인간은 태어나면서부터 오른쪽 뇌가 활성화되도록 훈련을 받는다는 주장도 중요한 가설 중의 하나다. 예컨대 엄마들은 대부분 왼쪽 가슴에 아기의 머리가 자리하도록 품에 안는 경향이 강하다. 아기를 안는 게 익숙한 사람이든 익숙하지 않은 사람이든 그 모습은 대부분 비슷하게 관찰된다. 연구에 따르면 무려 80%의 산모가 왼쪽 가슴에 아기의 머리를 두고 품에 안는다고 한다. 슈퍼마켓에서 구매한 물건이 담긴 종이봉투를 끌어안을 때는 어느 한 방향에 대한 선호를 전혀 보이지 않으면서 말이다.[12] 떠올려보면 성모마리아와 아기 예수를 표현한 작품들이 대부분 그와 같은 모습이다. 그림이든 조각이든 80%가량의 작품들이 왼쪽 가슴에 아기 예수를 안고 있는 성모마리아를 보여주고 있다.[13]

그 이유에 대해서는 의견이 분분하다. 엄마의 심장 소리를 아기에게 더 잘 들려주기 위해서라는 의견도 있고, 아이를 안고 있는 상태에서도 오른쪽 팔을 자유롭게 사용하기 위함이라는 주장도 있다. 중요한 것은 왼쪽 가슴으로 안으면 아이의 왼쪽 눈과 엄마의 왼쪽 눈이 서로 마주치게 된다는 점이다. 최근에 발표된 연구에 따르면 엄마와 아기가 나누는 왼쪽 눈 간의 아이컨택트Eye Contact는 아기의 우뇌를 활성화하는 데 도움을 준다고 한다. 나중에 아이가 커서 한 명의 사회적 동물로 잘 살아가

성모마리아와 아기 예수

그림 속의 성모마리아는 대부분 아기 예수를 왼쪽 가슴으로 안고 있다. [그림 출처 : 천주교 서울대교구(pds.catholic.or.kr)]

기를 바라는 엄마의 간절한 소망이 아이를 왼쪽 품에 안는 행동으로 이어졌다는 설명이다. 소통 능력이나 유대감과 관련이 있는 우뇌를 활성화하기 위해 본능적으로 이루어지는 엄마의 무의식적인 행동이라는 의미다.[14]

사람들 대다수가 오른손을 주로 사용한다는 사실도 인간이 좌측회전을 할 수밖에 없는 이유로 이야기된다. 걸을 때 왼발을 지지대 삼아 오른쪽 발에 힘을 주어 움직이다 보니 왼발을 중심으로 몸이 회전하게 되고, 결국 좌측회전이 나타날 수밖에 없다는 설명이다. 이른바 '링반데룽Ringwanderung' 현상이 나타나는 이유로도 거론되는 주장이다. 눈보라가 휘몰아치는 들판이나 산길, 사막 같은 곳에서 사람들이 곧장 앞으로 나아가지 못하고, 방향을 잃은 채 왼쪽으로 원을 그리며 같은 지역을 빙글빙글 맴도는 현상 말이다.

주장에 따르면 오른손잡이와 왼손잡이가 트랙을 돌면서 느끼게 되는 방향에 대한 안정성은 왼쪽과 오른쪽이 서로 다를 수밖에 없고 한다. 예컨대 왼손잡이인 사람에게는 시계방향으로 도는 게 조금 더 안정적이다. 하지만 대다수가 속해있는 오른손잡이에게는 반시계방향으로 도는 게 훨씬 더 안정감이 느껴지게 마련이다.[15]

주목해야 할 것은 **좌측회전에 대한 인간의 선천적인 선호가 결국에는 후천적인 습관마저도 강화해버렸다는 사실이다.** 단적인 사례가 육상경기장이다. 전 세계의 육상경기장 트랙이 오늘날과 같이 모두 시계 반대 방향으로 회전하게끔 만들어진 것은 이제 겨우 100년 정도밖에 지나지 않은 일이다. 1913년에 국제육상연맹IAAF이 '시계 반대 방향으로 돌기' 규정을 만들면서부터다. 회전 방향에 대한 별도의 규정이 없었던 시절, 시계방향으로 뛰어야 했던 선수들이 심리적·육체적인 불편함을 호소하면서 취해진 조치로 알려져 있다. 이후 경기는 줄곧 왼쪽으로 도는 방식으로만 개최되었고, 자연히 우측회전에 대한 거부감은 더욱 강해져만 갈 수밖에 없었다.

이는 마치 스피드스케이트 선수가 어느 날 갑자기 아이스하키 선수가 된 것과도 같은 이치다. 오랜 기간 스피드스케이트만 타던 사람이 어느 순간 아이스하키로 종목을 바꾸게 되면 적응에 어려움을 겪는 게 당연하다. 가장 극복하기 힘든 것이 우측회전에 대한 부적응이라고 한다. 늘 시계 반대 방향으로만 돌았던 터라 우측회전에는 전혀 익숙하지 않은 것이다. 실제로 이런 경우에는 스피드스케이팅 선수로서의 이전 경력이 오히려 핸디캡으로 작용한다고 한다. 후천적인 습관이 얼마나 무서운지를 보여주는 단적인 사례다.

일반 사람들 역시 마찬가지다. 자신의 의지와는 상관없이 대부분 좌측회전에 최적화된 신체를 가지고 태어났다. 여기에 후천적으로 좌측회전을 반복할 것을 강요받으면서 이제는 고착화한 습관으로 굳어졌다. 지금에 와서 이를 고친다거나 거스르는 건 거의 불가능에 가까운 일이다.

06
좌측회전을 고려한 공간 계획

인간이 걸을 때 왼쪽으로 조금씩 회전하면서 움직인다는 사실은 쇼핑센터나 공간 기획가에게도 그냥 지나칠 수 없는 사실이다. 공간을 계획하고 운용하는 데 있어서 활용할 가치가 크다. 첫 번째가 바로 화재를 비롯한 각종 위급한 상황이 벌어졌을 때다. 많은 사람이 신속하고 원활하게 대피할 수 있도록 계단을 비롯한 각종 피난 동선을 왼쪽으로 회전하게끔 설치할 필요가 있다. 당연히 아래로 내려갈 때 혹은 밖으로 나갈 때를 기준으로 말이다. 별것 아닐 수도 있는 이 작고 세심한 고려가 위급한 상황에서 인명피해를 최소화하는 엄청난 위력을 발휘한다.

쇼핑센터에서도 왼쪽 회전을 공간 설계에 활용할 수 있다. 대표적인 사례가 좌측회전을 전제로 매장을 구성하는 방법이다. 마치 육상 선수가 트랙을 돌 듯이 소비자 역시 반시계방향으로 매장을 돌아나가도록 전체적인 골격과 틀을 짜는 것이다. 좌측회전에 익숙한 소비자로서는 몸과 마음이 편안한 상태로 쇼핑을 즐긴다는 이점이 있다. 소매점 역시 상품 노출이나 판매 등에 해가 될 일이 없으니 굳이 마다할 이유가 없다. 실제로 적지 않은 소매점들이 소비자가 **왼쪽으로 크게 원을 그리며 매장을 둘러볼 수 있도록 레이아웃**Lay-Out**을 짜두고 있다.** 소비자와 소매점 모두에게 득이 되는 구조라는 걸 잘 알고 있기 때문이다.

소비자가 매장에 들어서자마자 몸을 틀게 되는 방향은 매장의 전체적인 회전 방향을 결정한다. 흔히 우리가 트랙에 발을 처음 내디딜 때를 생각해보면 간단하다. 이미 트랙을 걷고 있는 사람들과 불필요한 접촉을 피하기 위해서는 그들을 따라 반시계방향으로 걸을 수밖에 없다. 그러기 위해서는 트랙에 처음 발을 내딛는 순간, 사람들이 움직이는 방향으로 몸을 틀어야 한다. 그 방향은 다름 아닌 오른쪽이다.

이제 막 점포로 들어선 소비자 역시 마찬가지다. 왼쪽으로 크게 회전하며 쇼핑하는 다른 사람들과 보조를 맞추기 위해서는 언제나 **오른쪽이 최초의 방향 선택이 되어야 한다.** 국내 한 유통 회사의 조사 결과 역시 이와 맥을 같이한다. 매장에 들어선 소비자들이 이동을 위해 처음 선택한 방향은 오른쪽이 78%로 압도적이었다. 왼쪽으로 몸을 꺾어 이동한 사람은 겨우 8%에 지나지 않았다.

평상시 우리가 우측보행을 하는 것도 최초의 방향 선택에 있어서 오른쪽이 채택될 가능성을 높이는 하나의 요인이다. 사람이든 자동차든 오른쪽으로 붙어서 통행하는 도중에 왼쪽으로 방향을 틀게 되면 다른 차량 혹은 누군가와 충돌할 소지가 다분하기 때문이다. 무엇보다 왼쪽으로 방향을 전환하면 무언가를 가로질러야 한다는 점에서 심리적으로도 무척 부담스럽다. 길이건 사람이건 자동차건 최소한 하나는 장애가 된다. 자연히 왼쪽에 대한 강박관념이 생겨나고, 이것이 곧 오른쪽에 대한 선호로 이어진다.

우측 선호 심리는 쇼핑센터를 걷고 있는 소비자에게서도 흔히 관찰된다. 국내 한 백화점에서 에스컬레이터를 이용하는 사람들을 대상으로 조사한 결과가 대표적이다. 총 2,500명 가운데 무려 34%에 달하는 사람이

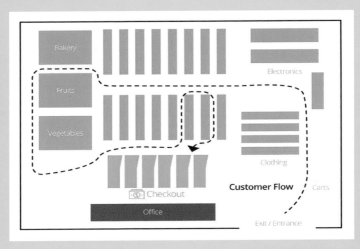

왼쪽으로 돌아나가도록 계획된 소매점 매장

매장으로 들어온 소비자는 왼쪽으로 매장을 크게 한 바퀴 돌아나가는 모습을 보이며, 소매점 역시 이를 고려하여 공간을 구성한다. [그림 출처 : 스마트시트(smartsheet.com)]

에스컬레이터에서 내린 다음 오른쪽 경로를 선택해 이동했다고 한다. 똑같은 상황에서 좌회전을 선택한 사람의 비율이 대략 18%였으니 거의 두 배나 많았던 셈이다.

그래서인지 백화점의 에스컬레이터는 대개 올라갈 때를 기준으로 다음 층에서 내려 시계방향인 오른쪽으로 돌아서 다시 올라타도록 설치되어있다. 이때 에스컬레이터 오른편으로 더 강한 조명과 음악을 틀어놓기도 한다. 심지어 에스컬레이터 오른쪽에 마련된 매장일수록 더 비싼 제품을 판매하거나 인기가 많은 유명한 브랜드에 의해 운영되는 비율이 높게 나타나는 편이다.[16]

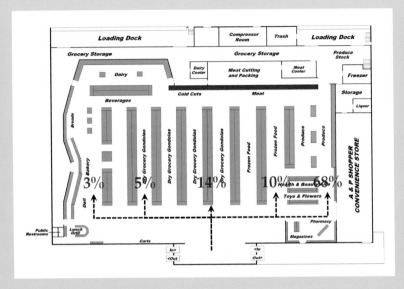

소매점에 들어온 소비자는 대부분 오른쪽으로 이동한다. 왼쪽으로 크게 돌면서 매장을 둘러보려면 입구에서 오른쪽으로 방향을 전환하는 것이 유리하기 때문이다.

우리가 아무렇지도 않게 쓰는 '오른쪽'이라는 단어의 어원도 어쩌면 이와 관련이 있을지도 모르는 일이다. 주로 오른쪽 손을 많이 사용하고, 방향 선택에서도 오른쪽이 항상 '옳은' 것으로 인식되었던 사람들로서는 '오른쪽'이라는 단어의 원형이 애당초 '옳은 쪽'이었을 가능성도 완전히 배제할 수가 없기 때문이다.

사람들의 무의식적인 우측 선택은 일반 소매점에서도 자주 관찰된다. 실제로 가게 안으로 들어온 사람들은 대부분 자신도 모르는 사이에 매장의 맨 오른쪽을 향해서 이동하는 편이다. 외국에서 진행된 한 조사에 따르면,

사람들은 상점에 들어서자마자 매장의 오른쪽으로 시선을 돌리며 몸을 움직이는 특성을 보였다고 한다. 무려 68%의 사람들이 매장의 오른쪽 벽면을 따라 쇼핑을 시작하는 모습이었다.

쇼핑센터로서는 그런 소비자의 움직임을 굳이 제어하거나 거스를 필요가 없다. 영업에 유리하도록 이용하면 된다. 하나의 예가 아이스크림을 비롯한 각종 냉동 제품 진열대의 위치다. **슈퍼마켓 같은 식품매장에서는 냉동제품을 점포의 맨 왼쪽에 두는 게 유리하다.** 반시계방향으로 크게 돌면서 물건을 주워담는 소비자의 이동 특성을 고려하여 쇼핑을 마칠 때쯤에 냉동제품을 구매할 수 있도록 배려하는 것이다. 이제 막 쇼핑을 시작하거나 한창 쇼핑하는 도중에 아이스크림을 장바구니에 넣으면 계산할 때가 되어서는 이미 다 녹아버린 경우가 대부분이기 때문이다. 아무래도 구매를 망설이거나 포기할 가능성이 크다.

점포 입구에서부터 매장 안쪽 우측으로 비스듬하게 꺾어지는 형태의 진입 동선을 계획하는 것도 하나의 좋은 방법이다.[17] 몸도 마음도 훨씬 자연스럽게 반시계방향으로 돌며 매장 전체를 둘러볼 수 있다. 나아가 출입구의 위치에 변화를 꾀하는 것도 고려해볼 만한 옵션이다. 지금처럼 매장 정중앙에 단 하나의 출입구를 내어놓는 대신 오른쪽 끝부분에 보조 출입구를 하나 더 설치해둠으로써 말이다. 고객으로서는 북적이는 출구와 계산대를 통과하지 않고도 매장 안으로 곧장 들어올 수 있으니 그 편리성이야 말할 필요조차 없다. 매장에 들어오자마자 왼쪽으로 몸을 돌리는 소수의 소비자마저도 반시계방향으로 매장을 돌아나가게끔 등을 떠미는 동기로 작용할 수 있다.

시계 반대 방향으로 순환하게끔 만든 매장 구조는 실제 매출액에도 도움이 되는 것으로 알려져 있다. 체코 프라하에 있는 스파키스Sparky's 매장이 대표적인 사례다. 장난감 판매점 브랜드의 하나인 스파키스는 전국에서 200여 개의 매장을 운영 중인데, 이들 점포에서 수집된 판매 자료를 분석했더니 매우 흥미로운 사실을 발견할 수 있었다고 한다. 소비자들이 반시계방향으로 매장을 돌면서 쇼핑을 하게 되면 그 반대의 방향으로 도는 경우보다 2달러를 더 소비한다는 것이다.[18] 그 이유에 대해서는 손님들 가운데 오른손잡이의 비율이 훨씬 높기 때문이라고 설명했다. 왼쪽으로 회전하면서 이동하게 되면 아무래도 오른손으로 매장에 진열된 상품을 집어 들기가 한결 수월하다는 것이다. **소비자가 걸음을 옮길 때 진행 방향의 오른쪽에 놓인 상품이나 매장이 판매에는 더욱 유리할 수 있음을 짐작해볼 수 있다.**

물론 그와 정반대의 의견을 말하는 사람도 있다. 일반적으로 사람들은 왼쪽에 있는 무언가에 대해서는 '안심'을 해도 오른쪽에 있는 대상이나 물건에 대해서는 '경계'하는 경향이 강하다는 주장이다. 매장에 들어간 소비자들 역시 오른쪽보다는 왼쪽에 놓여 있는 물건에 대해 더욱 안심하고 바라볼 가능성이 크다는 뜻이다.[19] 실제로 일본이나 영국, 호주 등에서는 쇼핑객의 움직임이 아까의 얘기와는 정반대다. 입구에 들어서자마자 왼쪽으로 몸을 틀어 매장을 시계방향으로 따라가는 것을 선호하는 것이다. 오른쪽 벽이 아닌 왼쪽 벽면을 따라서 매장을 크게 한 바퀴 돌아나간다. 소매점이나 레스토랑의 공간을 계획할 때 상품이나 좌석을 고객의 왼편으로 보이도록 배치하는 게 조금 더 효율적이라는 의미로 해석될 수 있다.

충분히 가능성이 있는 이야기지만 곧이곧대로 받아들이기에는 무언가 꺼림칙하다. 먼저, 사람들의 시선이 안심을 주는 대상을 찾아가 머문다는 명제부터 동의하기 쉽지 않다. 상식적으로 생각해보더라도 '안심하는 것'보다는 '경계하는 대상'에 시선을 두는 게 이치에 맞기 때문이다. 예를 들어 아프리카의 넓은 초원에 홀로 서 있는 상황을 가정해보자. 왼쪽에는 양이 있고, 오른쪽에는 사자가 있다. 주장대로라면 시선은 안심의 대상인 양에게로 향해야 옳다. 정말 그럴까? 아마도 나라면 사자에게 시선을 고정한 채 위기를 모면할 묘책을 떠올리느라 무척 분주할 듯하다.

이러한 의문에 설득력 있는 답변을 들어보지 못한 상태에서는 그가 주장한 다음 명제에 대해 옳고 그름을 따지는 건 무의미하다. 사람들은 왼쪽에 있는 것에 안심하고 오른쪽에 있는 대상을 경계한다는 명제 말이다. 도대체 양쪽에 무슨 대단한 차이가 있길래 왼쪽은 안심의 대상이고 오른쪽은 경계의 대상인지는 도무지 알 수가 없다. 백번 양보해서 그 말이 옳다고 하더라도 어차피 달라지는 건 없다. 사람들의 시선은 결국 안심이 아닌 경계의 대상이 있는 오른쪽으로 향하게 될 테니까 말이다. 결과적으로 이 주장 역시 소비자가 이동하는 방향의 오른쪽에 상품을 진열하는 게 판매에 유리하다는 입장과 맥을 같이 하는 셈이다.

우리가 주목해야 할 점은 이 같은 주장을 내세운 이가 다름 아닌 일본인이라는 사실이다. '가깝고도 먼 나라'라는 표현답게 우리와 일본은 많은 면에서 정반대이기 때문이다. '아르바이트Arbeit'라는 단어만 봐도 그렇다. 우리는 줄여서 '알바'라고 하는 걸 일본에서는 '바이또バイト'라고 부른다. 각각 앞쪽과 뒤쪽에 있는 몇 글자만 따서 부르는 모습이 이채롭다. 흉조와 길조에 대한 개념도 서로 정반대다. 우리나라에서는 까

치가 길조지만 일본에서는 까마귀가 길조다. 오히려 까치를 재수 없는 새로 여긴다. 시내버스를 타고 내릴 때도 마찬가지다. 앞문으로 타서 뒷문으로 내리는 우리와 달리 일본에서는 뒷문으로 승차해서 앞문으로 하차한다. 에스컬레이터에 몸을 싣는 위치 또한 정반대다. 오사카만 빼고는 대부분 우리와는 반대인 왼쪽에 몸을 붙이고 서 있다.

그중에서도 가장 핵심은 자동차와 사람이 다니는 방향의 차이다. 일본에서는 차든 사람이든 모두 왼쪽으로 다닌다. 이런 정반대의 통행 구조를 이해한다면 앞서 그의 주장도 충분히 수긍이 가는 내용이다. 일본 사람들로서는 왼쪽으로 걸어 다니는 구조에 안정감을 느끼고, 오른쪽으로 걸을 때 불안해할 수밖에 없을 테니까 말이다.

좌측통행에 익숙한 일본인으로서는 왼쪽을 응시하는 습관이 자연적으로 생겨났을 가능성도 배제하기 어렵다. 안심해서라기보다는 길을 걸을 때 건너편보다는 자기가 있는 쪽이 훨씬 잘 보이기 때문이다. 실제로 왼쪽 벽면을 따라 시계방향으로 매장을 도는 일본이나 영국, 호주 모두 자동차와 사람이 왼쪽으로 통행하는 공통점을 가진다. 우측보행 문화를 가진 우리나라나 미국에 적용하기에는 한계가 있다는 의미다. 응시하는 방향이나 선호 방향에 대한 견해가 정반대일 수밖에 없다.

사실 인간의 통행 문화는 곧 자동차의 역사다. 미국의 경우, 18세기에 붐을 이뤘던 마차인 코네스토가 왜건Conestoga Wagon이 시초로 거론된다. 당시 미국의 마차는 두 마리의 말이 이끄는 형태로 제작되었는데, 오른손잡이인 마부가 두 마리의 말을 효율적으로 다루기 위해서는 마차의 왼편에 앉아 채찍을 휘두르는 게 편했다. 그리고 반대편에서 달려오는 다른 마차를 피하기 위해서는 도로 오른쪽으로 붙어서 다니는 게 훨씬 안전했다. 자연히 좌측에 운전석이 달린 마차와 차량이 발달했고, 도로의 오른쪽으로 달리는 우측통행 문화가 자리를 잡았다. 이후 정치·경제적으로 미국과 관련이 깊었던 우리나라에 우측통행이 전해지면서 지금과 같은 통행 및 보행 문화가 고착화한 것이다.

한편 일본이 처음 자동차를 도입한 것은 미국이 아닌 영국으로부터다. 19세기 메이지 시대 때 말이다. 영국은 예로부터 길이 좁아서 미국과는 달리 한 마리의 말이 마차를 이끄는 구조였다. 그러다 보니 오른손잡이 마부가 채찍을 휘두르면 옆에 앉은 다른 사람이 채찍에 맞아서 다치는 경우가 종종 일어났다. 그런 불상사를 방지하려면 마부가 오른쪽에 앉는 게 훨씬 안전했다. 영국의 마차와 자동차가 미국과는 정반대로 오른쪽에 운전석이 달린 구조로 발달하게 된 배경이다. 아울러 마주 오는 다른 자동차를 피하려면 달리는 방향 역시 자연스레 왼쪽이 될 수밖에 없었다. 이러한 영국의 통행 문화가 고스란히 전해져 오늘날의 일본이 되었다.

보도 위에서 사람이 걸어가야 할 방향을 따로 정해두지 않은 미국이나 캐나다와 달리 일본은 보행자의 방향마저도 분명하게 규정해두고 있다. 자동차와 마찬가지로 사람들 역시 왼쪽으로 붙어서 다녀야 한다. 그 이유에 대해서는 여러 다양한 설이 혼재하는데, 봉건시대 사무라이의 유산이라는 점에서는 의견이 일치한다. 왼쪽 허리춤에 칼을 찬 무사들이 길을 걷다가 칼집이 서로 맞부딪혀 싸움이 일어나는 걸 방지하고, 언제 어디서 나타날지 모르는 적을 향해 칼을 쉽게 뽑기 위해서는 길왼쪽으로 다니는 게 훨씬 유리했다는 설명이다.[20]

그러고 보면 왼쪽의 것에 안심하고 오른쪽을 경계한다는 주장은 일본이나 영국, 호주인들에게만 해당하는 것 같다. 좌측통행 문화를 따르다 보면 자연히 오른쪽에서 움직이는 것들에 대해 경계심을 가질 수밖에 없을 테니까 말이다. 실제로 자신과 같은 방향으로 주행하는 왼쪽 자동차보다는 오른쪽에서 마주 오는 차량이 훨씬 더 조심해야 할 대상이다. 걸어 다니는 사람들 역시 예외는 아니다. 사무라이가 길 왼쪽으로 붙어서 다닐 수밖에 없었던 이유는 오른쪽에서 마주 오는 사람들을 모두 잠재적인 위협으로 인식했기 때문이다. 오죽하면 칼집조차 맞부딪히지 않도록 조심해야 했고, 심지어는 언제든지 칼을 뽑아 들 수 있도록 늘 준비가 되어있어야만 했을까? 그들로서는 오른쪽을 경계하고 왼쪽에 안심하는 습관이 생겨날 수밖에 없다. 무의식적으로 좌측을 선호하는 습관도 따지고 보면 그들만의 이야기다.

그런 일본만의 특수성이 마치 국제적인 표준이라도 되는 양 맹목적으로 떠받들고 무턱대고 받아들여서는 안된다. 물론 소매업 분야에서 쌓은 그들의 앞선 경험과 노하우는 충분히 인정하고 존중하는 바다. 하지만 우리와 정반대인 통행 방향이나 생활습관 등을 고려한다면 적어도 공간계획에서만큼은 일본의 사례가 정답은 아니다. 일본에서의 경험을 우리에게 강요하는 일부 전문가들 또한 마찬가지다. 열등감에 사로잡힌 사대주의가 아니라면 그 반대를 따르는 게 오히려 합리적일 수도 있다. 평소 생활습관이나 문화를 기반으로 하는 모든 사안에 대해서 말이다. 그게 방향일 수도 있고, 때로는 소비자의 시선이 될 수도 있다. 물건을 집을 때의 행동은 물론 소비자가 보이는 세세한 움직임 하나하나까지도 모두 포함하는 말이다.

07

노출은 왼쪽, 판매는 오른쪽

일단락된 것처럼 느껴져도 소비자의 방향성에 대한 논란은 여전히 진행 중이다. 군이 일본이나 영국, 호주를 가지 않더라도 국내에서조차 오른쪽에 대한 무의식적인 선호가 과연 일반화될 수 있는 현상인지에 대한 의문은 여전히 사라지지 않기 때문이다.

실제로 우리나라 소비자가 자신의 오른쪽 전방을 응시한 채 우측 벽면을 따라서 매장을 반시계방향으로 이동하는 모습은 일부 소매점에서만 목격되는 일이다. 하지만 모두 슈퍼마켓처럼 '상품 구매' 목적이 뚜렷한 점포들이다. 우연의 일치인지는 몰라도 앞서 실험의 장소였던 스파키스 매장 역시 장난감을 전문적으로 판매하는 장소였다. 실험의 목적 역시 장난감을 '구매할 목적'으로 가게에 들른 사람들의 행태를 관찰하기 위함이었다.

그렇다면 오른쪽에 대한 무의식적인 선호는 소비자가 자신이 원하는 제품을 탐색하고 다른 상품들과 비교하는 과정에서 보이는 지극히 자연스러운 현상인지도 모를 일이다. 업종별로 뚜렷한 차이를 보이는 소비자의 구매 패턴을 고려할 때 백화점이나 대형 마트, 슈퍼마켓 등에서는 유효하더라도 복합 쇼핑센터나 길거리의 상점까지 획일적으로 적용하기에는 다소 무리가 있다. 적용이 어려워 보이는 이 둘은 모두 거리를 중심으로 조성된 것들이기에 상품 구매가 방문의 핵심적인 목적이 아닐 가능성이 크기 때문이다.

복합 쇼핑몰을 거니는 사람들은 거리를 오가는 보행자들과 그 특성이 별반 다르지 않다. 어느 순간 사람들이 많아져서 군집의 밀도가 일정 수준을 넘어서면 그때부터는 우측보행을 하겠지만 그 이전까지는 모두 자유롭게 발걸음을 옮긴다. 시선이 반드시 오른쪽 전방을 향한다고 단정 짓기는 매우 어려운 상황이다. 특히나 그들의 눈은 특정 가게 혹은 상품 하나하나에 집중하거나 고정되지 않는다. 마치 사진을 찍듯이 거리 전체를 하나의 장면으로 뭉뚱그려서 바라본다. 이처럼 먼 곳을 응시하는 시선을 고려한다면 거리에서는 차라리 좌측에 마련된 매장이 조금 더 나을 수도 있다. 반시계방향으로 회전하는 인간의 습성을 고려한다면 왼쪽 전면부에 놓인 것들이 훨씬 더 시야에 잘 들어오기 때문이다. 거리와 비슷한 동선 구조를 가지는 복합 쇼핑몰 역시 예외는 아니다.

뇌과학이론 역시 이를 뒷받침해준다. 오른쪽 뇌가 왼쪽 뇌보다 공간지각력에서 훨씬 뛰어난 능력을 보인다고 하니까 말이다. 우뇌가 지배하는 왼쪽 눈으로 앞을 살피는 게 훨씬 편하고 수월하다는 뜻이다. 전면을 응시할 때 오른쪽 눈보다는 왼쪽 눈에 의해 앞쪽 풍경이 먼저 담겨질 가능성이 크다. 유달리 오른쪽 뇌가 발달한 우리나라 사람들의 독특한 뇌 구조 역시 여기에 힘을 보탠다.[21] 한국인으로서는 이래저래 왼쪽 시선으로 들어오는 정보에 훨씬 더 민감하게 반응할 수밖에 없다. **가게든 상품이든 오른쪽보다는 왼쪽이 무언가를 노출하기에는 훨씬 유리해 보인다.**

더군다나 복합쇼핑센터는 젊은 연인들이 즐겨 찾는 데이트 장소라는 점에서 왼쪽에 대한 의미가 남다르다. 길을 걸어가는 커플은 대부분 그 위치가 정해져 있기 때문이다. 연구에 따르면 무려 70%의 커플이 여자가 왼쪽에 서고 오른쪽에 남자가 서서 길을 걷는다.[22] 거짓말처럼 들릴지 몰라도 실제로 그렇다. 비근한 예로 결혼식이 있다. 웨딩마치를 올리는 커플은 언제나 신부가 왼쪽, 신랑이 오른쪽이다. 다른 나라에서도 상황은 비슷하다. 전 세계의 결혼식 사진을 담은 책[23]만 보더라도 총 38장의 사진들 가운데 무려 29장이 이와 같은 패턴을 보여준다.

재미있는 것은 연령대가 낮아지면서 이러한 경향이 더욱 뚜렷해진다는 사실이다. 여자가 왼쪽에, 남자가 오른쪽에 서 있는 커플은 10대와 20대에서 그 수가 압도적으로 많았다. 그렇지 않은 커플보다 그 수가 무려 1.7배나 많았다고 한다. 특히 손을 잡고 길을 걷고 있는 커플에게서 그런 비율이 월등히 높게 나타났다.[24]

물론 그 이유에 대해서는 정확히 알 수가 없다. 여성으로서는 자신이 잘 쓰는 오른손으로 남성의 팔을 단단히 붙잡음으로써 스스로 보호받고자 하는 심리가 반영된 결과라는 해석이 있다. 남성으로서는 왼손으로 여성을 붙들어 맨 상태에서 오른팔을 자유롭게 하기 위함이라는 이야기도 있다. 놀라운 것은 우리 스스로 정확한 이유도 알지 못한 채 그렇게 행동하고 있다는 사실이다.

남녀 사이에 서는 위치가 정해져 있다는 건 남녀가 바라보는 방향에도 일정한 법칙이 있다는 말과 일맥상통한다. 파코 언더힐 역시 이와 비슷한 이야기를 한 적이 있다. 여성에게는 왼쪽의 법칙이 숨겨져 있으므로 왼쪽 마케팅에 집중할 필요가 있다고 말이다.[25] **여성 소비자에게 어필해야 하는 상품이나 브랜드가 있다면, 진행 방향의 좌측에 그것을 마련해두라**

는 것이다. 물론 남성을 위한 상품은 당연히 오른쪽이 영업에 도움이 될 것이다.

하지만 이들 남녀가 각자 자기 쪽으로만 시선을 가둬둘 것으로 기대하는 건 천부당만부당한 일이다. 함께 있어도 자꾸만 보고 싶은 그들로서는 서로를 등진 채 외면한다는 것 자체가 가능성 제로에 가깝다. 이런저런 이야기를 나누다 보면 시선은 저절로 상대방과 그 앞쪽을 향해 나가기 마련이다. 더군다나 커플은 길을 걸을 때 좌우로 일직선이 되게끔 나란히 서서 걸어가지는 않는다. 대부분 남자의 몸이 몸뚱이 하나만큼 앞으로 나온 상태로 걸음을 옮기는 편이다.[26] 기본적으로 신체와 보폭이 여성들보다 커서겠지만 마치 어미가 새끼에게 그러하듯이 상대적으로 힘이 센 수컷이 연약한 암컷을 이끄는 습성이 표출되었다는 해석도 있다.

문제는 좌녀우남左女右男의 상황이 더해졌을 때다. 여자가 왼쪽에 서고 오른쪽에 남자가 선 커플이 길을 걸을 때 남자가 여자보다 조금 앞서서 걸어가는 상황 말이다. 이런 경우에 두 사람의 몸은 하나의 집합체로서 좌측전방을 향해 열려있을 가능성이 크다. 자연히 오른쪽보다는 왼쪽 매장이 눈에 먼저 들어오게 마련이다. 노출도나 인지도 측면에서 왼쪽이 상대적으로 유리할 수밖에 없다.

무언가를 바라볼 때 **사람들의 시선이 왼쪽에서 시작해서 오른쪽으로 이동한다는 사실**도 왼쪽 매장이 우위를 점하는 또 하나의 이유다. 그러고 보면 우리는 늘 시선을 좌에서 우로 옮기는 데 익숙한 편이다. 책을 읽을 때는 물론이고 신문을 볼 때도 마찬가지다. 대개 왼쪽에서 쓰기 시작하여 오른쪽으로 읽어나가도록 약속을 정해두었다. 같은 이치로 아랍 문화권

왼쪽에서 오른쪽으로 이동하는 시선

유럽의 한 관광지를 놓고 코로나바이러스가 창궐하기 전과 후를 비교한 사진. 사람들의 시선은 왼쪽에서 오른쪽으로 흐르기에 늘 왼쪽에 '이전'이 있고 오른쪽에 '이후'가 놓인다. [그림 출처 : 비즈니스 인사이더 (businessinsider.com)]

에서처럼 글자를 쓰고 읽어나가는 방향이 우리와 정반대인 나라들에서는 사람들의 시선이 반대 방향으로 이동할 가능성이 크다.

단적인 예로 아랍인이 그린 물고기나 동물의 그림이 그렇다. 우리나라 사람이 그린 것과는 대개 그 형상이 정반대다. 동물의 머리를 왼쪽에 두는 우리나라 사람들과 달리 아랍인들이 그린 동물의 그림은 대부분 머리가 오른쪽으로 향해 있다. 서로 다른 문자 구조가 사람들을 어려서부터 각자의 방향대로 사물을 보도록 길들인 결과다. 후천적인 습관이 반복되면서 좌우 방향에 시간 개념이 결부된 것이다. 왼쪽이 '과거'라면 오른쪽을 '미래'라고 생각하는 방식 말이다. 지하철역에 붙은 숱한 성형외과 광고가 대표적이다. 한 여성의 성형 전후를 비교한 사진은 늘 똑같은 위치에 놓인다. 비포Before가 왼쪽이면 애프터After 사진은 늘 오른쪽이다.

방향이 시간이라면 시간은 맥락이다. 방향 속에는 결국 전후 사정을 포함한 사건의 인과관계까지 모두 숨겨져 있다. 당연히 순서대로 봐야만 전체적인 흐름이 이해된다. 그래서 처음 방문한 공간에서 우리는 대개 좌측을 먼저 본 다음 우측으로 시선을 옮겨간다. 낯선 공간이기에 전체를 먼저 파악한 다음 세세한 것들을 살피는 것이다. 전체적인 맥락을 파악하는 좌측 시야에 무의식적으로 주의력이 집중된다.

이는 방송국에서 잘 알고 꽤 유용하게 활용하고 있는 사실이다. 예컨대 어느 거리의 실시간 상황을 보여주는 뉴스 화면이나 특정 상품을 소개하는 광고에서 카메라는 언제나 왼쪽에서 오른쪽을 향해 천천히 움직인다. 물론 그와 반대로 화면이 흐르는 때도 있지만 그런 경우는 무척 드문 광경이다. TV 화면을 보고 있는 시청자들로서는 지금이 어떤 상황인지 파악하기가 매우 힘들어지기 때문이다. 이른바 '역逆패닝효과'•로 인해 왼쪽에 대한 주의와 집중이 강제되는 셈이다.

하지만 안타깝게도 왼쪽의 장점은 허울 좋은 껍데기에 불과하다. **제품을 노출하고 인지도를 올리는 데는 왼쪽이 유리할 수 있어도 정작 상품 판매에는 오른쪽이 나은 편이다.** 소비자의 시선은 비록 좌에서 우로 움직이더라도 시선이 맨 마지막에 머무는 자리는 늘 오른쪽 끝부분이기 때문이다. 무엇보다 대다수 사람이 오른손잡이다. 그래서 똑같은 상품도 진열하는 위치에 따라 판매량에 많은 차이를 보이는데, 일반적으로 왼쪽보

• 패닝효과Panning Effect란 특정 피사체만을 강조하여 물체의 속도감을 표현하는 촬영기법으로 주로 자동차 광고사진이나 스포츠 사진 등에서 볼 수 있다. 예컨대 도로 위를 달리는 자동차 가운데 어느 한 대에만 초점을 맞춰 마치 멈춘 듯이 보이도록 하고 나머지는 움직임을 그대로 표현하여 전체적으로 속도감을 연출한다.

다는 오른쪽에 진열해둔 상품이 더 많이 팔려나가는 편이라고 한다. 진열대의 오른쪽 자리를 두고 경쟁 업체들끼리 치열한 쟁탈전을 벌이는 이유다.

하지만 자리에 대한 결정권은 오롯이 판매자의 권리다. 그들은 자신에게 더 돈이 되는 상품이나 브랜드에 노른자위 자리를 내어준다. **대형 마트에서는 진열대 왼쪽에서 오른쪽으로 갈수록 이익률이 높은 제품을 진열해둔다.** 똑같이 한 개를 팔더라도 자신에게 남는 게 더 많으니까 소매점으로서는 그런 제품을 우선으로 팔아야 할 동기가 분명해지는 것이다. 상품 진열의 법칙 가운데 '라이트업Right-Up'이 바로 그런 내용이다. 수익률이 높은 제품이나 대용량 제품을 오른쪽에 진열해두어야 한다는 법칙이다. 자연히 왼쪽 자리는 용량이 얼마 안 되거나 가격이 저렴한 상품들 차지가 된다.

진열대 오른쪽으로 갈수록 제품의 판매율이 높아지다 보니 그런 자리는 때때로 재고 소진을 위한 명당자리로 활용되기도 한다. 일례로 진열대에 빈자리가 생기면 그 자리에만 상품을 새로 채워 넣는 것이 아니라 선반 전체를 다시 배치한다. 새로 입고된 순으로 진열대 왼쪽부터 차례차례 제품을 채워가는 것이다. 자연히 기존에 있던 제품들은 모두 조금씩 오른쪽으로 밀려난다. 오른쪽 제품이 먼저 팔려나가는 속성을 이용하여 오래 진열되어 있던 제품이 먼저 판매되는 일종의 '선입선출先入先出 시스템'이 갖춰지는 것이다. 수익성뿐만 아니라 재고 처분에서도 오른쪽 자리는 꽤 매력적이다.

08
매장 계획은 왼쪽, 상품 진열은 오른쪽

지금까지 살펴본 내용이 모두 사실이라면 상품 노출이나 인지도 측면에서는 왼쪽이, 제품 판매에는 오른쪽이 유리한 편이다. 이는 곧 쇼핑센터를 비롯한 각종 소매 공간에서 왼쪽과 오른쪽이 서로 기능적으로 분리될 수 있음을 의미한다. 목적에 따라 매장의 오른쪽과 왼쪽을 달리 구성함으로써 매장 공간의 효율성을 높이는 또 하나의 힌트로 활용해볼 수가 있다는 뜻이다.

가장 기초적인 활용 포인트는 사람들이 낯선 장소에서 전체적인 공간을 파악할 때 보여주는 공통된 패턴이다. 먼저 공간의 왼쪽에다 큰 시선을 둔 다음, 그 뒤 세세한 부분은 오른쪽에서 살피며 시선을 멈추는 습성 말이다. 실제로 사람들은 작고 세밀한 것이 오른쪽에 놓여 있을 때 심리적으로 편안하게 느낀다. 오른쪽으로 보는 왼쪽 뇌가 논리적이고 이성적이며, 특히 세세하게 보는 것에 뛰어나기 때문이다.

관련된 연구 역시 이 같은 입장을 지지한다. 오른손잡이들은 세밀하게 그려진 그림이 우측에 놓여 있는 상황을 더욱 선호했다.[27] 일상생활 곳곳에서 글자나 숫자처럼 작고 세밀한 것, 그리고 작은 물건들이 주로 오른쪽에 배치되는 이유다. 소매점 역시 예외는 아니다. **화려하고 큼지막한 물건은 되도록 매장의 왼편에, 크기가 작아서 자세히 보아야 할 물건들은 매**

장 오른편에 배치하는 게 합리적이다.

인간의 좌뇌와 우뇌가 각기 다른 기능을 담당한다는 사실은 매장의 왼편과 오른편의 기능이 서로 분리되어야 할 이유를 잘 설명해준다. 이미 여러 차례 강조했듯이 왼쪽 뇌는 논리를 비롯한 이성적인 사고를 담당한다. 이와 달리 오른쪽 뇌는 인간의 감정에 관여하여 감성적인 자극에 민감하게 반응하도록 자극한다. 예술가를 비롯하여 뛰어난 창의력을 가진 사람들 가운데 유독 왼손잡이가 많다는 말이 결코 빈말이나 근거 없는 통념은 아니다.

이를 상업적인 용도에 접목해보면 이렇다. 매장 구성이나 혹은 매체 편집 등에 있어서 **감성적인 자극은 왼쪽에, 이성적인 자극은 오른쪽에 배치하는 방법이다.** 사진이나 그림 같은 이미지 자료들은 좌측에 배치하고, 우측에는 주로 글이나 숫자 같은 텍스트를 나열해두는 방식이 대표적이다. 실제로 홈쇼핑이나 인터넷 쇼핑몰 등에서는 이를 적극적으로 활용하고 있다. 홈페이지든 TV 화면이든 왼쪽에는 주로 시청자의 감각과 감성을 자극하는 이미지를 배치해두는 편이다. '매진 임박'처럼 사람들의 마음을 흔드는 문구들 역시 화면 왼쪽에 노출되는 경우가 많다. 한편 오른쪽에는 이성에 호소하는 정보들을 주로 노출한다. 텍스트와 숫자로 구성된 상품 설명이나 가격 같은 정보들 말이다.

홈쇼핑에 등장하는 출연자의 위치에도 각자 정해진 자리와 이유가 있다. 주로 방송을 진행하는 쇼호스트Show-Host가 왼쪽에 서고, 상품 설명을 위해 출연한 전문가가 오른쪽에 자리한다. 아무래도 쇼호스트는 소비자의 감정을 자극하여 충동구매를 일으킬 법한 말들을 쏟아내는 데 집중해야 하기 때문이다. 이와 달리 전문가는 소비자의 이성적인 판단

홈쇼핑 화면의 기능적 분리

왼쪽(감성적 자극)　　　　　　　　　　　　오른쪽(이성적 정보)

홈쇼핑 혹은 인터넷 쇼핑몰 화면 왼쪽에는 주로 감성을 자극하는 문구나 이미지 등이 배치되는 반면, 오른쪽에는 제품설명이나 가격 같은 이성적인 정보들이 노출되는 편이다. [그림 출처 : 연합뉴스(yna.co.kr), 코스모닝(cosmorning.com), 베이비타임즈(babytimes.co.kr), 뉴데일리경제(biz.newdaily.co.kr)]

과 합리적인 의사결정에 도움이 될 만한 이야기에 집중한다. 각자 역할에 맞는 효율적인 위치에 서서 소비자를 공략하는 셈이다. 결과는 당연히 홈쇼핑의 승리다. 비록 소비자도 이성적인 판단을 동원하겠지만 홈쇼핑의 의도된 틀 안에서는 그런 이성적인 판단이 먹히지 않는다.

전통적인 오프라인 소매점 역시 판매하는 상품의 종류나 특성에 따라 매장의 위치와 방향 등을 달리 정할 필요가 있다. 가령 소비자의 감성을 자극하는 제품이라면 소매점의 왼편에다가 매장을 마련하는 게 도움이 될 수 있다. 고급의류나 패션 제품처럼 주로 브랜드나 디자인으로 허영심을 자극하고, 종국에는 충동구매까지 일으키는 소위 '비기능적 욕구'에 호소하는 제품이다. 가격할인 행사나 판촉이벤트도 그렇다.

그런 행사들 역시 될 수 있으면 소매점의 왼편에 마련된 공간에서 진행하는 게 훨씬 효과적이다.

이와 반대로 소비자의 이성에 소구하는 상품이라면 가게의 오른쪽 공간에 판매매장을 마련해둔다. 단지 예쁘고 좋아 보인다고 해서 충동적으로 구매해버리는 물건이 아닌, 기능이나 품질 등이 중요하기에 소비자의 이성적인 판단과 합리적인 의사결정에 호소하는 상품들이다. 대부분 일상생활을 영위하는데 필요한 '기능적 필요'가 중요한 구매동기가 되는 제품들이다.

인간의 선호는 고정적이다. 하루에도 수없이 맞닥뜨리는 선택의 상황에서 우리는 늘 같은 것을 고르고 또 고르기를 반복한다. 김치찌개를 좋아하는 사람은 언제나 김치찌개만 시키고, 짜장면에 꽂힌 사람은 오직 짜장면만을 고집한다. 개인의 '선호'가 '선택'의 본질을 흐리고, 정해진 답만 반복하도록 만들기 때문이다.

무의식적으로 반복되는 획일적인 선택 상황에서 벗어나려면 기록이 최선이다. 기록을 통해 자신의 습관을 확인하면 무언가를 선택할 때 의식이 개입되기 때문이다. 무의식적으로 반응하던 행동을 의식적으로 제어할 수 있게 된다. 김치찌개가 먹고 싶다가도 된장찌개를 시키게 되고, 밥 한 공기를 더 추가하려고 했다가도 살찔 걱정에 저절로 수저를 놓게 된다. '의식'이 '선호'를 제어함으로써 '답정너'에 불과했던 '선택'을 진정한 '의사결정'으로 탈바꿈시키는 것이다. 의도적으로나마 균형 잡힌 신체와 영양 상태를 유지할 수 있다.

그런데 소비자의 방향에는 '균형'이라는 개념 자체가 없다. 왼쪽과 오른쪽에 대한 선택이 개인적인 선호도 아니면서 말이다. 통계학에서 말하는 확률로만 따지더라도 좌우 각각 5대5가 나와야 정상이다. 방향 선택과정에 의식을 불어넣더라도 소비자의 방향성에 균형이 맞춰질지는 의문이다. 쇼핑센터를 거니는 도중에 어느 방향으로 몸을 틀어야 하는지는 굳이 신경을 써가며 선택해야 할 정도로 삶에서 중차대한 사안이 아니기 때문이다. 지금까지의 방향 선택을 꼼꼼히 기록하고 다시 살피는 등 아무리 의식적으로 행동하더라도 방향은 다시 몸이 기억하는 대로 움직일 공산이 크다. 신체가 학습한 후천적인 경험에 따라 소비자의 방향은 즉흥적이고 반사적으로 결정될 뿐이다.

이는 곧 방향을 선택하는 것은 결국 '소비자'가 아닌 '쇼핑센터'의 몫이라는 말로 연결된다. 소비자가 눈으로 응시하거나 몸을 틀어야 하는 방향이 왼쪽인지 오른쪽인지는 고객의 몸과 마음을 읽은 쇼핑센터나 혹은 공간 기획가가 판단할 문제라는 뜻이다. 물론 정답은 없다. 소비자의 행동 자체가 의식적인 선호나 합리적인 판단의 결과물이 아니기 때문이다. 더군다나 좌와 우는 서로 대체불가능한 각자의 기능과 가치를 가졌다. 따지고 보면 결국 양자택일의 문제다. 마치 실업률과 물가처럼 서로 충돌하는 트레이드 오프Trade-Off 관계의 옵션을 두고 오직 하나만 선택해야 하는 함수다. 하나를 취하면 반드시 다른 것은 포기해야 한다. 당연히 기회비용이 적은 쪽을 선택하기 마련이다.

쇼핑센터가 고민해야 할 두 가지 옵션은 '가시성'과 '제품 판매'이다. 왼쪽을 선택하여 상품의 노출이나 인지도 향상을 도모할 것인지, 아니면 제품 판매에 도움이 되는 오른쪽을 선택할지 스스로 결정해야 한다. 물론 바보가 아닌 이상 허울보다는 실속을 따를 것이다. '가시성' 역시 중요한 가치이지만 보다 근원적이고 본질적인 '제품 판매'에 더욱 마음이 기울기 마련이다.

하지만 의사결정의 내용이나 위계에 따라 판단은 얼마든지 달라질수 있다. 예를 들어 매장을 어떻게 배치할지를 계획하는 단계와 상품을 어떻게 진열할지를 고민하는 단계가 대표적이다. 먼저 개별 매장의 위치를 정하거나 이를 조합한 층별 배치 평면을 고민할 때는 '가시성'이 핵심가치가 된다. 동선 위를 오가는 사람들에게 매장과 가게를 인식시키는 것만큼 중요한 과제는 없기 때문이다. 하지만 매장의 위치가 모두 정해지고 난 다음에는 포인트가 달라진다. 매장 내에 상품을 배치하거나 진열할 때는 '제품 판매'가 중요한 판단 기준으로 격을 높인다. 상위 단계인 매장 계획에서는 왼쪽이, 그보다 하위 단계인 상품 진열에서는 오른쪽이 더욱 우선시된다.

09
경제적 원리에 근거한 이동 경로

인류의 역사는 곧 도피의 역사라고 했다. 진화와 이동이 모두 생존을 위해 도망을 다니는 과정에서 이루어졌다는 뜻이다. 단적인 예로 인간이 내륙을 벗어나 해변에 정착하기 시작한 것은 빙하기가 도래하면서부터다. 낮아진 해수면 덕분에 바닷가에서도 충분한 식량을 구할 수가 있었다. 하지만 모여드는 사람들 점점 늘어나면서 상황은 바뀌어 갔다. 생존을 위한 경쟁이 치열해지면서 해변은 점차 살육의 전쟁터로 변해가기 시작했다. 도태된 사람들은 삶의 터전을 다른 곳으로 옮길 수밖에 없었다. 피비린내 나는 해안지역을 피해 민물과 습지 등으로 거처를 이동해갔다.

도피의 역사는 이후에도 계속됐다. 공룡이 지구를 지배하면서 인간은 은밀하고 깊숙한 장소로 숨어야 했다. 심지어 야행성 동물로 살아야만 했던 적도 있었다. 낮에 돌아다니는 건 꿈도 꿀 수 없었으며, 땅에 발을 디디고 사는 것도 불안해서 미칠 지경이었다. 다른 유인원들처럼 나무 위에서의 생활이 시작된 것이다. 이후 백악기가 끝이 나면서 인간은 다시 땅으로 내려왔다. 공룡이 모두 사라지고 사막화가 진행되면서 새로운 먹잇감을 찾아 거처를 옮겼다. 생존을 위한 인류의 역사적인 이동이 시작된 것이다.

동물은 주로 먹이를 찾아서 이동하는 편이다. 이는 인간 역시도 마찬가지다. 아주 오랜 기간 인류는 생명을 유지해나가는 하나의 방편으로 지상 공간에서의 이동을 지속해왔다. 식물들이야 한 장소에 고정되어서도 살아가는 데 아무런 문제가 없겠지만 종속된 동물들에게는 안타깝게도 그런 능력이 부여되지 않았기 때문이다.

과거의 인류가 생명을 유지하기 위해 끊임없이 이동을 지속해왔다면 현대인들은 생활을 영위해나가기 위한 목적으로 이동을 일삼는다. **이동의 목적과 이유가 '생존'에서 '경제적 필요'로 대체되었다는 의미다.** 전 세계적으로 진행된 공업화가 인류 역사상 가장 많은 인구 이동을 만들어내었다는 사실이 이를 증명한다. 19세기 중반, 당시 런던 인구의 4배가 넘는 9백만 명 이상의 사람들이 일자리를 찾아 유럽을 떠나 미국으로 향했다. 그로부터 100년 뒤, 산업화가 진행된 우리나라에서도 마찬가지였다. 이촌향도離村向都 라고 칭해질 정도로 대규모의 인구 이동이 이루어졌다. 가난한 사람들을 중심으로 이민이라는 개념이 등장하게 된 배경이다. 물론 오늘날에는 돈이 있는 소수의 사람만 꿈을 꿀 수 있는 특권이 되어버렸지만 말이다.

경제적인 필요성은 과거 인류의 이동이나 오늘날의 이민처럼 삶의 터전을 완전히 바꾸거나 장기간에 걸쳐서 먼 거리를 이동해야 하도록 만들었다. 또한 거기에 멈추지 않고 하루 혹은 한 두 시간 정도의 가까운 거리를 오가게 만들기도 한다. 일상적인 활동이나 생활에 필요한 자원들을 모두 하나의 장소에서 얻을 수가 없기에 이동은 필연적으로 발생할 수밖에 없다.

물론 인간 대신 자원을 이동시킬 수도 있다. 수송이나 운송 같은 방법을 동원해서 말이다. 하지만 여기에는 '경제성'이라는 전제가 필요하다. 자원을 이동시키기 위해서는 반드시 일정 수준 이상의 수요가 확보되어야 한다. 그게 충족되지 않는다면 사람이 움직여야 한다. 설령 충분한 수요가 있더라도 자원을 이동시키는 데는 분명히 한계가 존재한다. 모든 자원을 언제나 집 앞까지 배달받을 수는 없는 노릇일 테니 말이다. 수요도 물론 중요하겠지만 인간에게 있어서 최소한의 이동은 필연적이라는 이야기다.

문제는 이동의 이유가 자원 획득을 위한 물건 구매 등이 아닌 근로활동인 경우다. 일자리가 필요한 사람을 위해 회사가 그 사람의 집으로 옮겨갈 수는 없기 때문이다. 그런 이유로 **인간을 가장 멀리까지 이동하게 만드는 건 다름 아닌 근로 활동이다.** 매일매일 출퇴근을 반복해야 할 정도로 활동의 빈도가 높고, 지속 시간도 꽤 긴 편이다 보니 하루의 활동 패턴을 결정짓는 핵심 요인이 되기도 한다. 자연히 근로활동의 빈도나 시간이 늘어날수록 여가나 소비를 비롯한 다른 활동들이 위축될 수밖에 없는 구조다.[28] 소비를 진작시키기 위해서라도 근로시간을 제한하는 등 사람들에게 돈을 쓸 시간을 주어야 한다는 주장이 힘을 받는 이유다.

실제로 주 52시간 근무제가 도입되면서 사람들의 소비 생활에 많은 변화가 찾아왔다. 쇼핑센터 매출액의 절반가량을 책임지는 황금시간대의 변화가 대표적이다. 예컨대 과거의 전통적인 피크타임Peak-time은 오후 2시부터 6시까지였다. 점심시간 때쯤 백화점을 찾아 저녁식사 시간 전에 서둘러 귀가하는 여성들이 많았기 때문이다. 하지만 지금은 평일 오후 6시 이후가 새로운 황금시간대로 주목받고 있다. 한때 '죽은 시간'으로 불렸던 시간대가 퇴근 이후 새로운 할 일을 찾는 직장인들로 인해 팔자에도 없는 전성기를 누리고 있다. 기업체와 업무시설이 몰려있는 지역에서 해당 시간대의 매출액이 급격히 증가하는 모습이다. 대기업 본사가 밀집해 있는 지역의 백화점을 예로 들면, 평일 오후 6시 이후 남성 전문관의 매출액이 무려 47%나 증가했다고 할 정도다.[29]

어찌 되었건 주어진 시간의 상당 부분을 근로 활동에 쏟아붓다 보니 다른 활동들에 할애할 수 있는 시간이 줄어드는 건 당연하다. 인간다운 삶을 위해 다채로운 활동을 추구하는 사람들로서는 무엇이든 서둘러야 할 필요성이 생긴다. 주로 이동에 걸리는 시간이 가장 소모적이고 의미 없다고 인식되다 보니 **이동은 누구에게나 단축해야 할 시간의 1순위가 된다.** 출퇴근하는 사람들의 걷는 속도가 다른 보행자들과 비교하여 훨씬 빠르게 나타나는 이유다.[30] 대도시에 거주하는 사람들의 평균 보행 속도는 지방 소도시 사람들보다 무척 빠르게 나타난다.[31]

물론 대도시에 사는 사람들이 상대적으로 젊어서 그런 것일 수도 있다. 하지만 단순히 나이가 많다고 해서 걸음의 속도까지 느려질 것이라는 예상은 근거가 부족하다. 상업 지역에서의 사례를 예로 들면, 61세 이상의 노년층들이 걸어가는 속도가 오히려 젊은 사람들보다 훨씬 빠른 것으로 조사되었기 때문이다.[32] 연세가 지긋하는 분들에게는 상업지역에서의 보행이 심리적으로 불편하기 때문이다. 그 지역을 빨리 벗어나고픈 마음에 절로 걸음이 빨라지는 것이다.

단지 나이가 젊어서 걸음이 빠른 게 아니라면 대도시만의 높은 근로 비율이 그곳 사람들을 빠르게 걷도록 만드는 하나의 이유일 수 있다. 근로활동이 사람들의 마음을 조급하게 만들고, 그로 인해 발걸음도 빨라진다는 추정이다. 만약 그게 사실이라면 경제활동 인구가 많은 도시일수록 사람들의 평균 보행 속도는 한층 빨라질 수밖에 없다.

하지만 걸음의 속도를 높여서 시간을 단축하는 데는 한계가 있다. 좀 더 효과적으로 이동 시간을 단축하려면 무언가 다른 방법이 병행되어야 한다. 가장 대표적인 방법이 **목적지까지 이르는 가장 가까운 길을 선택하는 것이다.** 실제로 사람들은 자신이 목표로 하는 장소로 이동하려고 할 때 가장 빨리 다다를 수 있는 '최단거리 실현의 원칙'을 선택하는 경향이 강하게 나타난다. 상가를 고르는 기준도 바로 여기에 기반을 두고 있다. 지역의 랜드마크가 되는 장소와 버스정류장 혹은 지하철역을 연결하는 최단거리 동선에 자리 잡은 상가를 선택하라는 조언 말이다. 언제나 가장 빠른 길을 선택하려는 인간의 심리를 고려한 상가 선택의 기준인 셈이다.

가장 빠른 길을 선택해서 걸어가는 사람은 그나마 양반에 속한다. 때에 따라서는 길이 아닌 곳을 가로질러 가는 게 인간의 숨길 수 없는 본성이다. 학교나 공원 등에 깔린 잔디밭이 대표적이다. 아무리 출입을 금하는 경고 팻말을 박아놓고 사방에 줄을 쳐놓아도 종국에는 길이 나고야 만다. 급한 성격은 도로 위에 그어진 횡단보도에서도 드러난다. 길을 건너는 사람들 가운데 직선으로 걸어가서 반대편 끝에 다다르는 사람은 거의 없다. 시작이든 끝이든 항상 비스듬하게 인도와 차도를 오르내린다. 피타고라스의 정리를 모르더라도 각진 두 개의 경로를 꺾어서 따라가기보다는 샛길을 질러가는 게 훨씬 경제적이라는 사실을 잘 알고 있기 때문이다. 미국의 언어학자인 조지 지프George Kingsley Zipf가 말한 "최소 노력의 원리Principle of Least Efforts"가 실생활에서도 작동하고 있음을 보여주는 사례다.

최소 노력의 원리는 안전까지도 뒷전이 될 정도로 보행자에게는 매력적이다. 교통량이 많은 도시 가로에서조차 적지 않은 사람들이 육교나 지하보도가 있음에도 불구하고 버젓이 도로를 무단으로 횡단하여 건넌다. 인간의 최단거리 선택을 억제할 수 있는 요소는 피할 수 없을 정도로 빨리 달리는 자동차와 커다란 장벽처럼 넘을 수 없는 장애물뿐이다.[33]

이동의 경제성이나 효율성에 민감한 보행자의 특성을 이해했다면, 상업 가로를 활성화하기 위한 해법이나 조치들도 이제는 명확해진다. 가장 유력한 대안은 목적지에 이르는 거리를 최소화하여 이동의 경로로 선택될 가능성을 높이는 방법이다. 구체적으로는 장차 상업 지역이 될 땅을 최대한 규모가 작은 필지들로 구획하여 조성하는 것이다. 땅의 크기가 작아질수록 사람들이 돌아서 가야 하는 거리는 훨씬 줄어들 테니까 말이다. 자연히 보행자가 지나갈 확률이 커지고 이는 거리 활성화에 도움이 된다.

도시 구조와 형태에 관한 연구들 역시 같은 입장이다. 작은 블록들로 이루어진 도시 구조가 통행에 유리하고 보행자에게도 좋으며, 이동 시간을 단축하는 데도 도움이 된다고 말한다. 심지어 거리 활성화를 위한 네 가지 필수요건 가운데 하나라는 주장도 있다. '다양한 용도의 복합'과 '오래된 건물', '최소한의 인구' 외에 '작은 규모의 블록'을 상업가로 활성화의 필수조건으로 꼽는 것이다. 이밖에 다른 가로와 자주 연결되고 다양한 경로에 대한 선택의 기회가 많아지는 것도 무시하지 못할 장점이다. 다양한 목적지를 한 번에 방문하는 소위 '다목적 보행'이 증가할 가능성이 매우 커지기 때문이다.[34]

하지만 도시 계획의 목표가 오직 보행의 접근성을 극대화하고 이동 시간을 단축하는 데만 초점을 맞출 수는 없는 노릇이다. 블록의 크기는 보행자의 접근성에 비선형의 효과를 가져다주기 때문이다. **블록의 크기가 작아질수록 보행자의 접근성은 개선되지만, 그 효과는 일정 범위 내에서만 기대할 수 있다.** 블록이 작아질수록 빈번하게 생겨나는 교차로 때문이다. 길을 건너야 하는 상황이 많아지면서 도로를 가로지르거나 신호를 기다리는데 적지 않은 시간이 소요된다.[35] 급기야 큰 블록으로 된 도시보다 이동 시간이 더 길어지는 아이러니한 결과가 초래된다. 물론 심리적으로도 결코 바람직하다고 볼 수가 없다. 교차로가 많을수록 사람들은 가야 하는 길이 더 멀다고 판단하는 경향이 강해지는 법이니까 말이다.[36]

모든 해법은 결국 적정함에 있다. 배보다 배꼽이 크지 않을 정도로 적당하게 작은 블록의 크기를 찾아내어 도시 계획에 적용하는 게 상업가로 활성화를 위한 핵심 과제다. 원칙적으로는 작은 블록의 유용성을 인정하더라도 그 작음의 정도가 임계점을 넘어서지 않도록 유의해야 한다. 그 결과값이 어느 지점에 위치하느냐에 따라 지역을 생동감 있고 재미있는 장소로 만드는 훌륭한 활성화의 도구가 되기도 하고, 그와 동시에 상권을 망쳐버리는 양날의 검이 될 수도 있음을 기억해야 한다. 예컨대 보행자가 가게에 진열된 상품이나 거리에서 벌어지는 일들에 집중해야 할 시간과 관심을 자칫 엉뚱한 일에다 낭비해버리는 식으로 말이다.

10
비경제적 이동을 극복하는 연속된 경험

기억해야 할 것은 인간의 이동이 반드시 경제적 이유와 필요에 의해서만 유발되는 건 아니라는 사실이다. 우리는 출퇴근을 하거나 물건을 구매하기 위해 길을 나서지만 때로는 친구를 만나거나 취미생활을 목적으로 걸음을 내딛기도 한다. 인간이 행하는 활동이 오직 경제학을 통해서만 설명될 수 없는 이유다. 물론 경제인으로서의 인간에게는 최소한의 생산 노력으로 소비를 극대화하는 것이 무척 중요한 과제다. 하지만 자연인으로서의 인간에게는 스스로 만족감을 극대화는 노력도 그에 못지않게 중요한 일이다.

현대인들이 그렇게 좋아한다는 여행이 대표적인 예다. 조금 비약하면 오늘날의 여행은 '놀이를 위한 이동'으로 비유된다. 여행 상품이 수일간의 관광과 당일치기 여행으로 나뉘게 된 것도 여행 목적이 단지 '놀이'에 있음을 뒷받침한다. 예컨대 계절이 바뀔 때마다 하인과 마차를 이끌고 도회 지역과 시골의 저택들로 두루 옮겨 다니던 부르주아들은 며칠 간의 휴가용 관광상품이 무척 필요했다. 하지만 시간과 돈이 부족한 일반 대중에게는 수시로 짧게 떠날 수 있는 기계화된 당일치기 여행이 절실하다. 여행을 단지 경제적인 관점으로 바라보는 여행사 입장에서는 둘 다 놓치기가 아까운 무척이나 매력적인 시장이었을 테다.

하지만 '놀이를 위한 이동'이라는 표현에서도 엿볼 수 있듯이 소비자에게 여행은 경제적인 목적과는 아무런 상관이 없다. 이는 종교나 취미, 사교활동을 비롯한 각종 사회 활동 역시 마찬가지다. 모두 다 생활에 필요한 돈을 벌기 위해 유발되는 활동이 아닌데도 불구하고 사람들 스스로 움직이게끔 만드는 요인으로 작용하고 있다. 단지 자기만족을 위해 기꺼이 몸을 움직이는 것이다.

따지고 보면 초기에 있었던 인류의 이동 역시 오로지 생존을 목적으로만 이루어졌다고 말하기는 힘들다. 단순히 먹잇감을 찾기 위한 이동이었다면 굳이 위험을 무릅써가며 힘들게 앞으로 나갈 필요는 없었기 때문이다. 일례로 초기 아메리카인들이 대표적이다. 살기 좋은 기후로 소문난 캘리포니아 지역에 도착한 그들로서는 그냥 베이에리어Bay Area에 그대로 눌러앉는 게 훨씬 괜찮은 선택이었다. 하지만 그들은 그러지 않았다. 굳이 고생을 자처하며 태평양 연안을 따라 새로운 지역으로 이동해갔다. 빙하 너머에 무엇이 있을까 하는 호기심이 오히려 그들을 움직이게 만든 원동력은 아니었을까.[37] 마치 현대인들이 죽음을 각오하면서까지 에베레스트산을 오르거나 북극과 남극을 탐험하는 것처럼 말이다.

현대인의 이동이 오직 경제적인 필요에 의해서만 유발되는 것은 아니다 보니 반드시 '가장 짧은 거리'가 이동의 필수조건은 아니게 된다. 물론 통학이나 통근, 대피처럼 단순한 '위치 이동'이 목적일 때는 당연히 최단거리를 선택하지만 쇼핑이나 관람처럼 '다른 행동'을 목적으로 이동할 때는 전혀 그렇지 않다. 이동의 효율성이나 경제성보다는 공간 구성이나 배치, 사인 등을 비롯한 각종 공간적인 특성에 의해 이동의

경로가 선택되는 경향이 강하게 나타난다.[38]

물론 여타의 조건들이 모두 똑같다면 사람들은 조금이라도 더 빠른 길을 선호할 것이다. 하지만 경로에 물리적인 차이가 있다면 대다수는 폭이 넓고 밝으면서 안전한 길로 가고자 할 것이다. 누군가는 평지나 내리막길처럼 걷기에 편한 길을 더욱 선호할 것이고, 또 어떤 사람은 조금 둘러서 가더라도 활기차고 볼거리가 풍부한 길을 더 좋아할 수도 있다.

말인즉슨 그만큼 **이동의 경로는 지극히 개인적이고 임의적인 기준에 의해 선택된다는 뜻이다.** 보행 자체가 다른 교통수단과 달리 지극히 국지적이고 유동적인 특성을 가지기 때문이다. 보행의 경로를 선택할 때 사람들은 이동 거리나 시간 같은 경제적인 요인들뿐만 아니라 해당 장소와 관련된 다양한 요인들을 복합적으로 고려하게 된다.[39] 예를 들면 개인적인 지식이나 경험, 직관적인 느낌 등을 비롯한 각종 심리적인 요인들까지도 말이다.

이는 곧 상업가로 활성화의 전제가 '다양성' 확보에 있다는 말과도 다르지 않다. 그도 그럴 것이 거리의 분위기나 가로 경관에 대한 선호는 지극히 개인적이고 주관적인 측면이 강하다. 하나의 획일적인 기준이나 요소로는 모든 사람을 만족시키기가 어렵다. 보행환경에 대한 기대와 선호 역시 사람마다 제각각이다. 누군가의 즐거움이 다른 누군가에게는 불쾌함으로 다가갈 수도 있고, 대다수가 유쾌하지 않다고 느끼는 환경에서도 누군가는 나름대로 매력과 즐거움을 발견하기도 한다. 불특정 다수가 이용하는 상업가로를 놓고서 즐거움과 매력에 관한 일반적인 원리를 적용하려는 노력 자체가 어리석을 수밖에 없는 이유다. 서로 다른 가치관과 기대나 선호 등에서 달라지는 우선순위를 고려한다면 각자 자신이 원하는 가치를 발견하도록 다양성을 제공하는 게 그나마 가장 합리적인 판단이다.[40] 그에 대한 선택은 그저 보행자의 몫으로 남겨놓으면 될 일이다.

주지해야 할 것은 활기찬 거리는 단지 경관이나 보행 환경에서의 다양성만으로 완성되는 것은 아니라는 사실이다. 다채로운 거리의 모습 말고도 그곳에서 일어나는 활동들 역시 다양성이 전제되어야 하기는 마찬가지다. 하지만 경관과 활동에서 모두 다양성을 갖추었다 한들 그게 전부일 리는 없다. 길을 걷는 사람들에게 그런 것들을 직접 경험해볼 기회를 제공해주어야 어렵게 확보한 다양성의 가치가 비로소 빛을 발한다. 다양성 그 자체와는 별개로 거리가 제공하는 경관이나 활동에 대한 접근과 연결이 더욱 중요해지는 것이다. 가로를 조성할 때 '연속성'에 대한 고려가 무엇보다 절실하다는 뜻이다.

그중에서도 가장 기본이 되는 것은 물리적이고 형태적인 연속성을 확보하는 일이다. 경제적인 보행을 위한 조치이기도 하지만 무엇보다 사람들이 느끼는 체감거리를 줄이는 데 있어서 효과가 크다. 사람들은 똑같은 거리의 경로라도 낯선 길보다는 익숙한 길을 더 가깝게 느낀다.[41] 물리적인 연속성이 가져다주는 효과 역시 이러한 익숙함의 기능과 맥을 같이한다. 연속성을 갖춘 보행공간일수록 보행자가 느끼는 심리적인 거리는 점차 줄어드는 특성을 보이기 때문이다. 비록 물리적으로는 최단거리가 아니더라도 익숙함이나 연속성을 동원해 마치 빠른 길인 것처럼 착각하게끔 만들 수 있다는 뜻이다. 단지 형태적인 연속성을 확보해주는 방법만으로도 특정 거리가 보행자의 이동 경로로 선택될 가능성을 충분히 높여갈 수 있다.

실제로 거리를 걸어가는 보행자는 중간에 끊어짐 없이 계속해서 이어지는 경로를 선호한다. 이는 우리가 자동차를 운전할 때도 마찬가지다. 대부분 신호등과 교차로가 많은 시내 도로보다는 거리상 조금 돌아가더라도 멈추지 않고 내달릴 수 있는 자동차 전용도로를 선호한다. 연속성의 효과로 인해 시간적인 거리가 더 가깝게 느껴지기 때문이다. 공간적으로 혹은 물리적으로 연결이 잘 된 보행로를 조성해두는 게 보행자의 마음을 사로잡는 가장 기본적이고 핵심적인 방법이다.

보행자의 행태적인 **연결성**을 확보하는 것도 무척이나 중요하다. 길을 걷는 사람들의 행동에도 끊김이 없어야 한다는 뜻이다. 불필요하게 걸음을 멈추거나 시간을 지체하는 일이 없도록 배려해야만 그들이 느끼는 체감거리도 함께 줄어들 수가 있다. 예를 들어 길을 걸을 때 방향 전환을 최소화하면 체감거리를 줄일 수 있다. 실제로 사람들이 느끼는 심리적인 거리는 방향을 전환하는 횟수에 따라 늘어나기도 하고 줄어들기도 한다. 방향을 트는 과정에서 거리에 대한 감각이 왜곡되기 때문이다. 똑같은 거리라도 방향 전환의 횟수가 적으면 더 가깝게 느낀다.[42] 그래서 비슷한 거리의 경로가 여러 개 주어질 때 사람들은 대부분 방향 전환이 가장 적은 길을 선택한다. 어쩔 수 없이 방향을 틀어야 하는 경우라면 그 시기를 최대한 늦게 미루려고 노력한다. 직진 이동 구간을 최대한 길게 유지하고자 애쓰는 것이다.[43]

방향 전환 중에서도 **오른쪽으로의 회전**이 체감거리에는 **치명적이다**. 실제로 우회전한 횟수가 많을수록 사람들은 지나온 길을 더 멀게 느낀다. 이는 실험을 통해서도 이미 증명된 바다. 넓은 마루 위에 테이프로 선을 만들어 경로를 표시한 다음, 피실험자에게 그 위를 따라 걷도록 한 실험이다. 목적지에 다다른 사람들에게 각자 자신이 걸어온 길의 거리가 얼마나 되는지를 물어본 결과, 사람들은 우회전하는 곳이 많은 경로일수록 지나온 길을 멀다고 느꼈다.[44]

거리를 걸으면서 느끼게 될 경험의 연속성 또한 도외시해서는 안 될 요소다. 질서와 일관성을 갖춘 거리의 구조가 보행자의 체감거리를 줄이는 데 유용하다면 경험의 연속성은 보행자의 눈과 귀를 한순간도 놓치지 않도록 도와준다. 길을 걷는 사람들로서는 당연히 다양한 볼거리가 중간중간에 끊어지지 않고 꾸준히 이어질 때 걸음을 멈추지 않을 가능성이 크다. 계속해서 앞으로 나아가려는 원동력이 생겨난다. 잠시 후 맞닥뜨리게 될 다음 장소에 대한 기대감을 한껏 증폭시킴으로써 말이다. 거리에 대한 기대감과 신비감이 생겨나야 가로 활성화가 가능해진다.

만약 그게 사실이라면 경험의 연속성은 어쩌면 도시의 일반 가로변보다는 상업 지역에서 더욱 절실한 요구 조건일지도 모르는 일이다. 소매점이 밀집한 상업 지역일수록 활성화에 대한 부담은 더욱 커지기 마련이니까 말이다. 더군다나 하나의 직선형 상업가로를 넘어 블록형으로 된 상업 지역 전체를 활성화하려면 사람들을 지금 서 있는 곳에서부터 다른 구역으로 흘려보낼 강력한 유인책이 필요하다. 이를 위한 효과적인 도구로써 '연속된 경험'이 활용될 수 있다. 보행자가 다음 장소에 대한 기대감이나 신비감을 가지게 되면 자연히 발걸음을 상업 지역 이곳저곳으로 옮겨가게 된다.

실제로 사람들은 재미있는 구경거리나 빛, 다른 보행자들의 흐름 등에 이끌려 자신도 모르는 사이에 발걸음을 옮기는 편이다. 자신이 걸어가는 거리를 연속적인 장면의 변화를 통해서 체험한다. 하나의 장면이 나타났다가 매 순간 다른 장면으로 연쇄적으로 바뀌어 가는 과정을 길을 걸으면서 경험해가는 것이다. 그 과정에서 시각적인 즐거움을 느끼고, 덤으로 흥미도 얻는다.[45] 나아가 그러한 상호작용이 보행로를 따라 꾸준히 이어질 때 보행자는 이를 하나의 연속된 경험으로 인식하고,[46] 다음 장소로 걸음을 재촉하게 된다.

경험의 연속성은 보행의 지루함을 없애주지만 보행자가 가게 앞 혹은 거리에서 머무는 시간을 늘리기도 한다. 고객의 체류 시간에 따라 매출액이 달라지는 소매점으로서는 귀가 솔깃해지는 이야기다. 실제로 사람들은 건물 전면에 아무런 장식이나 볼거리가 마련되지 않은 거리일수록 더 빠른 걸음으로 걸어서 지나간다. 단조로운 형태의 건물 앞에서는 걸음을 멈추지도 않고, 심지어 고개를 돌려서 쳐다보는 일조차 없었다. '단순'과 '심플함'이 제아무리 요즘 디자인의 핵심 키워드라고는 하지만 적어도 훌륭한 상업 거리를 조성하는 데서는 별 도움이 되지 못한다. 누군가의 표현대로 훌륭한 거리란 평범한 보행자가 시속 5km의 속도로 이동하면서 5초에 한 번꼴로 새로운 장소를 볼 수 있는 장소이어야 할 테니까 말이다.[47]

경험의 연속성은 해당 거리가 사람들의 기억 속에 오래 각인되도록 도와주기도 한다. 다양한 체험과 상호작용이 가능한 장소일수록 보행자의 체감 거리가 줄어들고 체류 시간이 늘어나는 것도 사실이지만 더욱 매력적인 것은 바로 기억의 효과다. 나중에 회상할 때 훨씬 많은 장면을 기억해내고 강렬한 경험으로 남아있도록 만든다. 하지만 경험의 연속성이 보장되지 않는 장소라면 기억을 기대하기는 어렵다. 커다란 담벼락과 폐쇄적인 건물이 이어지는 거리는 걷는 것 자체도 매우 힘들고 지루할

뿐만 아니라 그 길 또한 무척 멀게만 느껴진다. 훗날 기억이라도 더듬을라치면 그저 벽면의 색깔이나 재질, 위압감 따위의 단편적인 이미지들만 떠오를 뿐이다.[48] 무척 지루하고 재미없는 장소였다는 기억과 함께 말이다.

이야기를 종합해보면 이렇다. 상업 지역 혹은 쇼핑센터에서 보행자의 경험을 단절시키거나 해치는 것만큼 무모한 행동은 없어 보인다. 예컨대 거리의 한쪽 면으로만 가게를 배치해둔 지역이 대표적이다. 도로혹은 보행로 한쪽 면으로만 상가를 배치하고, 다른 한쪽은 완전히 비워둔다든지 아니면 공원이나 주택 같은 이질적인 시설들로 채워놓은 형태 말이다. 상가건물 내에서는 공간상의 제약을 핑계로 매장들을 띄엄띄엄 띄어서 배치하는 모습이 종종 목격된다. 임차인 모집이 쉽지 않다는 이유로 마치 이빨이 빠진 것처럼 점포를 비워두는 것 역시 마찬가지다. 거리로 치자면 활기로 가득 차 있던 가로의 입면이 느닷없이 권위적이고 높다란 담장으로 바뀌어버린 것과 같은 효과다. 경치 좋고 아기자기한 느낌의 산책로를 걷고 있다가 갑자기 어두컴컴한 굴다리를 통과하는 느낌이랄까. 결과가 긍정적이기를 바라는 건 그야말로 욕심에 가깝다. 이미 설명했듯이 가로 경관의 급격한 변화는 보행자의 경험을 단절하고, 그로 인해 보행의 흐름과 확장을 가로막을 게 분명하니까 말이다.

이는 쇼핑센터를 비롯한 각종 상업 공간에서도 마찬가지다. **활기찬 분위기의 갑작스러운 단절은 한창 매력에 젖어있는 소비자에게 찬물을 들이붓는 것과도 다르지 않다.** 기껏 달아오른 흥이 대번에 깨질뿐더러 계속해서 앞으로 나아갈 이유와 동기마저도 모두 상실하게 만든다. 가장 위태로운 경우가 쇼핑센터에서 주기적으로 행하는 매장 리뉴얼Renewal 공사다. 피

쇼핑센터는 주기적으로 인테리어 혹은 리뉴얼 공사를 진행한다. 이 경우 공사가 진행되는 매장은 가림막으로 외부에 가려지고, 어쩔 수 없이 경험의 연속성이 단절되는 결과가 초래된다. 대부분 별다른 조치를 하지 않은 채 공사를 진행하는 게 상례지만 그림에서처럼 그렇지 않은 쇼핑센터도 있다. 사진 속에서 보이는 매장(O'Shake)은 공사장 가림막 위에 설치된 테이크아웃 전용 음료 매장이다. 공사 매장의 가림막을 앞으로 약간 돌출시켜서 공사장과 가림막 사이에 최소한의 여유 공간을 확보하고, 거기에 조그마한 간이 매장을 만들었다. 판매직원 한두 명과 간단한 음료 제조용 기계가 들어갈 수 있도록 말이다. 자칫 죽은 공간으로 방치될 수 있었던 매장에 활력을 불어넣었다는 데 의미가 있다. 한쪽 면이 죽으면 반대편 매장에도 타격이 크기 때문이다. 하지만 더욱 중요한 것은 공사 중인 공간마저도 영업 공간으로 활용하여 손실을 최소화하고자 하는 노력이 높이 평가할 만하다.

치 못할 공사라는 점은 인정하더라도 상업 공간의 연속성만큼은 어떻게든 유지할 필요가 있다. 대개 유명한 미술 작품이나 아름다운 사진 혹은 그런 유형의 디자인이 그려진 가림막으로 공사 지역을 가리는 방법이 사용된다. 하지만 노련한 공간 기획가는 뭐가 달라도 다른 법이다. 아무리 아름답고 예쁜 가림막을 동원해본들 그 효과는 무척 제한적이라는 사실을 이미 잘 알고 있기 때문이다. 비록 노랫말이기는 해도 적어도 상업 공간에서만큼은 원래 '사람'이 '꽃'보다 아름다운 법이다.

그들이 택하는 방식은 주로 가림막을 쳐둔 장소에다가 임시로 간이 매장을 설치하는 것이다. 넓은 면적이 필요하지 않은 것으로 테이크아웃 전용의 음료나 아이스크림을 판매하는 곳이 많다. 그게 여의치 않은 경우라면 가림막 앞쪽으로 이동식 간이매대인 키오스크Kiosk라도 설치해두면 분위기는 한결 나아진다. 자칫 죽은 공간이 될 뻔한 매장에 활기가 샘솟는다. 사람과 상품이 한데 어우러지면서 자연스럽게 생기가 돋아나는 것이다. 공사를 이유로 포기하려고 했던 수익을 일부나마 만회하는 효과도 있다. 영업 손실이 최소화된다.

11
쇼핑을 지워야만 살아남는 쇼핑센터

초기 인류의 이동은 대부분 생명을 유지하거나 새로운 먹거리를 찾는 과정에서 이루어졌다. 혹독할 정도로 고되고 긴 여정 속에서 단 한 명의 낙오자도 생기지 않으려면 서로 간에 끈끈하고 친밀한 유대관계가 필수적이었다. 무엇보다 정확한 방향을 설정하고 효율적인 이동을 담보하기 위해서는 개개인 간에 활발한 의사소통과 정보공유가 필요했다. 집단 내에서 언어활동이 일어나고, 이는 다양한 의식 활동으로 이어졌다. 현대인이 행하는 각종 의식 활동과 언어·문화·사회 활동들이 모두 궁극적으로는 인류가 이동하는 과정에서 생겨난 것들임을 추론해볼 수 있다.[49]

이처럼 인류는 '이동'을 통해 여러 다양한 '활동'을 만들어냈다. 하지만 오늘날에는 정반대다. 인류가 이동하는 과정에서 생겨난 여러 '활동'들이 또 다른 형태의 '이동'을 창조해내는 모습이다. 지금은 '이동'이 목적이 아니라 오히려 어떠한 '활동' 자체가 목적인 경우가 많기 때문이다. **특정한 장소나 공간에서 어떠한 '활동'을 수행하기 위해 '이동'이라는 행위가 발생하게 되었다는 이야기다.**

그런 점에서 이동은 현대인에게 결코 멈출 수 없는 활동이다. 이동을 수반하는 활동들 대부분이 우리의 삶 속에서 필수 불가결한 것들이기 때문이다. 더군다나 인간이 발을 딛고 있는 지상 공간 자체가 끊임없이 변화해가는 것이지 않던가? 흔히 상권 변화 혹은 입지 변화라고 부르는 현상들 말이다. 인간이든 동물이든 생명을 유지해나가기 위해서는 그런 변화에 능동적으로 대응해나갈 필요가 있다. '이동'이라는 방법을 통해서 끊임없이 자신의 존재를 업그레이드시켜 나가야 하는 것이다. 인간에게 '이동'이란 결국 자신의 존재 의미를 느끼게 해주는 하나의 원동력이나 다름없다.

하지만 이것도 소비 앞에서는 한없이 무기력해진다. 소비 활동이 늘어날수록 이동은 정체되고, 이동하는 시간이나 거리 모두 감소하는 특성을 보이기 때문이다.[50] 그도 그럴 것이 이미 우리는 쇼핑센터 혹은 상권이라고 불리는 작고 제한된 공간에서 시간을 보내거나 돈을 쓰는 데 익숙해져 있다. 마치 다람쥐가 쳇바퀴를 돌 듯이 일정한 공간 안에서 빙글빙글 맴돌며 소비와 여가를 즐긴다. 이른바 '원스톱 쇼핑One-Stop Shopping'이라는 가치가 등장하면서 멀리 이동해야 할 이유와 필요성이 모두 사라져버렸기 때문이다.

소비 활동의 증가는 단순히 양적인 팽창만을 의미하지는 않는다. 제품 구매에 할애되는 시간이나 금액에 비례하여 질적인 팽창도 함께 병행되는데, 주로 소비 활동에 대한 집중도가 높아지는 방식으로 나타난다. 무언가에 집중할수록 움직임이 적어지고 이동 거리가 짧아지는 건 당연한 현상이다. 투입하는 시간과 비교했을 때 공간에 대한 의존도가 높아지는 구조다. 소비자의 발걸음을 붙들고 이들의 지갑을 터는 묘책으로서 매장 공간에 거는 기대 역시 함께 높아지게 마련이다. 효율적이고 매력적인 소매 공간과 이를 가능케 하는 공간 기획가의 역할이 다시금 요구되는 시점이다.

문제는 소비 활동을 단순히 '소비'가 주가 되는 활동으로 이해할 때 발생한다. '여가'와 '유희'를 즐기기 위한 하나의 활동으로서가 아니라 '상품 구매' 그 자체가 목적이 되는 소비 말이다. 이런 경우에는 소비의 범위가 생활에 필요한 '제품 획득'에만 한정 지어지는 효과가 나타난다. 소비 활동을 바라보는 시각 역시 인간이 살아가는 데 꼭 필요한 '필수 활동'에 초점이 맞춰질 가능성이 크다. 소비 주체로서는 목적에 맞는 상품을 구할 수 있는 장소로 이동해야 한다. 마치 생존과 먹잇감을 위해 끊임없이 이동을 강요당했던 초기의 인류처럼 말이다. 소비 활동이 늘어날수록 이동은 정체된다고 했던 앞서 주장과는 반대되는 결과다.

실제로 인간에게 이동의 필요성이 가장 절실해지는 것은 뭐니 뭐니 해도 필수 활동이다. 예를 들면 학교에 간다거나 직장에 출근하는 일이다. 그 과정에서 버스와 지하철, 사람을 기다리는 일도 모두 여기에 속하게 된다. 대부분 우리가 살아가면서 의무적으로 해야 하는 일들이다. 그런 만큼 이동에 대한 강제성은 상대적으로 매우 큰 편이다. 해도 그만 안 해도 그만인 '임의 활동'이나 사회적 동물로서 행하는 '사회 활동'보다는 이동에 대한 선택권이 훨씬 줄어들 수밖에 없다.[•]

흥미로운 것은 필수 활동으로 인해 발생하는 인간의 이동은 주변 환경 등에 전혀 아랑곳하지 않는다는 사실이다. 환경이 열악하거나 적합하지 않다고 해서 필수 활동의 빈도가 줄어든다거나 아예 발생하지 않

• 임의 활동은 말 그대로 우리가 살아가면서 해도 그만 안 해도 그만인 활동들을 뜻한다. 주로 개인적인 선호나 기호 등에 의해 이끌려서 하게 되는 활동들로 산책이나 낚시를 비롯한 각종 취미 활동이 여기에 속한다. 한편 사회 활동은 인간이 사회적인 동물로서 행하게 되는 여러 활동들을 의미하며, 친구와 가족, 동료 등과 친목을 다지기 위한 모임이나 활동 등이 대표적인 사례다.

는 건 아니라는 뜻이다. 예컨대 길이 더럽거나 위험하다고 해서, 혹은 비나 눈이 많이 내린다고 해서 우리가 출근을 포기하거나 학교를 빼먹는 건 아니듯이 말이다.

주변 환경에 상관없이 활동이 일어난다는 건 '공간'이 그런 활동을 발생시키는 필수조건이 아니라는 뜻이다. '활동' 그 자체가 목적이기에 활동을 수행하는 데 지장만 없다면 공간 따위는 아무런 문제가 되지 않는다. 회사생활을 생각해보면 간단하다. 직장인은 대부분 회사를 위해 몸 바쳐서 일하고, 그 대가로서 급여를 받는다. 회사와 직원이 서로 주고받을 것만 확실히 이행한다면 근무하는 장소가 굳이 회사일 필요는 없다. 재택근무와 온라인 송금으로 서로의 의무를 다할 수 있다면 굳이 힘들게 매일 회사와 집을 반복해서 오갈 이유가 없다. 학교 역시 마찬가지다. 온라인 강의를 통해서도 충분히 교육의 목표와 성과를 달성할 수 있다면 굳이 등교라는 행위 자체가 필요하지 않다. **이동의 '강제성'이 큰 필수 활동일수록 오히려 이동의 '필요성'이 희미해지는 아이러니가 발생한다.**

주목해야 할 것은 우리가 행하는 소비의 상당수가 '필수 활동'에 속한다는 사실이다. 물론 때로는 사랑하는 사람과 데이트를 즐기기 위해, 혹은 단지 기분 전환을 목적으로 쇼핑센터에 들러 돈을 소비하기도 한다. 하지만 일상에서 일어나는 구매는 대개 생활에 필요한 제품을 획득하기 위한 목적에서다. 퇴근길에 마트에 들러 저녁 찬거리를 산다거나 급히 편의점으로 뛰어가 맥주와 치약을 구매하는 일들처럼 말이다.

생각해보면 우리가 함부로 회사를 그만두지 못하는 것도 궁극적으로는 생활에 필요한 물건들을 구매하기 위해서다. 서글픈 현실이지만 돈을 마련하기 위해서는 어쩔 수 없이 회사에 나가 일해야 한다. 회사 생활이 필수 활동에 속하는 이상 그렇게 번 돈으로 그들이 행하는 구매 혹은 소비 역시 필수 활동에서 벗어나기 힘든 구조다. 물론 '상품 구매' 자체가 목적이 되는 소비 활동에만 한정된 이야기다.

소비의 목적이 단지 '상품 구매' 뿐이라면 '이동'이 필수적이지는 않다. 재택 근무로도 충분하다면 군이 출퇴근이 필요하지 않은 것과 같은 이치다. 생활에 필요한 제품을 획득하는 것 외에 상품을 구매하는 과정에서 기대할 수 있는 다른 가치나 의미가 없다면 이동을 최소화하거나 아예 없애버리는 게 합리적이다. 온라인 쇼핑몰의 발달로 타격을 입는 소매점이 따로 정해져 있을 수밖에 없는 이유다. 주로 필수 활동으로서의 소비를 겨냥한 소매점이 온라인의 등장과 확산으로 인해 비명을 지르고 있을 가능성이 크다. 제품 획득 혹은 상품 구매 그 자체가 목적인 소비자들로 득실거리던 소매점들 말이다.

오프라인 소매점이 온라인의 공세로부터 자유로워지려면 무엇보다 소비자의 이동이 뒤따르는 소비를 불러일으켜야 한다. 상품을 구매하는 행위가 '이동'이라는 부가적인 행위를 유발할 수밖에 없는 소비 말이다. 그러기 위해서는 무엇보다 소비를 필수 활동의 굴레에서부터 벗어나도록 하는 게 급선무다. 임의 활동으로 진화하거나 최소한 그런 활동들과 결부되어 소비가 나타나도록 만들어야 한다. 거리를 산책하거나 일광욕을 즐기는 것처럼 상품 구매를 위한 소비 활동 역시 기분과 환경에 따라 할 수도 있고 안 할 수도 있는 활동으로 인식되어야 한다는 뜻이다. 그래야만 상품을 구매하는 행동이나 그 과정에 소비자의 물리적인 이동이 뒤따른다. 온라인이 세를 불려가는 상황에서도 별다른 걱정 없이 잠자리에 들 수 있다.

물론 소비가 임의 활동을 넘어 사회 활동으로까지 진화한다면 그보다 더 좋을 수는 없다. 사회적 동물로서 오직 인간만이 행하는 사회 활동은 기본적으로 다른 사람들과의 접촉을 전제로 이루어지기 때문이다. 타인과의 접촉은 개인 간의 신뢰는 물론 집단적인 동질감을 만들어낸다는 점에서 의미가 깊다. 비록 무형의 가치이긴 하나 신뢰와 동질감은 사람들을 그곳에 머무르게 만드는 동기로 작용한다. 쇼핑센터에서도 유익함이 인정되는 요소라는 뜻이다. 그와 동시에 사람들이 또다시 그곳을 찾도록 정당한 이유와 명분을 제공해준다. 소비 활동에 부수되어 나타난 '이동'이 단 한 번의 일시적인 현상에 그치지 않고 꾸준히 반복되어 일어날 수 있음을 시사한다.

사람들의 소비가 임의 활동에 그치든 사회 활동으로까지 발전하든 다 좋은 일이다. 중요한 건 소비가 필수 활동의 굴레에서부터 벗어났다는 사실이다. 억지로 해야 하는 활동에서 벗어나면 그때부터 소비는 사람들의 기분이나 조건에 따라 발생의 여부가 달라진다. 날씨와 장소를 비롯한 각종 여건이 허용될 때 소비가 나타날 확률이 높아지는 것이다. 주변 환경이 활동의 발생 여부나 빈도에 아무런 영향을 미치지 않았던 필수 활동과 달리, **임의 활동이나 사회 활동으로서의 소비는 물리적인 배경도 무척 중요해진다.** 점포라는 '공간'이 소비 활동에 직접적인 영향을 미치는 것이다.

실제로 임의 활동은 공간적인 조건이 좋을 때 발생할 확률이 높다. 앞서 예로 든 산책이나 일광욕이 대표적이다. 아무리 시간이 많고 그런 활동을 좋아하는 사람이라도 아무 데서나 웃통을 벗어 던진다거나 함부로 길을 나서지는 않는다. 그렇게 하고 싶은 기분이 들고 그런 활동에 적합한 장소와 조건이 허용될 때 비로소 산책과 일광욕을 즐긴다. 상쾌한 공기와 따사로운 햇살처럼 기후적인 조건도 맞아야 하지만 사람들의 시선이나 주변 분위기와 같은 다양한 옥외조건도 함께 충족되어야 한다. 활동에 필요한 조건들이 모두 갖춰졌을 때 비로소 임의 활동은 몸을 일으킬 준비를 마친다.

공간적인 조건이 중요해지는 건 사회 활동도 다르지 않다. 나를 제외한 다른 사람들의 존재가 사회 활동이 발생하는 기본전제인 만큼 필수 활동과 임의 활동이 많이 일어나는 곳일수록 사회 활동은 더욱 활발하게 이루어진다. 필수 활동과 임의 활동이 많이 일어나는 장소일수록 모여드는 사람의 수도 함께 증가하기 때문이다. 그렇다면 이런 결론도 가능하다. 필수 활동에 임의 활동이 더해져서 나타나는지 여부가 결국 해당 장소에서 일어나게 될 사회 활동의 많고 적음을 결정한다고 말이다. 그리고 필수 활동이나 임의 활동의 발생 가능성이 사회 활동을 일으키는 중요한 조건으로 작용하게 된다.

정리하면 이렇다. 임의 활동은 주로 '공간'의 지배를 받아 그 발생 여부와 빈도가 결정된다. 그렇게 결정된 임의 활동은 또다시 사회 활동의 양과 빈도를 결정짓는다. 그렇다면 사회 활동 역시도 '공간'의 지배를 받아 양과 빈도가 결정된다고 결론 지을 수 있다. 임의 활동으로서의 소비든 사회 활동으로서의 소비든 물리적인 배경이나 조건에 영향을 받는다는 뜻이다.[51] **소비가 필수 활동에서 벗어나 임의 활동이나 사회 활동으로 옮겨갈수록 쇼핑센터의 공간 계획이 무척 중요해진다는 의미가 된다.**

소비 활동이 물리적인 공간의 지배를 받는다는 건 오프라인 소매점에 있어서 여간 반가운 이야기가 아니다. 온라인이 번성하고 있는 오늘날의 상황 자체가 소매점이 가진 물리적인 공간이 제품 판매에 별다른 효력을 발휘하지 못하는 안타까운 현실을 그대로 보여주기 때문이다. 내세울 거라고는 점포라는 공간과 입지밖에 없는 그들에게 물리적인 공간의 재부상은 정말 꿈같은 일이 아닐 수 없다. 이제 남은 일이라고는 지난날의 울분을 담아 온라인 소매업자에게 회심의 일격을 가하는 것뿐이다.

이를 위해 오프라인 소매점이 기울여야 할 노력은 이미 앞에서 다 설명했다. 군이 반복하자면 **상품 구매를 목적으로 이루어지는 소비에 집착하지 말고, 여가나 유희에 부수되어 발생하는 소비에 관심을 기울이라는 뜻이다.** 과거의 소비는 이제 얼마든지 온라인 쇼핑몰에 의해 대체될 수가 있는 시대다. 그런 이유로 백화점이나 대형 마트 등이 앵커테넌트로 군림할 수 있었던 시대는 이제 끝이 났다. 오히려 복합 쇼핑몰에 기대야만 겨우 입에 풀칠이라도 하면서 살아남을 수 있는 신세로 전락해버렸다.

바야흐로 '상품 구매'가 소매점을 방문하는 유일한 목적이 아니어야 하는 시대다. 물론 상품 구매를 위해 방문하는 소비자도 당연히 끌어안아야겠지만 다양한 이유와 목적으로 방문하는 사람들까지 모두 품을 수 있는 넉넉함이 준비되어야 한다. 그런 다양한 활동들 속에서 자연스럽게 제품 구매를 비롯한 각종 소비가 일어나도록 유도해나가는 게 오프라인 소매점에 던져진 앞으로의 과제다. 자연히 공간의 역할과 그에 대한 의존도가 이전보다 훨씬 커지게 마련이다. 임의 활동이나 사회 활동 모두 공간의 지배를 받아 발생량과 빈도가 정해지는 것들이니 말이다. 소비 활동 역시 그러한 활동들이 연장되어 뻗어나간 한 줄기 가지라는 점에서 물리적인 공간이 중요해지기는 마찬가지다.

이는 곧 '쇼핑센터'의 종말을 의미하는 말과도 다르지 않다. 패러다임에 있어서 최소한의 변화가 동반될 수밖에 없으며, 반드시 그래야만 함을 의미한다. **상품을 구매하는 장소로서 강조되었던 '쇼핑'센터에서 벗어나 소비자의 다양한 활동을 모두 소화해내는 복합 공간으로 탈바꿈해야 한다.** 예컨대 쇼핑센터의 장르적인 변화를 시도하면서 누군가는 '엔터테인먼트센터Entertainment Center'라는 용어를 썼고, 또 다른 누군가는 '라이프스타일센터Life-style Center'라는 이름을 사용하기도 했으며, 또 다른 이는 '페스티벌센터Festival Center'라는 표현을 가져다 붙였던 것처럼 말이다. 앞으로 또 어떤 '○○센터'가 등장할지는 아무도 모르는 일이다.

분명한 것은 쇼핑센터에서 '쇼핑'이 주가 되는 시대는 이미 지나가 버렸다는 사실이다. 이제부터는 생존을 위한 정체성 확립에 골머리를 앓아야 할 때다. '쇼핑센터'에서 '쇼핑'이라는 단어를 빼고 그 빈칸에 들어갈 알맞은 단어를 찾아내는 게 앞으로의 시장에서 오프라인 소매점이 살아남을 수 있는 핵심적인 과제다. 쇼핑센터에서 '쇼핑'을 지워야만 살아남을 수 있는 시대, 그야말로 최고의 아이러니가 아닐 수 없다.

12
참신함의 수단은 바로 콘텐츠

세계는 농경사회와 산업사회, 정보화 사회를 거쳐 이른바 '꿈의 사회 Dream Society'로 진입하는 중이다. 한때 인류는 수렵꾼으로서 생을 이어갔고, 오랜 기간 농부로 살았으며, 열악한 공장에서도 묵묵히 참고 일해왔다. 그리고 최근에는 컴퓨터가 없으면 아무것도 할 수가 없는 정보화 사회까지도 모두 버티고 지나왔다. 하지만 그것도 잠시, 그런 정보화 사회에 완전히 적응하기도 전에 지금까지와는 전혀 다른 완전히 새로운 사회가 떠오르고 있다. 꿈이나 이야기 같은 감정적인 요소와 상상력이 중요시되는 사회, 바로 '꿈의 사회'가 우리 눈 앞에 펼쳐지고 있다.[52]

꿈의 사회가 가속화될수록 기업은 지금까지와는 다른, 또 다른 진보를 요구받게 마련이다. 꿈을 꾸는 소비자와 늘 보조를 맞춰야 할 필요가 생기니까 말이다. 하나의 기업으로서 소매점 역시 마찬가지다. 마치 어디로 향할지 모르는 소비자의 무의식에 관심을 가지고 그들을 이해할 필요가 있다. 소비와 상품 구매에 있어서 이성의 지배가 끝이 나고, 감성과 환상이 그 자리를 대신 차지해버린 시대이기 때문이다. 당연히 대량 소비주의를 지나서 고객 한명 한명에 대한 맞춤화가 진행되고, 이미지보다는 스토리가 중요해졌다. 브랜딩 역시 정체성보다는 체험성에 초점을 맞출 수밖에 없는 구조다.[53] '쇼핑센터'의 '쇼핑'을 대신할 단어로서 '체험'이나 '경험'의 가능성이 결코 도외시 될 수 없는 상황이다.

꿈의 사회를 살아가는 소비자는 결코 물질적인 소유만을 지향하지는 않는다. 마음대로 쓸 수 있는 돈이라면 소유보다는 삶의 체험이나 경험을 얻는 쪽으로 소비하는 게 훨씬 더 삶의 행복을 증대시킨다고 믿고 있기 때문이다. 소비자를 대상으로 한 설문에서도 무려 57%의 응답자가 소유를 위한 구매보다는 체험적인 구매가 자신을 더 행복하게 만든다고 대답했다. 소비자로서 어떤 호화로운 사치에 가장 큰 만족감을 느끼느냐는 질문에 돌아온 응답 역시 그와 다르지 않았다. 41%의 사람들이 여행이나 마사지처럼 몸으로 직접 경험할 수 있는 체험적인 호사를 가장 행복한 소비로 꼽았다. 차를 사거나 가구를 바꾸는 등 물건을 소유하는 소비를 꼽은 사람은 이보다 낮은 31%와 28%에 머물렀을 뿐이다.[54]

흥미로운 건 이와 같은 생각이 일부 특정 부류나 계층에 한정되어 나타나는 게 아니라는 사실이다. 대다수가 그런 공통의 견해를 가지고 있음이 확인됐다. 성별이나 나이, 취업 여부, 혼인 여부, 정치적 성향, 거주지역 등 대부분의 인구통계학적 변수집단에서 물건을 소유하기보다는, 무언가를 행하면서 사는 게 더욱 잘 사는 길이라고 대답한 것이다. 차이가 있었다면 소득이었다. 소득 수준이 높은 사람일수록 체험적인 행복을 더욱 가치 있는 것으로 생각하는 편이었다.[55] 물론 경험적인 소비가 사람이든 인생이든 훨씬 가치 있고 행복하게 만들어준다는 사실에는 아무런 변함이 없다.

이유는 간단하다. 물질적인 소유는 시간이 흐를수록 그 값어치가 현저하게 떨어진다. 어떤 물건이든 처음 구매했을 때가 가장 화려하고 멋져 보인다. 그러다가 시간과 함께 제품이 가지고 있던 가치가 점점 소진되어 간다. 물질적인 진보에 적응해가는 인간으로서는 계속해서 똑같은 만족과 효용을 느끼기가 어렵다. 아무리 비싸고 탐나는 물건도 아주 잠시 좋을 뿐 시간이 지나면 그런 감정도 곧 무뎌지게 마련이다. 여기에 나이까지 먹으면 더더욱 물건에 대해 의미와 가치를 느끼지 못한다.

하지만 체험은 다르다. 힘든 과거는 모두 잊어버린 채 좋았던 일만 포장해서 기억하는 인간으로서는 체험만큼 시간이 지날수록 빛을 발하는 게 없다. 오래될수록 값어치 있고 더욱 귀한 것이 된다. 무엇보다 인간의 삶이란 결국 연속된 체험의 총합이라는 점에서 특별한 의미를 지닐 수밖에 없는 구조다. 경험이 풍성한 사람일수록 삶 자체가 풍요로워질 가능성이 커진다. 다른 사람들에게 남겨지는 인상 역시 좋을 수밖에 없다. **자신이 '소유한 것'을 말하는 사람보다는 자신이 '경험한 것'을 이야기하는 사람이 훨씬 더 매력적으로 다가오는 법이니까 말이다.** 행복한 삶을 위한다면 "재미는 더 많이, 소유는 더 적게"라는 말이 새록새록 가슴에 되뇌어지는 순간이 아닐 수 없다.

소매점이 이러한 변화를 눈치채지 못했을 리 없다. 그들 역시 물질적인 소유보다는 경험적인 소비를 중요시하는 매장으로 탈바꿈하기 시작했다. 매장의 상당 부분을 비우고, 카페나 휴게 공간 같은 돈 안 되는 시설들을 대신 채워 넣기에 분주하다. 예전보다 못해진 매출액을 떠받치려면 지금보다 매장을 더 늘려도 한참 모자랄 판인데도 말이다.

각층에 빼곡하던 간이매대 역시 대부분 치워지는 추세다. 자그마한 미니박물관이나 어린이 책미술관 같은 문화시설 등이 대신해서 그 자리를 메우고 있다. 한때 최고의 목표였던 영업 면적이나 평효율 따위도 지금은 한낱 참고 지표에 불과하다. 제품의 '판매'보다는 콘텐츠 강화

310

에 기반을 둔 '집객'이 더욱 절실하다는 사실을 깨달았기 때문이다. '판매'를 통한 직접적인 매출보다는 '집객'에 기반한 간접적인 매출을 확대하는 방향으로 영업의 셈법을 완전히 바꾼 듯이 보인다.

똑똑한 분들이 심사숙고하여 내린 결정이니 옳은 판단일 게 분명하다. 때는 분명 '채널'보다는 '콘텐츠'가 중요해진 시대니까 말이다. 방송만 봐도 그렇다. 사람들은 이제 TV와 라디오 같은 기존 매체들에 더는 얽매이지 않는 모습이다. 유튜브를 비롯한 새로운 온라인 매체들을 통해 더 많은 정보를 얻고 다양한 선택을 내린다. 사실 왜곡이나 편파 보도와 같은 고질적인 언론의 문제점도 예전보다는 위험성이 낮아진 게 사실이다. 특정 방송사나 언론사가 주도권을 잡고서 일방적으로 정보를 주입하던 시대는 이미 끝이 났으니 말이다. 스스로 중심을 잡을 정도로 국민도 똑똑해졌고, 한쪽으로 치우친 정보에도 균형감을 맞출 수 있을 만큼 채널에도 다양성이 생겼다.

이와 같은 현상이 소매업이나 유통업이라고 해서 나타나지 말라는 법은 없다. 실제로 온라인이나 SNS를 비롯한 새롭고 다양한 유통 채널이 속속 시장에 등장하면서 기존의 전통적인 소매점들은 이전보다 무기력해진 것이 사실이다. 자신이 원하는 콘텐츠를 찾아서 청취자가 채널을 선택적으로 달리 이용하듯이 소비자의 **상품 구매 역시 콘텐츠 소비에 부수되어 나타날 가능성이 크다.** 무언가를 팔기 위해 만들어진 채널에서만 제품 구매와 판매가 이루어지는 시대가 아니라는 뜻이다. 그게 온라인이든 오프라인이든 말이다.

실제로 온라인에서는 이미 그런 현상이 일반화된 지 오래다. 적지 않은 유튜버가 콘텐츠 소비를 위해 채널을 방문한 사람들에게 관련된 상품을 홍보하거나 판매하고 있다. 시장의 규모 역시 점점 커지는 추세다. 얼마나 잘 기획하느냐가 핵심일 뿐 이미 시장을 선도하고 있는 온라인 소매업자가 이들을 따라 하는 건 그야말로 시간문제다. 실재가 아닌 가상의 공간에서 상품을 판매하는 그들의 속성을 고려할 때 콘텐츠만 있으면 얼마든지 상품 판매와 연계할 수 있는 만반의 준비가 모두 갖춰져 있기 때문이다.

설령 재방문율이 떨어지는 경우라도 크게 신경 쓸 일은 아니다. 어차피 소수의 고객을 상대로 반복적인 구매를 기대하고 등장한 업태가 아니기 때문이다. 그도 그럴 것이 온라인의 가장 큰 장점은 뭐니 뭐니해도 무한대를 자랑하는 광역 접근성이다. 랜선만 깔려있으면 지구촌에 사는 모두가 잠재고객이라는 뜻이다. 굳이 재방문에 목을 맬 이유가 없다. 각자 한 번씩만 구매해도 먹고 사는 데는 아무런 지장이 없다. 평생을 통틀어 겨우 서너 번밖에 놀러 가지 않는 테마파크지만 망했다는 소식은 들을 수 없는 것처럼 말이다. 몇 개 되지도 않는 시설들이 그마저도 띄엄띄엄 흩어져서 전 국민을 상대로 장사를 하고 있기에 가능한 일이다.

실제로 그 어떤 테마파크도 인근에 사는 주민들에게 계속해서 시설을 재방문해주기를 기대하는 곳은 없다. 차라리 전 국민의 단 10분의 1만이라도 좋으니 그들이 1년에 딱 한 번씩만 방문해줘도 고맙기가 이를 데 없다. 오히려 그게 수익적으로도 훨씬 나은 구조다. 굳이 큰돈을 들여가며 수시로 놀이기구를 바꿔야 할 필요가 없을 테니 말이다. 온라인 소매업자 역시 크게 다르지 않다. 누구보다 콘텐츠 변화에 유리한 구조를 가졌음에도 새로운 콘텐츠에 대한 절실함은 상대적으로 떨어지는 편이다. 드문드문 가하는 아주 작고 미묘한 변화만으로도 소비자가 느끼게 될 새로움은 이미 차고도 넘칠 정도다.

　문제는 늘 오프라인의 몫이다. 물리적인 공간에 매여있는 오프라인 소매점으로서는 그런 공간이 가진 한계를 극복한다는 게 결코 쉬운 일이 아니다. 영업의 목표가 되는 고객들 역시 점포를 중심으로 일정한 반경 내에 거주하는 사람들로만 한정될 수밖에 없는 구조다. 영업을 유지해나가기 위해서는 그들의 반복적인 방문과 구매가 절대적이다. 아무리 체험을 강조하고 콘텐츠를 강화해나간들 같은 점포를 반복적으로 방문하여 제품을 구매하는 소비자로서는 새로움의 가치가 처음에만 국한된다.

　그렇다고 매번 콘텐츠를 새로운 것으로 바꾸기도 힘든 일이다. 그렇게 다양한 콘텐츠가 세상에 마련되어 있지도 않을뿐더러 설령 있다손 치더라도 그만큼 많은 돈이 투입되어야 하기 때문이다. 참신함의 효과 역시 일시적으로만 관찰된다. 처음 바꿨을 때는 방문객이 증가하더라도 시간이 흐르면서 이내 참신함은 퇴색하기 마련이다. 고객의 재방문율 또한 시간과 함께 낙폭을 그려나간다. 마치 한 번은 호기심에 가보더라도 두 번 이상은 안 가게 되는 아쿠아리움처럼 말이다.

　그런 점에서 오프라인 소매점이 제공해야 할 신선함과 콘텐츠는 결코 물리적인 방법에만 의존해서는 안 될 일이다. 특별한 시설이나 장치보다는 소프트웨어적인 서비스 제공에 더욱 주력할 필요가 있다. '콘텐츠'라는 용어 자체가 원래 그런 의미에서 생겨난 것이 아니던가? 마치 **물이나 공기처럼 콘텐츠가 유동적으로 흐를 때 소비자는 몇 번을 찾아오더라도 새로움과 참신함을 꾸준히 경험할 수 있을 것이다.**

13

경계를 허물 때 새로운 가치가 생겨난다

참신함을 유지하기 위해 오프라인 소매점이 활용할 수 있는 것은 그들이 가진 자원과 전문성이다. 자원에는 기본적으로 인력이나 자본, 점포 같은 것들이 포함되지만 그들이 거느리고 있는 수많은 테넌트들도 빠트릴 수 없는 소중한 자원이다. 여기에 그들이 쌓아온 노하우와 경험까지 곁들인다면 지금까지 보지 못했던 아주 훌륭한 콘텐츠가 탄생할 수도 있다. 아마도 일본의 '분키츠Bunkitsu'가 영감을 얻는데 좋은 사례가 되지 않을까 싶다.

일본의 분키츠 서점

분키츠는 서점에 카페, 사무실, 세미나실, 문화공간 등이 접목된 작은 도서관이라고 생각하면 이해가 쉽다. 15,000원가량의 입장료만 내면 책도 읽고 차도 마시고 필요한 사무 작업까지도 할 수 있다. 프리랜서나 카공족에게 인기가 있을 법한 공간이다. [그림 출처 : Negocios Del Mundo(negociosdelmundo.com), Cinra(cinra.net)]

분키츠는 대형 서점업체인 리브로Libro에서 운영하는 서점으로 도쿄 롯폰기에 본점을 두고 있다. 흔히 우리가 볼 수 있는 서점에 카페와 도서관, 사무 공간, 각종 전시시설 등이 함께 마련되어 있는 정도라고 생각하면 적당하다. 사람들은 각자 자리에 앉아서 자신이 원하는 책을 읽을 수도 있고, 노트북을 꺼내어 필요한 사무작업을 할 수도 있다. 크고 작은 세미나실도 여러 개 마련되어 있어서 동료들과 함께 회의와 강의, 토론 등을 진행할 수도 있다. 적어도 3일 전까지만 예약을 마치면 상담을 통해 직원이 읽을 만한 책을 대신 골라주기도 한다고 한다.

차와 음식도 자유롭게 즐길 수 있다. 책이 훼손되는 것을 방지하기 위해 음식물 반입을 엄격히 금지하는 일반 서점과 달리 이곳에서는 책을 보며 식사도 하고 차와 커피도 무제한으로 즐긴다. 비싼 돈을 내고 공유 오피스를 찾아다니는 프리랜서나 커피숍에서 도통 자리를 뜰 생각이 없는 카공족에게 딱 어울릴만한 장소다. 물론 공짜는 아니다. 이곳에 들어가려면 무조건 15,000원가량의 입장료를 내야 한다. 적지 않은 금액을 비용으로 써야 하는 만큼 그에 맞는 가치를 찾아내기 위해 스스로 노력하는 구조다.

분키츠는 2018년 12월에 처음 문을 열었다. 고객 한 사람당 매출액이 일반 서점의 두 배 수준이라고는 하지만 대단한 성공을 거두었다고 떠벌리고 다니기에는 아직 이른 감이 없지 않다. 하지만 변화하는 시대와 소매 환경에 대응하여 참신한 시도를 꾀했다는 점에서는 꽤 눈여겨볼 만한 사례. 특히 **이미 망해버린 서점을 인수하여 새로운 콘셉트로 색다른 도전을 시도했다는 사실이 남다른 의미를 가져다준다.** 무엇보다 오늘날 위기에 처한 오프라인 소매점과 여러모로 닮은 구석이 많다는 점에서 무척 흥미롭게 다가온다.

비록 운영 방식에서 차이가 있기는 하나 분키츠도 엄연한 서점이다. 일정한 공간에 다양한 제품을 갖추어놓고 판매하는 여느 소매점들처럼 서점 역시 책이라는 상품을 사람들에게 팔아서 수익을 창출하는 구조다. 무언가 새로운 도전을 시도해보는 데 있어서 백화점이나 쇼핑센터보다 특별히 유리한 조건이나 입장을 가졌다고 볼 수 없다.

새로운 경쟁자에 의해 몫을 빼앗기는 딱한 처지도 서로 엇비슷하다. 온라인에 밀려 매출 하락을 걱정하는 오프라인 소매점들처럼 서점 역시 영업 사정이 그리 밝지만은 않다. 이미 스마트폰과 태블릿이 대중화되고, 전자책이 인기를 얻으면서 서점도 점점 설 자리를 잃어가고 있기 때문이다. '점포'라는 물리적인 공간에서 '유형'의 상품을 판매하며 '무형'의 경쟁자에게 위협을 당하고 있다는 점에서 데칼코마니가 따로 없다. 차이가 있다면 위기에서 벗어나기 위한 노력이 서로 다를 뿐이다. 누군가는 자신의 틀을 깨트리고 나오고자 노력하는 반면 누군가는 오히려 틀에 갇힌 자신을 더욱 옥죄니 말이다.

분키츠는 기존의 서점과는 성격을 완전히 달리한다. '책을 사러 오는 곳'이 아닌 **'책을 만나기 위한 장소'**로서 자신을 규정한다. 당연히 매장을 꾸미는 방식도 자신들의 철학에 걸맞도록 독특하게 이루어지는 편이다. 모든 책은 단 한 권씩만 진열하고, 도서를 검색하는 컴퓨터도 일절 비치하지 않았다. 책이라는 상품을 구매 혹은 판매하기 위한 공간이 아닌, **책과 관련된 콘텐츠를 '체험'하는 장소로 만든다는 전략이다.** 앞에서의 내용과 접목하면, 필수 활동으로서 책에 대한 소비 활동이 이루어지지 않게끔 점포를 만들겠다는 의도다. 대신 임의 활동과 사회 활동에 주목했다.

사람들이 여가와 문화를 즐기는 과정에서 자연스레 책이 판매되도록 상황을 이끌어나가겠다는 뜻이다.

그러다 보니 책을 군이 주제별로 분류해서 진열할 필요가 없어진다. 서로 아무런 관련성도 없는 책들이 특별한 기준도 없이 테이블 위에 덩그러니 놓여 있기도 하고, 전문서적들 사이에 얼토당토않은 만화책이 덜렁 끼어 있기도 하다. 체험을 위한 공간 속에 판매를 위한 상품들을 군데군데 묻어두고 끼워 넣다 보니 나타나는 현상이다.

위기에 처한 오프라인 소매점이 새겨들어야 할 부분은 바로 이 대목이다. 그들은 상품을 종류에 따라 공간을 달리하여 진열하고 판매하는 전통에서 여태 벗어나지 못하고 있기 때문이다. 과연 아직도 그러한 점포체계 혹은 매장 구성 방식이 유효한지 심각하게 고민해볼 필요가 있다. 서점은 비록 책이라는 단 하나의 상품을 취급하고 있기는 하나, 장르와 주제에서만큼은 백화점에서 판매되는 것들보다 훨씬 다양한 분류체계를 가진다. 그런 서점조차 카테고리 분류 체계를 훌훌 벗어던지는 마당에 쇼핑센터라고 해서 미련을 버리지 못할 이유는 없다. 무엇보다 필수 활동 성격의 소비에서 탈피하기 위해서는 우선 카테고리부터 파괴하는 게 올바른 순서다.

물론 체계적인 '카테고리 분류'를 핵심 경쟁력 삼아 성장해온 그들로서는 그것을 버리고 새로운 방식을 채택한다는 게 결코 쉬운 결정이 아님을 안다. 거리의 잡화점이 시장을 주름잡던 시절, 신생 업태였던 백화점이 손쉬운 승리를 거머쥐고 오늘날 소매업을 대표하는 업태가 될 수 있었던 것은 모두 '체계화된 분류'라는 차별화된 서비스가 있었기에 가능한 일이었다. 소수의 상류층만 이용할 수 있었던 도서관에서나

볼 수 있는 진열 체계로서 카테고리 분류는 마치 특권과도 같은 서비스의 상징이었다.[56] 주먹구구식 진열에 익숙했던 사람들이 백화점에 마음을 빼앗기는 건 당연한 결과다.

하지만 시간은 흐르고 소비자는 변했다. 그들을 둘러싼 소매 환경도 많이 바뀌었다. 이제는 쇼핑센터 스스로 '상품 구매'를 위한 장소에서 벗어나야만 겨우 생존을 담보할 수 있는 시대다. 오프라인 소매점 역시 스스로 그래야만 한다는 사실을 너무나 잘 알고 있다. 하지만 스스로 변화에 대한 의지가 없고, 그럴 생각 자체를 하지 않는다는 게 문제다. 여전히 상품에만 초점을 맞춘 점포 체계를 유지해나가고 있으니 말이다.

상품을 체계화된 카테고리에 의해 분류하고 진열해두는 가장 큰 목적은 판매를 촉진하기 위함이다. 소비자가 원하는 상품을 쉽고 빠르게 찾을 수 있도록 배려함으로써 말이다. 하지만 스스로 **'상품 구매'를 위한 장소에서 벗어나기를 희망한다면 굳이 '상품'이 점포를 구성하는 기준이 되어야 할 이유는 없다.** 분키츠 매장이 그랬듯이 그저 매장을 두루 구경하는 도중에 기대하지 않았던 제품과 마주하도록 배치하는 게 훨씬 나을 수도 있다. 마치 우연처럼 만나서 서로가 인연으로 이어질 수 있도록 말이다.

상품 분류의 체계로서 카테고리 파괴는 우선 소유와 경험을 뒤섞는 것으로 시작된다. 매장을 '상품' 판매지역과 '서비스' 판매지역으로 구분하고, 소유적 소비와 경험적 소비를 완전히 분리하던 기존의 관행부터 손볼 필요가 있다.● 쇼핑하는 공간과 여가나 유희를 위한 장소가 함

● 소유적 소비란 무언가 물질적인 것을 소유하는 것 자체가 목적이나 이유가 되는 소비 활동을 말한다. 비싼 자동차와 옷이나 구두 등 평소 가지고 싶던 물건을 구매하는 소비가 소유적 소비에 해당한다. 이와 달리 경험적 소비는 무언가를 경험하는 데 돈을 사용하는 소비를 지칭한다. 누군가와 함께 여행을 간다거나 공연을 보러 가는 등의 소비 활동이 여기에 포함된다.

께 뒤섞이지 못한 채 기름띠처럼 막을 형성해오던 구습 말이다. 이는 마치 동물원이라고 해서 돈을 주고 들어갔는데 기껏해야 한쪽 귀퉁이에 놓인 몇 마리의 닭과 토끼가 전부인 상황과도 같다. 나머지 공간은 놀이기구로만 잔뜩 채워진 채로 말이다. 물론 동물원과 놀이공원을 결합한 새로운 콘셉트의 테마파크를 시도한 것일 수도 있다. 하지만 놀이기구를 타면서 동물도 함께 구경할 수 있도록 차별화를 의도한 것이라면 모든 공간에서 놀이기구와 동물을 함께 즐기도록 만들어야 했다.

쇼핑센터에서도 마찬가지다. 소비자가 무언가를 직접 체험해보기 위해 찾은 장소에서 쇼핑까지 즐길 수 있도록 하는 게 그들이 지향하는 목표라면, 모든 공간에서 체험과 쇼핑에 관한 것들을 함께 품고 있어야 한다. 하지만 여전히 그들은 수직으로는 층을 구분하고, 수평으로는 존Zone까지 구분해가며 상품과 서비스를 나누고, 이를 따로 분리해내는 데 여념이 없다.

상품을 판매하는 매장들 역시 지금처럼 제품의 종류에 따라 그 위치를 달리 할 필요가 없다. 상품 구매가 쇼핑센터를 방문하는 주목적이 아니다 보니 소비자로서는 상품을 탐색하거나 비슷한 것들끼리 서로 비교해야 할 이유가 사라지기 때문이다. 서로 대체 관계에 있는 비슷한 종류의 상품들끼리 한데 모아서 함께 배치해두어야 할 필요가 없다. 상품이나 브랜드의 위치는 오직 영업 전문가와 공간 기획가의 제안에 따른다. 기획된 콘셉트에 따라 서로 관련이 있는 상품들끼리 한자리에 옹기종기 모여 있을 수도, 완전히 뿔뿔이 흩뿌려질 수도 있다. 지극히 자의적이고 임의적이며 유동적인 기준에 의해 단지 일시적으로만 매장의 위치가 정해질 뿐이다.

시간이 흐르면서 모든 것은 변하게 마련이다. 기업들 역시 시대의 요구에 부응해가며 끊임없이 진화해왔다. 그리고 발전은 앞으로도 멈추지 않을 것이다. 꿈의 사회가 진전될수록 지금보다 더 많은 진보를 요구받을 게 분명하기 때문이다. 하지만 유독 소매업에 종사하는 기업들은 그런 요구에 소극적인 편이다. 시대에 따라 새로운 업태가 등장하고 기존의 업태가 사라져가기만을 반복해왔을 뿐 업태 그 자체는 지금껏 변화를 거부해왔다. 백화점과 쇼핑센터 역시 마찬가지다.

혹시나 스스로 변화를 염두에 두고 있다면 지금이 바로 적기다. 온라인의 등장과 소비자의 변화 등으로 이미 어려움을 겪고 있는 이상, 변화를 오히려 기회로 삼을 수 있다. 강조된 체험과 강화된 콘텐츠를 통해 참신함이 유지되도록 소유와 경험을 한데 뒤섞고, 동종의 상품들은 모두 뿔뿔이 흩뜨려놓아야 한다. **관행처럼 해오던 '조닝Zoning'이라는 작업도 이제는 과감히 버리자.** 상품과 업종이 점포를 구성하고 매장을 배치하는 기준이 되지 못한다면, 군이 테넌트를 성격에 따라 분류하고 이를 종류별로 다시 묶어서 따로 배치해야 할 이유 자체가 모두 사라지기 때문이다.

꿈의 사회에서는 '융합'과 '통섭'이 시대를 아우르는 게 핵심이다. 모든 분야에서 콜라보레이션Collaboration이 주목을 받고, 전혀 관련이 없다고 여겨졌던 분야들조차 경계를 허물고 서로를 넘나든다. 보수적인 성향에서 둘째가라면 서러울 정도로 폐쇄적인 학계조차 학문 간의 경계를 뛰어넘어 다양한 영역과의 융합을 강조하고 있다. 기존의 분과 학문체계로는 도저히 해결하기 어려웠던 문제들을 새로운 시각으로 들여다볼 수 있도록 하기 위함이다. 나아가 이전의 방식으로는 접근조차 하기 힘들었던 새로운 영역들을 활짝 열어놓기 위한 목적이기도 하다.

그러고 보면 융합과 통섭의 가치가 가장 절실한 분야는 어쩌면 소매업과 유통업인지도 모를 일이다. 시대의 흐름에 보조를 맞추고, 꿈의 사회를 살아가는 소비자와 눈높이를 맞추려면 지금이라도 반드시 선행되어야 하는 과제다. 무엇보다 그런 조치가 자신들에게 가장 유익하다는 사실을 기억할 필요가 있다. **새로운 가치는 언제나 기존의 경계가 허물어질 때 비로소 창출되는 법이니까 말이다.** 그리고 그렇게 생겨난 가치에 군침을 흘리는 건 언제나 소비자가 아닌 기업들이다.

14
경계에서 꽃이 핀다

분키츠는 업태로는 분명히 서점이지만 단지 서점으로만 국한 지어 말할 수 없는 오묘한 소매점이다. 자신이 가진 자원과 전문성을 활용하여 늘 새로운 가치와 콘텐츠를 만들어내고 있기에 실제로는 서점 그 이상이다. 나아가 자신이 제공하고 있는 서비스마저 꾸준히 업데이트해나간다. 이유는 단 한 가지다. 스스로 참신함을 유지해나가기 위해서다. 단지 힘이 든다는 이유로 변화를 포기해버리면 소비자가 그토록 원하는 참신함도 모두 함께 사라져버린다는 사실을 너무나 잘 이해하고 있다.

지속적인 변화가 그렇게 고된 일이라면 참신함은 애당초 포기하는 게 낫다. 대신 소비자의 지루함이라도 없애주는 게 그나마 차선책이다. 사랑을 주는 게 어렵다면 최소한 미워지지는 말아야 하듯이 말이다. 미움과도 같은 지겨움과 고루함은 '다양성'을 통해 일정 부분 제거하는 것이 가능하다. 비록 지금 당장은 별로 필요하지 않은 가치들이라도 일단 다양한 것들이 한 곳에 뭉쳐있으면 지루함을 더는 데는 훨씬 도움이 될 테니까 말이다.

이는 소비자가 가진 다양한 니즈Needs와도 부합하는 일이다. 어차피 인간은 필요한 서비스를 그때그때 돌려가며 소비하는 존재다. 예컨대 매주 일요일이 되면 항상 목욕탕을 간다거나 한 달에 한 번씩 미용실에 들러 머리를 손보는 일들이 대표적이다. 우리 가운데 그 누구도 생활에 필요한 기능들을 모두 한꺼번에 소비해버리는 사람은 없다. 다양한 기능이 집적되어 있으면 언제라도 해당 장소를 다시 찾게 된다.

더욱이 그런 기능들이 필수 활동으로서의 소비와 관련이 있는 것들이라면 애당초 싫증이라는 걸 걱정해야 할 대상 자체가 되지 않는다. 밥이 싫증 난다고 해서 식사를 하지 않고 계속 굶을 수는 없는 노릇이듯이 말이다. 무엇보다 실체가 있는 상품을 넘어 무형의 서비스를 다루는 업종까지 두루 갖췄다면 온라인에 의해 대체될 가능성이 무척 희박해진다. 다양성의 가치가 매력적으로 다가올 수밖에 없다.

그런 다양성의 가치에 대해 오프라인 소매점이 여태 모르고 있을 리 없다. 서로 성격을 달리하는 여러 시설들을 함께 뒤섞는 방식으로 이미 다양성의 가치를 추구해오고 있으니 말이다. 실제로 대규모 복합 상업 시설의 경우, 대부분 **누구나 소유하고 싶어 하는 상품에 한 번쯤 경험해보고 싶은 콘텐츠를 가미하는 방식으로 개발되는 추세다.** 상품 구색을 통한 다양성뿐만 아니라 소비 자체에서도 소유와 경험을 아우르는 노력을 통해 넓은 의미에서의 다양성을 추구해온 셈이다.

최근 복합 쇼핑센터가 대세로 입지를 굳힐 수 있었던 것도 따지고 보면 다양성의 가치가 가져다준 선물이다. 백화점이나 대형 마트 같은 전통적인 소매점들이 모두 소유적인 소비에만 매달려 있을 때 복합 쇼핑센터는 그런 소유적인 소비와 함께 경험적인 소비까지도 동시에 겨냥했다. 상품 구매와 쇼핑을 위한 시설들을 기본적으로 갖추되, 엔터테인먼트와 교육, 레저스포츠, 건강과 문화 등 다양한 활동과 기능들을 추가하는 방식으로 자신만의 영역과 콘셉트를 확장해온 것이다.

그런 노력이 빛을 발했는지 지금은 '소유'보다는 '경험'이 오히려 주가 된 형국이다. 국내 쇼핑센터 대부분이 여가와 문화를 비롯한 각종 경험적인 소비를 강조하는 데 온갖 노력을 쏟아붓고 있으니 말이다. 대략 6대4의 비율로 '경험'이 '쇼핑'에 비해 조금 더 우위를 점한 모습이다.

물론 이와 같은 추세가 소비의 내용적인 변화를 시사한다고 단정 짓기는 어렵다. 누군가는 소비가 소유에서 경험으로 점차 '대체'되어 간다고 생각하겠지만 또 다른 시각에서는 소유적인 소비와 경험적인 소비가 서로 '융합'되어 간다고 이해하기 때문이다. 실제로 오프라인 소매점 입장에서는 후자의 시각으로 바라볼 개연성이 크다. 온라인에 대항할 새로운 가치와 경쟁력이 필요한 그들로서는 그에 대한 자구책으로서 소유와 경험을 결

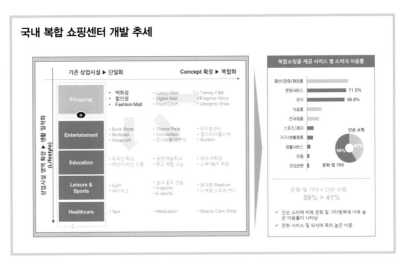

우리나라 복합 쇼핑센터는 쇼핑을 기반으로 엔터테인먼트와 교육, 레저 · 스포츠, 건강 등으로 기능과 영역을 점차 확장해나가는 추세다. 소비가 단순히 소유적 소비에서 경험적 소비로 대체되어 간다라기보다는 이 둘이 점차 융합되고 통합되어 가는 과정으로 이해하는 게 맞다.

자료 : Varengold Capital, Deloitte Analysis.

부시켜 나가는 게 가장 효과적인 대안이다. 만약 그게 아니라, 소비의 내용이 소유에서 경험으로 '대체'되어 가는 과정으로 이해하고 있었다면, 그들로서는 여전히 4할이라는 적지 않은 비중을 소유적인 소비에 할당해두어야 할 이유가 없다.

마치 이를 증명하기라도 하듯이 우리나라의 복합 쇼핑센터는 그야말로 '융합'과 '통섭'의 아이콘이라고 해도 과언이 아닐 정도다. 그 본산이라고 할 수 있는 미국과 유럽의 쇼핑몰을 반반씩 섞어서 절묘하게 구현해두었으니 말이다. 놀라운 건 그렇게 짬뽕으로 뒤섞인 것들이 지금까지와는 다른 완전히 새로운 가치를 만들어냈다는 사실이다. 마치 짜파게티와 너구리가 합쳐져서 일명 '짜파구리'라는 새로운 메뉴가 탄생했듯이 말이다. 우리나라 쇼핑몰 역시 비록 겉모습은 미국과 유럽을 섞어서 본뜬 것에 불과하지만 내용만큼은 독자적이다. 복합화를 이룬 패턴에서도 미국이나 유럽과 다를 뿐만 아니라 지향하는 궁극의 목표도 완전히 다른 좌표 위에 놓여있다.

예컨대 미국의 쇼핑센터는 말 그대로다. '쇼핑'이라는 기능에 초점을 둔 '몰Mall' 스타일의 건물이라는 뜻이다. 사람들의 소유적인 욕망을 자극하는 테넌트들로 가득 차 있다. 반면 유럽의 쇼핑센터는 '교류'를 위한 '거리Street' 조성에 무게를 둔다. 소비자의 체험적인 소비에 더 큰 가치를 두고 쇼핑몰을 개발한다는 뜻이다. 우리나라의 복합 쇼핑센터는 쇼핑과 교류 두 가지 모두를 지향한다. 소유와 경험을 모두 아우르는 이른바 '시장Market'을 만드는 게 궁극의 목적이다. 소비의 영역이 소유에서 경험으로 '대체'되어 가는 게 아니라 점차 '확장'되고 '융합'되어가는 과정이라고 보여진다.

이는 곧 소비가 필수 활동의 굴레에서 벗어나 임의 활동이나 사회 활동으로까지 진화해가고 있음을 보여주는 아주 직접적인 증거다. 단순한 '상품 구매의 장소'에서 엄연한 하나의 '사회 활동의 장場'으로 자신의 역할과 정체성을 만들어가고 있음을 대놓고 확인시켜주는 셈이다. 소비자가 원하는 다양한 기능과 시설을 확보하고 도입하는 과정에서 쇼핑센터는 자연스럽게 복합화의 길로 들어선다. 덤으로 전혀 다른 성격의 테넌트들이 하나의 장소에 뒤섞임으로써 전혀 기대하지도 않았던 경쟁력이 새롭게 탄생한다.

그러고 보면 복합 쇼핑센터가 가지는 경쟁력은 결국 융합과 통섭의 산물이다. '차이'가 아닌 '다름'이 가져다준 선물이라는 뜻이다. 그도 그럴 것이 지금은 경쟁 관계에 있는 누군가와 특정 분야에 대해 누가 더 깊은 지식을 가졌는지 '차이'를 겨루는 것 자체가 이미 무의미해진 시대다. 오히려 다른 분야의 지식을 얼마나 열심히 탐했는지가 더욱 중요하다. 그로 인해 어떤 새롭고 참신한 자기만의 지식과 통찰력을 가지게 되었는지를 모두 포함해서 말이다.[57] 진정으로 '다름'을 추구하고 있는지가 결국 다른 사람과의 '차이'를 결정짓는 핵심 경쟁력인 셈이다.

이는 위기를 겪고 있는 오프라인 소매점에도 똑같이 적용되어야 할 부분이다. 쇼핑센터 역시 융합과 통섭의 시대에는 '차이'보다는 '다름'에 집중하는 게 훨씬 도움이 된다. 영업 전략이나 경영 전략의 방향을 바꿀 시점이 도래했다는 뜻이다. 예를 들어 **'차이'를 강조한 '차별화'보다는 '다름'에 방점을 둔 '복합화'가 경쟁력 향상에는 더욱 효과적이다.** 마이너스Minus에 기반한 '차이'와 달리 '다름'은 플러스Plus를 전제로 하기 때문이다. '차이'는 집중해서 봐야만 비로소 보이는 미세한 변별력에 불과하지만

'다름'은 한눈에도 확연히 구별되는 굵직한 입체감을 생성한다. 전혀 어울리지 않는 것들이 뒤섞여서 완전히 새로운 가치를 창출해낸다는 점에서 그 효과는 시너지Synergy와 다르지 않다. 이질적인 콘텐츠들이 서로 맞물리는 곳에서 새로운 가치라는 아름다운 꽃이 피어나는 셈이다. 누군가의 표현대로 모든 경계에는 꽃이 피어나는 법이니까 말이다.

15

경계에는 꽃만 피어나지 않는다

꽃이 피는 건 비단 장르의 경계에서만이 아니다. 서로 다른 두 가지 시설이 만나서 경계를 이루는 장소에서는 꽃보다 훨씬 아름다운 것들이 피어나게 마련이다. 흔히 꽃보다 아름답다고 이야기하는 '사람들' 말이다. 다양한 시설들이 서로 맞닿아 있는 **경계지역일수록 인간의 여러 가지 활동들이 펼쳐질 가능성이 커진다.** 경계를 이루는 장소일수록 꽃보다 아름다운 사람들이 옹기종기 모여들고, 다양한 활동을 시작할 동기를 흠뻑 머금고 있다는 뜻이다.

흔히 광장이 그렇다. 이미 앞에서도 확인했듯이 사람들은 광장의 광활한 내부보다는 가장자리 부분을 좋아하는 편이다. 광장과 주변 시설들이 경계를 이루는 지역이다. 차를 마시든 식사를 하든, 사랑하는 사람과 그냥 다정히 앉아있는 사람들마저도 활동은 대부분 경계 지역에서 이루어진다. 이는 해변에서도 마찬가지다. 대부분 뜨거운 모래사장 한가운데보다는 녹음이 우거진 수풀과 해변이 맞닿아 있는 곳에서 시간을 보낸다.

도시 역시 그와 다르지 않다. 사람들이 걸음을 멈추는 곳은 주로 공간의 경계에 면한 곳이거나 겹쳐진 공간의 경계 지역이 대다수다.[58] '가장자리'에 대한 선호로 이해될 수도 있으나 '경계 지역'을 좋아하는 무의식의 결과로도 읽힐 수 있다. 무엇이 진실이든 두 가지 사실만큼은 분명하다. 가장자리 역시 경계의 일부라는 사실과 그런 공간일수록 활동이 일어날 가능성이 커진다는 사실 말이다.

인간이 경계 지역을 선호하는 이유는 조금 복합적이다. 일단 공간의 모습을 관찰하려면 가장자리가 제일 유리하다. 최대한 멀리 떨어져 있어야 시야가 넓어지니까 말이다. 또 다른 이유는 다른 사람들과 적정한 거리를 유지하기 위해서다. 예컨대 숲의 가장자리나 건물의 벽 가까이에 바짝 다가가 앉으면 남들과 거리를 유지하는 게 훨씬 수월하다.[59] 다른 사람들의 눈에 잘 띄지 않는 위치이다 보니 누군가에게 방해가 될 가능성도 그리 크지 않다. 같은 돌이라도 공간의 한가운데 놓인 것보다는 무언가의 경계에 놓여 있는 게 잘 치워지지 않는 법이니까 말이다. 그 외에 감시와 대응이 수월하기 때문이라는 주장도 있다. 경계에 바짝 붙어있으면 자신의 등 뒤가 보호되기에 눈앞의 공간만 잘 감시하면 된다.

비슷한 현상은 도시에서도 관찰된다. 가로를 중심으로 다양한 의사소통이나 교환·교류를 위한 다양한 활동들이 일어나는 것도 일종의 경계 효과다.[60] 가로는 건축물과 만나는 연결 공간인 동시에 건물의 내부와 외부를 구분하는 경계 영역이기에 사람들의 머무름이 생겨난다. 그런 실용적인 가치 외에도 경계 지역은 한가로운 장소로서의 심리적인 매력도 함께 지니고 있다. 예를 들어 우리가 노천카페에서 커피를 즐겨 마시는 이유도 이와 무관하지 않다. 일단 용무가 있는 건물 내부와 가깝기에 수시로 살필 수 있다는 장점이 있다. 여기에 더해서 건물 안에 있는 사람들과 외부를 오가는 보행자들까지도 모두 관찰하는 시각적인 즐거움을 얻는다. 경계 지역이 가진 실용성과 오락성을 제대로 누리는 셈이다.

거리의 상점이나 공방을 지날 때 가게 앞 길거리에 앉아 잡다한 일을 처리하는 사람들을 많이 볼 수 있는 것도 그와 비슷한 이유다. 경계 지역으로서의 장점을 최대한 누리기 위해서다. 적지 않은 어르신들이 집 앞 계단에 걸터앉아 거리를 바라보며 시간을 보내는 것 역시 마찬가지다. 수시로 집안을 살필 수 있으면서도 한가로운 시간을 보내기에 가장 지루하지 않고 자연스러운 장소가 바로 그 자리이기 때문이다. 들어가고 싶으면 언제든지 들어갈 수 있고, 나가고 싶은 마음이 들면 얼마든지 바깥으로 나갈 수 있다.

일단 사람들이 머물면, 이를 품고자 하는 공간은 필연적으로 등장한다. 카페와 식당, 가게 등 다양한 활동을 수용하는 가게들이 가로 주변으로 들어서는 이유다. 물론 처음에는 상품 진열이나 홍보 등 주로 상품 판매와 소비 행위에 능동성을 둔 상점들이 가장 먼저 거리를 선점한다. 하지만 시간이 흐르면서 분위기도 점점 바뀌어 간다. 물건을 구매하는 목적 외에도 다른 누군가와 담소를 나누기 위해 사람들이 상점을 찾기 시작하면서부터 가게는 소비를 위한 공간뿐만 아니라 사회적 교류와 여흥의 장소로서 역할을 모두 담당하게 된다. 상업가로 역시 본격적인 발전을 시작하는 것이다.[61]

처음에는 주로 옥외와 연결된 건물과 그 주변 공간이 활성화의 핵심 지역이다. 그러다가 시간이 지나면서 서서히 그 너머의 지역으로까지 점점 확대되어 나가는 게 상업가로의 일반적인 발전 패턴이다. 그렇게 형성되어 발전을 이룬 상업가로는 소비를 비롯한 여러 상징적인 행위들이 일어나는 성격을 가지게 된다. '상품'의 구매와 소비가 이루어지는 장소일 뿐만 아니라 종국에는 '공간' 자체에 대한 소비 활동마저도 모두 불러일으키게 된다. 공간에 의미를 부여하고 사람마다 각자의 해석을 조금씩 곁들이며 다른 사람들과 이를 공유해나가기 시작하면서 말이다.

그렇게 상업가로는 판매나 소비를 위한 경제적인 공간으로서 역할을 넘어 사회문화적인 역할까지 자신의 정체성을 확대해간다.[62] 바쁜 도시인에게 일상 활동의 장場을 제공하여 그들의 활발한 보행을 불러일으킴으로써 말이다. 그렇게 모여든 보행자와 그들의 움직임은 또다시 거리를 활기차게 만드는 요인이 되어 선순환을 일으킨다.[63] 상업가로의 존재와 그곳을 채우는 보행자의 상호작용이 다시 찾고 싶은 거리와 활기찬 상업 지역을 완성하는 핵심 요인이나 마찬가지인 셈이다.[64]

그런 이유 때문인지는 몰라도 상점이 처음 등장한 이후 지금까지 변함없는 특징 가운데 하나가 바로 가로와의 관계 설정이다. 아주 오래전부터 상점은 전면前面이 가로를 향해 개방된 형태로 만들어졌다. 초기의 상점들 모두 상품 진열대를 가로 쪽으로 향하도록 설치해두었을 정도로 말이다. 길을 지나는 사람들의 관심을 끌어내고, 거래를 성사시킬 목적으로 진열대를 가로와 직접 면하도록 만든 것이다. 특히 진열대는 당시 거리와 상점을 구분하는 일종의 경계 역할까지 담당했다. 상품 판매가 가게 안이 아닌 가로 위에서 이루어지는 경우가 빈번했기 때문이다. 이후 유리가 본격적으로 사용되면서 상점의 내부와 외부 간의 경계가 명확해졌다. 커다란 유리가 사용되기 시작하면서 지금과 같은 상점 특유의 모습이 갖춰진 것이다.[65] 이후 가로를 향한 상점의 전면적인 개방이 시작됐다.

비록 상점의 형태는 많이 달라졌어도 가게를 가로와 직접 면하도록 만들고자 하는 노력만큼은 예나 지금이나 크게 다르지 않다. 가로를 통해 수많은 사람이 오가고, 그 길을 지나는 모든 통행인이 상점의 잠재 고객이라는 사실을 인정한다면, 가로가 없는 매장은 상상조차 할 수가 없다. 오랫동안 변하지 않고 지속해온 상점의 중요한 특징 가운데 하나가 바로 '가로'라는 사실도 그것이 생존에 필요한 필수조건임을 보여주는 핵심적인 증거다. 도시의 가로를 단순히 건물이 들어서고 남은 여분의 공간 정도로 이해해서는 안 되는 이유다. 아울러 그런 가로를 주변 건물들로부터 떼어내어 하나의 개별적인 존재로 바라봐서도 안 될 일이다. 이 둘은 분명히 하나의 팀이다. 각기 서로를 규정하는 유기적인 관계로 이해되고 해석될 필요가 있다.[66]

'건물'과 '가로'는 서로에게 열려있는 동시에 서로 닫혀 있기도 한 관계다. 둘이서 맞대고 있는 물리적인 경계가 서로의 영역을 '한정'하는 동시에 '확장'하는 기능도 함께 가지고 있다는 뜻이다. 그 이중성이 마치 벽을 연상케 할 정도다. 실제로 벽은 기본적으로 천장이나 바닥과 함께 공간을 한정하는 요소로 알려져 있다. 천장과 바닥이 수직적으로 건물의 공간을 한정한다면, 벽은 수평적으로 건물이 가진 공간을 제한한다. 하지만 벽에 문이나 창이 달리면 오히려 그 반대가 된다. 이전까지 공간을 '한정'하기만 했던 벽은 이제 공간을 '확장'하는 요인으로서 그 너머의 장소를 함축하는 유동적이고 변화하는 경계가 된다. 천장과 바닥이 결코 해낼 수 없는 것을 벽은 기어이 해내고야 마는 것이다.

건물과 가로가 만나 서로 경계를 이루는 장소 역시 마찬가지다. 보행자 혹은 건물을 이용하는 사람들에게 경계 지역은 하나의 심리적인 벽으로 작용하는 동시에 도시가 성장하고 확산해가는 시작점이 되기도 한다. 모든 사건과 행동은 '경계'에서 시작되어 공간의 '한가운데'를 향해 뻗어나가는 특질을 가지고 있기 때문이다. 어린아이들이 뛰어노는 모습을 상상해보면 이해가 간단하다. 아이들은 집단놀이에 참여하기 전에 항상 집 앞 현관 주위를 맴돈다. 잠시 마음을 가다듬고 모든 채비를 마친 다음, 또래 아이들이 있는 가로나 광장 중앙으로 뛰어 들어간다. 친구들과 어울려 놀이를 즐길 때조차 주변 경계에서 시작하여 중앙 부분으로 뻗어나가는 특성을 보인다.

이는 다 큰 어른이라고 해서 예외가 되지는 않는다. 다수가 어울리는 곳에서 어른들이 보이는 행동 역시 아이들과 크게 다르지 않다. 처음에는 늘 현관이나 벽 쪽에 붙어서 주변에서 일어나는 상황을 조용히 살피는 모습이다.[67] 클럽에 놀러 온 사람들이 대개 그런 식이다. 처음부터 스테이지Stage 중앙으로 진출하는 용자勇者는 드물다. 대부분 무대 가장자리에서 수줍게 몸을 흔들다가 흥이 오른 다음에야 비로소 가운데로 자리를 옮겨간다. 가장자리가 없으면 중앙도 존재하기 어렵다는 의미다. 국방과 안보 역시 마찬가지다. 변방이 튼튼해야 나라가 살아남는 법이다. 경계지역에 결함이 있으면 어떤 공간이든 살아남기가 힘들 뿐만 아니라 활성화 상태를 유지하는 것조차 쉬운 일이 아니게 된다.[68]

4장

형상 활용하기

01
상황에 무기력한 인간

덜컹, 문이 열리고 한 소녀가 걸어들어온다. 그 걸음이 어찌나 당당하고 거침이 없는지 지하철에 타고 있던 사람들의 이목ㅍㅌ이 한순간 소녀에게로 집중된다. 사람들의 시선을 모두 거머쥔 채 걸어오던 소녀는 별안간 내가 앉은 자리 앞에서 두 발을 멈춰 세운다. 동시에 몸을 틀어 나와 아주 잠깐 시선을 마주치고는 머리가 바닥에 닿을 듯이 허리를 구부려 깍듯이 인사를 건넨다. 황송한 마음에 몸 둘 바를 모를 지경이다.

압권은 이어진 소녀의 행동이다. 어안이 벙벙해 있는 나에게 소녀는 아무런 말도 없이 조용히 두 손을 내민다. 한 치의 망설임도 없는 당당한 몸짓에, 아주 애처로운 눈빛을 머금고는 내 눈을 뚫어지게 바라본다. 그런 상황에 몰입된 주변 사람들 역시 다들 나의 반응을 기다리는 눈치다. 이런 말도 안 되는 상황에서 내가 할 수 있는 선택은 하나다. 조용히 지갑을 꺼내어 지폐 몇 장을 건네주는 일이다. 그래야만 이 진퇴양난 같은 상황에서 겨우 벗어날 수 있을 것만 같았다. 실제로 소녀는 돈을 건네받은 다음에야 비로소 나의 곁을 떠났다.

상황 앞에서 인간은 무기력하다. 함께 온 사람과 웃고 떠드는 게 당연한 커피숍임에도 시험 기간의 대학가에서는 그렇게 행동하기가 무척 힘들다. 사랑방으로서의 본연의 기능은 완전히 무시된 채 도서관을 대체하는 부차적인 기능이 오히려 주객主客을 전도하는 상황을 만들어낸다. 도란대는 작은 말소리조차 따가운 눈초리와 질타의 대상이 된다.

인간의 무기력함이 단지 모순된 상황으로 끝이 난다면 그나마 다행이다. 때로 비극의 시발점이 되는 것이 문제다. 과거에 있었던 두 번의 대형참사가 대표적이다. 배를 타고 여행을 가던 학생들은 사고를 직감하고도 선실 밖으로 뛰쳐나가지 못했다. 지하철 안에 있던 승객들 역시 대부분 불이 난 전동차에서 빠져나오지 못했다. 모두 동요하지 말고 가만히 있으라는 승무원의 말 한마디 때문이었다. 배가 기울고 불길이 치솟는 상황에서 제대로 된 판단도 없이 무심코 내뱉은 한마디가 탈출하는 사람들의 발목을 붙잡은 것이다. 승무원의 권위 앞에서 희생자들의 탈출 의지는 무기력해질 수밖에 없었다.

실제로 인간은 권위 있는 누군가의 지시를 쉽게 거부하지 못한다. 병원에서의 실험이 대표적이다. 간단한 시력 검사를 받으러 안과를 찾은 사람들에게 의사는 뜬금없이 토끼뜀이나 팔굽혀펴기 같은 이상한 동작을 시킨다. 처음에는 모두 의아해하지만 이내 곧 지시에 따른다. 길에서 경찰관과 마주한 시민들 역시 마찬가지다. 바닥에 떨어진 휴지를 주워서 쓰레기통에 버려달라는 황당한 요구에도 행인 대다수가 경찰관의 지시를 따른다고 한다. 의사와 경찰관이 가진 사회적인 권위 때문이다. 만약 승무원들이 배 위 혹은 지하철 안에서 자신에게 부여된 권위와 그 무게를 알고 있었더라면 피해는 훨씬 작아질 수도 있었을 것이다.

상황의 위급성을 연기나 불꽃이 아닌 '다른 사람의 행동'을 통해 인지하는 인간의 속성도 피해를 키우는 요인이다. 행여 호들갑스러운 사람으로 오해받을까 봐 위험을 직감하고도 도망가기는커녕 일단 주변 사람들의 눈치부터 살핀다. 예를 들어 일반적인 상황에서는 누군가가 살려달라고 크게 외치는 경우, 무려 70%에 달하는 사람들이 소리가 나는 장소로 달려갔다. 하지만 그 전에 "그 어떤 말에도 신경 쓰지 말고, 아무런 반응도 하지 말라"는 지시를 받은 몇몇이 군중 속에 섞여 있을 때는 결과가 확연히 달라진다. 누군가의 비명이나 절규를 들었음에도 단 7%의 사람들만이 도움을 주기 위해 소리가 난 장소로 달려갔다.[1] 누군가의 위험을 직감하고도 아무런 반응을 보이지 않는 다른 사람의 눈치를 살피느라 즉각적인 대응을 하지 못한 것이다. 재앙의 시작은 물이나 불과 같은 자연일지 몰라도 화를 키우는 건 결국 인간인 셈이다.

이런 사실을 고려한다면 **상황에 지배를 당하는 인간의 무기력함은 근본적으로 남을 의식하는 본성으로부터 기인하는 것이나** 다름없다. 그도 그럴 것이 우리는 모두 입으로는 남의 시선 따위는 전혀 신경 쓰지 않는다고 말하지만 실제로는 그렇지 못한 편이다. 자신의 이마에 'E'자를 써보라는 요구에 어떻게 반응하는지만 보더라도 그렇다. 무려 70%가 넘는 사람들이 상대방의 시선에서 'E'자가 보이도록 썼다. '타인이 나를 보는 방식'으로 자신을 보는 것에 익숙해져 있다는 사실을 시사해준다.[2]

앞서 소개한 지하철에서의 에피소드 역시 마찬가지다. 소녀에게 돈을 건넨 건 분명히 나의 손이었지만 그 손을 움직이게끔 만든 건 나를 둘러싼 주위 다른 사람들의 시선이었다. 물론 그런 외통수 같은 상황을 만들어낸 건 모두 철저히 계획되고 계산된 소녀의 작품이었지만 말이다. 전동차에 오르자마자 남다른 당당함으로 사람들의 시선을 모두 자신에게 모았고, 그렇게 모은 시선들을 일순간 나에게로 떠넘겨버렸다.

그런 방식으로 나를 상황 속에 가두어버리고는 끝내 무기력한 존재로 전락시켜 버렸다. 순순히 지갑을 열도록 일종의 최면을 건 것이다.

그녀가 특별한 것은 스스로 혼자가 되어 군중과 대립적인 구도를 형성하는 다른 걸인乞人들과는 무척 차별화된 전략을 사용했다는 사실이다. 소녀는 나를 군중으로부터 떼어냈고, 정작 자신은 군중과 같은 편이 됐다. 정작 혼자이었어야 할 소녀가 군중 속에 숨고, 군중에 묻혀야 했던 나를 오히려 군중과 대립하도록 상황을 조작한 것이다. 소녀는 당황해하는 나의 표정도 놓치지 않았다. 마치 때를 기다렸다는 듯이 공손한 인사를 건네며 마지막 쐐기를 박았다. 만약 그러고도 소녀에게 답례하지 않는다면 나는 천하에 둘도 없는 파렴치한으로 낙인이 찍히고 말았을 것이다. 그런 맥락과 전후 사정을 이미 파악한 나로서는 그냥 몇 푼 줘서 보내는 게 여러모로 덜 피곤한 방법이었다. 소녀가 쳐둔 '상황의 올가미'에 꼼짝없이 걸려든 게 분명하지만 따지고 보면 타인의 시선에 집착한 나의 덫에 내가 스스로 걸려든 것이다.

타인을 의식하는 습관은 곧 군중심리로 이어진다. 남을 신경 쓰는 본성이 인간을 따라쟁이로 만든다는 뜻이다. 예컨대 옆에 있는 누군가가 하품을 해대면 졸리지도 않은데도 괜히 따라서 하품을 하게 된다. 어딘가에 사람들이 몰려있으면 아무 영문도 모른 채 덩달아 줄을 서보기도 한다. 대학교에 처음 들어왔을 때만 해도 그렇게 하고 싶은 게 많았던 학생들도 정작 졸업할 때가 다가오면 꿈이 다 비슷비슷해진다. 현실을 직시한 까닭이기도 하지만 스스로 확신이 서지 않은 이유도 무시할 수 없다. 그런 학생들이 다른 학생의 결정을 따라 하면서 나타난 현상이라는 뜻이다.

군중심리에 쉽게 휩쓸리는 건, 인간이라면 누구나 다른 사람을 의식하기 때문이다. 그래서 때로는 불합리한 상황을 지켜보고도 애써 눈과 귀를 닫고, 입마저도 꽁꽁 틀어막는다. 누군가로부터 가해지는 횡포와 그로부터 고통받는 피해자를 목도目睹하고도 못 본 척 외면해버리는 것이다. 분명 잘못된 일이라는 걸 알면서도 혼자서는 어쩔 도리가 없기에 본능적으로 상황을 덮어버리게 된다. 적당히 분위기에 묻어가는 게 모두에게 이롭다고 생각하기 때문이다. 그게 사회에서 이야기하는 합리성과 사회성에 더욱 부합하는 처신이라고 믿는다.

하지만 비겁함도 여럿이서 뭉치면 용기로 거듭난다. 하얀 도화지 위에 찍힌 단 하나의 점點은 아무런 의미도 가지지 못하더라도 점이 두 개가 되면 '방향'이 되고 셋이면 '흐름'을 만들어내듯이 말이다. 인간도 마찬가지다. **혼자서는 아무것도 할 수가 없는 무기력한 존재일지 몰라도 둘이면 뜻을 이루고 셋이 뭉치면 하나의 움직임을 만들어낸다.** 단 세 사람이 하늘을 올려다보는 것만으로도 길을 오가는 사람들 모두의 시선을 하늘로 향하도록 만들 수가 있다. 차마 입 밖으로 꺼내기조차 힘들었던 이야기조차도 세 사람의 입을 빌리면 사회에 경종을 울리는 하나의 캠페인으로까지 발전한다. 흔히 '3의 법칙The Rule of 3'으로 불리는 집단 영향력의 효과다.

"나무가 춤을 추면 바람이 불고, 나무가 잠잠하면 바람도 자오"

암울했던 시기, 윤동주는 자신의 시를 빌려 젊은이들에게 희망을 전하고자 했다. 조금 더 정확히 표현하면, 청년들에게 스스로 행동하기를 주문했다. 세간의 상식이나 통설적인 인과관계로는 도무지 이해하기가 힘든, 주체와 객체가 완전히 전도된 역설적인 표현을 통해서 말이다.

그의 표현에 따르면, 나무는 바람이 불어서 춤을 추는 종속적인 존재가 아니다. 나무가 춤을 추었기에 비로소 바람이 불어오는 아주 주체적이고 능동적인 존재다. 그가 시에서 말한 '바람' 역시 자연현상으로서의 '바람Wind'이 아니다. 사회를 움직이는 하나의 의미 있는 현상으로서의 '바람Movement'으로 해석해야 비로소 그 의미를 이해할 수가 있다.

시인 윤동주가 청년들에게 전하고 싶었던 메시지는 복잡하지 않다. 무더위를 식혀줄 시원한 바람을 기대한다면 가만히 기다리지만 말고 스스로 나무가 되어 먼저 바람을 일으키라는 당부다. 개개인의 작은 행동들이 모여서 바람을 일으키고, 종국에는 세상을 바꾸어간다는 아주 단순한 진리를 이야기한다. 현대에 들어서야 연구를 통해 사실로 밝혀진 이야기를 그는 이미 오래전부터 알고 있었던 모양이다. 주체적이고 능동적인 인간마저도 무기력한 존재로 만들어버리는 게 상황이라고는 하지만, 그런 상황을 반전시키는 것 또한 '3의 법칙'으로 불리는 집단 영향력과 그것을 만들어내는 인간이라는 사실을 말이다.

02
공간에 몸을 맞추는 인간

비록 군중에 종속되어 상황의 지배를 받는 존재이기는 하나 우리는 그런 상황마저도 유리한 방향으로 바꿀 수 있는 지혜를 가졌다. 누군가 망상에 시달리면 '정신이상'이지만 다수가 망상에 빠지면 '종교'가 된다는 것을 알기에[3] 우리는 길이 아닌 곳조차 사람들이 지나도록 만들 수 있음을 확신한다. 단지 사람들이 반복해서 지나도록만 만들어도 길은 저절로 생겨난다. 마치 산속에 새겨져 있는 수많은 등산로처럼 말이다.

하지만 현실에서는 정반대다. 아무런 이유도 명분도 없이 사람들이 험한 곳을 길 삼아 지나갈 리 없다. 대가 없이 스스로 험로險路에 앞장설 동기는 없다. 그들을 움직이는데 필요한 돈이나 노력으로 차라리 작은 오솔길이나마 길을 내는 게 더욱 현명할 수도 있다. **인간의 행동을 유도하고 변화시키는 수단으로 '상황'보다 '공간'이 더욱 효율적일 수 있다.**

물론 누군가는 의견을 달리할 수도 있다. '공간'보다는 '상황'이 인간의 행동을 변화시키거나 유도하는데 훨씬 효과적이라고 생각할 수도 있다. 한때 애플의 감성이 삼성의 기술을 압도해가던 모습만 보더라도 그렇다. 마찬가지 이치로 하드웨어적인 '공간'보다는 소프트웨어적인 '상황'이 인간의 행동을 제어하는 데 더욱 효과적일 수도 있는 것이다.

하지만 이 같은 추론은 한 가지 중요한 사실을 빠뜨리고 있다. 소프트웨어가 제공하는 훌륭한 경험이나 가치도 하드웨어 없이는 모두 무용지물에 불과하다는 사실이다. 제아무리 유용한 앱이나 프로그램도 실행할 스마트폰과 컴퓨터 없이는 아무런 쓸모가 없듯이 말이다. 같은 이치로 뛰어난 상황도 공간이라는 물리적인 기반 없이는 존재 자체가 불가능하다. 공간은 특정한 상황을 만들어내는 반면, 상황은 그 자체로 공간을 창출할 수가 없기 때문이다. **무엇보다 '상황'의 지배를 받는 인간이 직접 몸을 부대끼며 살아가는 곳은 결국 물리적인 환경으로서의 '공간'이다.** 인간을 통제하고 제어하는 데 있어서 공간이 상황보다 더 유용한 이유다. 마치 여기에 동조라도 하듯이 한때 뒤처져 보이던 삼성도 최근에는 오히려 애플을 압도해나가는 모습이다.

행동을 제어하는 공간의 위력은 도시 계획에서도 충분히 엿볼 수 있다. 도로와 학교, 공원을 비롯한 도시를 구성하는 요소들 대부분이 인간의 행동이나 생활 등을 토대로 그 위치와 모양, 크기 등을 정하기 때문이다. 심지어 공원에 설치된 벤치나 나무 한 그루조차 그늘의 위치에 따라 달라지는 사람들의 휴식 방식을 고려하여 계획된 것들이다. 동네 놀이터에 마련된 엄마들의 휴식 공간 역시 마찬가지다. 그 위치에 따라 아이들이 노는 방식이 달라지는 것을 고려해 만들어졌다. 대리석이나 콘크리트, 물, 유리를 비롯한 각종 무기물의 조합에 불과한 '도시'가 계획과 디자인을 통해 하나의 '사회적인 공간'으로 탈바꿈해가는 것이다.[4]

각종 건축물을 디자인하는 건축 설계 역시 마찬가지다. 그들이 다루는 건 우리가 흔히 생각하듯이 단순한 3차원의 물리적인 영역으로서의 '공간Space'이 아니다. 경험과 시간, 문화, 가치관 등이 종합적으로 고려된 하나의 맥락 있는 공간으로서 '장소Place'를 만드는 게 주된 과제다. 그리고 그런 맥락 안에는 매우 중요한 생각이 녹아들어 있다. **장소가 달라지면 나쁜 쪽이든 좋은 쪽이든 사람도 함께 달라진다는 믿음이다.**[5] 이러한 믿음 때문에 모든 건축물의 설계와 기획은 인간과 공간의 관계성에 근거하여 이루어진다.

인간과 공간의 관계를 설정하는 데 있어서 건축 계획이 흔히 사용하는 요소는 다름 아닌 '형태'다. 건물과 사물, 그리고 각종 공간의 모양을 이용하여 사람들의 행동을 제어한다는 뜻이다. 실제로 사람들은 공간의 모양이나 생김새에 따라 한곳에 모이기도 하고 뿔뿔이 흩어지기도 한다. 어린 시절 우리를 설레게 했던 소풍날의 기억을 되살려보면 이해가 빠르다. 주의사항 전달이 끝나고 점심시간이 되면, 아이들은 일제히 크고 널찍한 바위를 찾아 제각기 기어오른다. 그리고는 각자 엉덩이를 땅에 붙인 채로 도시락을 꺼내어 펼친다. 이때 아이들이 앉아있는 모습은 그야말로 제각각이다. 어떤 친구와는 서로 마주 앉은 채로, 또 다른 친구와는 등을 맞댄 채 밥을 먹는다. 이런 모습은 울퉁불퉁하고 불규칙한 모양의 바위 때문이다. 네덜란드 건축가 알도 반 아이크Aldo Van Eyck의 다이어그램이 말하는 바도 이와 다르지 않다. 인간 스스로 공간을 장악하고 이를 조정해나간다는 믿음이 무색해진다.

공간과 사물의 모양에 따라 사람들의 자세나 방향 등이 달라지는 건 인간의 신체 구조상 그렇게 몸을 움직이는 게 훨씬 편하기 때문이다. 불편함을 해소하고 편안함을 극대화하는 방향으로 행동과 자세를 취한다. **사물의 형태가 인간의 행동을 제어하는 데 아주 효과적인 수단임을 시사한다.**

알도 반 아이크의 다이어그램

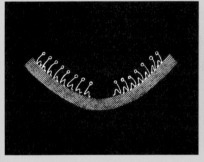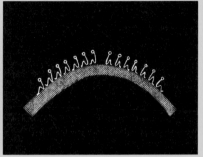

가운데가 오목하게 가운데가 움푹 파진 공간에서 사람들은 가운데를 향해 마주 보고 앉는다. 아무도 그렇게 앉도록 강요하지도 않았는데 말이다. 반대로 가운데가 볼록 튀어나온 공간에서는 서로 등을 맞대고 앉는다. 단지 공간의 모양을 손보는 방법만으로도 서로 친하지 않은 사람들을 마주 보게 만들고 애틋한 연인조차 등을 돌리게 한다. [그림 출처 : 와이번스 스토리(wyvernsstory.tistory.com)]

　그 유용성이나 효용성에 대해서는 굳이 의문을 가지지 않아도 된다. 우리 주변에서 흔히 볼 수 있는 전통 고택이나 한옥을 통해서도 이미 검증된 부분이기 때문이다. 일례로 경복궁의 정문을 숭례문崇禮門이라고 칭할 정도로 예의를 중시한 우리 선조들은 생활 속에서도 예를 잃지 않기 위한 노력을 많이 기울였는데, 여기에는 건물의 구조도 한몫 담당했다. 조선시대 중등 교육기관으로서 제사와 강학講學을 담당했던 서원과 향교가 대표적이다. 내삼문內三門 앞 계단을 급한 경사와 좁은 폭의 디딤판으로 만들어 둔 것은 사람들이 성큼성큼 걷지 않고 천천히 조심스럽게 걸어가도록 유도하기 위함이었다. 내부로 통하는 문들이 모두 좁게 만들어진 것도 나름의 이유를 가진다. 휘적휘적 활개를 치면서 걸어 다니지 못하도록 제약하기 위함이다. 문의 높이를 낮게 해둔 것 역시 비슷한 이유다. 고개를 바짝 쳐든 채 위풍당당하게 걷지 못하도록 강제하기 위함이었다고 전해진다.

예의를 잃지 않으려는 노력은 가옥의 구조에도 영향을 미쳤다. 양반집 안채의 안방 문이 윗방의 그것보다 작게 만들어진 게 대표적인 예다. 안방을 드나드는 사람들에게 어른이 계신 곳이니 고개를 숙이고 예를 갖추라는 무언의 메시지를 전달하기 위해서다. 추운 겨울날 찬바람을 적게 받도록 하여 방안의 열기를 보호하기 위함이었다는 의견도 있다. 하지만 겨울철 찬바람이 비단 안방에만 불어닥치는 게 아니라면 설득력이 부족하다.

선대가 만든 문화유산을 그대로 물려받은 우리로서는 무엇이 진실인지는 알기가 힘들다. 분명한 것은 전통 한옥이 주는 불편함에는 다 이유가 있다는 사실이다. 굳이 문지방을 높여 드나들기에 거치적거리게 만들어둔 것도, 하인들이 기거하는 방을 굳이 높이 올려둔 것도, 심지어 서로 연결되는 대청마루와 툇마루의 높이를 서로 다르게 만들어놓은 것조차 말이다. 단지 우리가 눈치를 채지 못했을 뿐 이 모든 것들에는 사람들의 특별한 행동과 태도를 유발하기 위한 모종의 목적이나 의도가 숨겨져 있다.[6]

현대의 건축물도 예외는 아니다. **과거의 공간 조작이 관습이나 예의에 맞게 행동하도록 신체적인 제약을 가하는 데 초점을 맞추고 있었다면, 오늘날의 공간 조작은 그 목적이 이전보다 더 다양해졌을 뿐이다.** 건물을 만드는 목적이 단지 자연으로부터 우리의 몸을 보호하고 생활을 영위해나가기 위한 기본적인 기능에서 벗어나 훨씬 다채로워졌기 때문이다. 공간을 이용하는 사람들을 상대로 자신에게 유리한 물리적 혹은 심리적인 상황을 부여해야 하는 건물주로서는 저마다의 이용 목적에 부합하는 공간 조작기법에 골몰할 수밖에 없다.

이러한 추세를 반영하듯 최근에 지어지는 건물들은 기본적으로 설계 단계에서부터 이미 공간 조작을 염두에 두고 건축 계획을 수립한다. 특히 관심을 두는 분야는 쇼핑센터를 필두로 한 상업용 건축물이다. 적지 않은 돈을 투자한 소매업체로서는 정해진 공간 안에서 최대한의 수익을 창출해내야 하는 부담감을 가지고 있기 때문이다. 억지로나마 사람들을 원하는 방향으로 움직이게끔 만들고, 그들의 행동 하나하나까지 통제할 필요성이 절실해진다. 그 어떤 건물들보다 공간 효율성이 중요한 장소일 테니 말이다.

쇼핑센터를 비롯한 각종 상업 공간을 흥미롭고 가치 있게 만드는 건 분명히 사람이다. 하지만 이들을 유인하고 발걸음을 멈추게 만드는 건 매장의 형태와 이를 계획하는 공간 기획가의 역할이다. **판매 공간만 잘 활용하더라도 소비자의 눈을 사로잡고 스스로 지갑을 열도록 만들 수 있다는 뜻이다.** 단지 카지노 슬롯머신을 정교하게 배치하는 것만으로도 돈을 잃고 있는 사람에게 마치 따고 있는 듯한 착각을 불러일으킬 수가 있듯이 말이다. 자그마한 바위 하나와 슬롯머신, 나무 몇 그루와 벤치조차도 사람들의 마음과 사람들 간의 관계, 개개인의 특정한 자세를 유도해낼 힘을 가졌는데 쇼핑센터라고 해서 고객의 몸과 마음을 움직이지 못할 이유는 없다. 매장 공간에도 공간 기획가의 영리한 머리와 기획력이 필요한 이유다. 설령 그것이 인위적인 조작일지라도 말이다.

공간 계획의 핵심은 사람들의 움직임

강남구 신사동 번화가 뒷골목에는 닭을 풀어놓고 키우는 가게가 있다. 낮에는 밥을 팔고 저녁에는 술을 파는, 어디서나 쉽게 볼 수 있는 일반적인 스타일의 식당 겸 술집이다. 닭은 마치 이곳의 주인이라도 되는 것처럼 낮이건 밤이건 손님들이 앉은 테이블 사이를 헤집으며 텃세를 부린다.

재미있는 건 닭의 이름이다. 사람들은 닭을 가리켜 모두 '반반'이라고 불렀다. 혹시 키우다가 나중에 '양념 반, 후라이드 반'으로 만들 요량으로 그리 지었나보다 생각했다. 하지만 주인장의 설명은 달랐다. 그냥 얼굴이 '반반'해서라고 한다. 내가 보기엔 별 특별할 것 없이 그저 평범한 닭으로밖에 보이지 않는데 말이다.

한 번은 야외 테이블에 앉았는데, 다른 테이블에 있던 누군가가 피우던 담배를 불도 끄지 않은 채 땅에 버린 적이 있다. 때마침 먹이를 찾아서 어슬렁거리던 닭이 덥석 집어문다. 아마도 벌레로 착각했던 모양이다. 하지만 이내 머리를 요동치며 괴성을 쏟아낸다. 담배꽁초를 필사적으로 내뱉고는 고통을 이기지 못한 채 그 자리에서 몇 바퀴를 빙빙 돈다. 겨우 정신을 차린 닭은 그것도 잠시뿐, 자신이 뱉어놓은 담배꽁초를 또다시 덥석 집어문다. 그 후에 벌어진 일은 아까와 같다.

닭이 담배꽁초를 포기한 건 똑같은 과정을 세 번 정도 반복하고 나서다. 닭에게는 고통이었을지 몰라도 우리에게는 깨달음을 얻게 한 의미 있는 시간이었다. 닭은 세상에는 뜨거워서 먹지 못하는 벌레가 있다는 사실을 인지하게 되었고, 나는 왜 머리가 나쁜 사람을 '닭대가리'라고 부르는지 알게 됐다. 그리고 거기에 있었던 사람들 대부분이 왜 닭의 이름이 반반인지 어림짐작으로나마 이해할 수 있게 됐다. 주인의 설명대로 얼굴이 반반해서가 아니었다. 머리가 나빠서다. 뇌의 크기가 다른 닭의 '반의반' 밖에 되지 않는다는 뜻에서 '반반'이 확실했다.

우리가 가진 일반적인 편견이나 오해와 달리 닭은 제법 똑똑한 동물에 속한다.• 상대적으로 작은 크기의 머리를 고려하면, 그 어떤 동물보다 효율적인 뇌를 가졌다고 한다. 머리 크기에서 닭과 별 차이가 없는 물떼새와 청둥오리, 찌르레기 등도 동료들과 멋진 군무를 펼칠 만큼 영리한 새들에 속한다. 개체 간에 특별한 의사소통 없이도 완벽하게 호흡을 맞추며 창공을 날아오른다. 비결이 있다면 그저 세 가지로 압축되는 본능적인 규칙들뿐이다. 주변 개체들과 너무 가까워지지 않도록 방향을 트는 '분리'와 주변 개체들과 같은 방향으로 비행을 유지하는 '정

• 해외의 여러 연구에 따르면, 닭은 우리가 생각하는 것과 달리 실제로는 무척 똑똑한 동물이라고 한다. 닭의 울음소리는 총 24가지로 구분되는데, 울음소리를 통해 서로 소통하는 것으로 알려져 있다. 흥미로운 건 주위 환경에 따라 닭의 반응이 서로 다르다는 사실이다. 예컨대 암탉과 함께 있는 수탉은 포식자를 발견했을 때 경고음을 발산하지만, 주변에 수탉만 있는 경우에는 울음소리를 내지 않는다. 경쟁 관계에 있는 다른 수탉들이 잡아먹히면 오히려 자신의 생존에 도움이 된다고 생각하기 때문이다. 실제로 닭은 포유류나 영장류와 비슷한 사고력을 지니고 있으며, 대략 7세 아이 정도의 유추력을 가지고 있다고 한다. 숫자에 대한 개념도 있어서 간단한 연산이 가능하며, 혼자서 엘리베이터를 타고 집으로 찾아올 수 있을 정도로 기억력도 좋은 편이라고 알려져 있다. 다른 동물에 비해 상대적으로 작은 머리의 크기를 고려한다면, 결코 머리가 나쁘다고 말하기 힘들 정도다. 오히려 뇌의 효율성을 따지면 월등히 높은 편이다.

합', 그리고 주변 개체들과 평균적인 위치를 유지해가며 이동하는 '응집' 말이다. 이 단순한 약속에 따라 수천 마리의 새들이 흩어졌다가 다시 모이기를 반복하면서 일사불란하게 하늘을 가른다.[7]

따지고 보면 인간의 움직임도 새들과 크게 다르지 않다. 물론 거리를 오가는 사람들은 대체로 어디로 나아갈 것인지를 먼저 결정한 다음, 그곳을 향해 똑바로 걷는다.[8] 하지만 대형 쇼핑센터에서처럼 딱히 목적지가 정해지지 않은 장소에서는 조금 다른 모습이다. 마치 당나귀처럼 이리저리 갈지자를 그리기도 하고, 간간이 빈둥거리기도 한다. 때로는 그늘을 찾아서 경로를 이탈하거나 혹은 마주 오는 사람을 피해 조금 돌아서 가기도 한다. 결과를 예측해가며 이성적으로 걷는 거리의 보행자와는 대조적으로 쇼핑센터에서 사람들은 오직 본능에만 의지한 채 발걸음을 옮긴다.

새들의 군무와 양들의 움직임

새들은 서로 간에 의사소통의 수단도 없고 그럴 시간도 없어 보이는데 아무런 비행계획이나 중앙통제도 없이 완벽하게 호흡을 맞추며 멋진 군무를 펼친다. 목장에서 양들이 떼를 지어 움직이는 것 또한 마찬가지다. 단 한 마리의 낙오도 없이 무리를 따라 목적지를 향해 일사불란하게 이동해간다. [그림 출처 : 서울신문(seoul. co.kr), 트래블조선(travel.chosun.com)]

아무런 목적 없이 길을 걷는 사람의 움직임은 그야말로 무작위 행보를 보이는 '랜덤워크Random Walk'다. 수학적으로 표현하면 시간에 따른 편차의 평균은 0이지만 분산은 시간에 비례하여 증가하는 모습이라고 말할 수 있다.[9] **앞뒤로 움직일 확률은 똑같더라도 시간이 흐를수록 개개인의 보행 경로는 매우 다양해진다는 뜻이다.** 당연히 공간의 범위가 넓어질수록 그런 경향은 더욱 강해진다. 그 누구도 사람들의 이동 경로와 목적지를 예측하기 힘들 정도로 각자 제멋대로 움직인다는 뜻이기도 하다.

하지만 움직이는 공간의 범위를 일정 수준 이내로 제한했을 때는 결과가 조금 다르게 나타난다. 이런 경우에 관찰되는 인간의 움직임은 마치 군무를 추는 새들과도 다르지 않다. 각자 정해진 규칙이나 목적지가 주어지지 않아도 사람들이 향해가는 방향은 대략 엇비슷한 편이다. 주변 사람들을 따라 무의식적으로 걸어가기 때문이다. 사전에 그 어떤 모의나 의사소통도 하지 않았음에도 마치 암묵적인 약속이라도 한 듯이 서로 부딪히지 않게 상호작용하면서 조심스레 같은 방향을 향해 길을 걷는다.

이 같은 사실은 실제 영국의 리즈대학교University of Leeds 연구팀의 실험을 통해서도 이미 증명됐다. 일정한 넓이의 실내 공간에 사람들을 모아놓고 주변 사람들과 아무런 말이나 제스처도 나누지 말고 그냥 걸어보라고 주문한 것이다. 그랬더니 사람들 대부분이 몇몇 소수의 사람을 따라서 무의식적으로 걸어가는 현상이 관찰됐다. 물론 다수를 이끈 소수는 이미 실험이 시작되기 전에 연구팀으로부터 어느 방향으로 걸어갈지 미리 지시를 받은 사람들이었다. **인간들 역시 양이나 새들처럼 소수의 개체를 무의식적으로 따라가면서 무리를 형성한다는 사실을 유추해볼 수 있는 대목이다.**

길을 걷는 과정에서 보행자가 보이는 이러한 동조 현상은 다른 사람의 보행에 방해되지 않기 위한 목적이 크다. 하지만 더욱 중요한 이유는 자신의 편의성을 위해서다. 언제 튀어나올지 모르는 위험과 장애물, 그리고 반대 방향에서 걸어오는 다른 보행자와 직접적인 마찰을 피하기 위해서는 앞서가는 한 명을 임의로 선택한 다음, 그를 뒤따라 걷는 게 가장 효과적이기 때문이다.

　동조 보행은 통행 시간을 아끼는 데도 효과적이다. 실제로 사람들이 모두 정해진 규칙에 따라 걸어갈 때 길이 막힐 확률은 현저히 낮아지는 편이다. 물론 보행자의 밀도가 일정 수준 이상으로 높아지는 곳에서는 제멋대로 걸어가는 무법자의 존재가 오히려 통행의 속도를 빠르게 만든다는 연구 결과도 있다. 하지만 분명한 것은 정보를 지닌 단 5%의 사람들이 200명이 넘는 일반 군중의 진행 방향에 영향을 미친다는 사실이다. 군중에 속하는 나머지 95%는 자신도 모르는 사이에 그저 무리에 끼어서 따라 갈 뿐이다.[10]

　사회적인 동물인 인간이 무리를 따라서 이동하는 건 결코 이상한 일이 아니다. 실제로 우리는 그것이 물리적인 길이든 인생의 경로이든 다수가 가는 길을 올바른 길이라고 믿고 있다. 아무런 고민이나 의심도 없이 그 길을 자신이 가야 할 길로 받아들이기도 한다. 때로는 지지율이 높은 후보를 특별한 이유도 없이 추종하기도 하고, 다수가 좋아하는 브랜드와 상품을 맹목적으로 선호하기도 한다. 자연히 유행이 생겨나고, 그런 유행에 적극적으로 동참하려는 심리가 실제 소비로까지 연결된다. 흔히 이야기하는 '밴드웨건Bandwagon' 효과다. 또래 집단에 소속된 구성원으로서 동질감을 느끼기 위한 모방 소비라든지 사회적으로 문제가 되는 각종 투기 행위 등이 대표적인 사례다.

흥미로운 것은 그런 모방적인 소비도 상품을 가려서 나타난다는 사실이다. 모든 상품이 유행이나 동조 구매의 대상이 되지는 않는다는 의미다. 최근에 유행했던 몇몇 상품들을 떠올려보자. 예컨대 패딩이나 셔츠는 일시적으로 선풍적인 인기를 누리지만 양말이나 속옷이 크게 유행한 적은 없다. 자동차와 치약 역시 마찬가지다. 거리를 누비고 다니는 자동차와 달리 치약은 대부분 욕실 귀퉁이에 처박혀 있거나 수납장 안에 숨겨져 있기 때문이다. 마찬가지로 패딩이나 셔츠는 다른 사람들 눈에 잘 띄더라도 속옷이나 양말은 남들이 보지 못하는 안쪽에 숨겨져 있다. **사람들에게 노출되어 관찰하기 쉬운 상품일수록 동조 구매가 일어날 가능성이 크다.**

실제로 자동차는 관찰 가능성에 따라 판매량에 큰 차이를 보인다. 자가용 통근자가 많은 로스앤젤레스와 지하철 통근자가 많은 뉴욕이 대표적인 비교사례다. 길거리에서 자동차를 볼 수 있는 기회가 상대적으로 적은 뉴욕보다는 그런 기회가 많은 로스앤젤레스에서 자동차 판매량은 훨씬 더 많다. 날씨도 마찬가지다. 마이애미처럼 날씨가 맑고 화창한 도시일수록 자동차 판매량은 많다. 시애틀처럼 비가 자주 오는 도시보다는 아무래도 이웃이 어떤 자동차를 타는지 볼 수 있는 기회가 훨씬 더 많기 때문이다. 로스앤젤레스나 마이애미처럼 자동차를 관찰할 가능성이 큰 도시일수록 주변 사람들의 영향을 받아 자동차를 선택하게 되는 경향이 높게 나타난다.[11]

제품이 가진 속성이나 기능처럼 그 자체의 경쟁력도 무척 중요하지만 어떤 상품이 대중으로부터 인기를 얻느냐 마느냐는 결국 '관찰의 가능성'이 결정한다. 그리고 관찰의 가능성은 곧 물리적인 '노출'을 의미한다. 남성들로부터 인기가 많은 여성이 화장실을 자주 가는 것 역시 노출의 효과를 극대화하기 위해서다. 단순히 상대방과 접촉하는 횟수를 늘리기 위한 목적도 하나의 노림수지만 상대를 기다리게 한 다음, 웃는 얼굴로 서로를 마주하면 마치 다시 만난 듯한 새로운 느낌을 가져다주기 때문이다. 갑돌이와 갑순이가 서로 좋아하게 된 것도 따지고 보면 둘 다 같은 마을에 살았기 때문이다. 물리적인 근접성이 가져다준 반복 노출의 결과라는 뜻이다. 자주 만나는 사람에게 좋은 감정이 생기는 건 인간으로서는 어쩔 수 없는 현상이기 때문이다.

그런 호의적인 태도는 비단 사람을 대상으로만 생겨나는 것은 아니다. 견물생심見物生心이라는 말이 생겨날 정도로 생명이 없는 물건들 역시 자주 보다 보면 관심이 생겨나게 마련이다. 종국에는 없던 욕심까지도 불러일으키게 된다. 최근 온라인 포털사이트가 보여주는 행태가 그렇다. 무언가를 검색하기만 하면 그와 관련된 상품들을 화면 어딘가에 계속해서 반복적으로 노출해댄다. 사이트에 들어갈 때마다 포기하지 않고 꾸준히 보여준다. 처음에는 못 본 척 무시하다가도 자꾸 보다 보면 구매의 필요성이 느껴지기도 한다. 그러다 보면 언젠가는 제품을 구매하게 되는 것이다.

이렇듯 상품을 판매하는 데 있어서 노출은 그야말로 절대적이다. 그리고 노출의 주체는 늘 '상품'이고, 객체는 '사람'이 된다. 하지만 현실에서 노출의 주체는 아이러니하게도 '상품'이 아닌 '사람'이다. 노출해야 할 목적물은 분명히 '상품'이지만 노출을 위해 움직여야 하는 건 상품이 아닌 '사람'이기 때문이다. 그도 그럴 것이 상품이 생명체가 아닌 이상 고객이 움직일 때마다 뛰어나가서 호객행위를 할 수도 없는 노릇이다. 상품이 다가가는 건 불가능하고, 고객이 다가오게끔 만드는 게 유일한 방법이다. **매장 공간을 계획하고 구성할 때 고려되어야 하는 가장 중요한 요소가 고객의 이동이나 흐름의 방향인 이유다.** 매장과 동선 간의 상호연관성을 찾아내어 이를 유기적으로 엮어내는 게 쇼핑센터에서 말하는 공간 계획의 핵심이 된다.

그런 점에서 공간 계획은 독일의 건축가 볼프강 마이젠하이머Wolfgang Meisenheimer의 표현대로 '공간의 안무按舞'와 다름없다. 제멋대로 마구 옮겨 다니거나 혹은 앞사람을 따라서 고분고분 움직이는 인간의 속성을 바탕으로 건물이라는 영역을 새롭게 해석하고, 지금까지와는 다른 완전히 새로운 공간으로 재탄생하도록 만드는 과정이라는 뜻이다. 공간 기획가의 시각에서 보면 건물은 그저 내부에 있는 사람들이 이리저리 몸을 움직일 수 있도록 해놓은 하나의 공간적인 장치에 불과할 테니까 말이다.

안내나 대피를 위해 건물마다 1층 로비에 비치해놓은 평면도 역시 마찬가지다. 언뜻 보면 단위 공간들의 조합과 그 연결을 표현한 듯해도 결국은 내부에서 움직이는 사람들의 양상과 그 가능성을 보여주는 그림에 가깝다.[12] 평면 계획은 유효공간의 배치와 동선 체계에 대한 조정 과정이라는 표현이 딱 들어맞을 정도다. 심지어 르꼬르뷔제Le Corbusier는 건축이 곧 '동선'이라고까지 말했다. 그만큼 공간 계획에서는 사람들의 움직임을 가장 중요하게 생각해야 하고, 이를 늘 품고 있어야 한다는 의미다.

공간을 계획하거나 디자인하는 사람이라면 가장 먼저 시각적인 아름다움에만 집착하는 태도부터 버려야 한다. 단순히 디자이너Designer로서의 마인드에서 벗어나 **합리적인 계획에 기반한 플래너Planner의 자격을 갖추고, 종국에는 한 명의 안무가가 되어 공간을 폭넓게 바라볼 필요가 있다.** 쇼핑몰을 찾은 고객들과 그 안에 마련된 수많은 브랜드와 상품들을 대상으로 마치 안무를 짜듯이 전체적인 공간 계획을 만들어야 한다.[13]

당연히 쇼핑몰의 운영이나 영업에 관한 충분한 경험과 이해는 필수다. 무용수라는 직업에 대한 이해도가 높고, 함께 일하는 무용수 개개인에 대해 속속들이 잘 알고 있는 안무가가 훌륭한 안무를 만들어낼 수 있듯이 소매점과 소비자의 속성을 꿰차고 있는 사람만이 효율적이고 실효성 있는 공간 안무를 기획해낼 수 있다. 안무가로 성공을 거둔 사람들 대부분이 과거 무용수로 일했었다는 사실이 이를 방증한다. 관련 분야에서 풍부한 경험을 쌓은 사람과 협업을 통하면 성공적인 공간 계획으로 수렴해나갈 가능성이 커진다. 불편함을 강요할 게 아니라 고객들 스스로 존중받고 있음을 느끼도록 하면서, 나아가 소매업자의 이익까지도 모두 챙겨줄 수 있는 그런 합리적인 공간 계획 말이다.

단지 표현만 거창할 뿐 쇼핑센터 역시 본질과 밑바탕은 장사꾼에 불과하다. 그들이 행하는 모든 행동의 기저에는 물건을 많이 팔기 위한 목적과 의도가 자리하고 있다. 그렇다면 그들이 추구하는 공간 계획 역시 제품에 대한 판매 증대가 궁극의 목표일 수밖에 없다. 지금까지 아무 데서도 볼 수가 없었던 멋지고 독특한 공간을 연출하는 것도 중요하지만 최우선적인 고려사항은 뭐니 뭐니해도 영업이다. **아무리 아름답고 매력적인 디자인이나 공간 계획도 상품을 판매하는 데 도움이 되지 않으면 아무런 쓸모와 가치도 지니지 못하기 때문이다.** 공간 기획가가 연출해놓은 소매 공간에서 소비자가 유혹을 이기지 못하고 넘어갈 때 긍정적인 평가가 주를 이루게 마련이다. 그리고 그 중심에는 늘 사람들의 움직임을 유도하는 동선 계획이 자리를 잡고 있다. 모든 공간을 관통하는 전체적인 틀과 얼개를 이루면서 말이다.

자율을 선호하는 타율적인 인간

우리는 알고 보면 타율에 젖어 있다. 자신이 무언가를 직접 결정하고 실행하기보다는 누군가 그걸 대신해주기를 바라는 경향이 더 크다. 메뉴를 고를 필요 없이 알아서 차려주는 가정식 백반집을 선호하고, 아침마다 무엇을 입을지 신경 쓰는 게 귀찮아서 한결같은 옷차림을 고집하기도 한다. 국내의 한 은행에서 진행한 설문조사 결과가 이를 뒷받침한다. 은행 직원들에게 물었더니 유니폼 착용에 찬성한 여직원이 무려 67%에 달했다고 전한다. 사복으로 한껏 멋을 내어도 모자랄 젊은 여성들이 말이다.

이처럼 자율은 듣기에는 좋지만 현실에서는 그리 환영받지 못한다. 권리에 가까워 보이지만 사실은 의무와도 비슷한 무언가가 숨겨져 있기 때문이다. 예컨대 자율이 주는 기회는 누구에게나 동등할지라도 그 결과는 모두 다르다. 자율적으로 선택한 결과에 대한 책임이 본인에게 귀속된다는 사실을 알기에 그 권리가 마냥 좋을 수만은 없다. 그래서 인간은 스스로 자율적인 존재임을 애써 강조하면서도 결국에는 한낱 타율적인 존재에 지나지 않음을 직접 증명해낸다. "뭐 먹을래?"라는 누군가의 질문에 늘 "아무거나"라는 대답으로 일관하면서 말이다.

인간에게 그런 결정장애가 있다는 사실을 마치 알고 있었다는 듯이 최근의 쇼핑센터는 소비자로부터 자율성을 빼앗아가는 추세다. 이동 경로를 계획할 때 고객 스스로 경로를 선택하도록 만드는 게 아니라, 선택권 자체를 애당초 박탈해버린다. **쇼핑센터 입장에서 가장 유리한 단 하나의 경로만을 제시하고, 이를 고객이 받아들이도록 강제하는 것이다.** 이를테면 신세계에서 운영 중인 프리미엄아울렛이 대표적이다. 대부분 전체를 크게 한 바퀴 돌아서 순환하도록 동선을 구축해놓았다. 경쟁 회사인 롯데가 수직과 수평으로 다양한 경로를 제시해두고 있는 것과는 사뭇 다른 모습이다.

물론 더 심한 쇼핑센터도 있다. 마치 양몰이를 하듯이 아예 한길로만 소비자를 내모는 쇼핑몰 말이다. 이미 눈치를 챘겠지만 바로 이케아IKEA다. 입구와 출구를 각각 하나씩만 설치해놓은 동선 구조를 가진다. 누구나 같은 입구로 들어가서 똑같은 출구로 빠져나올 수밖에 없다. 관심

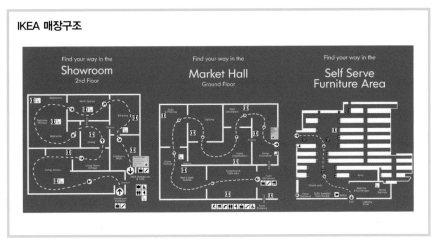

IKEA는 매장을 미로처럼 디자인한다. 입구에서 출구까지 길게 한 바퀴 돌아나가도록 동선을 계획하여 고객을 최대한 잡아두고자 노력한다. [그림 출처 : 핀터레스트(pinterest.co.uk)]

이 있든 없든 모든 상품을 훑고 난 다음에야 비로소 이 지긋지긋한 공간으로부터 해방될 수 있다.

소비자에게는 다소 불편한 구조다. 하지만 그들이 보기에는 긍정적인 면이 더 크다고 판단하는 모양이다. 가장 먼저 거론되는 것이 바로 고객이 매장 내에서 머무르는 시간이다. 평균 3시간 정도라고 알려져 있는데, 일반적인 구조의 쇼핑센터들보다는 압도적으로 긴 시간이다. 이유는 아직 정확하지 않다. 평소에 못 보던 쇼핑센터라 구경할 게 많아서인지 아니면 그들의 주장대로 복잡한 구조 때문인지 말이다. 하지만 모든 쇼핑센터를 통틀어서 가장 긴 체류 시간을 보이는 것만큼은 분명해 보인다.

늘어난 체류 시간은 매출액에도 영향을 미친다. 파코 언더힐에 따르면, 소비자가 쇼핑을 위해 상점에서 소비한 시간의 총량이 곧 그가 얼마나 많은 물건을 구매할지를 결정하는 가장 중요한 요소라고 했다. 실제로 어느 전자제품 매장에서 있었던 실험의 결과가 이를 증명한다. 상품을 구매한 사람들이(9분 29초) 구매하지 않은 사람들보다(5분 06초) 두 배가량 매장에 오래 머물렀다. 이는 장난감 매장에서도 마찬가지였다. 제품을 구매한 사람이 대략 17분을 머물렀던 반면, 그렇지 않은 사람은 약 10분가량을 머물렀을 뿐이다.[14] 이케아만의 독특한 매장 구조가 소비자의 체류 시간을 늘린 게 사실이라면, 매출액에도 긍정적인 효과를 미쳤을 가능성이 농후하다.

이케아의 복잡한 동선은 소비자의 체류 시간과 매출액을 늘려줄 뿐만 아니라 상품에 대한 노출도 극대화한다는 점에서 매우 긍정적으로 평가된다. 구매리스트에 없는 제품들까지도 억지로 구경해야 하다 보니, 충동적인 구매를 할 수밖에 없다. 런던대학의 앨런 펜Alan Penn 교수의 연구가 이를 증명한다. 마치 미로처럼 복잡하게 꼬여있는 이케아 매장을 걷다 보면 소비자는 자신도 모르는 사이에 원래 계획에 없던 상품들까지 수북하게 카트에 쌓아 올린다고 한다. 이케아 고객이 구매하는 제품들 가운데 무려 60%가량이 애당초 예정에 없던 것들이라고 연구는 밝히고 있다.[15]

다시 돌아가기 어려운 구조도 물건을 파는 데는 도움이 된다. 일단 매장을 지나친 다음에는 뒤늦게 구매의 필요성이 생기더라도 되돌아오기가 힘들기에 조금이라도 관심이 가는 상품은 일단 카트에 담아둘 수밖에 없다. 심리학에서 이야기하는 '심리적 반향Psychological Reactance'과도 관련이 있는 모습이다. 어떤 대상을 선택할 자유가 제한되거나 위협을 당하는 경우, 잃어버린 선택권을 되찾으려는 욕망이 매우 강하게 나타나는 현상 말이다. 쉽게 말해서 **마음대로 하지 못하게 억압할수록 오히려 그에 대한 욕구는 더욱 증가한다는 뜻이다.** 대상의 가치를 이전보다 더 높게 평가하게 되고, 그로 인해 매우 강한 소유욕을 드러내게 된다. 재물이든 사람이든 내 것이 아닌 것을 자꾸 탐하고, 이를 가지려고 욕심을 내는 사람들의 심리가 아마도 저런 게 아닐까 싶다.

이러한 심리를 극명하게 보여준 실험도 있다. 두 그룹의 사람들에게 각기 다른 5개의 초콜릿을 맛보게 한 다음, 선호도를 평가한 실험이다. 실험 방법은 이랬다. A그룹의 사람들에게는 총 다섯 개의 초콜릿을 하나씩 나눠주면서 매번 "이것은 당신에게 드리는 '다음Next Condition' 초콜릿입니다."라는 말을 건넸다. 하지만 B그룹은 조금 달랐다. 네 번째 초콜릿까지는 A그룹과 같은 방식이었지만 다섯 번째 초콜릿을 건넬 때는

"이것은 당신에게 드리는 '마지막Last Condition' 초콜릿입니다."라는 말로 변경했다. 결과는 어땠을까? 두 그룹 모두 똑같은 다섯 개의 초콜릿을 맛보았음에도 그에 대한 평가는 서로 다르게 나타났다.

똑같은 말과 함께 건넸던 첫 번째부터 네 번째 초콜릿까지는 두 그룹 간의 선호도에 통계적으로도 유의미한 차이가 없었다. 하지만 서로 다른 말로 건넸던 다섯 번째 초콜릿에서는 결과가 달랐다. A그룹에서는 6.26점에 불과했던 점수가 B그룹에서는 무려 2점이나 많은 8.18점을 기록했다. 다섯 번째 초콜릿이 가장 맛있다고 대답한 사람의 비율도 차이가 컸다. A그룹에서는 22%에 불과했던 비율이 B그룹에서는 무려 64%까지 치솟았다. 기회의 제한을 의미하는 '마지막'이라는 단어가 다섯 번째 초콜릿에 대한 긍정적인 평가를 강화했다는 설명이다. 이제는 초콜릿을 맛볼 수 없다는 사실이 피실험자들의 선호 체계를 완전히 뒤바꾸어 버렸다는 의미이기도 하다.[16]

심리적 반향은 마케팅 실무에서도 자주 활용되는 기법이다. 예컨대 극소수의 수량만 출시해서 판매하는 '한정판 제품'이 대표적이다. 소비자에게 제품을 마음껏 누리거나 함부로 살 수 없다는 메시지를 주어서 구매의 욕망을 키우고 자극하는 전략이다. 판매 수량을 정해진 개수에 묶어두고 소비자의 구매 기회를 제한하는 '한정 판매 행사' 역시 마찬가지다. 명품매장에서 흔히 볼 수 있는 '출입 고객 수 제한' 정책도 예외가 되지는 않는다. 매장이 전혀 혼잡하지 않은 데도 일부러 손님들을 바깥에서 기다리도록 만든다.

물론 브랜드 측에서 내세우는 명분은 따로 있다. 바로 고객 서비스다. 제대로 된 응대와 서비스를 위해서는 일단 매장에 머무르는 고객의 수부터 아주 적은 수준으로 제한하고 이를 유지할 필요가 있다고 이야기한다. 옳은 말씀이다. 하지만 **그들이 진짜로 제한하고자 하는 건 '고객의 수'가 아니라 '쇼핑의 자유'다.** 쇼핑에서 자유를 빼앗긴 소비자가 브랜드의 가치를 더 높은 수준으로 평가하게 만들고, 종국에는 더 큰 구매욕까지 불러일으키도록 종용한다. 이케아만의 독특한 동선 구조 역시 그 의도가 이들과 크게 다르지 않다. 일단 매장을 지나치고 나면 다시 되짚어가서 물건을 집어오기가 무척 힘들다는 사실을 깨닫게 해주기 위함이다. 그렇지 않고서는 그들이 그토록 복잡한 구조의 일방통행식 동선을 고집해야 할 이유가 없다.

소위 '마지막'의 효과는 그게 전부가 아니다. 사람들은 '마지막'이라는 말에 구매의 욕구와 의지를 불태우기도 하지만 **맨 '마지막'에 느낀 감정으로 자신이 경험한 모든 과정을 평가해버리기도 한다.** 사람들에게 인기있는 영화 한 편을 무료로 보여주는 경우와 거기에 이어서 평범한 영화까지 총 두 편의 영화를 보여주면 사람들이 느끼는 만족도는 달라진다. 상식적으로는 두 편의 영화를 공짜로 본 사람들이 더 큰 만족감을 느낄 것 같지만 실제로는 훨씬 낮게 나타난다. 나중에 본 재미 없는 영화 때문에 낮아진 만족도가 전체의 즐거움까지 감소시킨 결과다. 즐거운 감정의 총합이 얼마인가를 따지기보다는 마지막 경험이 얼마나 인상적이었는지가 더욱 중요하다는 것이다. 좋아하는 이성과 데이트를 하는 경우라면, 가장 핵심이 되는 이벤트를 맨 마지막에 해야 한다는 뜻이다. 우리 모두 박수받을 때 떠나야 하는 이유이기도 하면서 말이다.

좋은 기억이 경험의 순서에 의해 결정되는 것이라면, 이케아만의 독특한 매장 구조는 그들만의 강력한 무기로 활용할 수 있다. 이를테면 고객이 매장에서 경험하는 자극의 순서는 모두 공간 기획가의 결정에 따를 수밖에 없다. 자극이나 경험의 순서를 공간 기획가 마음대로 아무렇게나 조작할 수 있다는 뜻이다. **가장 흥미롭고 극적인 매장을 맨 마지막에 배치함으로써 마지막 경험을 아주 특별하고 놀라운 것으로 만드는 게 가능하다.**

헛된 망상이 아니다. 흘러간 경험에 대한 기억이 대개 이런 방식으로 우리 뇌에 각인되기 때문이다. 작년 여름에 다녀왔던 휴가를 떠올려보면 간단하다. 휴가지에서 겪은 가장 좋았던 기억과 휴가의 끝이 어떤 식으로 마무리되었는지에 따라 지난 휴가에 대한 평가는 달라진다. 휴가를 어디로 떠났는지, 얼마나 오랫동안 휴가를 즐겼는지는 부차적인 문제다. 개인적으로는 가까운 나라를 다녀왔을수록 기억이 좋고 아름다운 편이다. 좁고 불안한 비행기 안에서 마무리되는 해외여행의 특성상, 긴 비행이 좋은 기억으로 남는 건 현실적으로 불가능한 일이기 때문이다. 경험에 관한 기억은 '정점'과 '종점'에 의해 결정된다는 이른바 '정점과 종점의 법칙'이 말하고자 하는 내용이기도 하다.•

소비자가 경험하게 될 자극의 순서를 쇼핑센터가 결정한다는 것은 **매장 배치나 상품 진열에 있어서 스토리텔링 기법을 접목할 수 있다는 의미다.** 스토리텔링의 효과에 대해서는 이미 모두가 잘 알고 있듯이 이야기는 대개 누구에게나 놀랍고 빠르고 강력하며 재미있는 편이다. 감성에 호

• 정점과 종점의 법칙이란, 우리가 과거의 경험을 회상할 때 그 일이 즐거웠는지 아닌지를 정점과 종점을 기준으로 판단한다는 것이다. 예를 들어 놀이공원에서의 추억이 대표적이다. 누구든 놀이기구를 타기 위해서는 기구 앞에서 적지 않은 시간을 줄을 서서 기다려야 한다. 때로는 놀이기구를 타는 시간보다 줄을 서서 기다리는 시간이 더 긴 경우도 허다하다. 당연히 그런 시간이 즐겁게 느껴질 리 없다. 하지만 시간이 지나고, 먼 훗날 놀이공원에서의 기억을 떠올릴 때는 대개 즐거운 추억으로 기억된다. 비록 줄을 서서 기다리는 시간은 괴로웠어도 놀이기구를 타는 순간만큼은 무척 즐거웠고(정점), 놀이공원에서 나와 친구와 헤어지는 마지막 순간까지도 즐거운 일들이 가득했기 때문이다(종점). 중간중간 힘든 시간과 경험이 있더라도 정점과 종점만 아름답게 기억되고 마무리되면 경험은 아름다운 추억으로 남게 된다는 의미다.

소하다 보니 기억에도 오래 남는다.[17] 실제로 어떤 '사실'에 집중하기보다는 '이야기'의 흐름에 초점을 맞추는 게 무언가를 기억하기에는 훨씬 쉽다. 사건 현장을 목격한 사람들이 대개 그렇다. 옷의 색깔이나 차량의 종류, 사람의 수와 같은 주변 상황이나 환경에 대한 팩트는 잘 기억하지 못해도, 벌어진 사건의 맥락은 뚜렷이 기억한다. 잘만 활용하면 쇼핑센터 역시 스토리텔링을 통해 자신의 점포를 소비자에게 뚜렷이 각인시킬 수 있다.

스토리텔링의 가치는 지극히 평범한 것조차 비범하게 만드는 힘을 가졌다는 점이다. 말보로Marlboro 담배나 에비앙Evian 생수의 성공 비화가 대표적이다. 때로는 진실보다 더욱 진실한 것이 '이야기'이며, 그런 한 편의 이야기에는 사실이나 통계, 정보 등이 따라갈 수 없는 엄청난 설득력이 담겨있음을 손수 증명해준다. 100만 명의 죽음은 통계상의 숫자에 불과하더라도 어느 한 사람의 '안타까운' 죽음은 모두에게 비극적인 일로 다가온다는 스탈린의 말처럼 말이다. 이성적인 논리보다는 감성적인 이야기에 더욱 민감하게 반응하는 인간의 숨길 수 없는 속성 때문이다. 그런 인간에게 설득이라는 건 주로 느낌을 통해 이루어질 수밖에 없다. 그리고 그런 느낌은 대개 어느 하나의 이야기로부터 얻어지는 경향이 강하다.

우리가 주목해야 할 것은 그런 '이야기'가 주효하게 다가가는 대상이 누구냐이다. 주로 남성보다는 여성들이다. 여성 소비자를 핵심 고객으로 설정한 쇼핑센터로서는 스토리텔링에 결코 소홀해서는 안 되는 이유다. 실제로 남자들은 이야기가 조금만 길어져도 쉽게 흥미를 잃고 좀이 쑤셔온다. 겉으로는 이야기를 듣고 있는 척해도 정신은 이미 안드로 메다로 가 있는 경우가 대부분이다. 하지만 여성은 그와 반대다. 본래 사람에게 관심이 많은 여성으로서는 상품에 대한 설명보다는 누군가의 인생 이야기에 더욱 귀를 기인다.[18] 가장 재미있는 이야기를 던지고, 그마저도 가장 재미있게 풀어내는 사람이 마케팅 시장에서 최종 승자가 될 것이다.[19]

쇼핑센터에서 보여주는 스토리텔링은 뭐니 뭐니해도 소비자에게 즐거움과 재미를 주려는 목적이 가장 크다. 하지만 그 못지않게 중요한 다른 효용도 있다. 다름 아닌 편의성이다. 소비자의 편리한 쇼핑을 위해 경험의 순서를 바꿀 수 있다는 뜻이다. 예를 들어 쇼핑의 순서를 상품수납에 편리하도록 정해주는 것이다. 대개 무겁고 부피가 크며 단단한 제품들이 카트 맨 아래쪽에 놓일 수 있도록 매장과 동선을 구성한다. 상대적으로 가볍고 작으며 덜 단단한 상품들이 카트 위쪽에 놓이도록 계획함으로써 쇼핑 과정에서 상품이 파손되는 확률을 최소화하도록 배려해주는 것이다.

사려 깊은 쇼핑의 순서는 굳이 이케아의 복잡한 동선 구조를 채택해야만 가능해지는 것은 아니다. 일반적으로 볼 수 있는 기존의 매장 배치나 동선 구조에서도 얼마든지 가능한 일이다. 독일을 대표하는 마트이자 슈퍼마켓 중 하나인 알디ALDI가 대표적인 사례다. 매장 입구 가까이에 신선한 채소와 과일을 쌓아두는 여느 슈퍼마켓들과 달리 알디는 통조림처럼 포장되어 나오는 가공식품을 매장 맨 앞에 진열해둔다. 상품이 장바구니에 담기는 과정에서 생길 수 있는 파손과 훼손을 방지하기 위함이다. 냉동식품이나 유제품 역시 마찬가지다. 대개 매장의 가장 깊숙한 곳에 진열해두는 게 일반적인 행태지만 알디는 출구 가까이에

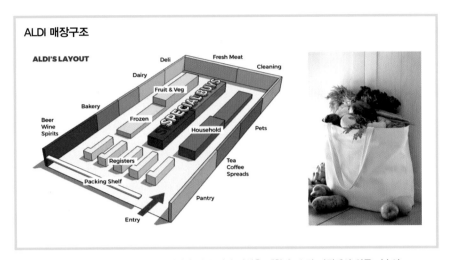

ALDI 매장구조

독일의 슈퍼마켓 체인인 ALDI는 다른 소매점과 다른 진열 방식을 택한다. 쇼핑 과정에서 상품 파손이나 훼손을 최소화할 수 있는 순서를 고려하여 상품 진열의 위치를 정하고 배치한다. [그림 출처 : The New Daily(thenewdaily.com.au)]

진열해둔다. 제품이 냉장고 밖에서 보내는 시간을 최소화하기 위함이다. 행여 제품이 녹거나 상하게 될 확률을 최소화할 요량으로 말이다.

어쨌거나 이케아의 특이한 동선 구조가 가져다주는 여러 가지 장점들 때문인지는 몰라도 최근에는 국내 오프라인 소매점들도 그러한 독특한 매장 구조를 따라 하기에 이르렀다. 이케아로부터 영감을 얻어 새로운 매장 구조와 동선 체계를 선보인 이마트가 대표적이다. 개점한 지 얼마 안 된 김포한강점을 예로 들면, 거의 파격에 가까울 정도다. 일자형으로 겹겹이 진열대를 배치해두던 기존의 점포들과는 달리 중간중간 통로를 가로막았다. 소비자의 편리함 따위는 신경 쓰지 않은 채 고객이 공간 기획가의 뜻대로 흘러가도록 유도하려는 의도다. 최대한 많은 매장과 상품들을 거치도록 강제하려는 것이다.

더 놀라운 것은 각층에 있던 계산대마저 모두 없애버렸다는 사실이다. 사실상 1층에만 계산대를 설치해둔 셈이다. 식품 매장만 들르려고 했던 사람들도 그곳에서는 꼼짝없이 모든 매장을 거친 다음에야 비로소 계산대를 통해서 밖으로 나갈 수가 있다. **스마트폰과 애플리케이션을 이용하여 점포 내에서의 계산 절차마저도 모두 생략해버린 아마존고**Amazon Go **슈퍼마켓과는 무척이나 대조되는 모습이다.** 더군다나 이마트 역시 첨단기술을 동원하여 고객의 편의성을 증대하려는 추세에 적극적으로 동참하고 있다는 점에서 무척 의아한 모습이 아닐 수 없다. 이마트의 시도가 신선하면서도 다른 한편으로는 이율배반적으로 다가온다. 물론 그동안 소매업에서 쌓아온 오랜 경험만큼 나름의 이유가 있을 테지만 말이다.

05

강제에서 자율로 진화하는 박물관

언뜻 생소하게 느껴져도 이케아의 동선 구조는 사실 우리에게 꽤 익숙한 편이다. 미술관이나 박물관 같은 전시시설들에서 흔히 볼 수 있었던 건물구조이기 때문이다. 아마도 주입식 교육을 강조했던 과거의 산물이 아닐까 싶다. 이를 최고의 교육방식으로 여겼던 사람들로서는 그런 획일적이고 일방적인 동선 구조가 대중을 가르치고 이해시키는 데 최고라고 믿었던 모양이다. 전시 기획자의 의도를 전달하기에는 더없이 효과적으로 여겨졌을 것이다.

역사적으로 중요하거나 의미가 있다고 생각되는 물건들을 보관하면서 이를 대중에게 전시해 선보이는 시설들 대부분이 비슷한 동선 구조를 가진다. 시설의 종류와 분야, 지역에 따른 차이도 없다. 문화·과학·사회·예술사를 통틀어 전 세계에서 공통으로 나타나는 현상이다. 관람객에게 전시물을 보여주는 것이 시설에 부여된 고유기능이기 때문이다. **관람객의 움직임을 통한 전시물과의 접촉이 전시된 내용을 전달할 수 있는 유일한 방법이다.**[20]

그런 관람객의 움직임을 만들어내는 장치로써 시설은 가장 효율적인 한 가지 동선 구조만을 취할 수밖에 없다. 세계적으로 유명한 구겐하임 미술관Guggenheim Museum만 봐도 그렇다. 통제가 강한 하나의 연속된 동선에 의해 관람을 강제하는 구조를 갖추고 있다. 이런 형태의 동선 구조가 가지는 학습 효과에 대해서는 굳이 의문을 제기할 필요가 없다.

문제는 이러한 박물관의 구조가 원래의 의도와는 다르게 **오히려 지식 전달에 방해가 된다는 사실이다.** 원래 취지대로라면 지금의 박물관 구조는 관람객의 지적 호기심을 자극하여 그들의 탐색 활동을 효과적으로 촉진해주어야 마땅하다. 철저히 관람객의 움직임을 통제하려는 목적으로 만들어졌기 때문에 그렇지 못한 게 현실이다. 전시물 앞에서 걸음을 멈추고 호기심 어린 눈으로 집중해서 살피기는커녕 사람들 **대부분이 곁눈**

박물관과 미술관을 비롯한 각종 전시시설은 공간 구조가 이케아의 매장과 유사한 편이다. 미국 혁명박물관Museum of the American Revolution 역시 마찬가지다. 입구와 출구가 따로 분리되어 방문객 모두가 같은 경로로 움직이게끔 계획되어 있다. 2층 평면도를 보면 사람들은 모두 오른쪽의 입구로 들어가 박물관을 한 바퀴 돌아본 다음 왼쪽에 마련된 출구로 빠져나오도록 설계되었다. [그림 출처 : Museum of the American Revolution(amrevmuseum.org)]

질 한 번으로 그냥 지나쳐버리고 만다. 박물관에서 얻을 수 있는 보람이나 보상 따위는 기대하기조차 힘들다.[21] 오히려 비싼 입장료가 아까울 정도다. 이케아라고 해서 예외는 아니다. 입장료가 무료라는 사실이 다행일 뿐이다.

전시기획자나 박물관으로서는 그야말로 어처구니없는 결과가 아닐 수 없다. 하지만 관람객에게도 그럴 만한 이유가 있다. 바로 피로감이다. 박물관 환경에 피로를 느낀 사람들이 적극적인 탐색을 포기해버리는 것이다. 끝없이 이어지는 전시물에 시종일관 높은 수준의 시각적인 주의를 유지한다는 게 말처럼 그리 쉬운 일이 아니다. 누구든 '박물관 피로Museum Fatigue'를 극복하지 못할 공산이 크다. 관람객이 관람을 포기해버리는 아이러니한 결과가 초래되고 마는 것이다.

이는 단순히 신체적인 피로에만 머물지 않는다. 전시물에 대한 주의력 감퇴가 더 큰 문제다. 처음 몇 개의 자극적인 전시물에는 주의를 집중할지 몰라도 뒤로 갈수록 정신이 산만해진다. 장시간의 관람으로 자율성을 억압받은 관람객들로서는 그런 박물관 환경에 쉽게 물려버리기 때문이다.[22] 자연히 뒷부분에 마련되어 있는 나머지 전시물에 대해 소홀해진다. 더 많은 정보를 전달하고자 했던 노력이 오히려 주의력을 떨어뜨리고 비효율적인 지식전달만 가져온 셈이다.

박물관의 동선 구조가 전시 기획자의 한낱 헛된 욕심에 지나지 않는 이유는 그뿐만이 아니다. 인지한 사물에 대한 인간의 기억력 또한 일정한 수준을 넘어서지 못한다는 점에서 지식 전달의 효과는 지극히 제한적이다. 실제로 인간의 뇌가 모든 감각 세포를 동원하여 받아들이는 정보의 양은 1초에 약 200만 비트 정도다. 영어 단어로 따지면 약 5만 개에 해당하는 양이다. 하지만 그 많은 정보 가운데 인간의 의식이 흡수하게 되는 양은 겨우 134 비트에 불과하다. 우리 뇌가 받아들이는 그 많은 정보 가운데 겨우 0.01%만을 인식하고, 나머지 99.99%는 아예 인식조차 하지 못한다는 뜻이다.[23]

이른바 '필터링Filtering'을 거치면서 정보 처리 과정에서의 비효율성이 생기는 것이다. 무려 50% 이상의 관람객이 전시된 물건들을 모두 보고 싶어하지만, 그런 바람은 이론적으로 불가능에 가깝다. 이케아 매장을 열심히 연출해놓은 공간 기획가 역시 그런 관람객의 마음과 크게 다르지 않을 것이다. 고객이 매장에 전시된 모든 제품을 눈여겨 살피기를 바라지만, 그 역시 한낱 순진한 생각에 불과하다. **많은 것을 본다고 해서 주어진 시간 내에 획득되는 정보량까지 늘릴 수 있는 것은 아니기 때문이다.**

사람들의 머리에 무언가를 주입하고, 이를 기억하게 만드는 정보량을 늘릴 수가 없다면 방법은 하나다. 눈여겨본 것만이라도 강렬하게 기억될 수 있도록 도모하는 것이다. 이를 위해서는 관람객이 모두 획일적으로 움직이는 지금의 공간 구조에서 벗어날 필요가 있다. 서로 조금씩 다른 모양으로 배치되고 다양한 스타일로 각색된 여러 개의 동선을 제공해주면 적어도 관람객에게 한 가지 인상만큼은 분명히 남길 수가 있다. 필수적인 것들은 하나도 놓치지 않고 모두 보았다는 강렬한 인상 말이다.[24]

그런 이유 때문인지는 몰라도 요즘 지어지는 박물관은 대체로 관람객의 자율성을 최대한 보장해주는 추세다. 독일 베를린에 세워진 '신국립미술관Neue Nationalgalerie'이 대표적이다. **관람객 스스로 선택적인 관람을 하도록 하고, 관람 순서 역시 각자가 자유롭게 정할 수 있도록 배려한다.** 전시기획자의 의도가 무척 중요한 전시회라면 몰라도 관람객 스스로 자신의 지적 능력과 가치관에 따라 전시 내용을 재구성할 수 있는 주제라면 오히려 나을 수도 있다는 판단에서다. 관람객의 의지와 선택이 관람을 주도하는 소위 '자유 통합방식'의 전시 공간이 점차 힘을 얻어가는 모습이다.[25] 박물관의 동선이나 공간 구조에서의 강제성은 결국 전시물의 종류나 전시 주제, 관람객의 수준 등을 고려하여 탄력적으로 적용될 필요가 있다는 의미로 요약된다.

쇼핑센터 역시 최대한 많은 상품이 소비자에게 노출되도록 공간을 만들고 연출해야 한다는 점에서 그 입장이 박물관과 다르지 않다. 지금껏 박물관이 그래왔듯이 쇼핑센터에서도 이를 위한 하나의 물리적인 장치로써 '강제 동선'이라는 카드를 꺼내 들 수 있다. 하지만 그게 제대로 된 효과를 발휘할지는 숙고할 필요성이 있어 보인다. 박물관만의 특별하고도 독특한 공간 구조가 오히려 관람객의 피로와 주의력 감퇴만을 불러일으켰다는 게 박물관의 경험에서 얻은 굵직한 교훈이었기 때문이다.

쇼핑센터 안에서 움직임의 자유를 박탈당한 소비자 역시 그와 비슷한 부작용에 시달릴 가능성이 크다. 이를 해결하기 위해서는 점차 융통성 있게 변해가는 박물관처럼 쇼핑센터를 만드는 공간 기획가 역시 그들의 사고를 최대한 유연한 상태로 유지해야 한다. 점차 다양한 형태로 변해가는 박물관의 구조를 거울삼아 **쇼핑센터 또한 판매하는 상품이나 업태, 그리고 그들이 겨냥한 소비자의 특성에 따라 공간 구조에서 탄력성을 보여야 할 때다.** 소비자의 움직임에 강제성을 적용할지에 대한 여부도 마찬가지다. 설령 공간 구조에 강제성을 적용할 필요가 있더라도 그 정도와 수준에서만큼은 차별성이 필수다.

06

상품과 소비자를 고려한 동선 구조

인간은 분명 자율적이고 주체성을 가진 존재다. 다들 장기판을 지배하는 선수가 되고 싶지 그 누구도 장기판 위의 말이 되고 싶지는 않다. 하지만 그런 욕구와 달리 인간은 지극히 의존적인 존재다. 늘 바쁜 일상에 허덕이며 살다가도 어느 날 한가해지면 남는 시간을 주체하지 못해 허비해버리기 일쑤다. 스스로 시간을 관리하고 계획적으로 사용해본 경험이 거의 없기 때문이다. 자신의 인생을 살아가고 있음에도 남이 정해준 과업만을 열심히 처리해온 결과다. 삶의 스케줄 역시 남이 정해준 일정표에만 매달려 종속되어왔다. 스스로 시간을 통제하고 계획하며 활용하는 데 무척 서툴 수밖에 없다.

그러니 회사를 그만둔 사람들 대부분이 오래 버티지 못하고 다시 이전의 삶으로 되돌아간다. 처음 맛보는 자유에 감격스러워하다가도 도무지 소진되지 않는 시간에 이내 마음이 초조해지는 것이다. 더 큰 도약을 위해서는 약간의 후퇴가 필수인데도 마치 혼자만 도태되는 것 같아 마음이 우울하고 불편하다. 스스로 자율적인 존재임을 애써 강변하면서도 결국은 타율적인 삶에서 벗어나지 못하는 이율배반적인 존재이기에 누구에게나 반복되는 현상이다. 스스로 틀을 깨고 나올 생각은 해보지도 못한 채 틀만 바꿔서 이리저리 옮겨 다니는 우를 범한다. **비범한**

삶을 꿈꾸면서 평범한 노력을 하고 있으니 그 결과가 특별할 리 없다.

인간이 자율을 포기하고 자신을 수동적이고 의존적인 존재로 전락시키는 것은 두 가지 이유에서다. 자율이 가져다주는 혜택이 그리 크지 않거나 혹은 스스로 자율적인 존재가 되었을 때 감내해야 하는 위험이나 고통이 매우 크기 때문이다. 매일매일 반복해서 점심 메뉴를 골라야 하는 경우가 전자에 해당한다. 무엇을 먹을지 고민하는 고통보다 얻을 수 있는 혜택이 그리 크지 않기에 메뉴 선택을 다른 동료에게 맡겨버린다. 그에 반해 후자는 지금껏 잘 다니던 회사를 그만두고 자립을 도모할지 말지를 고민하는 경우다. 자신이 내린 결정으로 인해 되돌아올 고통의 크기를 잘 알고 있기에 선뜻 결론을 내리기가 쉽지 않다. 마음속에 늘 사직서를 품고 다니면서도 정작 제출할 생각은 꿈도 꾸지 못한다.

그렇다면 쇼핑센터에서 하게 될 소비자의 방향 선택은 어떨까? 단 한 번의 잘못된 선택으로 엄청난 위험과 고통을 각오해야 하는 중차대한 의사결정의 대상인가? 아니면 매일매일 점심 메뉴를 골라야 하는 것처럼 늘 반복되는 아주 귀찮고 성가신 고역쯤에 해당하는가? 물론 그럴 가능성도 완전히 배제할 수는 없겠지만 대부분은 그렇지 않다. 쇼핑중독자가 아닌 이상, 쇼핑은 우리가 살아가면서 그리 중요하지도, 그렇다고 많이 하는 것도 아닌 아주 사소한 이벤트에 불과하기 때문이다. 당연히 반복되는 성가심도 없고, 특별한 고통이나 위협 따위도 있어야 할 이유가 없다.

소비자로서는 쇼핑센터에서 굳이 타율적인 존재가 될 이유가 부족하다. 마치 스스로 실험용 쥐가 되기라도 한 것 마냥 아무 생각 없이 정해진 길을 따라 걸어가게끔 만들어놓은 이케아의 동선 구조를 소비자가 선호한다고 단언하기 힘든 이유다. 능동적인 고객으로서는 오히려 자율적인 움직임이 더 좋게 느껴질 수도 있다.

하지만 안타깝게도 그건 단지 소비자의 희망 사항에 불과하다. 이케아로서는 고객의 움직임에 강제성을 동원할 이유와 명분이 충분하기 때문이다. 툭 까놓고 말해서 그들은 대부분 다음을 기약할 수 없는 한낱 뜨내기손님에 불과하다. 실제로 이케아를 방문하는 사람들 가운데 반복해서 꾸준히 점포를 찾는 사람은 매우 드문 편이다. 대부분 인생의 크고 작은 이벤트를 앞두고 찾는 사람들이다. 결혼이나 이사처럼 새로운 가구에 대한 수요가 생기는 경우에만 드문드문 방문하게 되는 장소라는 의미다.

물론 인근에 거주하는 사람들이라면 뚜렷한 목적 없이도 자주 들락거릴 수 있다. 하지만 대개 시간을 소비하거나 단지 구경을 위해서다. 쉽게 이야기해서 돈이 안 되는 사람들이라는 뜻이다. 쇼핑센터에 돈이 될만한 사람에게는 점포를 방문한 뚜렷한 이유와 목적이 있다. 인생의 대소사를 앞두고 일단 한번 다녀가면 다음에 또 언제 올지를 기약하기가 힘든 사람들이다. 고객에게 대놓고 불편을 강요하더라도 이미지 타격이 덜할 수밖에 없다. 소비자 역시 그 정도의 불편은 그냥 무덤덤하게 받아들인다. 그리고 대부분은 그런 기억마저도 금방 까먹는다.

손님 대부분이 뜨내기인 이상, 다소 억지스럽더라도 최대한 많은 상품을 노출하는 게 합리적이다. **소비자의 만족이나 편리성 따위는 모두 무시해버린 채 대놓고 소매점의 이익을 강요해도 별 무리가 없다.** 터미널이나 기차역 등에서 장사하는 식당들을 떠올려보면 이해가 쉽다. 수없이 지방과 서울을 오가며 식사를 했지만 맛이나 서비스에 공을 들이는 가게는 여태 보지 못했다. 어차피 다시는 볼 일이 없는 사이이기 때문이다. 소비자가 만족하건 말건 그딴 것에 신경을 써야 할 이유가 없다. 차라리 수익성에 중점을 맞추는 게 훨씬 나은 계산이다.

하지만 지금껏 살아오면서 도대체 몇 번을 갔는지 알 수 없을 정도로 수시로 들락거려야 하는 소매점이라면 이야기가 달라진다. 물건을 구매했건 단지 구경만 했건 간에 꼭 이번이 아니더라도 다음과 그다음을 기약해야 하기 때문이다. 자칫 고객과의 관계나 신뢰가 훼손되기라도 한다면 장기적인 손실이 더 클 수도 있다.

앞서 소개한 이마트의 시도가 마뜩잖게 느껴지는 이유다. 이케아의 획일적인 동선 구조를 대형 마트에까지 적용한, 신선하면서도 파격적인 시도 말이다. **문제는 그 대상이 대형 마트나 슈퍼마켓처럼 소비자의 재방문이 무척 중요한 소매점이라는 사실이다.** 그런 구조를 따라 하는 게 과연 올바른 방향인지 곰곰이 생각해볼 필요가 있다. 예컨대 애써 점포를 찾아준 손님들을 앞으로 다시는 안 볼 사람들로 생각한다면 지금 당장 한 푼이라도 더 뽑아 먹을 요량으로 고객의 진을 모조리 빼놓는 게 나을 수도 있다. 하지만 그게 아닌 경우라면 차라리 편의성 증대에 주력하는 편이 여러모로 합리적이다. 어차피 소비자는 바보가 아닐 테니까 말이다.

이는 '죄수의 딜레마Prisoner's Dilemma'로 알려진 게임이론을 통해서도 충분히 예측이 가능한 내용이다. 이론이 말하는 요지는 이렇다. 인간은 모두에게 유리한 아주 이상적인 선택 상황이 존재함에도 모두에게 불리한 최악의 결정으로 치닫는다. 아무리 사전에 약속하고 다짐을 받더라도 상대방을 믿지 못한 채 오직 자신에게 가장 유리한 조건만을 선택해버리기 때문이다. 그리고 그런 어리석은 행동이 나올 수밖에 없는 이유는 인간이 더없이 이기적인 존재라는 사실에 기인한다.

하지만 그게 비극적인 결과를 설명하는 전부는 되지 못한다. 더욱 결정적인 이유는 따로 있다. 게임 자체가 단 한 차례만 이루어진다는 것을 전제로 하고 있다는 사실이다. 다음 게임을 기대할 수 없는 상황에서 우리는 대개 상대방을 배신하고 자신의 잇속부터 챙기는 게 가장 합리적이라고 생각한다. 길에서 다시는 마주칠 일이 없는 상대방을 굳이 배려해야 할 이유가 없다. 단 한 번만 주어지는 게임에서 모두가 불행해지는 최악의 상황은 어쩌면 필연적인 결과인지도 모를 일이다.

하지만 게임이 계속 반복된다면 결과는 달라질 수 있다. 한번 배신자로 낙인이 찍히면 다시는 게임에 참여할 수가 없기에 섣불리 잔머리를 굴리지 않는다. 참여자 간에 배신과 불신이 사라지고, 상호 신뢰를 바탕으로 한 협력이 자리를 채우게 된다.

반복적인 게임은 소비자와 소매점 사이에서도 벌어진다. 고객의 '재방문'을 통해서 말이다. 소매점으로서는 소비자에게 신뢰를 깰 만한 행동은 삼가는 게 낫다. 고객에게 불편을 강요하는 매장 구조도 자칫 오해와 불신을 일으키는 요인이 될 수도 있다. 장기적인 관점에서 고객과의 신뢰 관계에 도움이 될지 해가 될지, 그에 대한 현명한 판단이 필요해 보인다.

판매하는 상품이나 구색도 소매점의 동선 구조를 결정하는 데 있어서 반드시 고려되어야 할 요소다. 예컨대 전문점처럼 단일 카테고리의 상품만을 전문적으로 취급하는 소매점의 경우, 소비자를 한 방향으로 몰고 가는 강제동선이 조금 더 적합할 수 있다. 이를테면 '가구'라는 하나의 카테고리 상품들만 취급하는 이케아가 대표적이다. 전문점이라는 업태 특성상, 방문객 대부분이 비슷한 목적으로 내점 했을 가능성이 크다. 진열된 상품들 대부분이 제품 구매를 목적으로 방문한 사람들의 관심과 니즈에 부합하는 측면도 있다. 소위 '박물관 피로'가 나타나더라도 매장을 건너뛰거나 진열된 상품들을 건성으로 생략할 가능성이 작아지게 된다.

하지만 백화점처럼 여러 카테고리에 속하는 상품들을 하나의 건물에서 판매하는 경우라면 그와 정반대다. 다양한 계층의 사람들이 다양한 목적을 가지고 수시로 드나드는 소매점인 만큼 강제보다는 자율에 방점이 찍힌 동선 구조가 훨씬 나을 수도 있다. 경제학에서 말하는 바와 같이 소비자는 언제나 합리적인 경제 주체이기 때문이다. 당연히 자신과 관련이 없는 매장과 상품들을 과감히 생략해버리려는 노력이 나타난다. 쇼핑에 소모되는 시간이나 에너지를 절감하기 위해서라도 그럴 개연성은 충분하다. 각자 원하는 상품이 있는 매장으로 효율적인 접근이 가능하도록 해야 한다. 자신에게 적합한 하나를 선택할 수 있도록 다양한 동선을 제시해줌으로써 말이다.

더군다나 백화점은 브랜드와 상품 간에 꼼꼼한 비교가 필수인 소매점이다. 서로 대체 관계에 있는 상품들을 다양하게 갖춰놓고 있는 것도 다 그런 이유에서다. 그런 점에서 자율 동선은 소비자의 비교 구매를 가능하게 해주는 유일한 동선 구조다. 소비자가 원하는 매장으로 언제든지 되돌아갈 수 있도록 보장해주기 때문이다. 만약 백화점에서 이케아와 같은 구조로 매장을 구성하고 있다고 가정해보자. 다양한 상품들을 두루 살피고 비교한 다음, 가장 마음에 드는 하나를 골라야 하는 소비자로서는 경로가 끝나는 지점에서 쇼핑을 접어야 하는 상황에 직면

한다. 찜해둔 제품이 있는 곳으로 돌아갈 수가 없으니 실컷 비교만하다가 쇼핑이 끝난 셈이다. 제품은 구매하지도 못한 채 결국 빈손으로 돌아가야 하는 허무한 상황이 초래되고 만다.

소매점에서 매장의 구조와 동선을 선택할 때에는 주이용층의 성별도 하나의 고려 요인이다. 핵심 고객층이 남성인지 여성인지에 따라 움직임에 강제성을 부여할지 자율성을 보장할지가 각각 달라질 수 있다는 뜻이다. 예컨대 여성 소비자가 다수인 소매점이라면 이케아처럼 일방적이고 강제적인 동선 구조가 더욱 효과적일 수 있다. 어차피 그들은 느긋한 마음가짐으로 천천히 쇼핑센터를 둘러보는 아주 훌륭한 소비자이기 때문이다. 준비된 상품과 매장을 하나도 빠짐없이 꼼꼼하게 살펴볼 그들이기에 매장 구조가 자율적이든 강제적이든 별 상관이 없다.

하지만 남성을 대상으로 장사하는 소매점이라면 자율적인 동선 구조가 훨씬 낫다. 어차피 이들은 외부 자극을 가하거나 신체를 옭아맨다고 해서 연관 소비나 충동구매를 기대할 수 있는 바람직한 소비자가 아니기 때문이다. 그들의 구매에는 언제나 뚜렷한 목적이 있다. 점포로 들어오자마자 자신이 원하는 매장으로 곧장 직행해버리고는 필요한 물건만 집어 들고 재빨리 매장을 빠져나가 버린다. 차라리 스스로 이동 경로를 선택할 수 있도록 해주는 게 바람직할 수도 있다. 최소한 쇼핑의 편의성이라도 보장해주는 게 다음을 기약하는 방안이다.

굳이 비유한다면 학생들의 공부 습관과도 비슷하다. 연구에 따르면 뚜렷한 인생의 목표를 가진 학생일수록 학업의 성취도는 높게 나타나는 편이다.[26] 스스로 공부를 열심히 해야 하는 이유를 잘 알고 있음은 물론, 자신이 잘하는 과목과 취약한 부분에 대해서도 정확하게 인지하고 있다. 필요한 공부를 찾아서 알아서 학습하는 경향이 강하다. 부족한 부분을 집중적으로 보완할 수 있는 자율학습이 강제학습보다 선호될 수밖에 없다. 한정된 시간을 자신에게 맞게 효율적으로 활용하는 장점이 있기 때문이다.

자신이 무엇을 공부해야 하는지 잘 알고 있는 학생들의 학습 패턴은 마치 쇼핑센터에서 무엇을 사야 하는지를 알고 있는 남성들의 구매패턴과 닮은 모습이다.* 스스로 부족한 부분을 찾아서 공부하는 학생들처럼 남성들 역시 자신에게 필요한 물건만 선별해서 구매한다. 그런 목표 지향적인 학생들에게는 자율적인 학습 방법이 조금 더 효율적이듯이 목적구매 성향이 강한 남성들 또한 자율동선이 나을 수도 있음을 추측해볼 수 있다.

이러한 추정은 소매점에까지 확대하여 적용해보는 것도 가능하다. 예를 들어 대형 마트나 슈퍼마켓처럼 **목적 구매 비율이 높은 소매점에서는 자율적인 동선 구조가 훨씬 더 적합**할 수 있다고 말이다. 이와 반대로 아무 목적 없이 마치 좀비처럼 걸어가는 쇼핑센터라면 차라리 강제성을 띤 동선이 훨씬 나을 수도 있다.

물론 개인적인 생각을 쇼핑센터와 공간 기획가에게까지 억지로 강요하고픈 마음은 없다. 그들 역시 나름의 생각과 의지가 분명히 있을 테니 말이다. 일례로 남성 소비자를 대하는 태도가 그렇다. 자기 할 일만

---

* 물론 이 말이 그 반대의 경우까지 상정하고 있는 것은 아니다. 단지 남성들의 구매행태가 자신이 공부해야 할 것을 잘 알고 있는 학생들을 닮았다는 의미일 뿐 여성들의 쇼핑 행태가 마치 자신이 무엇을 공부해야 하는지 잘 모르는 학생들을 닮았다는 의미까지 내포하고 있지는 않다. 남성들의 쇼핑이 그만큼 목적 지향적이고 단순명료한 패턴을 보인다는 의미를 전달하기 위한 목적으로 사용한 표현에 불과하다. 행여 오해가 없기를 바란다.

하고선 마치 도망치듯이 점포를 빠져나가는 그들에게는 오히려 신체를 구속하고 움직임을 강제하는 게 영업을 위한 최선이라고 생각하는 모양이다. 오직 목표만 바라보고 매장을 가로질러 직진하는 남성들에게 최대한 많은 상품과 매장을 노출하는 방법은 아예 경로 선택의 기회 자체를 박탈해버리는 게 최고라고 믿는다. 억지로라도 뺑뺑이를 돌려야만 최소한의 상품 판매의 기회나마 기대해볼 수가 있다는 이야기다.

평생을 장사꾼의 시각으로만 세상을 바라봐온 그들로서는 당연한 생각인지도 모를 일이다. 하지만 아무런 이해관계가 없는 일반인이 보기에는 지나치게 낡고 고루한 구시대적인 발상이 아닐 수 없다. 비록 소매업이 재래산업이라고는 하나 소비자는 이미 손가락 하나로 모든 상품을 구매하는 시대를 살아가는 세대다. 온라인이 주는 매력과 편리함을 모두 맛본 그들에게 불편함을 강요할 생각을 하고 있다는 사실 자체가 시대착오적이다. 만약 그게 진심이라면 재래시장이 남겨놓은 궤적은 그야말로 그들이 밟아야 할 전철이다. 필연적인 도태를 향해 나아가는 확정된 경로라는 뜻이다.

사람들을 원하는 길로 인도하는 건 굳이 강제성을 동원하지 않더라도 얼마든지 기대할 수 있는 일이다. **재미와 흥미가 느껴지면 몸은 조금 힘들더라도 즐겁게 갈 수 있는 길을 택하는 게 인간의 본성이기 때문이다.** 대표적으로 계단을 밟고 오를 때마다 예쁜 색깔의 빛과 멜로디가 흘러나오는 장치다. 계단을 에스컬레이터 옆에 설치해두는 방법이다. 무언가 좋은 게 있으면 그 옆에 더 좋고 신기한 것을 배치해둠으로써 사람들이 원하는 경로를 통해 이동하도록 유도하는 것이다.

신체적인 편안함을 제공하는 것 역시 효과적이다. 예컨대 오르막길 옆으로

재미와 편안함을 이용한 경로 유도

경사로
(Slope)

굳이 강제력을 동원하지 않더라도 재미와 신체적인 편안함을 주는 방법으로 사람들을 원하는 경로로 이동하게끔 만들 수 있다. 계단을 오를 때마다 빛과 음악이 흘러나오는 멜로디 계단이 대표적이다. 사람들에게 에스컬레이터 대신 계단을 이용하도록 유도하는 효과가 있다. 오르막길에 있는 상가의 경우, 계단과 함께 경사로를 만들어서 사람들이 경사로를 따라 걸음을 옮기도록 유도한다. 자연히 상가에 대한 접근성이 높아질 수밖에 없다. [그림 출처 : 로즈마리세상(rosemarycho.tistory.com), Souvenir Finder(souvenirfinder.com)]

가게들이 즐비하게 늘어선 거리가 대표적이다. 이런 곳에서는 사람들이 계단을 오르느라 길옆의 가게는 안중에도 없다. 몸이 힘든 만큼 상품이든 상점이든 거들떠볼 여유가 생겨나지 않는 것이다. 당연히 장사가 잘 될 리 없다. 이런 장소에서는 계단을 반으로 나누어 한쪽 면에는 완만한 경사의 슬로프를 설치해두면 효과를 기대해볼 수 있다. 일반적으로 가게가 많은 쪽을 경사로로 만드는 게 유리하다. 계단 대신 경사로를 선호하는 인간의 속성을 고려할 때, 슬로프를 따라 걷느라 가게 쪽으로 바짝 붙어서 이동할 가능성이 크기 때문이다. 소매점에 대한 접근성이 향상되고, 길옆 가게를 방문할 확률이 이전보다 훨씬 높아지게 된다.

호기심을 자극하는 것도 좋은 방법 가운데 하나다. 대학교 축제가 한창일 때 흔히 보게 되는 길바닥 이정표가 대표적이다. 동아리나 단체에서 초대한 손님들이 행사장까지 잘 찾아오도록 길바닥에 형형색색의 유도선과 표식을 붙여둔 각종 사인물 말이다. 눈에 잘 띄는 색상과 형태로 된 디자인이 누구나 한 번쯤 따라가고픈 생각이 들도록 만든다. 간간이 유머와 애교가 녹아든 문구까지 선보여가며 사람들이 목적지까지 지루해하지 않고 무사히 찾아올 수 있도록 배려한다.

이는 쇼핑센터 같은 상업 공간에서도 충분히 활용할 수 있는 아이디어다. 고객에게 홍보할 행사나 매장이 있는 경우, 그리고 시즌이 바뀌면서 새롭게 단장한 장소가 있을 때 특히 유용하다. 아무래도 바닥에 크고 선명한 선이 그어져 있으면 누구라도 호기심에 이끌려 한 번 따라가보는 게 인지상정일 테니까 말이다.

문제는 그와 같은 다양한 방법들이 존재함에도 여전히 억지를 강제하고 불편함을 강요하는 방식으로만 소비자를 원하는 방향으로 이끌

바닥 유도선을 활용한 호기심 자극

굳이 강제적인 방법이 아니더라도 쇼핑몰 바닥에 호기심을 자극하는 유도선을 표시해두는 것만 으로 사람들을 원하는 장소로 자연스럽게 이끌 수 있다. [그림 출처 : 핀터레스트(pinterest.com), Fabrik Brands(fabrikbrands.com)]

려는 쇼핑센터와 공간 기획가의 욕심이다. 소비자를 한 번 보고는 다시 안 볼 상대로 생각한다면 그렇게 해도 무방하다. 하지만 계속해서 관계를 이어나가야 할 대상이라면 결코 소비자를 돈벌이의 대상으로만 바라봐서는 안 될 일이다. 상대방에 대한 배려와 신뢰 없이는 그 어떤 관계도 유지되기가 힘든 법이니까 말이다.

만약 고객의 재방문에 연연하지 않는 소매점이라면 고객과의 관계 훼손과 그에 따른 손절을 두려워할 필요가 없다. 하지만 그렇지 않은 경우라면 고객의 은혜에 최소한의 보답을 되돌려주어야 한다. 사회는 어차피 '기브앤테이크Give-and-Take' 관계로 이루어져 있으니까 말이다. **먼저 베푸는 것이 훗날의 성공을 약속하는 길이며, 이타적으로 행동할수록 관계에서는 더 많은 이익을 얻는다.**[27] 남에게 받기만 하고 주는 게 없는 사람은 결국 모두에게 외면받는 기피의 대상이 된다는 사실을 기억할 필요가 있다. 그리고 이는 소매점도 마찬가지다.

07

미궁에 빠트릴까, 미로에 가둘까?

크레타의 왕이었던 미노스Minos는 손재주가 뛰어난 다이달로스Daidalos에게 미궁을 만들 것을 명한다. 사람을 먹어야만 살 수 있는 괴물 미노타우로스Minotauros를 가두기 위해서다. 왕의 명령을 받은 다이달로스는 한 번 들어가면 도저히 빠져나올 수 없는 미궁을 만들었고, 왕은 미노타우로스를 그런 미궁 속에 가두었다. 그리고는 아테나이 왕을 협박하여 해마다 12명의 선남선녀를 제물로 바치게 했다. 그렇게 끌려온 사람들은 모두 괴물의 먹이로 희생됐다.

아테나이의 왕자였던 테세우스Theseus는 자기 국민이 괴물의 먹이로 희생되는 상황을 지켜만 보고 있을 수가 없었다. 그래서 미노타우로스를 죽일 요량으로 스스로 제물이 되어 크레타로 들어갔다. 그런데 크레타의 공주인 아리아드네Ariadne가 테세우스를 보고 첫눈에 반해버리고 만다. 테세우스가 죽는 것을 그냥 두고 볼 수 없었던 아리아드네는 테세우스에게 실이 잔뜩 감겨있는 실타래를 하나 건네준다. 그에게 미궁에서 무사히 빠져나올 방법을 알려준 것이다.

미궁으로 들어가던 날, 테세우스는 품 안에 숨겨두었던 실타래를 꺼내어 입구에 있는 문설주에다가 몰래 실을 묶었다. 그리고는 실타래를 조금씩 풀면서 미궁 안으로 천천히 걸어 들어갔다. 미궁 안쪽 중심부에 다다른 테세우스는 자신의 계획대로 미노타우로스를 죽였다. 그런 다음 실이 깔려있는 길을 되짚어 나와 탈출에 성공한다. 아리아드네의 도움으로 무사히 미궁을 빠져나온 테세우스는 그녀와 함께 크레타섬을 떠났다.[28]

그리스 신화에 등장하는 미궁迷宮은 일단 들어가면 쉽게 빠져나오기가 힘든 곳으로 묘사된다. 실제로 미궁은 고대 그리스나 로마인들이 주로 지하와 반지하에 흔히 만들었던 구조로, 엄청나게 많은 방과 통로들이 서로 얽혀 있어서 한 번 들어가면 빠져나오기가 무척 어려운 구조다. 국어사전에서 말하는 미궁 역시 이와 다르지 않다. 어떤 사건이나 문제 등이 복잡하게 얽혀서 쉽게 해결하지 못하게 된 상태를 비유할 때 우리는 흔히 '미궁에 빠졌다'라는 표현을 쓴다.

하지만 현실에서 만나는 미궁은 이와는 조금 다른 모습이다. 주로 중세의 궁전이나 그림 등을 통해 구현되는데, 약간 복잡기는 해도 빠져나오기 힘든 정도는 아니다. 한길로만 쭉 따라가는 오솔길 모양에 가깝다. 중심이나 출구를 찾기 어렵게끔 나무와 울타리 등을 엮어서 만든 정원 정도라고 생각하면 된다. 물론 중심부에 도달한 다음 들어왔던 길을 되짚어 다시 나오도록 설계되었다는 점에서는 고대의 것과 일치한다. 하지만 괴물을 가두어둘 정도로 복잡한 구조는 아니다. 아무리 머리가 나쁜 괴물이라도 마음만 먹으면 얼마든지 빠져나올 수 있다. 굳이 실타래를 풀면서 들어가지 않아도 중심까지 들어갔다가 다시 나오는 데는 별 어려움이 없다는 뜻이다.

질러가면 가까운 거리를 꽤 멀리 돌아가도록 복잡하게 꼬아놓았다는

미로와 미궁

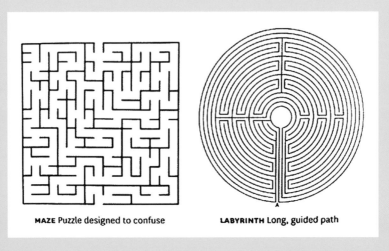

MAZE Puzzle designed to confuse   **LABYRINTH** Long, guided path

미로Maze는 막다른 길이 있고 복잡하게 얽힌 길로 사람들을 헤매게 만든다. 이와 달리 미궁Labyrinth은 마치 진자처럼 회전하는 길을 따라가면 안전하게 중심에 이르도록 설계되어 있다. 미로가 목적지를 찾을 수 없도록 그려진 것에 반해 미궁은 반드시 중심에 닿은 후 다시 되짚어 나오도록 그려져 있다. [그림 출처 : Medium(uxdesign.cc)]

점에서는 미궁이라 우겨볼 만한 여지도 존재한다. 중심을 향해 걸어가는 도중에 약간의 장애물과 막다른 길을 거치도록 만들어놓은 구조도 고대에 만들어진 미궁과 닮아있는 부분이다. 설령 그렇다고 한들 목표 지점에 도달했다가 다시 밖으로 나오는 데 아무런 어려움이 없는 구조물을 과연 미궁으로 부르는 게 옳은지는 모르겠다. 사전이 잘못 기술해 놓았을까. 무엇이 잘못된 건지는 몰라도 둘 중 하나가 거짓이라는 사실만큼은 부인하기 힘들어 보인다.

그리스 신화나 국어사전에서 말하고 있는 '미궁'은 그 속성으로 볼 때 실제로는 '미로迷路'에 가깝다. 현실에서의 미궁은 오직 한 갈래의 길만 따라서 걸어가는 구조로 되어있기에 설령 갇히더라도 빠져나오기가 그리 어렵지 않기 때문이다. 오히려 중간중간 빠지는 길이 여러 갈래인 미로가 길을 찾는 데는 훨씬 더 어려운 구조다. 길이 갈리는 지점마다 매번 나아갈 방향을 선택해야 하기 때문이다. 가다가 막다른 길에 이르면 다시 선택했던 갈림길로 되돌아와야 하는 번거로움까지 생긴다. 그런 점에서 "만약 해결할 수 있으면 미로, 풀이법이 없으면 미궁"이라는 설명은 오해에 가깝다. "미로면 풀면 되고, 미궁이면 되돌아 나오면 그만"[29]이라는 표현이 오히려 둘의 본질과 차이를 잘 설명해준다.

이러한 이해에 바탕을 둔다면 **이케아와 박물관이 채택한 건물의 공간 구조는 '미궁'에 비유될 수 있다.** 둘 다 중간에 갈라짐 없이 오직 하나의 길로만 나아가는 구조를 가지니까 말이다. 물론 입구와 출구가 각각 따로라는 점에서 하나의 문을 통해 들락거리는 미궁과 완전히 똑같을 수는 없다. 하지만 한 갈래의 길만 따라서 걷다 보면 별다른 무리 없이 목적지에 이를 수 있다는 점에서 본질이 같다. 그리고 마치 자동차 경주장처럼 정해진 공간 안에서 최대한 경로를 길게 늘이도록 이리저리 굽이쳐 놓았다는 점도 마찬가지다.

그런 만큼 미궁과 비슷한 구조로 만들어진 매장을 걸어가는 소비자로서는 마음이 한결 차분하고 편안해진다. 자신이 해야 할 일이라고는 그저 앞으로 나아가는 게 전부이기 때문이다. 마치 산책을 하듯이 자기 앞에 놓인 길을 걸으며 내면에서 샘솟는 생각들에만 집중하면 그만이다. 몸이 나아갈 때마다 한발 한발 다가오는 상품들에 시선과 관심을 조금씩 나눠주면서 말이다. 가야 하는 길로 알아서 인도해주는 것만큼 마음이 편안한 장소는 없다. 마치 주어지는 일만 제대로 해내면 되는 곳이 가장 마음이 편안한 자리인 것처럼 말이다.

군이 성별에 따른 적합도를 따진다면, 미궁은 남성보다는 여성 소비자에게 조금 더 적합한 구조다. 산책하듯 천천히 쇼핑센터를 돌아보며 매장 구석구석을 훑는 여성들의 쇼핑 패턴에 안성맞춤이기 때문이다. 무엇보다 여성들은 길 찾기에 상대적으로 덜 능숙하다는 점에서 수동적인 공간 구조와 정합성을 가질 수밖에 없다. 자신의 방향감각을 테스트하느라 소중한 에너지와 시간을 허비하기보다는 차라리 가야 할 길을 알아서 안내해주는 미궁 같은 공간 구조가 안정적이고 체계화된 이동을 보장해준다.

가상현실에서 진행된 길 찾기 실험의 결과도 이를 증명해준다. 연구에 따르면, 길 찾기에서의 성공률은 남성들이 여성들보다 무려 50%가량 높았다. 그리고 원인은 길을 찾는 방식에 있었다. 예컨대 남성들은 주로 동서남북과 같은 기본 방향을 기억한 다음, 여기에 맞추어 목적지를 찾아가는 특성을 보였다. 하지만 여성들은 달랐다. 구체적인 방향에만 의지한 채 길을 찾는 모습이다. 예를 들어 '슈퍼마켓을 지나서 쭉 직진하다가 김밥집이 나오면 우회전'하는 식으로 말이다. 길을 찾는 방식에서 차이가 있다 보니 길 찾기에 사용하는 뇌의 부위도 서로 달라질 수밖에 없다. 해마가 활성화되는 남성과 달리 여성은 전두엽이 활성화되는 모습이었다.

물론 길 찾기 능력의 차이가 단지 성별에 기인한다고 단언하기에는 무리가 있다. 만약 그렇다면 여성들에게 남성호르몬을 투여하는 경우, 의미 있는 수준의 성공률 향상이 관찰되었어야 했기 때문이다. 하지만 실험의 결과는 전혀 그렇지 못했다. 남성호르몬을 투여했을 때 여성의 공간지각 능력이 일부 향상된 것은 사실이지만 그 효과는 지극히 제한적인 수준에 그쳤을 뿐이다. 길 찾기와 같은 행동에는 아무런 영향을 미치지 못할 정도로 미미했다고 한다.[30] 성별이라는 생물학적 차이가 길 찾기 능력에 영향을 준다는 근거는 그 어디에서도 찾아볼 수가 없다.

다만 연구진은 그런 남녀 간의 차이가 인간이 진화하는 과정에서 생겨난 결과일 수도 있다는 설명으로 다른 가능성을 남겨놓았다. 오래전부터 남성과 여성이 담당해온 역할이 서로 달랐기 때문이라는 얘기다. 예컨대 주로 사냥을 담당해온 남성들로서는 상대적으로 넓고 큰 범위의 공간을 누비고 돌아다녔을 공산이 크다. 낯선 곳에서도 길을 찾아 집으로 되돌아오는 능력이 발달할 수밖에 없었던 조건이다.

하지만 여성은 다르다. 주로 집 근처에 머물며 채집이나 가사 등을 담당했다. 낯선 장소에 익숙하지 않다 보니 길을 찾는 데도 어려움을 겪을 수밖에 없다. **대신 거주지와 가까운 곳에서는 남성들보다 경로 선택이 훨씬 다양할 정도로 지리에 밝다.** 늘 같은 길로만 출퇴근을 반복하는 남성들과 달리 여성은 육아와 장보기를 비롯한 다양한 활동을 수행하느라 여러 경로로 이동하는 특성을 보이기 때문이다.[31] 특히나 집 안에 있는 물건을 찾아내는 데 있어서 남성들보다 훨씬 탁월한 능력을 보인다.

그런 여성들에게 마치 미로처럼 이리저리 복잡하게 꼬여있는 공간은 여간 고역스러운 장소가 아니다. 이는 남성들도 마찬가지다. 그들 역시 복잡한 미로에서는 불안감을 느끼고 쉽게 스트레스를 받는다. 인간이 가진 감각 중에 가장 핵심이 되는 시각과 청각을 사용하기가 힘든 상황이기 때문이다. 자신이 어디로 나아가야 하는지는 물론, 지금 어디로

가고 있는지조차 알 길이 없다. 앞으로 얼마나 더 헤매야 하는지도 감이 오지 않는다. 끊임없이 마주하는 갈림길도 불안감을 증폭시키는 요인이다. 선택에 대한 확신도 없이 그저 의구심만 가득한 상태에서 발걸음을 내딛는다. 돌아오는 건 막다른 길에서 마주하는 당황스러움과 절망감이 대부분이다.

물론 복잡한 구조에도 나름의 장점은 있다. 최소한 지루한 장소라는 낙인이 찍히지는 않는다. 예컨대 이케아나 박물관처럼 사람들이 오직 하나의 길로만 계속해서 걸어가야 하는 장소라면 보행자로서는 지루함을 느낄 가능성이 크다. 이케아가 최대 15m마다 동선의 방향을 바꿔주는 것도 바로 이 때문이라고 한다. 소비자에게 지루함을 방지해주기 위한 목적에서 주기적인 방향 전환을 설계해놓았다는 의미다.

언뜻 들으면 그들의 섬세한 배려에 감탄사를 쏟아내어야 할 지경이다. 하지만 꿈보다는 해몽이 좋은 그들만의 주장에 불과할 수도 있는 이야기다. 고도로 기획된 것이라기보다는 최대한 동선을 길게 늘여놓다 보니 자연스레 길이 겹쳐져서 주기적인 방향 전환이 생겨났을 가능성이 더 크기 때문이다. 설령 그들의 의도한 것임을 인정하더라도 지루함을 방지하는 데 효과가 있었는지는 미지수다. 이성적으로는 오히려 지루함을 더욱 가속하는 조치로만 받아들여지기 때문이다. 이미 앞에서도 확인했듯이 똑같은 거리를 가정하더라도 방향 전환의 횟수가 많을수록 사람들은 그 길을 더욱 멀고 지루하게 느끼는 법이니까 말이다.

지루함은 인간이라면 누구나 참아내기가 힘든 고통이다. 높은 각성 상태에 이르도록 만드는 요인인 만큼 우리 몸에 유익할 이유가 전혀 없다. 심한 경우, 스트레스를 유발할 정도로 건강에 해롭기까지 하다.[32] 실제로 지루함이나 권태의 수준이 높은 사람일수록 그렇지 않은 사람들보다 사망률이 높은 것으로 나타났다. 지루함과 권태로움이 심신미약의 상태를 유발하여 결국에는 사망에까지 이르도록 만드는 것이다.[33]

비록 건강상의 문제가 이유는 아니더라도 인간은 어지간해서는 권태로운 장소를 선호하지 않는 존재다. **조금 복잡하고 흥미로우며 메시지가 담긴 장소에 머물기를 좋아한다.** 생물학적으로 인간과 가장 유사한 쥐들의 움직임이 이를 증명해준다. 쥐를 Y자 모양으로 만들어진 미로에다 풀어놓으면 쥐는 한결같이 자신을 더 새롭고 복잡한 영역으로 이동해간다. 똑같은 과정을 여러 번 반복하더라도 결과는 마찬가지다. 쥐는 한 번 가봤던 길을 선택하는 대신 이전에 가보지 않은 길을 새롭게 탐색한다.[34] 단순한 구조로 된 공간이 무언가 자신만의 효용성을 가지듯이 복잡하게 만들어진 공간 역시 나름의 역할과 가치를 지니고 있음을 확인해볼 수 있는 대목이다.

단순한 게 좋을지 아니면 복잡한 공간이 좋을지는 결국 소비자가 길을 걷는 목적에 달려있다. 예컨대 시간을 소비하거나 단지 구경을 위해서 길을 나선 경우라면 조금 복잡한 구조로 공간을 구성하는 게 좋다. 이런 경우는 대개 공간 속에 머무는 것 자체가 길을 걷는 목적이니까 말이다. 하지만 쇼핑이나 산책처럼 걸음에 뚜렷한 목적이 있는 경우라면 단순한 구조가 효율적일 수 있다. 공간 구조의 복잡성은 곧 해당 공간을 돌아다니는 과정에서 보행자가 처리해야 하는 정보의 양과 난이도를 뜻하기 때문이다. 아무리 익숙한 길이라도 복잡성이 높아지면 길을 헤매게 마련이다. 길을 찾는 데는 '친숙도'보다는 오히려 '단순도'가 더 중요한 법이니까 말이다.[35] 공간을 복잡하게 구성할수록 공간을 만든 취지는 점점 흐려질 수밖에 없다. 사람들이 원래 하려고 했던 목적 자체가 흐지부지될 공산이 크다. 그게 산책이든 쇼핑이든 말이다.

복잡한 구조로 만들어진 쇼핑센터가 그 본질적인 기능에서 효용성을 의심받는 이유도 바로 이 때문이다. **미로 같은 복잡한 공간이 오히려 소비자의 관심을 상품이나 매장으로부터 멀어지게 만든다는 의견이 적지 않다.** 이는 수풀이 우거진 밀림 속을 상상해보면 이해가 빠르다. 언제 어디서 맹수와 적이 갑자기 튀어나올 줄 모르는 상황에서 사람들은 모두 긴장의 끈을 바짝 조이게 마련이다. 그들에 맞서 싸우거나 최소한 도망치기 위해서라도 주의를 집중하고 경계를 늦추지 말아야 한다. 쇼핑하는 소비자 역시 마찬가지다. 그런 복잡한 장소에서는 상품을 구경하기는커녕 생존을 위한 길 찾기에 모든 신경과 에너지를 쏟아부어야 할 판이다.[36] 그들의 지갑을 열어야 하는 쇼핑센터 역시 득이 될 일이 없다.

쇼핑센터에서 물건을 구매하는 사람들의 움직임도 복잡한 공간 구조가 무용하다는 것을 증명한다. 한 마케팅디자인 전문업체에 따르면, 제품을 구매하는 사람과 단지 아이쇼핑Eye Shopping을 즐기는 사람의 동선에는 뚜렷한 차이가 있다고 한다. 예를 들어 구매 고객의 동선은 무척 간결하고 단순한 특징을 보이는 편이다. 원하는 물건이 있는 매장으로 직행하는 모습이 마치 남성들을 닮았다. 이와 달리 **복잡한 이동 경로는 특별한 목적 없이 쇼핑센터를 찾은 사람들에게서 주로 관찰된다.** 이곳저곳을 어슬렁거리며 구경하다 보니 아무런 규칙도 없이 다양한 장소를 옮겨 다니는 특성이 나타날 수밖에 없다. 물건을 구매할 목적의 고객보다 단순히 점포를 방문한 고객에 정성을 쏟는 바보가 아니라면 매장 공간은 단순하게 꾸미는 게 오히려 나을 수도 있다.

물론 구매고객의 간결한 움직임은 모두가 오가는 '공용 동선' 위에서만 유효성이 인정된다. 자신이 원하는 매장 안으로 들어선 이후부터는 오히려 움직임이 복잡해지는 특성을 보인다. 매장의 안과 바깥에 진열된 상품들을 꼼꼼하게 살피느라 분주하게 발걸음을 옮겨 다니기 때문이다. 제품에 대한 접촉의 빈도 역시 다른 소비자보다 월등히 많다. 누군가를 좋아하면 자꾸만 만지고 싶듯이 상품을 향한 관심은 곧 접촉에 대한 욕구를 불러일으키니까 말이다.

어쨌거나 **상품 판매가 직접 이루어지는 장소로서 매장은 최대한 단순하고 간결한 동선 구조로 만드는 게 좋다.** 뭐든 복합성이 증대되면 사람들의 관심과 흥미는 증가하더라도 선호도까지 함께 증대되지는 않는다. 무언가에 대한 선호도는 늘 복합성 수준이 중간 정도일 때 가장 높아지는 법이다.[37] 복잡한 것보다는 단순한 동선 구조가 소비자는 물론이거니와 쇼핑센터에도 득이 될 수 있다는 의미다.

당연한 얘기지만 쇼핑은 분명히 사람들에게 기분 전환과 재미를 가져다주는 아주 유익한 활동이다. 비록 극소수이기는 하나 누군가에게는 삶에서 맛보는 진정한 즐거움으로까지 평가되기도 한다. 평소 구두쇠라고 손가락질을 받는 사람조차도 쇼핑만큼은 아끼지 않고 즐기는 경우가 많다. 그리고 그들에게 즐거움은 쇼핑을 마치 '모험'처럼 경험하고 느낄 때 주로 극대화된다. 자신이 정말로 좋아하고 평소 갖고 싶어 하던 물건을 '찾아 헤매는' 과정으로서 쇼핑이라는 활동을 즐긴다는 뜻이다. 다른 사람들을 모두 제치고 홀로 좋은 물건을 독차지했을 때, 그리고 할인 폭이 무척 큰 세일 품목을 아무런 기대도 하지 않은 상태에서 불쑥 찾아내었을 때의 기쁨은 이루 다 말할 수가 없다. 마찬가지로 세상에 하나밖에 없는 아주 진귀한 물건을 찾아내었을 때의 설렘도 절대 놓칠 수 없는 쇼핑의 즐거움 가운데 하나다.[38]

하지만 여기에는 한가지 분명히 짚고 넘어가야 할 사실이 한 가지 있다. 우리가 쇼핑하는 과정에서 즐기는 소위 **'찾아 헤매기'라 함은 일종의 '보물찾기' 과정을 이야기하는 것이지 단순히 '길을 잃고 헤매는 것'이 아니라는 사실**이다. 일본의 대표적인 소매점인 돈키호테가 그렇다. 그들은 보물찾기에 방점을 두었을 뿐 사람들을 일부러 공간을 헤매도록 만들지는 않는다. 가격이라는 핵심 경쟁력에 재미라는 새로운 가치를 하나 더 더하고자 했을 뿐이다.

손님들 역시 이를 잘 이해하고 있는 편이다. 다들 뒤죽박죽 진열된 제품들 속에서 숨겨진 가성비 아이템을 찾기 위한 보물찾기 놀이에 빠져든다. 하지만 이를 벤치마킹했던 국내 유통업체의 사례는 조금 달랐다. 그런 놀라움과 의외성을 몸소 체험하는 과정에서 소비자가 얻게 될 재미와 가치 따위는 모두 생략해버린 채 오로지 물리적으로만 공간을 헤매도록 만들어놓았다. 직원들에게 "저도 그게 어디에 있는지 모릅니다."라고 쓰인 유니폼까지 입혀야 할 정도로 말이다. 그리고 그런 공간이 과연 소비자에게 어떤 매력으로 다가갈지에 대해서는 각자가 스스로 고민해볼 문제다.

08
필요한 것은 움직임의 확산일까 수렴일까?

인간이든 동물이든 신체의 자유로운 움직임은 가장 근본적이면서도 원초적인 충동이다. 스스로 통제할 수 있는 능력의 한도 내에서 누리게 될 신체적인 자유는 기쁨과 즐거움이라는 긍정적인 감정을 가져다준다. 하지만 특정한 공간에 지배되거나 억압되어 행동에 제약이 따를 때 내적인 불안이 싹을 틔우기 마련이다. 소비자의 몸을 장악하고 통제하며 구속하려는 공간 기획가의 끈질긴 노력이 인간적으로는 그리 바람직해 보이지 않는 이유다. 기분 전환과 재미를 위해 쇼핑센터를 찾은 사람들에게 애써 부정적인 감정과 경험, 기억 등을 심어줄 필요는 없다.

신체적인 제약과 구속은 결국 사람들의 반발만 초래할 뿐이다. 뭐든지 억지로 강제한다고 해서 원하는 것을 얻어낼 가능성은 희박하다. 나와 생각이 다르면 설득이 먼저고, 설득이 안 되면 정중하게 부탁을 하는 게 상책이다. 힘으로 굴복시키려고 해봤자 돌아오는 건 언제나 불필요한 저항과 반감뿐이다. 마치 오른쪽으로 가기 위해 핸들을 오른쪽으로 돌려봐야 승객들의 몸은 오히려 왼쪽으로 쏠리는 결과가 초래되듯이 말이다.

제아무리 강한 쇠사슬도 가장 약한 고리의 강도를 이겨내지 못하고 끊어지는 법이라고 했다. 강제의 효과 역시 그것이 가진 단점의 한계치

4장 형상 활용하기   **399**

앞에서 늘 무릎을 꿇게 마련이다. 인간의 움직임이나 행동도 마찬가지다. 인간의 행동을 유발하는 동기는 내면에 잠재된 '욕망'과 '감정'이지 누군가에 의한 '억지'나 '강제'가 아니다.[39] 다른 사람들로부터 인정받고 싶은 마음이나 물질적인 이득에 대한 욕망, 노여움과 미움, 사랑 따위의 감정 등을 건드리는 게 훨씬 빠르고 효율적일 수 있다는 뜻이다.

그런 점에서 **쇼핑센터가 사로잡아야 할 것은 소비자의 '몸'이 아닌 '눈'**이다. 인간이 외부로부터 얻는 정보는 대부분 안구로부터 들어오는 빛에 의한 것들이기 때문이다. 그리고 시각을 통해 습득된 정보는 뇌를 거치는 과정에서 여러 가지 복합적인 감정들을 만들어낸다. 그렇게 생겨난 감정은 인간의 행동을 유발하는 핵심 동기로 작용한다. 빛을 따라 움직이는 시각에 의해 사물을 인지하거나 이해하고, 그 결과에 따라 모든 행동과 움직임이 결정되는 셈이다. 따지고 보면 눈의 움직임이야말로 곧이어 뒤따라올 신체적인 움직임을 보여주는 사전 프로그래밍이 아닐 수 없다. 소비자의 신체를 구속하고 통제하는데 급급했던 오랜 관행에서 벗어나 사람들의 시각을 장악하는 쪽으로 방향을 급선회해야 할 필요가 있다.

물론 여기서 이야기하는 '시각'은 단지 신체적인 부위로서의 '눈'을 지칭하지는 않는다. **분명히 잡아야 할 것은 '눈'이지만 진정으로 잡고자 하는 건 소비자의 '욕망'과 '감정'이다.** 즉, 소비자의 내면이다. 욕망과 감정에 이끌린 소비자가 스스로 호기심과 정복, 동화의 순서를 밟으며 상품에 접근하고 접촉에 이르게 할 기회를 만들어야 한다는 뜻이다. 이러한 일련의 과정들이 소비자의 자율에 의해 주체적으로 이행되어 확대되어 나갈 때 비로소 상품 판매라는 궁극의 단계로 이어질 수 있다. '자기 주도'라고 하는 뛰어난 능력을 타고난 인간으로서는 충분히 가능성이 있는 이야기다. 스스로 선택권을 행사하며 행동할 때 인간은 가장 강력한 내재동기가 충족되는 존재이기 때문이다.

이와 같은 관점에서 본다면 이케아의 매력을 단순히 복잡하고 특이한 동선 구조로부터 찾는 건 조금 무리일 수도 있다. 소비자의 욕망이나 구매를 이끄는 강력한 내재 동기로서 '자기 주도' 혹은 '자율'과는 거리가 먼 구조이기 때문이다. 매장 공간의 구조만 놓고 본다면 인기는 오히려 진작에 사그라졌어야 옳다. 그렇다면 과연 그들의 인기는 도대체 무엇에 기인한 것일까? 어쩌면 그들만의 독특한 매장 공간이 더욱 현실적인 이유가 될 수도 있다. 매장의 '구조'에서 찾을 수 있는 독특함이 아닌 매장을 꾸며놓은 '방식'에서의 고유한 장점이나 특이사항들 말이다.

하나의 가능성이 소비에 관여하는 두 가지 인격체에 대한 분리다. 쉽게 말해서 이케아는 자신만의 시각적인 장치와 그 효과를 적절히 이용하여 제품에 대한 '구매자'와 '사용자'를 철저히 분리해놓았다. 그리고 이들 각각에 대해 서로 다른 기준과 셈법을 적용하여 그들만의 아주 독창적이고 특별한 매장을 꾸며놓았다. 그런 이케아만의 독특한 매장 구성 방식이 지금 누리고 있는 인기의 이유일 수도 있다는 뜻이다. 매장 공간의 하드웨어적인 구조가 아닌, 매장을 꾸미는 방식으로서의 소프트웨어적인 기법이 이케아가 누리는 인기와 경쟁력의 원인일 가능성을 제기했다는 점에서 무척 흥미로운 지적이 아닐 수 없다.

도무지 무슨 말인지 감이 안 오는 분들을 위해 설명을 하자면 이렇다. 일반적으로 우리는 소매점에서 물건을 사려고 할 때 직접 '사용자'가 되어 이것저것 따지고 살핀다.[40] 비록 그 순간만큼은 물건을 구매하는 '구매자'의 입장이지만 제품구매가 이루어지고 난 다음에 실제로 제품을 사용하게 될 '사용자'의 관점에서 물건을 보고 살핀다는 뜻이다. 구매자일 때보다는 조금 더 실용적이고 합리적인 시각이 강해질 수밖에 없다. 제품을 구매함으로써 자신이 어떠한 효용과 가치를 누릴 수 있고, 또 어떤 예상치 못한 문제가 발생할지를 꼼꼼히 따지는 게 당연하다.

하지만 이케아를 거니는 사람들은 오직 '구매자'의 관점에만 머물러 있을 가능성이 크다. 현실과 이상을 넘나드는 이케아만의 시각적인 판타지에 매료되어 이성이 마비되어버리기 때문이다. 일단 지르고 보자는 감성과 충동만이 남아있을 뿐이다. 더군다나 매장구조의 특수성까지 고려한다면, 그들에겐 비교 구매의 기회조차 주어지지 않는다. 마치 박물관에 전시된 유물들처럼 완벽한 세트 상품들만이 소비자에게 노출되어 구매를 종용할 뿐이다. 소비자로서는 귀신에 홀린 듯 제품 하나도 빼놓지

IKEA 매장의 상품 전시

이케아 매장은 소비자에게 시각적인 자극을 통해 판타지를 제공한다. 현실에서는 보기 힘들 정도의 아기자기하고 예쁜 분위기의 매장으로 사람들에게 현실과 이상을 혼동하게끔 만든다. 이성과 합리성이 마비된 소비자로서는 마치 귀신에게 홀린 듯 제품에 대한 구매 욕구가 샘솟는다. 결국은 공간 기획가에 의해 고도로 기획되고 세팅된 상품 조합들을 하나도 빠짐없이 세트 그대로 구매해버리고 만다. [그림 출처 : IKEA(ikea.com), PYMNTS(pymnts.com)]

않고 디스플레이 되어있는 그대로 구매해야만 직성이 풀린다.

이케아가 누리는 인기의 원인을 오직 그들만의 '자율박탈적'인 공간 구조로만 돌릴 수 없는 이유는 또 있다. 쇼핑센터 역시 하나의 건물이고, 모든 건물은 그것을 사용하는 사람들의 움직임을 전제로 하기 때문이다. 물론 이 말이 모든 건물에서 사람들의 움직임은 항상 동질적인 양상을 띠어야 한다는 의미는 아니다. **건물이 가진 고유의 기능이나 목적에 따라 사람들의 움직임은 그 양상과 특징을 서로 달리하는 게 맞다.** 예컨대 감옥과 같은 건물은 그 안에 수용된 사람들의 움직임을 최대한 억제하는 방향으로 계획될 필요가 있다. 죄수들이 감방에서 나와서 다른 곳으로 이동해가는 과정도 물리적으로는 최소화되어야 한다. 당연히 그 움직임마저도 철저히 감시되고 통제되어야 한다. 오래전에 지어졌던 학교들이 대개 이와 비슷한 구조다. 복도를 비롯한 각종 공용 공간을 최소화하여 학생들의 움직임마저도 최대한 절제시키고자 했다. 부득이하게 발생하는 최소한의 움직임마저도 통제하기 쉽게 만들려고 노력한 흔적이 아직도 뚜렷하게 남아있을 정도다.[41]

이와 달리 주택이나 사무실, 병원 같은 건물들은 지극히 효율적이고 기능적인 움직임을 강조한다. 일상적인 활동이 이루어지는 장소인 만큼 모든 활동이 최대한 간단히 이루어질 수 있도록 계획되는 편이다. 병원이 가장 대표적인 사례다. 수시로 환자를 돌봐야 하고 예상치 못한 응급상황도 자주 발생하는 곳이기에 가장 짧고 효율적인 동선이 유지되도록 모든 시설이 배치된다. 치매 병동에서의 동선과 건물 구조가 아주 단순하게 계획된 것 역시 기억력이 떨어져서 자기 방을 제대로 못 찾는 환자들을 배려한 결과다.[42]

이는 아파트를 비롯한 각종 주거시설에서도 마찬가지다. 예컨대 복도와 각종 통로는 입주민의 편의성과 공간 효율성이 생명이다. 최대한 단순하고 굴곡이 생기지 않도록 계획해서 거주민의 체력 소모를 최소화해야 한다. 아울러 통로를 최대한 짧게 만들어서 다른 유효 공간이 줄어든다든지 혹은 공간을 낭비하는 일이 없어야 한다. 집안에서 이루어지는 주요 활동 간에 동선이 서로 엉키지 않도록 하는 것도 기억해야 할 요소다. 주로 요리·식사, 수면·청결, 오락·휴식으로 범주를 나누어 계획되는 편이다. 나아가 주요 활동들이 일어나는 공간은 될 수 있으면 한곳에 집적시켜서 시각적으로 일목요연하게 정리해두는 편이 좋다.[43]

그렇다면 백화점이나 쇼핑센터 같은 대규모 소매용 건물은 어떨까? 당연히 '손님'이라고 일컬어지는 사람들의 움직임을 최대한 강조해야 한다.[44] 그래야만 점포를 방문한 사람들에게 애초에 계획했던 것보다 훨씬 더 많은 구매를 기대할 수가 있기 때문이다. 매장이든 동선이든 **사람들의 움직임을 확산시키는 게 쇼핑센터가 추구해야 할 최우선적인 목표다.** 공간 계획 역시 움직임의 확산에 초점을 맞춘 뼈대와 구조를 찾아야 한다. 그렇게 창조된 매장 공간 속에서 전략적으로 활용할 공간은 없는지 다시금 찾아내는 게 무엇보다 중요한 핵심 과제다.

우리가 지금 논의하고 있는 쇼핑센터의 동선도 그러한 과제 중의 하나다. 건물이라는 공간적인 틀 안에서 사람들의 움직임을 확산하거나 위축시킬 수 있는 가장 핵심적인 수단은 다름 아닌 '동선'에 있기 때문이다. 그렇다면 쇼핑센터가 추구해야 할 동선 계획의 기본 방향도 명확해진다. 기본적으로는 움직임의 확산을 지향하되, 국지적으로 수렴이 필요한 경우를 대비하여 움직임에 대한 이원적인 대응이 요구된다. 동선을 위계에 따라 크게 둘로 나누고, 사람들의 움직임을 확산할지 아니면 위축시킬지 각기 다른 역할을 부여하면 된다. **큰 틀에서는 확산을, 좁은 틀 내에서는 수렴의 필요성을 염두에 두고서 말이다.**

　실제로 유통업계에서는 매장의 동선을 크게 '주동선'과 '보조 동선'으로 구분하여 계획한다. 주동선은 마치 식물의 줄기처럼 쇼핑센터의 중심축이 되어 큰 틀에서의 움직임을 관장하는 동선 체계를 말한다. 이와 달리 보조 동선은 어느 한 지역에서 일어나는 국지적인 움직임을 담당한다. 주동선을 도시의 동맥 역할을 책임지는 일종의 '간선도로'에 비유한다면, 보조 동선은 그야말로 '지선도로'나 마찬가지다. 한 지역 내에서 많은 곳을 연결하며, 지하철과 간선버스를 비롯한 다양한 교통수단과의 환승을 쉽게 하도록 한다.

　쇼핑센터에서의 동선은 기본적으로 이러한 이해를 바탕으로 계획되어야 한다. 예컨대 계획하고자 하는 대상이 보조 동선이라면, 최대한 짧고 간결한 구조로 만든다. 보조 동선을 만드는 이유나 목적 자체가 주동선과 다른 주동선 간의 연결에 있기 때문이다. 옮겨타기에 가장 빠르고 편리한 구조가 보조 동선의 핵심가치다. 물론 상품 진열이나 청소, 제품 운반을 비롯한 각종 부수적인 작업을 위해 만들어진 목적도 크다. 직원들의 업무 편의성이나 효율성을 생각해서라도 보조 동선은 최대한 짧고 단순한 구조로 만들어지는 게 합리적이다.

　하지만 계획하고자 하는 것이 주동선이라면 그와 정반대다. 직원이나 상품의 이동까지도 모두 고려해야 하는 보조 동선과 달리, 주동선은 고객의 이동에만 집중해야 한다. 보조 동선이 내부 관계인을 위한 것이라면, 주동선은 외부인을 위한 것이기 때문이다. 이는 도시의 가로에서도 마찬가지다. 가로의 위상이나 위계에 따라 거리를 오가는 사람들도 차이를 보인다. 예컨대 관광객이나 방문객 같은 외지인들은 주로 위계가 높고 넓은 길에 대한 선호가 높다. 이와 달리 이면도로를 비롯한 뒤편 골목길은 주로 해당 지역에 거주하는 사람들 차지다.[45]

쇼핑센터라고 해서 예외는 아니다. 예컨대 주동선은 주로 고객의 이동을 위해 사용되는 경로인 만큼 길이는 최대한 길고 폭은 넓게 만든다. 그래야만 고객의 배회율을 극대화할 수가 있기 때문이다. 고객의 움직임이 활성화되고, 그런 역동성을 건물 전체로 확산시키는 데도 도움이 된다. 당연히 쇼핑센터라는 건물이 가진 본연의 기능이나 목적에도 부합하는 편이다. 그 결과 역시 긍정적인 방향을 향해 나아갈 가능성이 커진다.

이제 우리가 할 일은 이케아의 동선 구조를 재평가해보는 일이다. 이상의 이야기를 염두에 두고 다시금 곱씹어보면 지금껏 보이지 않았던 사실들이 하나둘 실체를 드러낼 것이다. 이케아는 마치 자동차 경주장을 재현해놓듯이 고객이 다니는 길을 꾸불꾸불하게 꺾어놓고, 그것도 모자라 이를 겹겹이 쌓아둔 형태를 취하고 있다. 모르긴 해도 동선의 길이를 최대한 길게 만들기 위한 목적에서 그랬을 가능성이 크다. 물론 궁극의 목표는 소비자의 체류 시간을 극대화하기 위함이다. 조금이라도 매출액 증대에 도움을 주기 위해서 말이다. 어쨌건 고객이 모두 하나의 길로만 완주해야 하는 구조를 가졌으니 보행의 흐름에서 비켜나거나 소외되는 매장이 생겨날 이유도 없다. 목표가 매출액이든 매장 활성화든 일단 모두 성공한 셈이다. 합리적인 매장 구조라고 평가해도 크게 무리가 없다.

물론 단점도 있다. 모든 소비자에게 단 하나의 움직임만을 강요했다는 점에서는 평가가 엇갈리는 편이다. 기능적으로 쇼핑센터가 추구해야 할 '움직임의 확산'에 부합하는 구조인지 의문을 제기하는 사람이 제법 있다는 뜻이다. 그도 그럴 것이 그 구조가 설령 복잡하다거나 산만하다는 핀잔을 들을지언정 쇼핑센터에서는 차라리 자유분방한 동선이 목적이나 기능에는 더욱 적합하다는 평가가 주를 이루는 탓이다.

하지만 굳이 움직임의 확산을 동원하지 않고도 활성화를 이루는 데 아무런 문제가 없다면 이야기가 달라진다. 오직 하나의 주동선만을 갖추어둔 채 이를 소비자에게 강요하는 이케아의 경우처럼 말이다. 실제로 그들이 택한 방식은 움직임의 '확산'이 아닌 '수렴'이었다. 그러고도 쇼핑센터 구석구석을 활성화하는 데에는 이미 충분한 성공을 거두고도 남을 정도다. 모로 가도 서울만 가면 그만이라는 의미다.

다만 그 과정만 따로 떼어놓고 봤을 때 이케아의 '미궁'이 쇼핑센터의 올바른 모범답안이라고 말하기는 쉽지 않다. **쇼핑센터의 기능이나 목적이 오직 건물 전체의 활성화에만 방점을 두고 있는 것은 아니기 때문이다.** 예컨대 소비자의 효용이나 쇼핑의 만족도 등을 고려한다면 오히려 움직임에서의 자율성이 가장 먼저 보장되어야 할 핵심가치일 수도 있다. 삶의 질이나 만족도를 평가할 때 배부른 돼지가 배고픈 소크라테스보다 낫다고 자신 있게 말할 수 있는 상황이 아니라면 말이다.

이제 결론은 명확해졌다. 소비자의 움직임에 자율성을 전제로 한다면, 그런 자율적인 움직임을 확산하는 데는 '미궁'보다는 '미로' 같은 구조가 더욱 효과적일 수도 있다. 하지만 소비자를 볼 때 소크라테스보다 돼지가 더욱 겹쳐져 보이는 상황이라면 그때는 그와 반대로 하는 게 맞을 수도 있다. 모든 결정은 결국 소비자를 어떤 존재로 인식하느냐에 따라 달라지는 것이니까 말이다.

인간은 분명 자율적인 존재다. 하지만 때때로 의존적이거나 심지어 무력감에 빠진다. 무력감은 주로 자신의 욕구를 충족시킬 수 없다는 걸 깨달았을 때 찾아온다. 모든 걸 다른 사람에게 완전히 의존해야 하는 이른바 '비주체적인 상태'와 함께 말이다. 그래서 프랑스의 정신분석학자인 자크 라캉Jacques Lacan은 인간의 자율성에 대해 '자기애적 발상에서 비롯된 착각'이라고 표현했다. 흔히 우리가 믿고 있듯이 자율적인 사람과 타율적인 사람이 따로 존재하는 것이 아니라는 의미다. 우리는 모두 자율성과 무력감, 의존성과 주체성 사이에서 줄을 타고 있는 아슬아슬한 존재에 불과하다.

다행히 인간은 무력감이 극으로 치달을 때 무언가를 해야겠다고 자각하는 존재다. 그 누구의 도움도 기대할 수 없는 절대고독에 항복하는 상태를 맞이할 때 비로소 자율적인 존재가 된다. 스스로 무력감에 휩쓸리는 순간, 자율성이 살아 숨쉬기 시작하는 것이다.[46]

쇼핑센터가 지향해야 하는 가장 이상적인 공간의 형태는 어쩌면 미궁과 미로를 적절히 섞어놓은 모습일 수도 있다. 이케아의 '강제성'에 일반 쇼핑몰의 '자율성'을 가미해놓은 구조 말이다. 그런 공간에서 소비자가 맨 처음 경험하는 건 획일적인 움직임을 통해 맛보는 무력감이다. 이후 새롭게 추가된 이동 경로의 옵션을 맞닥뜨리면서 스스로 움직임을 조정하는 주체성을 인식하게 된다. 생각은 곧 행동으로 이어지고, 자발적인 움직임은 건물 전체로 확산해간다. 활성화는 그야말로 시간문제일 뿐이다.

법은 개인이 자유를 실현하되, 누군가 타인의 자유를 침해하기 시작하는 단계에서부터 간섭하고 작용하는 것이 바람직하다고 했다.[47] 그 누구도 자신의 자유를 위해 다른 사람의 자유를 침해할 권리를 부여받지 못했기에 법이 개입하고 중재에 나서야 함을 의미한다. 지나온 날만 되돌아봐도 그렇다. 법은 다다익선多多益善의 대상이 될 수 없다. 규제가 많을수록 백성은 가난해지고, 법령이 많이 정비될수록 오히려 도둑은 늘어나는 법이다. 도덕과 윤리를 지키기 위한 최소한의 수단으로서만 법이 존재하고 기능해야 함을 일깨워주는 말이다.

그런 관점에서 본다면 오늘날의 쇼핑센터는 개인의 자유를 보장하는 최소한의 법적인 장치마저 작동하지 않는 그야말로 무법천지의 장소인 것이 분명하다. 누군가를 위해 다른 사람의 자유를 억압하는 행동이 마치 당연하다는 듯 받아들여지는 장소이니까 말이다. 실제로 적지 않은 쇼핑센터가 자신의 이익이나 목표를 위해 고객의 몸을 통제하고 원하는 행동을 강제하는 데 주저하지 않는다. 자신들의 이익이 언제나 소비자의 권익에 앞서고, 고객의 권리는 그저 광고 속에서만 메아리칠 뿐이다. 입으로는 늘 고객 만족과 서비스를 말하면서도 고객에 대한 기본적인 태도나 배려는 깔아뭉개지기 일쑤다.

공부든 놀이든 인간의 행동은 자발적으로 이루어질 때 효과도 크고 결과도 좋다. 인간의 행동과 동기 유발에 관한 연구들 역시 하나같이 자기 주도적인 환경조성을 강조한다. 어떠한 행동을 유발할 목적으로 무언가 동기를 불어넣기 위해서는 명확한 목표나 보상을 제시하는 것도 중요하지만 개개인에게 선택권이나 통제권을 부여하는 것이 무엇보다 필수적임을 말하고 있다. 모든 사고와 행동의 주체가 오직 자기 자신이 되어야 함을 의미한다.

쇼핑도 놀이나 공부와 같다. 어차피 소비자에게는 쇼핑도 하나의 놀이인 동시에 때로는 공부이기도 하다. 자발성이 전제될 때 소비자의 움직임도 활발해지고 상품에 대한 몰입도도 증가하기 마련이다. 물론 쇼핑센터가 관심을 두는 물질적인 이해관계도 결코 무시되어서는 안 되는 가치다. 하지만 고객 개개인이 가진 자율성이나 그에 대한 의지도 소매업자의 경제적인 이익에 뒤지지 않고 함께 존중될 필요가 있다. **최소한의 도덕을 위해 법이 존재하듯이 공간을 이용한 행동의 강제성 역시 최소한의 안내와 촉진을 위해서만 개입하는 게 옳다.** 강제와 자율이 한 공간 내에서 공존의 균형점을 찾고, 서로 조화를 이룰 때 쇼핑센터의 성공 확률은 훨씬 높아진다. 다른 건 몰라도 일단 한쪽으로 치우치지 않았다는 점에서는 분명히 성공이다.

09
자연적인 곡선과 인위적인 직선

앞서 쇼핑센터에서 동선을 수립하는 가장 중요한 목적은 사람들의 움직임을 건물 전체로 확산시키는 데 있다고 했다. 소비자로부터 소외되는 사각지대가 발생하지 않도록 하고, 고객을 최대한 매장에 오래 잡아두기 위한 조치다. 아무래도 매장에 머무는 시간이 늘어날수록 매출액 또한 함께 높아지기 때문이다.

하지만 소비자의 체류도 자율성이 전제되면 매출액에 대한 기여도는 더욱 높아진다. 억지로 잡아둔다고 해서 무조건 상품 판매로 이어지지는 않는다는 뜻이다. 비록 지금은 없어졌어도 일본의 돈키호테를 따라서 만든 삐에로쑈핑이 그랬다. 다양한 상품들을 압축적으로 진열해두는 방식으로 사람들을 매장에 오래 머무르도록 했지만 결과는 기대를 따라가지 못했다. 매출 증대는커녕 오히려 장사를 접어야 할 정도로 결과는 참혹했으니까 말이다.

그에 대해 많은 지적과 분석이 있었다. 죄다 흥미만 자극할 뿐 쓸 만한 상품이 없다는 지적에서부터 가격이 터무니없이 비싸다는 평가까지 나름대로 귀담아 들을 만한 이야기들이다. 가장 뼈아픈 지적은 '보물'은 하나도 갖다 놓지 않은 채 '보물찾기'를 강요하고 있었다는 점이다. 단지 상품을 뒤죽박죽 뒤섞어 놓은 것만으로 말이다. 고객이 직접 진열대 구석구석을 탐험하며 기대하지도 않았던 상품을 연이어 찾아내는 재미를 느끼도록 한 돈키호테와 달리, 그들이 만든 매장은 그저 고객을 헤매도록 만드는 데만 치중했음을 지적한 말이다. 매장 직원의 유니폼 등짝에 적힌 "저도 그게 어디 있는지 모릅니다"라는 문구를 웃음 포인트로 활용했다는 사실 자체가 스스로 고객에게 '헤매기'를 강요했음을 자인하는 게 아닐까 한다.

모든 상품이 뒤죽박죽으로 진열된 삐에로쑈핑과 달리, 돈키호테 매장은 기본적으로 상품 분류에 충실한 구조다. 그들이 의도한 보물찾기란 소비자가 상품들을 꼼꼼히 살피는 도중에 전혀 예상치도 못한 기발한 상품을 발견하는 기쁨이다. 때마침 필요했던 제품을 파격적으로 할인된 가격으로 만나는 경우를 포함해서 말이다.

쇼핑센터에서의 **의외성은 '상품'을 통해서 제공되는 것이 원칙이다.** 전혀 기대하지 않았던 상품으로 소비자의 흥미를 유발하고, 다양한 소품을 곁들인 공간 연출을 통해 그 기쁨을 배가시킨다. 하지만 상품을 통해서 의외성을 주는 게 쉽지 않은 쇼핑센터도 있다. 대개 유통업체가 아닌 시행사나 건설사 등에서 소매점을 개발했을 때다. 그런 그들이 '상품'을 대신하여 의외성을 추구하게 되는 건 다름 아닌 '공간'이다. 쇼핑센터의 안과 밖을 온통 비정형적인 모양과 형태로 계획함으로써 소비자에게 재미와 흥미를 주고, 지루하지 않도록 만들 수 있다고 믿는다. 실제로 최근에 생겨난 쇼핑센터의 상당수가 이러한 추세에 동참하는 모습이다.

불규칙한 곡선과 곡면을 활용한 공간 디자인은 컴퓨터 기술이나 장비가 발달하면서 가속화된 새로운 패러다임이다. 비정형적인 모습의 건물을 디자인하기 위해서는 우선 3차원을 토대로 한 새로운 공간 표현 방식이 필요한데, 이는 컴퓨터의 도움을 받지 않고서는 사실상 불가능에 가깝다. 예컨대 과거처럼 X축과 Y축으로 구성된 직교좌표 상의 평면에 원하는 디자인을 표현해야 한다고 가정해보자. 곡선이나 곡면을 조금만 섞어놓아도 수없이 많은 도면을 그려야 한다. 입체적으로 그 형상을 정확히 구현해야 하기 때문이다. 그런 현실적인 이유로 인해 과거의 상업용 빌딩이나 고층 건물들은 대개 150cm 그리드 모듈을 이용하여 바닥 판 치수를 계산하고 실내 공간을 디자인하는 경우가 대부분이었다.[48] 오늘날 흔히 볼 수 있는 꾸불꾸불하고 비정형적인 형태의 건물들이 생겨나기 시작한 것은 정보 통신 기술이 발달하면서부터다. 디자이너가 평면의 종이 도면에서 해방되어 그들의 눈이 컴퓨터 화면으로 옮겨가면서 말이다.

직선만 가득하던 곳을 곡선이 차지하게 되면서 건물은 차츰 상징적인 장소로 변모해갔다. 삐죽삐죽한 모양의 투박한 건물들과는 확연히 차별화되는 독특한 장소로서 그들만의 정체성과 가치가 생겨났기 때문이다. 물론 이 과정에는 인간의 헛된 심리도 한몫 담당한다. 누군가 이색적인 장소를 방문하여 찍어 올린 SNS 사진을 보면서 사람들은 그보다 더 새롭고 색다른 장소에 가기를 희망한다. 다른 사람들보다 더 나은 걸 보여주고자 하는 인간의 허영심이 곡선에 대한 디자인 수요를 증폭시켰다고 봐도 무방할 정도다. 그렇게 만들어진 건물은 이내 누구에게나 꼭 가봐야 하는 장소로 순식간에 둔갑해버린다.

곡선에 대한 사람들의 선호는 심리학자들 사이에서도 이미 검증이 끝났다. 일반적으로 사람들은 **기능적인 측면에서는 당연히 각진 모양이 낫**

건축물에서의 직선과 곡선

직선의 공간

곡선의 공간

직선이 주가 되는 공간과 곡선이 주가 되는 공간은 서로 다른 느낌과 이미지를 선사한
다. 직선이 차갑고 냉정하고 세련된 분위기라면 곡선은 부드럽고 따뜻하고 푸근한 느낌
을 준다. [그림 출처 : 아키안(archiahn.com)]

다고 생각한다. 하지만 **심미적 혹은 심리적인 측면에서는 직선보다 곡선을 선호한다.**[49] 코너가 각진 방이 곡면으로 처리된 방보다 훨씬 기능적이라고 생각하는 반면, 고르지 않은 벽이 평평한 벽보다 더 큰 즐거움을 준다고 응답한 것이 대표적인 사례다.[50] 사람들은 대개 곡면에 가까이 다가가려는 경향을 보이고, 직선보다는 곡선 모양을 선호하는 편이다.[51] 물건을 빨리 팔고 싶은 부동산 중개인이라면 고객에게 직선 모양의 거실을 가진 집보다는 곡선 형태로 된 집을 보여주는 게 훨씬 유리할 수도 있다. 가구 또한 예외는 아니다. 가구를 고를 때조차 우리는 통통한 곡선형의 몸매를 가진 소파에 시선을 먼저 빼앗긴다. 직선형보다는 곡선형의 소파가 훨씬 더 편안하고 안락할 것 같은 느낌을 받기 때문이다.[52] 자동차도 마찬가지다. 누가 보더라도 오래전에 출시된 투박한 모양의 '각 그랜저'보다는 '2020 그랜저'가 훨씬 세련되고 멋있게 느껴진다.

곡선에 대한 선호는 인간의 태생적인 상황과도 관련이 깊다. 태어나자마자 안전과 사랑의 신호로 여겨졌던 엄마의 눈과 가슴이 모두 곡선과 원의 모양을 닮았기 때문이다. 그런 이유로 **인간이 곡선에 대해 가지고 있는 이미지는 대체로 부드럽고 착하며 긍정적이다.** 반대로 각진 모양을 한 직선은 위험하고 나쁜 부정적인 이미지를 형성하고 있다. 귀여운 미키마우스는 둥근 귀를 가졌지만 전 세계의 악마는 모두 뾰족한 귀와 날카로운 삼지창을 가지고 있듯이 말이다. 똑같은 사람의 얼굴을 배경으로 만든 퍼즐조차 둥근 모서리로 끼워 맞추는 경우보다는 뾰족한 모서리로 끼워 맞출 때 훨씬 더 차갑고 공격적인 이미지가 된다.[53]

직선과 곡선에 대한 상반된 이미지는 기업을 운영하는 사람에게도 영향을 미친다. 회사의 브랜드와 로고를 정하는 것이 대표적이다. 어떤 기업가든 자신의 회사가 소비자로부터 좋은 이미지를 가지기를 원할 테니 말이다. 그러려면 당연히 부드러운 곡선과 원을 많이 사용하는 게 여러모로 유리하다. 그런 이유로 인해 유명한 기업들은 대부분 곡선으로 된 브랜드와 로고를 가지고 있다. 세계적으로 인지도와 선호도가 높은 몇몇 브랜드만 살펴봐도 이는 확연하다. 대부분 곡선과 원의 모양으로만 이루어져 있을 뿐 각이 지거나 뾰족한 모양의 로고는 거의 찾아보기가 힘들 정도다.[54]

직선과 곡선에 대한 호불호好不好와 상극의 이미지는 우리의 일상생활로도 이어진다. 그중에서도 가장 두드러지는 분야는 다름 아닌 언어적인 습관이다. 원이나 곡선 등을 상징하는 단어는 대부분 긍정적인 의미를 함축하고 있는 반면, 직선처럼 각진 모양을 함축하는 단어는 대체로 그 의미가 부정적이다. 예컨대 능력이든 성격이든 모든 게 완벽해 보이는 사람을 흔히 'Well Rounded(고루 발달한)'라고 부르는 게 대표적이다. 그냥 느낌 자체가 둥글고 푸근하다. 이와는 대조적으로 시대에 뒤떨어진 사람을 표현할 때는 흔히 'Square(고지식한)'라는 단어를 사용한다. 다른 사람과 말싸움을 하면서 퍼붓게 되는 언어적인 공격은 늘 '예리하고Pointed', 마음속에 응어리가 질 정도로 심기가 불편한 사람은 항상 '원한을 품고Have an Edge' 살아가는 편이다. 우리말도 마찬가지다. 대개 성격이 좋으면 '둥글둥글한' 사람이고, 그렇지 못한 사람은 '모가 난' 사람으로 지칭된다.

이처럼 안 좋은 건 대부분 각진 모양을 하고 있다. 네모나고 각진 모양의 대명사인 '상자Box' 역시 그 은유적인 표현은 그리 유쾌하지 못한 편이다. 마치 '함정'처럼 쉽게 빠져나오지 못하는 곳을 표현할 때 종종 사용되는 단어다. 일례로 갑자기 좋은 아이디어가 떠오르지 않고 생각이 막혔을 때 사람들은 '상자에서 벗어난Outside the Box' 사고를 해야 할 필요가 있다고 이야기한다. 그리고 우리는 모두 법을 어기게 되면 또 다른 상자인 감옥에 들어가서 갇혀야 한다. 사람은 죽어서도 '관Box'에 갇힌 채 땅에 묻혀야 하고, 심지어 살아있는 동안에도 평생을 네모반듯한 상자 같은 곳에 갇혀서 하루하루를 소비한다. 우리가 가장 머물기 싫어하는 사무실이나 작업 공간 등을 '큐브Cube'라고 비아냥거리는 것도 그와 비슷한 맥락이다.[55] 이쯤 되면 직선보다 곡선을 선호하는 인간의 마음도 전혀 이해하지 못할 일은 아니다.

유념해야 할 것은 직선과 곡선에 대한 심미나 선호도는 모두에게 획일적이지가 않다는 사실이다. 하지만 일정한 패턴은 분명히 존재한다. 일반적으로 **자신을 독립적인 존재로 인식하는 경향이 강할수록 직선의 디자인을 선호하는 편이다.** 이와는 반대로 **스스로 의존적인 존재로 인식하는 사람들은 곡선형의 디자인을 더욱 매력적인 것으로 이해하는 편이다.**[56] 쇼핑센터를 비롯하여 각종 상업용 건축물을 만들고 운영하는 사람들에게 시사하는 바가 크다. 건물을 이용하는 핵심 고객층이 독립적인 성향을 보유한 사람들인지, 아니면 의존적인 성향이 강한 사람들인지 관심을 가지고 세심하게 들여다볼 필요가 있다.

여기에 조금 더 살을 보탠다면, 삶을 바라보는 시각이나 평소의 사고방식 또한 디자인에 대한 선호를 가르는 하나의 요인이 된다. 예를 들어 **운명론자일수록 곡선으로 된 디자인을 선호한다.** 누구에게나 정해진 운명이 있고, 사람들 대부분이 자신에게 정해진 길을 걸어가고 있다고 생각한다. 반면에 **인생은 스스로가 개척하고 만들어가는 것이라고 믿는 사람일**

수록 직선의 디자인을 선호한다.[57] 과학적인 사고를 중시하고 개인주의가 팽배한 서구사회의 경우, 직선형의 디자인이 사회의 전반적인 취향과 잘 어우러질 수 있음을 시사한다. 하지만 인간관계에 기초한 상호의존적인 의식과 운명 결정론적인 믿음이 강한 우리나라에서는 서구와 정반대다. 오히려 곡선형의 디자인이 조금 더 매력적이고, 성향에도 맞을 수 있다. 더군다나 쇼핑몰을 이용하는 핵심고객이 여성이라는 사실도 주목해야 할 부분이다. 상대적으로 상호의존적인 성향이 강하고, 운명 신봉자의 비율도 높게 나타나기 때문이다. 소매 공간을 직선보다는 곡선형으로 디자인하는 게 우리에게는 조금 더 유리할 수 있다.

비근한 예로 살펴볼 수 있는 게 바로 상품 진열대다. 날카로운 직선형의 모서리를 좋아하지 않는 인간의 보편적인 속성을 고려할 때, 그런 끝부분을 가진 진열대는 자칫 위협을 가할 수도 있는 대상으로 인식될 가능성이 크다. 자연히 소비자의 회피 반응을 자극하게 마련이다. 비단 소비자가 아니더라도 인간이라면 누구나 날카롭고 불규칙적이며 모나게 생긴 요소를 싫어한다. 그런 것들을 접하게 되면 심리적으로 불편함을 느끼기 때문이다. 심지어 약간의 공포감까지 느끼는 사람도 있다고 알려져 있다.[58] 다양한 상품과 소매점을 대상으로 진행된 다수의 연구역시 이와 비슷한 입장이다. 모서리가 둥글게 처리된 디스플레이 도구가 신경학적으로 조금 더 효과적이라는 사실이 이들 연구가 말하는 공통된 주장이었다. 심지어 진열대 사이사이에 끼워져 있는 칸막이나 그와 관련된 보조 장치들조차 모서리가 직선인 것보다는 곡선형일 때 소비자의 반응이 훨씬 좋게 나타났다고 말하고 있다.

어느 한 식품 제조업체가 직접 시행한 실험에서도 결과는 크게 다르지 않았다. 모서리가 둥근 진열대를 포함하여 각기 다른 세 가지 디자인을 실험참가자에게 노출한 다음 그들의 반응을 관찰한 실험이었다. 결과적으로 각진 디자인으로 된 진열대보다는 모서리가 둥근 디자인에 대한 반응이 훨씬 좋은 것으로 나타났다. 당연히 매출액에서도 차이가 있었다. 모난 진열대를 둥근 모서리로 바꾸자 판매액이 무려 15% 이상 증가하는 모습이었다.[59] 위협의 대상인 날카로운 모서리가 사라지면서 우리의 뇌가 긴장을 풀고 기뻐했기 때문이라고 설명한다. 아무래도 날카로운 모양의 직선보다는 둥글둥글한 곡선이 있는 소매점에서 인간의 두뇌는 쇼핑의 경험을 훨씬 더 즐거운 것으로 인식하는 모양이다.

10
곡선이 아름다운 이유는 직선이 있기 때문

상점이 밀집된 공간에서도 소비자는 대부분 직선보다는 곡선으로 된 길을 선호한다. 이동 경로를 선택할 때 목적지까지 이르는 가장 짧고 빠른 길을 선택한다는 소위 '최단거리 경로 선택의 원칙'에도 불구하고, 사람들은 어떤 건물이나 방으로 들어갈 때 직선보다는 곡선으로 된 길을 선호한다. 특히 직선의 형태로 쭉 뻗어 있는 길이 어느 한 지점에서 다른 방향으로 급격히 꺾여져 있는 경우라면 그 길에 대한 회피 성향은 극에 달하게 된다. 이는 곧 곡선으로 된 길보다도 훨씬 더 먼 길을 빙빙 돌아가야 함을 의미하니까 말이다.

인간이 곡선으로 된 길을 선호하는 또 하나의 이유는 아이러니하게도 앞을 잘 볼 수가 없다는 점 때문이다. 물론 이걸 두고 과연 장점이라고 말할 수 있는지는 확신하기 어렵지만, 적어도 유쾌하지 않은 상황이 우리를 기다리고 있을 때는 장점이 된다. 예컨대 도살장에 끌려가는 동물들만 봐도 그렇다. 그들이 처한 비극적인 상황에서는 차라리 앞을 볼 수 없는 게 오히려 축복이다. 잠시 후 자신에게 벌어질 처참한 일과 그런 장면을 미리 보지 않는 게 차라리 심리적으로는 편안할 테니까 말이다. 그런 이유로 도살장의 길은 직선보다는 곡선형으로 만들 것을 권고한다. 도살장으로 끌려가는 동물들 역시 직선이 아닌 곡선으로 난 길을

걸을 때 스트레스를 훨씬 덜 받는다고 알려져 있다.[60]

　길을 걷는 사람의 관점에서 앞이 탁 트인 길보다는 시야가 닫힌 길이 조금 더 흥미롭다. 곡선으로 구부러진 길을 걸으면 나비의 밥그릇을 닮은 앉은 뱅이 꽃을 만날 수도 있고, 도시에서는 보기 힘든 나물 캐는 아낙도 마주할 기회가 주어진다. 자연히 곧게 뻗은 거리보다는 마치 물결치듯이 굴곡진 형태의 가로를 선호하게 마련이다. 시각적으로는 조금 답답할지 몰라도 앞으로 전개될 장면에 대한 기대감을 증폭시켜서 보행의 경험을 한층 더 즐겁고 극적인 것으로 만들어주기 때문이다. 보행자의 시각적인 흥미를 무시하는 직선형의 가로보다 불규칙한 곡선형의 가로가 훨씬 더 회화적이고 긴장감 있는 상업 공간을 연출하는 데는 효과적이다. 국내외의 쇼핑센터 역시 이를 잘 알고 있다. 소비자에게 경험의 연속성을 보장하고 보행의 지루함을 없애기 위하여 직선형의 보행로를 포기하는 대신 곡선형의 가로를 강화해나가는 추세에 있다.

　여기서 한 가지 짚고 넘어가야 할 것은 곡선형 가로에 대한 선호나 우월성이 모든 도시 공간에서 유효하지는 않다는 사실이다. 예컨대 쇼핑센터를 비롯한 각종 상업 공간에서는 곡선형으로 된 동선 구조가 소비자로부터 선호될지도 모르는 일이다. 하지만 주거와 업무를 비롯하여 우리가 살아가는 일상적인 공간에서만큼은 오히려 직선형의 가로와 디자인이 더욱 적합할 수도 있다. 대다수 주택이나 업무용 빌딩이 격자형 그리드Grid에 기반한 디자인을 채택하고 있는 것도 같은 맥락이다. 건축물에 그리드 디자인을 적용하는 경우, 디자인과 건축에 있어서 통일성과 호환성 등을 기할 수가 있기 때문이다. 이는 마치 유목민처럼 이곳저곳을 옮겨 다니는 도시인들에게도 유익한 일이다. 그 어떤 장소와 건물을 방문하더라도 익숙함과 편안함을 느낄 수 있다는 점에서 장점이 아닐 수 없을 테니까 말이다.[61]

이는 가로의 형태도 마찬가지다. 도심의 복잡한 상업지역에서는 곡선형의 가로가 선호될지 몰라도 한적한 시골이나 교외 지역에서는 전혀 다른 양상을 보인다. 마치 모세혈관처럼 길이 이리저리 뻗어 있는 곡선형의 구불구불한 거리보다는 오히려 격자형으로 구획된 반듯한 거리를 더욱 선호하는 모습이다. 어른이건 아이건 모두에게 걷기 편하고 안전한 길이라는 인상을 남기기 때문이다. 격자형의 거리가 담아내고 있는 다양한 풍경이 그 이유다. 다양성은 곧 소수자에 대한 포용력을 암시하기에 격자형으로 된 거리가 덜 위협적이라고 생각한다. 범죄가 발생하는 비율이나 빈도 역시 매우 낮을 것으로 인식한다. 걸어서 등교하는 초등학생 아이들이 많은 신도시에서 주로 격자형 거리를 채택하는 이유이기도 하다.[62] 직선형의 가로에도 나름의 효과와 장점은 있다.

신이 만든 자연은 대개 곡선의 모습이다. 아침 햇살을 받아 보석처럼 반짝이는 윤슬과 함께 신비로운 연기가 되어 피어오르는 안개도 그렇고, 하늘을 뭉실뭉실 떠도는 솜뭉치 같은 구름 또한 마찬가지다. 어느 구석 하나 모난 데 없이 모두 둥글둥글한 편이다. 하지만 인간이 만든 물건들은 대개 그렇지 않다. 담장 위로 불쑥 솟아 있는 철조망이 그렇고, 주변에 널려있는 물건들만 봐도 마찬가지다. 대부분 네모난 형태를 띠거나 뾰족뾰족한 직선을 닮았다. 이처럼 신이 곡선을 만들었다면 직선은 인간에 의해 만들어진 선이다. 우리가 살아가는 일상적인 공간에서만큼은 곡선보다는 직선형의 길이 훨씬 편리하고 효율적이다.

둥근 자연과 모난 인공물

곡선이 신에 의해 만들어진 선이라면 직선은 인간이 만든 선이다. 자연은 대체로 곡선의 형상을 가지지만 인간에 의해 만들어진 인공물은 대부분 모가 난 직선의 형태를 띤다. [그림 출처 : HD Nice Wallpapers(hdnicewallpapers.com), GoodFon(goodfon.com)]

하지만 지금까지의 내용에 비추어볼 때, 적어도 상업지역의 거리와 가로에서만큼은 직선이 반드시 정답이 아닐 수도 있다. 쇼핑센터 역시 곡선형으로 된 길과 둥근 디자인으로 가득한 장소가 조금 더 적합해보이는 느낌을 지우기가 힘들다. 이유는 고객이 체류하는 시간에 따라 소매점의 영업 실적이 달라진다는 명제 때문이다. 소비자의 오랜 체류는 개인의 자발성이 전제될 때 비로소 가능한 일이고, 그런 능동적인 체류는 결국 재미와 흥미를 느낄 수 있는 곳에서만 기대해볼 수 있기 때문이다. 당연히 직선보다는 곡선형의 공간이 그런 자극을 품고 있을 가능성이 크다.

설령 그렇다고 하더라도 쇼핑센터를 온통 곡선의 디자인으로만 도배질할 수는 없는 노릇이다. 곡선이 키워드가 되는 소매 공간이 방문객의 흥미와 재미를 유발하는데 특출나더라도 재미와 흥미는 결국 '의외성'이 불러일으키기 때문이다. 만약 이를 외면한다면 그 실수야말로 정작 핵심은 놓치고 엉뚱한 것에만 초점을 맞춰 벤치마킹한 삐에로쑈핑과도 다르지 않다. 애당초 베끼고자 했던 돈키호테의 경쟁력이 의외성에 기반한 보물찾기의 묘미에 있음을 이해하지 못한 채 단지 헤매기만을 강조했던 실책 말이다.

재미와 흥미의 원천이라고 할 수 있는 '의외성'은 아이러니하게도 '규칙성'으로부터 창출된다. 모든 게 예측이 가능할 정도로 깔끔하게 정리된 질서정연한 상태에서 의외성이 생겨난다. 규칙적인 것들 사이로 불쑥 튀어나온 무질서 하나가 의외성을 만들고, 종국에는 호기심을 자극하여 재미라는 효력을 발휘한다. 예컨대 음악이 그렇다. 음악이 아름답고 흥겨운 것은 그 리듬이나 음률에 규칙성과 의외성이 모두 혼재되어 있기 때문이다. 다음 소절에 어떤 멜로디가 이어질지 미리 예견할 수 있는 중요한 규칙이 숨어 있기에 처음 듣는 노래도 허밍으로나마 대충 따라서 흥얼거릴 수 있다. 만약 그런 규칙이 없다면 어느 순간 비트를 달리하거나 분위기를 바꾸더라도 전혀 새롭거나 신선하다는 느낌을 받지 못한다. 음악에서의 의외성 또한 규칙성이 바탕이 되는 것이다. 인생이든 음악이든 훌륭하고 좋은 것들은 대부분 우리가 기대했던 것과 기대하지 않았던 것들 간의 역전과 혼용 그 자체라는 표현이 문득 떠오르는 대목이다.

일본 돈키호테의 사례가 우리에게 가르쳐주었듯이 쇼핑센터에서의 의외성은 기본적으로 '상품'을 통해 추구하는 게 최우선이다. 하지만 그것만으로 충분하지 않을 땐 '공간'의 힘을 빌려 의외성의 강도를 조금 더 끌어올릴 수도 있다. 예를 들어 마치 휘몰아치듯이 굽이치는 극적인 곡선형의 공간을 구현해둠으로써 말이다. 물론 그렇다고 점포를 온통 곡선의 디자인으로만 칠갑해버리는 우를 범해선 안 된다. 자칫 그랬다가는 애당초 기대했던 의외성은 온데간데없이 사라지고, 오히려 규칙성만 남게 되는 그야말로 아이러니한 모순상태에 직면하게 될 테니까 말이다.

그도 그럴 것이 무언가 각지거나 곧게 뻗은 것 하나 없이 모든 게 둥글고 휘어진 것들로만 가득한 곳에서는 오히려 그런 비정형적인 형태와 모양이 공간의 주인이 된다. 곡선이나 곡면 같은 불규칙한 형상들이 공간을 구성하는 중요한 규칙이 되어버린다는 뜻이다. 이때는 제아무리 극적인 디자인으로 곡선을 추가하더라도 의외성을 기대하기는 어렵다. 차라리 직선과 네모처럼 각이 지고 모가 난 도형들을 의외성의 수단으로 활용하는 게 효과적이다. 곡선과 곡면이 질서를 이루는 상태에서는 오히려 직선처럼 곧게 뻗은 무언가가 무질서를 유발하는 요인으로 작용하기 때문이다.

비정형적인 것들이 의외성을 가지기 위해서는 가장 먼저 그 배경에 정형적인 형태가 똬리를 틀고 있어야 한다. 곡선의 길이나 둥글둥글한 모양의 소품과 구조를 생각하기에 앞서 직선이 주가 되는 디자인부터 미리 깔아둘 필요가 있다는 뜻이다. 쇼핑센터라고 하는 도화지 위에 각지고 모난 무늬를 바탕색으로 칠해두어야 비로소 그 위에 얹어진 곡선과 곡면들이 입체감을 발휘한다. 온갖 시련과 풍파에 휘어지고 굴곡져서 이미 곡선처럼 굽어버린 중년의 삶이 마치 직선인 양 올곧게 뻗은 청년들의 인생과 대비될 때 비로소 아름답게 느껴지듯이 말이다. 그들 역시 한때는 속도와 경쟁, 효율 등으로 상징되는 마치 직선과도 같은 질풍노도의 삶을 살았다. 그런 직선의 삶을 지나쳐왔기에 지금의 구부러진 삶이 한층 더 여유롭고 유동적이며 융통성 있게 보이는 것이다.

인간보다는 자연이 진리에 조금 더 가까이 다가가 있음을 인정한다면, 아마도 진리는 직선이 아닌 곡선의 형상을 갖추고 있을 가능성이 크다. "아름다움이 곧 진리이며, 진리는 아름답다."라고 이야기한 영국의 낭만주의 시인 존 키츠John Keats의 표현만 떠올려보더라도 그렇다. 우리 눈에 더 아름답게 비치는 건 대개 직선이 아닌 곡선으로 된 형상들이고, 그런 곡선의 아름다움이 스스로 직선보다 진리에 더욱 근접해있음을 보여주는 직접적인 증거가 된다.

실제로 우리는 대개 쭉쭉 뻗어 있는 나무들보다는 이리저리 휘어 자란 나무에서 더 멋스러움을 발견하는 편이다. 이는 그림자에서도 마찬가지다. 곧게 뻗은 것에서 비친 그림자보다는 굽은 나무에서 드리우는 음영이 훨씬 사랑스럽고 선명하다. 하늘을 나는 새들도 곧게 뻗은 가지보다는 굽은 줄기에 더 많이 날아와서 앉는 법이고, 쉴새 없이 내리는 함박눈도 휘어진 나무 위에서 더 탐스럽게 쌓인다.

곡선이 직선보다 진리에 가까운 것은 살아서 움직이는 동물들도 마찬가지다. 직선으로 똑바로 날아가는 새는 총으로 쏴서 떨어뜨리기가 쉬워도 곡선으로 이리저리 휘젓고 날아다니는 새는 총을 들고 겨누기조차 만만치가 않다. 우거진 수풀 사이로 난 산길의 모양 역시 마찬가지다. 직선을 닮은 사잇길을 내는 인간과 달리 동물들이 다니는 길은 늘 구불구불한 곡선의 형태를 띠고 있다. 먹이를 먹든 도망을 치든 생존을 위한 활동에 있어서만큼은 제멋대로 굽어진 게 자연과 진리에는 더 가까운 형태이기 때문이다.

하지만 그런 곡선도 직선이 있기에 그 존재감과 가치를 드러낸다. 마찬가지 이치로 삶이 없으면 죽음도 없을 일이다. 죽어서는 모두가 뻣뻣한 직선의 물체가 될 운명을 타고났더라도 살아있을 때만큼은 한없이 부드러운 곡선의 몸과 둥근 마음을 가진 게 다름 아닌 우리네 인간들이다. 살아서 숨을 쉬고 있다는 사실만으로도 한없이 고맙고 아름다운 것은 결국 때가 되면 모두가 죽어서 사라질 운명임을 알고 있기 때문이다. **삶의 가치가 죽음에 있듯이 곡선이 가진 가치 역시 절반은 직선에서 찾아야 할 필요가 있다.** 직선과 함께일 때 곡선은 그 진가를 드러내는 법이니까 말이다.

11
기능주의와 기능주의의 배반

나뭇잎은 광합성을 통해 나무가 살아가는데 필요한 에너지를 만든다. 땅에 뿌리를 박은 채 한 곳에서만 일생을 보내야 하니 효율적으로 햇빛을 받는 게 무엇보다 중요하다. 그래서 각자 처한 환경이나 필요한 에너지의 양에 따라 나뭇잎의 모양을 서로 달리 한다. 예를 들어 활엽수는 한꺼번에 많은 양의 빛을 에너지로 축적해야 하는 나무들이다. 그래서 잎이 크고 넓적한 형태를 가진다. 이와 달리 침엽수는 일조량이 적은 곳에서 오랫동안 햇빛을 받아야 하는 나무들이다. 그래서 마치 이쑤시개처럼 돌돌 말린 모양의 잎사귀를 가진다. 한편 삼각형 모양의 나뭇잎이 많은 건 햇빛을 많이 받으면서도 바람에 잘 찢기지 않도록 하기 위해서다. 물이든 바람이든 저항을 최소화하려면 유선형의 형태가 가장 제격이다.

과일의 생김새에도 저마다 이유가 있다. 대체로 둥근 모양을 가지는 것은 부피와 비교했을 때 표면적이 가장 작아지는 형태로, 생존에 있어서 껍질의 중요도가 상대적으로 크지 않아 그에 소모되는 에너지를 최소화하려는 것이다. 물론 그게 모든 이유는 아니다. 행여 땅에라도 떨어질라치면 싹을 틔우기 위해 어디든 쉽게 굴러간다는 장점이 있다. 이는 새알이 둥글게 생긴 이유와도 일맥상통하는 부분이다. 알을 품을 때

428

어미가 이리저리 고르게 굴릴 수 있도록 하기 위함이다. 다만 좌우대칭에 가까운 과일과 달리, 알은 한쪽이 약간 크고 무거운 형태를 가진다. 어디든 쉽게 굴러가지 못하도록 하기 위함이다. 그래야 어미 곁을 쉽게 벗어나지 못할 테니까 말이다.

르코르뷔지에는 집을 가리켜 인간이 살아가기 위한 기계라고 했다. 그런 관점에서 본다면, 건축은 지붕과 벽, 기둥으로 이루어진 하나의 물리적인 장치를 건설하는 과정에 불과하다. 기능주의를 지지하는 건축가들 역시 오직 필수적인 요소만이 아름다움을 가져다주는 원인이라고 했다. 임의로 더해지고 추가되는 부분은 모두 오류만 남긴다는 주장이다. 미국 근대건축의 선구자로 평가받고 있는 루이스 설리번Louis Henry Sullivan이 대표적이다. 그는 건물의 '형태'는 '기능'을 따라야 하며, '기능'이 변하지 않는 한 '형태'도 변할 수 없다고 했다. **건물의 미적인 특징은 기능을 만족시키는 과정에서만 결정되어야 한다는 뜻이다.** 기능적인 고려 없이 단지 미적인 목적에 의해 결정된 디자인이나 형태는 마치 알맹이 없는 껍데기와도 같다는 말이다. 보기에 좋은 떡이 먹기에도 좋다는 말은 적어도 건축에서만큼은 통하지 않는 모양이다.

우리가 거주하는 집도 '기능주의'를 따라야 할진대, 상업용 건축물의 상징인 쇼핑센터는 오죽할까. 사실 그 어떤 건물들보다 앞서서 기능이 우선시되어야 할 대표적인 공간이다. 누군가의 이익을 위해 사용되는 순수한 실용 목적의 상업용 공간이기 때문이다. 그런 만큼 건축물의 용도는 대개 수익을 지향하는 방향에서 정해져야 한다. 건물의 형태 역시 실용성을 담보할 필요가 있다. 상업용 건축물에서 이루어지는 공간 계획이 오직 미적인 매력에만 맞춰져서는 안 되는 이유다. 기본적으로는 기능주의를 따르되, 심미적인 터치는 그저 장단을 맞추는 수준에서 머무는 게 여러모로 합리적이다.

기능주의가 살펴야 할 첫째는 바로 편의성이다. 쇼핑센터는 이용하는 사람들이 편리하게끔 공간을 계획하는 게 가장 우선이다. 그다음이 수익성이다. 자선 사업이나 사회봉사를 위해 땅을 사고 건물을 지어 올린 게 아닌 이상, 수익을 추구할 이유는 충분하다. 경제적인 보상을 실현해줄 공간 계획은 필수적이다. 물론 전체적인 건물의 형태는 땅의 모양을 따를 수밖에 없다. 하지만 정해진 건물의 틀 내에서 다시 짜일 매장의 구조와 형태만큼은 편의성과 수익성에 기반을 두고 다시 고민되어야 한다. 고객의 방문 목적에 부합하고 소매점의 이익에도 도움이 될 수 있도록 말이다.

그로 인한 수혜자는 당연히 고객과 쇼핑센터 둘 다. 편의성이 소비자가 누리는 효용이라면 수익성은 소매업자에게 가장 구미가 당기는 이슈다. 하지만 본질을 더듬어보면 수익성이나 편의성 모두 결국은 고객에게 귀결되는 문제다. 쇼핑센터가 얻는 수익은 모두 고객의 지갑에서 나오고, 편의성은 그에 대한 반대급부로서 고객에게 돌려주어야 할 혜택이기 때문이다. 공간 계획의 초점이 소비자의 움직임에 맞춰질 수밖에 없는 이유다. 차이가 있다면 그들을 어떤 존재로 인식하는가다. 정적인 존재로 전락시킬지 아니면 동적인 움직임을 이끄는 주체로 만들 것인지 말이다. 그에 따라 소매점의 수익이 달라지고, 건물의 편리성에도 등급이 나뉜다. 고객을 정위定位하고 움직임을 관리하는 방식에 따라 매장의 구조와 형태 역시 그 모습을 달리하게 된다.

그러다 보니 매장 공간에 대한 디자인에서 가장 중요한 요소는 '동선'이다. 동선에 따라 고객의 움직임이 달라지고, 구매 행태 역시 함께 영향을 받기 때문이다. 무엇보다 매장의 전반적인 틀이나 골격을 완성한다는 점에서 동선의 중요성은 더욱 강조될 수밖에 없다. 이유는 동선을 만드는 목적만 봐도 충분히 알 수 있다. **단순히 고객이 편안하게 걷게 하기 위함이 아닌 매장들을 꼼꼼히 살펴보게 하기 위한 목적에 더 큰 방점이 찍혀져 있다.** 자연히 동선을 중심으로 인근에 핵심 매장이 들어서고, 이런 절차와 과정들이 쌓여 매장의 골격을 이룬다. 급기야 시간이 지나면서 하나의 틀로까지 굳어지게 된다.

상품 진열 역시 마찬가지다. 조금이라도 매출에 도움이 되기 위해서는 최대한 사람들의 시선을 끌어 노출을 극대화할 필요가 있다. 공간 기획가는 손님들의 보행 특성을 기반으로 매장 곳곳에 눈길을 끌 만한 상품들을 연출해두어야 한다. 그러다 보니 상품 진열대 역시 고객이 다니는 동선 주변으로 배치되는 것이 가장 자연스럽고 효율적이다. 높은 보행의 빈도만큼이나 제품에 대한 판매 확률 또한 함께 높아지기 때문이다. 고객이 좋아하는 동선을 고려하여 매장과 집기 등을 접목해두는 방식이 가장 효과적이면서도 이상적인 매장 공간 디자인이 될 수밖에 없는 이유다.[63] 그런 경험이 반복되면서 결국은 일반적인 패턴으로까지 자리를 잡는다.

논의의 초점은 이제 쇼핑센터를 이용하는 사람들이 좋아하는 동선 구조란 도대체 어떠한 것들인지로 옮겨간다. 이미 앞에서도 언급했듯이 모든 건물은 사람의 움직임을 전제로 계획되어야 하고, 그 움직임에는 수렴과 확산이 있다고 했다. 쇼핑센터의 경우, 최대한 움직임을 강조하고 이를 확산할 필요가 있는 건물임은 굳이 재확인할 필요는 없다.

사람들을 한곳에 모아서 가만히 고이게 놔두는 것보다는 두루두루 흩어지도록 하는 게 여러모로 나은 건물이다. 이를 가능하게 하는 동선 구조 역시 논의의 대상이었다. 사람들을 자유롭게 돌아다니도록 놔둘지, 아니면 어디론가 강제로 이끄는 게 효과적인지 말이다. 이미 희미해진 결론을 다시 상기시키면, 사람들을 자유롭게 돌아다니도록 놔두는 게 그들의 움직임을 확산하는 데는 더욱 유리하다는 사실을 이미 확인했다.

모든 건물이 그러하듯이 쇼핑센터 역시 하나의 사회적 공간이다. 인간의 활동을 위해 창조된 공간으로서 그들에게 어떤 특별한 의미를 가져다주는 공간 말이다. 그리고 사회적 공간을 이분화한 분류에 따르면, **쇼핑센터는 엄연히 '이사회적 공간離社會的 空間, Sociofugal Space'에 속한다.** 기차역이나 버스터미널의 대합실처럼 사람들을 서로 분리해두어야 하는 사회원심적 공간 말이다. 비록 모두가 같은 공간에 머물러 있기는 하나 각자 떠나야 할 행선지가 서로 다른 곳을 가리키는 만큼 굳이 한 곳에 빼곡히 뭉쳐있을 필요는 없다. 자신이 타야 할 버스나 기차 근처로 뿔뿔이 흩어져 있는 게 모두에게 쾌적하고 편리하다. 원하는 브랜드와 상품을 찾아 각기 다른 길을 걸어야 하는 소비자 역시 마찬가지다. 모두가 같은 공간과 이동의 경로를 공유할 필요는 없다. 획일적인 경로를 모두에게 강제하는 이케아의 동선 구조가 움직임의 확산에도 별다른 도움이 되지 않지만 그렇다고 쾌적하거나 편리하지도 않은 것처럼 말이다.

물론 더 큰 안목으로 보면 그 반대의 모습도 드러난다. 거시적인 시각으로 보면 쇼핑센터 역시 사람들을 모으고 가두어 두어야 하는 '집사회적 공간集社會的 空間, Sociopetal Space'의 특성도 가지기 때문이다. 다중이 모여드는 장소다 보니 방사형 구조의 도시 중앙부에 위치하는 게 입지적으로 가장 유리하다. 마치 유럽의 오래된 도시들처럼 말이다. 실제로 사회 구심적 공간의 대표적인 사례인 노천카페의 경우, 방사형으로 된 매장 공간을 주로 채택하는 편이다. 테이블이나 의자 등도 그와 유사한 형태로 배치된다. 그런 중앙 집중형의 공간 구조가 사람들의 교류 활동에 많은 도움을 가져다주기 때문이다. 오랜 병원 생활로 우울해하는 환자를 위해 침대와 테이블, 의자 등을 바꾸어 배치한 결과가 이를 증명한다. 단지 배치 방식을 방사형으로 바꾼 것만으로도 환자들 간의 대화는 2배, 독서량과 시간은 3배가량 늘어났다.[64]

하지만 시야를 건물 안으로 한정해서 들여다보면 쇼핑센터는 분명히 사회적 공간으로서의 속성이 무척 강하다. 1층에 있는 사람들을 각 층으로 골고루 흘려보내야 하고, 또 같은 층 내에서도 구석구석까지 사람들을 흩뿌려야 하기 때문이다. 여기에 적합한 게 바로 '격자형' 매장이다. 사람들을 따로 분리하는 데 적합하기도 하지만 동시에 공간을 최대한 효율적으로 활용할 수 있다는 장점도 가진다. 무엇이든 바둑판 모양으로 균일하게 배치할 수 있어서 매장 계획도 매우 간단하다. 집기와 진열대 등을 규격화할 수 있다는 점에서도 무척 경제적이다. 다만 단조로운 구성으로 인해 자칫 지루해질 수 있는 단점이 있을 뿐이다. 어쨌거나 이러한 이유로 인해 국내 백화점 대부분이 격자형 매장을 채택하고 있다.

격자형 배치를 살짝 변형한 형태가 '사행' 배치다. 바둑판 모양으로 된 매장을 45도 정도 비틀어서 사선으로 배치하는 방식을 말한다. 사선형 통로는 사람들에게 약간의 긴장감을 가져다주기에 고감도와 고품질의 상품을 선보이기에 적합한 구조로 알려져 있다.[65] 특히 동선 이용에 변화감을 줄 수 있고, 동선을 최대한 길게 유지할 수 있다는 장점이 있다. 자연히 고객의 체류 시간이 늘어나고, 매장의 구석진 부분까지 놓치지 않고 도달하기에 수월한 편이다. 무엇보다 **매장이나 상품에 대한 노출을 극대화할 수 있다는 점에서 매력적이지 않을 수 없다.** 마치 별을 본 따 만든 유럽과 일본의 성城들이 적을 물리치기에는 유리한 이점을 가졌듯이 말이다. 돈을 가진 고객이든 칼을 든 적이든 일단은 그들과의 접촉면이 길고 넓어야 공격도 수월하고 무너뜨리기도 쉬운 법이다.

실제로 현대백화점 무역센터점이 한때 이와 비슷한 시도를 한 적이 있었다. 고객이 매장에서 최대한 오래 머무르도록 7층 매장 전체를 지그재그로 계획하고 이를 실행에 옮긴 것이다. 물론 성과도 있었다. 매장 배치를 격자형에서 지그재그형으로 바꾸자 사람들의 체류 시간이 이전보다 30%가량 더 늘어났다고 한다. 당연히 매출액을 비롯한 각종

별 모양의 성

네덜란드의 스타 성(Star Castle in Netherlands, 左)과 포르투갈의 엘바스 성(Elvas Castle in Portugal, 右) [그림 출처 : 핀터레스트(pinterest.co.kr), Portugal Travel Guide(travel-in-portugal.com)]

영업 실적에도 변화가 있었다. 고객 한 사람당 평균 구매액이 이전보다 12% 이상 늘었다는 설명이다.[66]

물론 그러한 이점에 반해 치러야 할 대가도 분명히 있었던 게 사실이다. 가장 우선은 다양한 크기와 형태의 집기나 진열장 등이 요구되었기에 비용적인 부담이 이전보다 훨씬 늘었다. 아울러 매장 공간 자체가 비정형적인 형태로 사용되다 보니 여러모로 비경제적인 결과가 초래됐다. 예를 들어 물리적인 공간을 사용하는 데 있어서 활용도나 효율성 등이 대표적이다. 특히나 일반적인 매장 형태가 아니다 보니 소비자든 판매원이든 그들의 습관이나 평소 행동에도 매끄럽게 녹아들지 못했다. 익숙하지도 않을 뿐만 아니라 심한 경우, 약간의 거부감마저 들 수 있다는 단점으로부터 결코 자유롭지 못하다.

그 외에도 매장을 넓은 '홀' 형태로 만든다든지 아니면 상품의 성격이나 고객의 통행량에 따라 자유로운 '곡선' 형태로 배치하는 방식 등이 있다. 하지만 실제 업계에서는 거의 사용되지 않는 방식이다. 보기에는 좋을 듯해도 통로 바깥쪽이나 안쪽으로 흔히 '데드스페이스Dead Space'라고 불리는 죽은 공간이 많이 발생하기 때문이다. 손님이 물건을 보지 못하는 사각지대를 포함하여 상품 판매를 위한 장소로 사용되기에는 문제가 있는 공간 말이다. 낭비되는 공간이 많으니 공간 효율성에서도 문제가 생길 수밖에 없다. 그렇다고 비용 효율성이 좋은 것도 아니다. 진열대 규격이나 모양이 천차만별이다 보니 이를 제작하는데도 적지 않은 돈이 들어간다. 여러모로 낭비적인 요소가 강하다.

수용성 혹은 호환성 측면에서도 비정형적인 매장구조는 그리 바람직해 보이지 않는다. 예컨대 네모반듯한 격자형의 매장이 '벙어리장갑'이라면, 이를 벗어난 비정형적인 형태의 매장은 대부분 '손가락장갑'쯤에 비유될 수가 있다. 다섯 손가락을 각각 따로 끼우게끔 만들어진 가장 일반적이고도 빈번히 사용되는 장갑 말이다. 다섯 손가락이 모두 따로 놀게끔 제작된 장갑인 만큼 이를 착용한 상태에서도 손을 쓰기가 수월하다. 하지만 장갑 안에서의 사정은 조금 다르다. 손가락과 장갑이 서로 밀착되어 있어서 옴짝달싹할 틈조차 없다. 손가락마다 크기가 다른 것도 문제다. 정해진 위치에 정해진 손가락만 넣을 수 있다. 행여 손이 커서 장갑과 사이즈가 맞지 않는 사람이라면 아예 착용할 생각 자체를 버려야 한다.

이와 달리 벙어리장갑은 엄지를 제외한 나머지 손가락들을 모두 하나의 주머니에 통째로 집어넣게끔 만들어졌다. 장갑을 낀 상태로 일을 하거나 무언가를 집어 드는 데 제약이 따른다. 손의 움직임도 그만큼 둔해질 수밖에 없다. 하지만 장갑 안에서의 손놀림은 매우 자유로운 편이다. 트인 공간 자체가 네 손가락이 움직일 자리를 넉넉하게 해주기 때문이다. 그래서 벙어리장갑은 일반장갑이 가지지 못한 수용성과 호환성이라는 장점을 누리게 된다. 손의 크기가 비슷한 사람만 착용할 수 있는 일반장갑과 달리 벙어리장갑은 손이 큰 사람도 웬만해서는 낄 수가 있다. 그래서 벙어리장갑은 특정인을 위한 맞춤형 장갑으로는 그다지 추천되지 않는 편이다. 대신 누구에게나 두루두루 선물하기에는 오히려 유리한 점이 많다.

쇼핑센터와 같은 상업용 건축물을 지을 때도 벙어리장갑의 사례는 도움이 된다. 특정 시설이나 업종, 용도만을 겨냥해 건물을 정적인 기능에 국한하는 대신, 일반적인 기능을 모두 수용할 수 있도록 계획함으로써 공간의 수용성과 호환성을 넓혀나갈 수 있음을 우리에게 가르쳐 주었기 때문이다. 물론 그렇게 하는 경우, 다양한 설계 요소들이 정확하게 들어맞지 않는다는 단점이 생길 수도 있다. 하지만 그런 지엽적인 문제는 건물만 완공되지 않은 상태라면 얼마든지 탄력적으로 대응하고 바꾸어나갈 수가 있다. 설령 건물이 다 지어진 상태이더라도 큰 문제는 없다. 어차피 웬만한 용도의 시설을 대부분 수용할 수 있도록 만들어졌기 때문이다. 특정 요소 혹은 기능에 집착하지 않는 것이 어쩌면 미래의 유연성을 위해 더욱 가치 있는 일이 된다.[67]

분명 일리가 있다. 언제 어떻게 들이닥칠지 모를 최악의 경우를 대비하여 미리 대피로를 확보해두는 건 위험을 피하는 아주 현명한 방법이다. 하지만 마냥 듣고 있기에는 꺼림칙한 면이 있다. 이는 곧 지금까지 논의를 이어온 '기능주의' 자체를 전면으로 부인하는 발언이기 때문이다. 그도 그럴 것이 **기능주의에서는 최악의 상황을 상정하고 대비책을 마련하는 가정 자체가 없다. 그저 주어진 기능에 적합한 가장 이상적인 형태와 모양을 찾아낼 뿐이다.** 장갑만 봐도 그렇다. 누가 보더라도 벙어리장갑보다는 손가락장갑이 훨씬 기능적이다. 가장 이상적이면서도 일반적인 디자인으로 자리를 잡는 건 당연한 결과다. 시중에 나와 있는 장갑 대부분이 다섯 개의 손가락 모양을 따르고 있듯이 말이다.

장갑의 사례는 건축물에까지 확장된다. 건물의 경우, 당초에 계획한 용도나 시설에 부합하는 형태와 구조로 지어 올리는 게 기능주의에 충실한 디자인이 된다. 물론 계획대로 진행되지 않을 가능성을 고려하여 디자인에 융통성을 기할 필요도 약간은 인정된다. 하지만 기능주의와는 전혀 어울리지 않는 이야기다. 건물의 '형태'가 '기능'을 따른 것도 아닐 뿐 아니라, 설령 따랐다 하더라도 그 기능은 '특정 기능'이 아닌 '모든 기능'을 의미하기 때문이다. 이를 두고 기능주의라고 이야기하는 것은 그야말로 궤변에 가깝다. "모든 것은 곧 아무것도 아닌 것이다.Everything is Nothing."라는 표현에 비추어본다면, 그들이 말하는 '모든 기능'은 결국 '아무 기능도 없음'을 이야기하는 것과도 다르지 않다.

다행히 쇼핑센터는 이 같은 논란에 대해 크게 신경을 쓰지 않아도 되는 운명이다. 기능주의를 충실히 따르더라도 수용성과 유연성은 물론 범용성까지도 모두 한 번에 얻을 수 있는 행운의 주인공이기 때문이다. 지나간 얘기를 복기해보면, 쇼핑센터에서의 기능주의는 고객의 '편의성'과 쇼핑센터의 '수익성'에 기반을 둔 '이사회적 공간 구조'로 흘러갔다. 사람들을 뿔뿔이 흩어지게 만드는 '격자형'의 매장 배치가 선호되고, 나아가 백화점에서 가장 많이 사용되는 일반적인 매장 패턴으로까지 자리를 잡았다.

여기서 핵심이 되는 것은 기능적인 필요성에 따라 선택된 '정형적인 형태'의 매장 배치가 '수용성'과 '범용성'까지도 모두 담보해주었다는 사실이다. 애당초 계획했던 시설이나 업종에도 딱 들어맞을뿐더러 행여 다른 시설이나 브랜드를 유치하더라도 아무런 문제가 없다. 철저히 기능주의를 따랐음에도 오히려 모든 기능과 업종에 두루 적합한 범용의 매장 구조를 가지게 되었다는 뜻이다. 똑같이 기능주의를 추종했지만 다섯 손가락 모양의 장갑에 도달한 다른 일반 건물들과는 확연히 차이가 나는 결과다. 쇼핑센터가 추구한 기능주의는 오히려 벙어리장갑을 그들이 진화한 결과물로 내놓은 셈이나 마찬가지다.

그러고 보면 우리는 모두 '기능주의'에 대해 지나치게 협소한 시각과 관념을 견지하고 있었는지도 모를 일이다. 모든 사물이 단 하나의 기능만을 가질 거라는 착각과 함께 말이다. 예컨대 장갑을 착용하는 이유가 그렇다. 각종 작업을 행하는 도중에 행여 다치지 않도록 손을 보호하기 위함이라면 당연히 목장갑이나 고무장갑처럼 손 모양을 본떠서 만든 장갑이 가장 이상적인 형태다. 손도 보호하면서 마치 장갑을 끼지 않은 듯 자유롭게 움직일 수가 있으니 말이다.

하지만 추운 겨울날 손이 시리지 않게 하기 위한 목적이라면 이야기는 완전히 달라진다. 손의 움직임보다는 얼마나 손을 따뜻하게 해주는지가 우선 고려사항이다. 헝겊이나 가죽과 살을 맞댄 채 스스로 체온을 유지해야 하는 손가락장갑보다는 네 개의 손가락이 모여 서로의 온기를 나눌 수 있는 벙어리장갑이 훨씬 따뜻하다. '보온'이라는 기능만 놓고 보면, 오히려 벙어리장갑이 더욱 적합한 디자인이 될 수도 있는 것이다.

이처럼 사물이 가진 기능이 단 한 가지에 그치지 않는 이상, 그 모양이나 형태에 정답이라는 건 있을 수가 없는 얘기다. 필요한 기능에 따라 요구되는 형태도 그때그때 마다 모습을 달리해야 하기에 어쩌면 모든 기능을 품을 수 있는 범용의 디자인이 가장 이상적인 모양과 형태로 인정될지도 모른다. 겉으로 드러나는 디자인만으로 해당 사물의 기능이나 용도를 추정해내는 게 현실적으로 어려울 수밖에 없는 이유다.

그런 점에서 본다면 인간만큼 기능주의를 접목하기가 어려운 존재도 세상에는 없는 듯하다. 드러나는 겉모습(형태)만으로 그 내면(기능)을 예단하는 게 사실상 불가능하기 때문이다. 하지만 다른 한편으로는 인간만큼 철저히 기능주의를 신봉하는 존재도 없는 듯 보인다. 그들의 눈과 마음에 새겨진 다른 사람의 내면은 겉으로 드러난 그들의 모습과 완전히 일치하는 양상을 보이기 때문이다. 개인이 가진 편견과 오만이 타인의 내면을 겉모습과 같은 것인 양 착각하게 만든다. 종국에는 절대 같은 모습이 아니었음을 깨달으면서도 시간이 흐르면 다시 똑같은 실수를 반복한다. 스스로 기능주의를 적용하기 힘든 존재라는 걸 잘 알고 있으면서도 늘 기능주의에 기반하여 타인을 평가하는 참으로 아이러니한 존재가 아닐 수 없다.

12
온통 네모만 가득한 쇼핑센터

동선 구조와 매장 배치 방식이 결정되면 그 틈바구니에서 각자 제자리를 잡을 개별 매장들 역시 자연스레 자신의 형태를 찾아가게 마련이다. 대개는 이미 윤곽이 짜인 큰 틀과 조화를 이루는 방향으로 각자의 모습을 다듬는다. 사람들을 두루두루 분산시킬 격자형의 공간 구조가 바탕에 깔리고, 이를 기초로 고객들이 움직이는 세세한 동선들까지 정형화된 패턴으로 완성되어간다. 그 옆에서 소비자를 맞이하게 될 각각의 매장들 역시 그 형태를 조금씩 주변 모습과 맞추어나간다. 쇼핑센터의 매장 대부분이 얼추 사각의 형상을 갖추고 있는 이유다.

물론 그게 사각형 매장이 생겨날 수밖에 없는 이유를 모두 다 설명해주지는 않는다. 개별 매장들이 얼추 사각형의 모양을 가지는 가장 큰 이유는 그런 형태가 여러모로 영업에 득이 되기 때문이다. 진열대를 제작하거나 설치하는데 편리하고, 소비자의 눈과 몸이 닿지 않는 사각지대를 최소화하는 데도 도움이 된다. 낭비되는 돈과 공간이 적어지니 비용과 공간에서 효율성이 높다. 쇼핑센터건 테넌트건 간에 물건을 팔아야 하는 사람들로서는 사각형 매장이 선호도가 높다. 실제로 매출액 상위 브랜드일수록 사각형의 매장에 대한 선호도는 무척 강해지는 편이었다.[68]

그들이 사각형 매장을 선호하는 건 기본적으로 돈이 되기 때문이다. 물론 매장의 '형태'나 '모양'이 소비자의 시각적인 인지 요소에서 얼마나 큰 비중을 차지하는지는 아직 과학적으로 확인된 바가 없다. 제품 판매에서도 얼마만큼의 중요도를 가지는지 여태 알 수 없는 일이다. 하지만 적어도 '사각형'으로 된 매장만큼은 그 효과가 이미 입증되었다. 과학적인 검증까지는 아니더라도 상품 구매를 비롯한 다양한 소비자의 활동에 직간접적인 영향을 미친다는 사실만큼은 이미 경험을 통해 체득하였기 때문이다. 사각형의 매장이 영업이나 매출에 도움이 되는 건 굳이 말할 필요조차 없다.

대표적인 이점이 이른바 '정신 지도Mental Maps'라고 불리는 마음속 지도에 대한 제작의 편리성이다. 인간의 뇌 속에는 자신이 사는 세계를 공간적·시간적·정신적으로 정리해둔 수많은 무의식적인 질서 구조가 저장되어 있는데, 쇼핑센터도 예외는 아니다. 소비자 대부분이 각자만의 스타일에 맞게 쇼핑센터를 이해한 다음, 머릿속에 시공간적인 지도를 그리고 이를 저장해두기 때문이다. 이때 매장의 형태가 사각형에 가까울수록 지도를 정리·제작·저장하기가 한결 수월해진다. 원하는 상품이 어디쯤 있는지 가늠하기 편리하고, 그곳으로 향하는 길을 찾아내는 수고도 훨씬 적어진다. 매장배치나 구조에 대해 오랜 시간 학습할 필요성이 사라지다 보니 고객의 관리적인 사고가 오직 제품을 탐색하고 구매하는 데만 집중된다.[69] 매출이 늘어나는 건 당연한 결말이다.

흥미로운 건 같은 사각형이라도 '정사각형'보다는 '직사각형'에 대한 선호가 훨씬 높게 나타난다는 사실이다. 물론 특별한 이유가 있어서는 아니다. 단지 안정적으로 보이고, 그렇게 느껴질 만큼 비율이 적당하기 때문이다. 이는 페히너Gustav Theodor Fechner의 황금비 실험을 통해서도 이미 증명된 사실이다. 실험 참가자들에게 서로 다른 가로세로 비율로 만들어진 10개의 사각형을 보여준 다음, 가장 마음에 드는 하나를 고르도록 했더니 대부분 직사각형을 선택하는 결과를 보였다. 사람들은 정사각형과 그에 가까운 모양의 사각형을 가장 많이 꺼렸으며, 길쭉하게 생긴 직사각형 역시 그리 환영받지 못했다. 특히 정사각형에 대한 거부감이 심했는데, 정방형보다는 차라리 그와 가까운 비율의 직사각형을 선택하는 모습이 두드러졌다. 물론 가장 선호되었던 형태는 흔히 황금비(1:1.618)로 알려진 비율의 사각형과 그런 모양에 아주 근접한 사각형이었음은 말할 필요도 없다.

직사각형으로 된 장방형의 매장은 눈으로 보기에도 안정적일 뿐만 아니라 소매점의 영업에도 도움이 되는 편이다. 그래서 표준화된 매장의 형태로 빈번히 사용된다. 하지만 사람들이 많이 지나다니는 출입구 주변이라면 제한적으로나마 옆으로 길쭉한 장방형보다는 정방형에 가까운 매장 형태가 조금 더 나을 수도 있다. 최대한 다양한 상품과 매장을 소비자에게 노출할 필요가 있는 장소이기 때문이다. 아무래도 개별 매장이 동선과 접하는 면의 길이를 일정한 수준 이하로 제한하는 게 합리적이다. 그래야만 폭이 최소화된 소규모 매장들을 최대한 많이 동선에 노출할 수 있다.[70]

하지만 현실에서는 대개 그렇지 못하다. 일부 특수한 경우를 제외하고는 대부분 장방형의 매장들이 대부분이다. 쇼핑몰 내에서 사람들이 가장 많이 지나다니는 장소이다 보니 출입구 주변에는 늘 상징적인 브랜드와 테넌트가 자리를 차지하기 때문이다. 쇼핑센터의 첫인상을 결정하는 마치 얼굴과도 같은 장소인 만큼 매장을 잘게 자르는 건 현실적으로 쉽지 않은 결정이다. 오히려 매장의 전면을 최대한 노출할 필요성이 더 커진다. 소규모의 정방형 매장보다는 규모가 있더라도 옆으로 길쭉한 장방형의 매장이 훨씬 선호된다. 노출의 정도에 따라 판매량이 결정되는 건 당연한 사실이니까 말이다.

노출의 효과는 영리와 비영리를 따지지 않는다. 예컨대 돈벌이가 주목적이 아닌 도서관에서조차 노출은 무척 중요한 요소다. 사람들의 눈에 많이 띈 책일수록 읽히는 빈도가 높게 나타난다. 핵심은 책을 진열해두는 방식에 있다. 제목이 적힌 책의 '측면'이 잘 보이도록 책꽂이에 꽂혀있을 때보다는 '앞표지'가 보이게끔 진열되어 있을 때 책을 집어 드는 사람이 훨씬 많은 편이다. 당연히 책을 판매하는 게 돈벌이의 수단인 서점에서도 효과는 마찬가지다. 책의 앞면이 보이도록 진열 방식을 바꾸자 책을 구매하는 사람이 급격히 늘어났을 정도니까 말이다. 서점 매출액의 대부분이 앞면 표지가 보이도록 진열해둔 책들로부터 발생한다는 사실이 이를 증명해준다.

매장의 크기를 정하는 것도 형태를 결정하는 것만큼 신중함이 요구되는 사안이다. **대체로 매장이 넓고 여유가 있을수록 소비자와 소매점 모두에게 긍정적인 결과를 가져다준다.** 일단 고객의 즐거움이 증대된다는 점에서 소비자에게 이득이고, 그로 인해 제품을 충동적으로 구매할 가능성이 함께 증가한다는 점에서 쇼핑센터에도 좋다.[71] 당연히 그 반대인 경우라면, 결과는 모두에게 부정적일 수밖에 없다. 매장 공간이 협소하여 혼잡함을 느끼게 되면 사람들은 쇼핑 시간을 줄이게 되고, 자연히 제품의 구매 확률이나 구매하는 횟수도 함께 줄어들기 때문이다.[72] 규모가 작은 영세 상점에서 거울을 이용하여 내부 공간을 커 보이도록 노력하는 이유이기도 하다.

매장의 크기는 소비자의 쇼핑 동기와도 상호작용한다는 점에서 무척 흥미롭다. **일반적으로 과업 지향적인 소비자일수록 물리적으로 넓은 매장을 선호하는 편이다.**[73] 여기서 말하는 과업 지향적인 소비자란, 쇼핑 활동을 반드시 처리해야 하는 하나의 '일' 혹은 '업무'로 인식하는 사람들을 말한다. 주로 남성들이 여기에 속하는 편이다. 예컨대 쇼핑 그 자체를 즐기는 여성들과 달리, 남성들은 주로 "바지 한 벌을 사야 한다."라는 사명감을 가지고 백화점에 들른다. 그들에게 바지를 사는 과정은 여성들이 느끼듯이 즐거운 '쇼핑'이 아닌 반드시 달성해야 하는 하나의 '과업'이자 '임무'에 불과하다. 그리고 그런 남성들에게는 매장의 크기가 클수록 유리하다는 뜻이다.

이를 소매점 전반으로까지 확대하여 적용하면 이런 결론을 유추해볼 수 있다. **목적형 구매가 강하게 나타나는 소매점일수록 매장 공간을 넓고 여유 있게 만드는 게 효과적이라고 말이다.** 실제로 대부분의 백화점이 넓고 시원한 느낌을 주는 개방감이 강조된 매장을 만드는 편이다. 동선을 넓고 시원시원하게 만드는 동시에 천장도 최대한 높게 설치하여 매장 공간 자체가 넓어 보이도록 노력한다. 매장 중앙 부분에 보이드를 뚫어놓는 것도 같은 맥락이다. 에스컬레이터를 타고 맨 꼭대기 층까지 올라가면서 매장 전체를 한눈에 내려다보도록 배려했다. 모든 공간이 상대적으로 광활하고 거대한 느낌으로 다가올 수밖에 없다. 벽이나 기둥을 널찍한 간격으로 설치해둔 것도, 그리고 매장 인테리어를 환한 느낌으로 해둔 것도 모두 예외가 될 수는 없다.

13

상품 구매 의지를 고려한 공간 계획

매장의 모양과 크기가 정해지고 나면, 이제 고민은 매장을 어떠한 유형으로 만들 것인가로 귀착된다. 국내 백화점을 예로 들면, 매장은 크게 개방형과 영역형, 폐쇄형의 세 가지 유형으로 나뉜다. 그리고 이 중에서 영역형은 매장의 옆부분을 닫을지 열어둘지에 따라 측면폐쇄형과 측면 개방형으로 다시 세분화된다. 매장 유형이라는 그럴싸한 용어를 쓰긴 했지만 결국은 매장 내부가 동선에 노출되고 개방되는 정도를 의미한다. 다만 유의할 점이 있다면, 개방감이 느껴지는 공간 구성이 좋다고 해서 무턱대고 매장까지 개방적인 구조로 만들어진 게 낫다는 선입견은 버려야 한다. 판매하는 제품과 소비자의 특성에 따라 개방형이 좋을 때가 있고, 때로는 폐쇄적인 매장이 영업에 훨씬 유리할 때도 있다.

군이 예를 든다면 **명품을 비롯한 고가의 제품일수록 폐쇄형 매장의 비율이 높다. 이는 곧 저가의 상품일수록 개방형 매장이 적다는 의미다.** 실제로 국내 백화점만 살펴보더라도 충분히 확인해볼 수 있다. 일반 서민층이 많이 이용하는 백화점일수록 아일랜드형 매장처럼 벽체가 없는 개방형 구조를 가진 매장의 비율이 훨씬 높게 나타난다. 이와 대조적으로 부유층을 상대로 하는 백화점일수록 칸막이 혹은 벽체로 완전히 분리된 폐쇄형 매장이나 일부가 가려진 영역형 매장 등의 비율이 높은 편이다. 고

소득층을 위한 백화점에서는 매장의 폐쇄성이 강조되는 반면, 저소득층으로 갈수록 매장이 개방형으로 변화해가는 것이다.

이는 각각의 브랜드가 가진 이미지나 인지도와도 관련이 있다. 예컨대 비싸고 화려한 제품을 많이 취급하는 브랜드일수록 소비자에게 높은 인지도와 긍정적인 이미지가 형성되어 있을 가능성이 크다. 제품 판매 역시 브랜드가 가진 인지도나 이미지에 이끌려 자연스럽게 이루어지는 경우가 빈번하다. 자연히 각각의 브랜드가 가진 개성과 디자인 정체성을 강조하려는 욕구가 강하게 생겨날 수밖에 없다. 매장을 독특하게 표현하려는 노력과 이를 소비자에게 어필하려는 시도가 일어나기 마련이다. 브랜드마다 자신들의 물리적인 영역을 도드라지게 강조하는 독립적이고 폐쇄적인 형태의 매장이 생겨날 수밖에 없는 구조다.

이와 달리 저가의 상품을 판매하는 브랜드는 상대적으로 소비자에 대한 인지도가 낮은 편이다. 그나마 **흔치 않은 상품 판매의 기회를 잡으려면 노출이라도 극대화하는 게 최선이다.** 자연히 개방형의 매장 구조가 선호된다. 더군다나 아직은 브랜드에 대한 신뢰나 선호가 부족하다 보니 백화점이 가진 힘을 빌려 제품의 판매가 이루어지는 편이다. 실제로 개방형 매장에서는 '브랜드 인지도'보다는 '백화점의 인지도'가 소비자에게 훨씬 더 강하게 인식되는 편이다.[74] 그러다 보니 백화점 측의 주도로 비슷한 종류의 상품을 취급하는 브랜드들을 모아서 하나의 집단형 매장을 이루는 경우가 많다. 대개 비슷한 콘셉트를 유지하면서 통일된 디자인을 적용하여 마치 하나의 매장처럼 표현하는 방식이다. 결론적으로 개방형 매장은 주로 인지도가 낮은 브랜드에 할당된다. 브랜드 자체의 특성이나 경쟁력 대신 백화점의 인지도를 활용하여 상품 판매를 끌어내려는 의도다.

폐쇄형과 개방형 매장이 각각 '브랜드 인지도'와 '백화점 인지도'라는 완전히 상반된 요인에 의해 소비자의 선택을 받게 된다는 사실은 이 두 가지 유형의 매장에서 보이는 소비자의 서로 다른 행동 특징만 보더라도 충분히 이해가 가는 내용이다. 예컨대 폐쇄형 매장의 경우, 고객은 매장 밖 통행로에서는 빠른 속도로 걸음을 옮기다가 어느 순간 매장안으로 들어온 다음부터는 이동 속도가 현저히 느려진다. 당연히 매장안에서 머무는 체류 시간도 길어진다. 하지만 개방형 매장에서는 이와 정반대의 모습이다. 통행로에서는 느리게 걷다가 매장 내부로 들어온 순간부터 이동 속도가 빨라진다. 당연히 매장에서 머무르는 시간도 상대적으로 짧은 편이다.[75]

매장의 유형에 따라 정반대의 행보를 보이는 소비자의 이동 특성은 우리에게 적지 않은 시사점을 제공해준다. 가령 폐쇄형 매장을 향해서 걸어가는 고객을 예로 들면 이렇다. 그들이 공용공간인 **통행로에서 빠른**

매장유형별 고객의 이동 및 구매 특성

구분		개방형	영역형		폐쇄형
			측면개방형	측면폐쇄형	
이동 속도	동선	13.6	13.5	15.9	19.9
	매장	21.9	15.7	14.8	5.7
매장 체류시간		1.8	6.4	5.8	15.9
구매 비율		12.5	29.8	32.9	64.7

단위 : m/min(이동 속도), min(매장 체류 시간), %(구매 비율)

자료 : 김진규·이규홍, "백화점의 매장유형에 따른 소비자 행태에 관한 연구",
한국실내디자인학회논문집, 제36호, pp.121-127, 2003.

속도로 걸음을 옮긴다는 것은 해당 매장이 강한 목적성을 가지고 있음을 의미한다. 개별 브랜드가 가진 특성이나 인지도에 이끌려 방문할 매장이 선택되고, 이를 향해 소비자가 곧장 직행한다는 사실을 시사해주기 때문이다. 통로에서는 빠르게 움직였던 발걸음이 매장 안으로 들어서자마자 갑자기 느려진다는 사실도 흘려들을 이야기가 아니다. 그만큼 상품에 대한 탐색이나 선택이 신중해진다는 의미다. 상품에 대한 강력한 구매 의지를 알려주는 상징적인 지표다. 만약 폐쇄형 매장을 만들어야 하는 경우, 이에 대한 고려는 필수적이다. 소비자가 신중하게 행동할 수 있도록 최대한 차분한 매장 환경을 조성해주어야 한다.

공용 통로와 매장 안에서의 이동 속도는 백화점을 함께 방문한 동반자가 있는지도 관련이 깊다. 예컨대 폐쇄형 매장에서 고가의 상품을 구매하는 여성들이 대표적이다. 이들은 주로 평일 낮에 혼자 방문해서 조용히 쇼핑을 즐긴다. 주말보다 덜 혼잡하기 때문이다. 홀로 이리저리 백화점을 돌아다니다 보면 걸음의 속도는 자연히 빨라진다. 하지만 매장 안으로 들어가 물건을 구경하기 시작하면 돌변한다. 눈치를 봐야 할 대상이 존재하지 않기에 찬찬히 돌아보며 걸음이 느려진다. 더구나 이들에게는 쇼핑할 때 미리 정해둔 매장만 선택해서 들르는 습관이 있다. 굳이 쇼핑을 서둘러야 할 이유가 없다. 공용 통로에서는 빨리 움직이다가도 매장 안에서는 움직임이 느려지는 특성이 나타나기 마련이다.

이와 달리 개방형 매장에서 저가의 상품을 구매하는 여성들은 정반대의 성향을 보인다. 주로 주말에 남성과 함께 백화점을 방문하는 경향이 짙다. 그리고 그 남성은 대개 주말을 맞아 집에서 휴식을 취하고 있는 남편이거나 혹은 남자친구다. 간만에 둘이서 오붓하게 백화점을 돌며 이것저것 구경하다 보면 공용 통로 상에서 걸음의 속도는 상당 부분 느려진다. 구매하는 물품도 주로 생활과 관련이 있는 저가 상품 위주다 보니 상품 선택이나 구매 결정에 그리 오랜 시간이 필요하지 않다. 더구나 눈치를 살펴야 할 상대가 있다 보니 꼼꼼히 상품을 둘러볼 마음의 여유도 생겨나지 않는다. 공용 통로에서는 걸음이 느렸다가도 매장 안으로 들어간 다음에는 움직임이 빨라진다. 자연히 매장 내에서 오랜 시간 머무르지 않게 된다.

이처럼 소득 수준을 기준으로 구분된 두 가지 계층의 소비자들만 비교해보더라도 이들은 쇼핑센터 내에서 서로 반대되는 이동 특성과 구매 패턴을 보인다. 자연히 쇼핑센터의 영업 전략에서도 이들 각각에 대해 차별적으로 접근해야 한다. 출점도시의 지역성이나 소득수준, 거주민의 문화 차이 등에 따라 매장의 형태와 유형 등을 신중하게 결정할 필요가 있다.

가령 **부유층을 위한 백화점이라면**, 물리적으로 최소화된 복도와 폐쇄적인 형태의 매장 구조가 유리하다. 구체적인 구매 의지를 가진 고객들을 겨냥하는 게 합리적이기 때문이다. 소위 '배제의 전략Exclusive Strategy'을 구사함으로써 매장 내에 아무나 쉽게 들어올 수 없는 분위기를 조성하는 게 낫다는 뜻이다. 이와 달리 **중하급의 백화점이라면**, 개방적인 느낌의 매장을 확보하는 게 훨씬 유리하다. 상품 진열을 통해 극대화된 노출과 비교 가능성을 동원하여 소비자의 충동구매를 자극하는 것이다. 잠재 고객 모두를 포용하는 이른바 '수용의 전략Inclusive Strategy'이다.[76]

이러한 영업 전략에서의 차별성은 소득 수준에 따라 사람들이 주로 머무는 장소가 달라지는 현상과 맥을 같이한다. 예컨대 저소득층이 많이 이용하는 백화점일수록 소비자는 매장 밖의 공용 공간에서 머무르는 비율이 높게 나타난다. 동선을 비롯하여 제품 판매가 직접적으로 일어나지 않는 공간에서 보내는 시간이 더 많은 특징을 보이는 것이다. 이와는 대조적으로 고소득층 사람의 경우, 매장 안에서 머무르는 비율이 상대적으로 높다. 이는 수치만으로도 차이가 확연히 드러난다. 고급 백화점에서는 동선에서 배회하는 사람들의 비율이 40% 수준에 머물렀으나 저소득층이 이용하는 백화점에서는 무려 66%까지 치솟는다.

소득 수준에 따라 머무르는 공간과 체류 시간이 다르다는 것은 결국 목표 고객이 누구냐에 따라 움직임에 대한 고려가 차별적이어야 함을 시사해준다. 쇼핑센터 인근에 거주하는 사람들 혹은 해당 점포가 목표로 하는 핵심 고객층이 누구냐를 기준으로 매장 공간을 구성하는데 면밀한 차별성이 고려되어야 함을 의미한다. 예를 들어 매장과 비매장 영역에 대해 면적을 어떤 비율로 배분할지가 대표적이다. 출점 지역 혹은 해당 지역에 거주하는 소비자 특성에 따라 매장과 매장이 아닌 공간에 대한 면적 비율을 서로 달리 적용해야 한다. 설령 그것이 하나의 백화점에서 운영하는 같은 브랜드의 체인 점포일지라도 말이다.

실제로 서초나 강남지역 등에서 장사하는 백화점일수록 전용률이 높게 나타난다.[77] 여기서 전용률이란 전체 면적 대비 전용면적의 비율을 말한다. 상품 판매에 직접적으로 사용되는 매장 면적이 건물 전체 면적에서 얼마만큼 높은 비중을 차지하는가를 보여주는 핵심 지표다. 전용면적(매장부분)이 아닌 '공용부'는 주로 고객의 이동을 위한 동선으로 쓰이는데, 전용률이 높다는 것은 그만큼 동선에 할당된 면적이 적다는 것을 의미한다. 동선이 다소 좁고 붐비는 느낌이 드는 게 당연하다. 고소득층이 이용하는 백화점일수록 개방감이 떨어지고, 폐쇄적이며 답답한 느낌이다.

이를 뒤집어 말하면 저소득층이 이용하는 백화점일수록 동선이 차지하는 비중이 크다는 것인데, 실제로 저소득층이 이용하는 백화점들이 상대적으로 넓고 여유로운 동선을 가진다. 심지어 개방감마저 느껴질 정도다. 혹자는 주말 장사를 염두에 두고 만들어진 공간 계획 때문이라는 의견도 있다. 부자 동네와 달리 주말 이용객의 비중이 상대적으로 높은 동네다 보니 주말을 기준으로 공간을 계획했다는 주장이다. 붐비는 정도가 주중과 주말 간에 큰 차이를 보이는 만큼 주말을 맞아 남편이나 아이들을 동반하여 방문하는 고객들을 대비하여 복도의 폭을 최대한 넓혀두었다는 의미다. 이렇게 해두면 단지 키오스크를 설치하는 것만으로도 얼마든지 동선을 개방형 매장으로 활용하는 장점을 누릴 수 있기 때문이다.[78]

일리 있는 주장이지만 핵심 이유는 아니다. 이미 앞에서도 언급했듯이 진짜 이유는 고객의 소득 수준에 따라 움직임에 대한 고려가 서로 달라야 한다는 기본 명제에 있기 때문이다. 예컨대 **고소득층을 대상으로 하는 백화점의 경우, 본질적인 기능이라고 할 수 있는 '상품 판매 행위'에 중점을 둔다.** 고소득층에 속하는 소비자 자체가 공용부보다는 매장 내에서 머무르는 시간이 훨씬 많을 정도로 상품 구매에 대한 의지가 강력한 사람들이기 때문이다. 공간 기획가로서는 가용한 점포 공간의 대부분을 상품 판매와 구매 활동이 직접적으로 일어나는 장소로 할당하는 게 합리적이다. 상당한 양의 면적이 전용부인 매장에 할애될 수밖에 없다.

하지만 저소득층을 대상으로 하는 백화점까지 그럴 거라고 기대해서는 안 된다. 이들은 상품에 대한 **판매 행위보다는 '소비자의 움직임'에 더 높은 관심을 둔다.** 매장보다는 동선 같은 공용부에서 보내는 시간이 훨씬 많은 고객의 특성을 고려한 조치다. 통로 등을 비롯하여 고객의 움직임과 관련이 있는 공간을 최대한 확보해주는 게 오히려 합리적이기 때문이다. 백화점보다는 복합 쇼핑센터에서 동선이 상대적으로 넓게 계획된 것 역시 마찬가지 이유에서다. 방문 자체가 상품 구매보다는 단지 구경이나 어슬렁거릴 목적이기 때문이다. 제품에 대한 판매는 고객의 움직임부터 먼저 활성화한 다음에 기대해도 늦지 않다. 지역별로 매장과 비매장 간의 면적 배분 비율이 다르고, 전용률에서도 차이가 나타날 수밖에 없다.

이처럼 **고객이 점포 내에서 머무르는 위치와 시간 등은 그에게 얼마나 강력한 상품 구매 의지가 있는지를 보여주는 아주 중요한 지표다.** 매장 내부에 있는 사람과 동선 위에 머물러 있는 사람에게 상품에 대한 같은 수준의 관심과 구매 의지를 기대할 수는 없을 테니 말이다. 나아가 소비자가 제품을 손에 들고 있는 시간도 쇼핑에 대한 의지를 엿볼 수 있는 훌륭한 가늠자다. 똑같은 시간을 매장에서 소비하더라도 제품에 대한 접촉이 늘어날수록 높은 관심도와 구매율을 기록하기 때문이다. 인간의 무의식이 행동을 추동하는 과정을 분석한 실험에 따르면, 특정 제품을 오래 들고 있는 사람일수록 해당 제품에 더 많은 금액을 지급할 의사가 있다.[79]

물론 제품을 들고 있는 행위나 그 시간의 양만으로 행동의 동기까지 섣불리 예단할 수는 없는 노릇이다. 자신의 무의식적인 욕망에 이끌려 반응한 결과일 수도 있지만 다른 한편으로는 단지 제품 진열 방식에 의해 우연히 만져보게 된 행동일 수도 있기 때문이다. 하지만 이유야 어쨌든 오랫동안 신체적인 접촉을 유지한다는 건 그 자체만으로도 상품에 대한 지대한 관심의 표현이 분명하다. 쇼핑 의지를 가늠해보는 확실한 지표가 될 수 있다. 사람이든 물건이든 관심이 가는 대상에 손도 향하기 마련이니까 말이다.

사람들이 걸어가는 속도 역시 많은 것을 드러낸다. 단지 보행속도를 비교하는 것만으로도 사람들의 심리 상태를 어느 정도는 이해할 수 있을 정도다. 얼마나 편안한 마음으로 쇼핑을 하고 있는지, 혹은 긴장감 속에서 발걸음을 내딛고 있지는 않은지, 그들의 마음을 가늠해볼 수 있는 여러 힌트가 걸음의 속도를 통해 어느 정도 드러난다. 그중에서도 가장 뚜렷한 특징은 주변 환경에 대한 수용의 가능성이다. 빠른 속도로 걸어가는 사람일수록 외부자극에 대한 수용성은 저하된다. 빨리 걷는다는 사실 자체가 무언가에 집중했거나 뚜렷한 목적의식에 사로잡혀있는 상태임을 암시해주기 때문이다. 그런 고객은 대개 자신이 보러온 물건 외에는 별다른 관심을 두지 않는다. 누군가에 의해 의도적으로 제시된 다른 무언가를 알아차리거나 관심을 두기가 무척 어려운 상태일 수밖에 없는 것이다.

가장 이상적인 상태는 갑작스러운 자극에 개방적으로 반응할 수 있을 정도로 충분히 느린 속도로 걷고 있을 때다. 무언가 목표를 향해서 앞만 바라보고 걷는다거나 불편한 장소에서 벗어날 요량으로 저돌적으로 걸어가는 상황에 놓였다면 그 어떤 자극도 무용지물이다. 아무리 짜릿하고 흥미로운 자극을 가하더라도 고객이 반응할 가능성은 희박해지기 때문이다. 따라서 **쇼핑센터가 집중해야 할 공략의 포인트는** 걸음의

속도가 변하거나 달라지는 지점이다. 다양한 속도로 걸음이 변한다는 건 이런저런 제품을 둘러보며 쇼핑의 경험 전체를 수용하고 있다는 뜻이다. 눈과 귀를 통해서 들어오는 각종 외부 자극에 소비자의 뇌가 반응하는 상태다. 보행속도가 달라지는 지점을 알면 고객이 봐주기를 바라는 제품이나 메시지를 어디에 설치하면 좋을지 대번에 알 수 있게 된다.

문제는 아무리 둘러봐도 그러한 지점이 어디인지 도무지 알아내기가 힘들다는 사실이다. 혹은 그 어디에서도 걸음의 속도가 달라지는 모습이 관찰되지 않는 경우도 여기에 포함된다. 이와 같은 난감한 상황에서는 인위적으로 걸음의 속도를 달라지게 만드는 것 외에는 뾰족한 방법이 없다. 뇌가 일시적으로 정지된 사람들에게 외부자극을 주어 뇌를 활성화시키는 것이다. 예컨대 걸음의 속도를 높이려면 통로를 어둡게 하거나 길을 좁게 만들면 된다. 사람들은 대개 어둡고 좁은 장소에서 오랫동안 머물고 싶어 하지 않기 때문이다. 최대한 빨리 그곳에서 벗어나기를 원하기에 자연히 걸음과 움직임이 빨라질 수밖에 없다.

하지만 웬만해서는 걸음의 속도를 올릴 기회가 없다. 조금 더 정확히 표현하자면 공간 기획가로서는 굳이 그렇게 해야 할 이유가 없는 게 맞다. 이것저것 구경하면서 천천히 걷고 있는 사람들을 굳이 빠르게 걷도록 만들어서 제품 판매의 기회를 날릴 필요가 없기 때문이다. 그런 이유로 인해 보행 속도 조절은 항상 걸음을 늦추는 쪽으로만 이루어진다. 통로 한가운데에 장식품을 배치해둔다거나 혹은 바깥의 멋진 풍경을 감상할 수 있도록 넓은 창문을 설치하는 등의 방식을 통해서 말이다.[80] 그러면 사람들은 자연스레 천천히 걷게 된다. 원래 사람들은 볼거리가 많은 곳에서 천천히 걷는 법이다. 보행속도 조절을 통해 일단 소비자의 뇌부터 활성화한 다음, 원하는 행동을 끌어낼 진짜 외부자극을 가하면 게 올바른 순서다.

마치 웅덩이처럼 사람들의 이동을 멈출만한 장소를 만드는 것 역시 보행 속도를 줄이는 하나의 효과적인 방법이다. 물이 세차게 흐르는 곳에서는 물고기를 많이 볼 수 없어도 바위나 큰 돌 따위로 인해 물의 흐름이 막힌 곳에서는 물고기가 제법 많이 사는 것처럼 말이다. 쇼핑센터에서는 상품이나 장식, 집기 등이 바위와 돌의 역할을 충분히 해낸다. 다양한 소품들을 활용하여 웅덩이 같은 공간을 만들면 그만이다. 넓은 통로에 상품이 마치 벽처럼 둘러싸여 있어서 남의 시선에서 조금이나마 벗어날 수 있는 장소라면 사람들은 편안한 마음으로 오래 머물며 물건을 구매할 수 있다.[81]

이야기를 마치며

코로나바이러스로 전 세계가 난리였던 지난 몇 개월 동안 우리는 반강제로 온라인의 시대를 강요받으며 지내왔다. 온라인을 이용하여 생활에 필요한 물건들을 구매하고, 컴퓨터 화면을 통해 각종 공연을 관람하였으며, 다양한 정보 통신 기기로 얼굴을 맞대며 친구들과 선생님을 만났다. 새삼 온라인의 위력을 확인하기도 했지만 동시에 아직 그 기술이 얼마나 부족한 상태인지도 절실히 깨달았다. 의료와 교육, 상업, 문화 등 모든 분야에서 온라인에 기반을 둔 원격 서비스가 더욱 발전해야 할 필요성을 절감했다. 그에 필요한 인프라를 갖추고, 본격적인 발전을 준비할 충분한 계기가 되었음은 굳이 말할 필요조차 없는 일이다.

하지만 모든 일상을 오롯이 온라인에만 의지한 채 지나면서 우리는 새로운 사실을 깨닫기도 했다. 인간이 가상의 공간에만 머무르면서 살아갈 수 없는 존재임이 명확해진 것이다. 아무리 온라인이 편리하다고 한들 우리의 삶을 통째로 맡기기에는 그 무게감이 터무니없이 약하다. 마치 모든 것을 송두리째 감당할 수 있을 정도로 큰소리쳐왔던 자신감에 비하면 온라인이 보여준 민낯은 지나치게 초라하고 부족했으며 불편하기 짝이 없었다.

무엇보다 우리는 오프라인을 너무나 그리워했다. 그 편리하다는 온라인을 놔두고서 군이 불편한 오프라인을 간절히 바라고 기다렸다. 이미 주변에서는 분노(?)의 여행 계획을 세우는 사람들도 나타나고 있다. 오프라인에 대한 인간의 본성적인 갈망이다. 온라인과 그에 기반한 채널은 모두 '사회적 공간'으로만 진화했을 뿐 '물리적 공간'의 확장이 되지는 못했기 때문이다. 사람들 간의 연결에만 집중할 뿐 공간으로서의 실체적인 가치가 없다. 온라인이 발달할수록 오프라인에 대한 욕구만 더욱 증폭될 뿐이다. 말로는 온라인의 시대를 운운하더라도 우리는 결코 온라인에만 파묻혀 살아갈 수 없는 디지털 시대의 아날로그형 인간에 불과함을 절실히 깨달은 시간이었다.

하지만 때는 분명 오프라인에 녹록지 않은 시대다. 한때 누렸던 전성기에 대한 혹독한 대가인지는 몰라도 모든 규제의 칼날이 온통 오프라인에만 잔뜩 쏠려 있는 모습이다. 영세 소상공인과의 상생을 이유로 대기업이 운영하는 소매점의 출점이 규제되고, 급기야 영업일이나 시간마저 제한을 당하는 지경에 이르렀다. 심지어 최근에는 여기서 한발 더 나아가 팔다리를 모두 묶어버리는 일까지 생겨났다. 환경보호를 명분으로 이제는 포장까지 함부로 하지 못하도록 규제하기 시작한 것이다. 일회용 비닐을 사용하지 못하게 막는 조치부터 이제는 종이 박스와 비닐 테이프까지도 규제대상에 올랐다. 불편이 가중될수록 소비자는 오프라인의 이용을 꺼릴 게 분명하고, 때를 만난 온라인은 표정을 관리하느라 분주하다.

생각해보면 온라인도 상생에 도움이 되지 않는 건 마찬가지다. 가격이 경쟁력의 핵심으로 작용하다 보니 승자가 되기 위해서는 물량 공세를 펼치는 게 필수적이기 때문이다. 돈 놓고 돈 먹기가 가능한 일부 대자본만이 시장에서 살아남아 지배력을 갖출 수 있는 구조다. 물론 오프라인에서도 소수의 대기업에 의해 시장이 잠식당하는 건 마찬가지다. 하지만 심각성을 따지면 온라인보다는 오프라인이 훨씬 덜한 편이다. 그나마 오프라인에서는 대기업의 손이 미치지 못하는 영역이라도 존재하니까 말이다. 적은 양이나마 구매력 일부가 골목 구석구석에 포진한 영세상점에까지 가서 닿을 여지를 가지는 것이다.

하지만 온라인에서는 상위에 랭크된 극소수의 업체가 거의 모든 주문을 독식한다. 입지를 중심으로 각자 자신의 주변 고객을 흡수하는 오프라인과 달리 온라인은 최강자가 전국을 모두 접수해버린다. 소비자와 그들의 구매력이 적절하게 배분되지 않는 구조다. 다소의 손해를 보더라도 익숙함을 좇는 소비자로서는 시장을 독식하는 극소수 업체로만 계속해서 편중될 수밖에 없는 현실이다. 결국에는 가장 강력한 하나의 업체가 온라인 시장을 지배하게 마련이다. 그리고 사회적 비난(?)의 대상으로 변한다. 유니콘 기업이니 어쩌니 하면서 한껏 칭송하던 기업이 국회에 불려가서 곤욕을 치르기도 한다.

더군다나 그들이 장악한 온라인 시장에서 가장 많이 팔리는 제품들이 대부분 영세 상인들이 파는 물건과 겹친다는 점에서 문제는 더욱 심각해진다. 오히려 백화점이나 대형 마트에서 판매되는 제품들이 차별성은 강한 편이다. 사회적으로든 경제적으로든 따지고 보면 온라인이 주는 폐해가 오히려 오프라인보다 더욱 크지 않을까 싶다. 최근에 발생한 몹쓸 범죄 대부분이 온라인을 수단으로 삼아 발생하고 있듯이 말이다.

환경에 대한 우려 역시 오프라인보다는 온라인이 훨씬 더 심각한 상황이다. 끼니조차 될 수 없는 한낱 간식거리를 사면서 포장지는 산더

미만큼이나 함께 딸려온다. 종이박스에 비닐 테이프는 기본이고, 상품을 감싼 뽁뽁이와 보냉팩, 스티로폼까지 온갖 잡다한 쓰레기들로 넘쳐난다. 더욱 가관인 건 모바일로 주문되는 배달 음식이다. 설거짓거리는 사라졌지만 치워야 할 쓰레기가 방안 가득 수북이 쌓인다. 정작 규제해야 할 대상은 온라인임에도 늘 열외로 빠져있다. 신산업 육성이나 4차 산업 혁명 따위를 말도 안 되는 이유로 들어가면서 말이다. 기껏해야 오프라인이 일궈놓은 시장에 숟가락을 하나 더 얹었을 뿐인데도 말이다. 소비 진작이나 환경보호가 정책의 목적이라면 규제 대상은 오히려 온라인이 되어야 옳을 정도다.

과연 그게 언제인지는 몰라도 때가 되면 온라인 역시 규제의 칼날에서 비켜나지는 못할 운명이다. 하지만 그날이 오기 전까지 오프라인은 이미 자신에게 주어진 고난의 환경을 스스로 감내하기 힘든 수준에 다다랐다. 예전처럼 소매 시장이 급성장하는 시기라면 지금의 뼈아픈 규제도 기꺼이 껴안고 감당하겠지만 현실의 시장은 이미 레드오션Red Ocean을 향해 치닫는 중이다. 줄어드는 인구와 치열해지는 경쟁, 영업시간 규제 등으로 인해 수입은 예전 같지 못하다. 최저인건비 상승이나 물류비용 증가를 비롯하여 각종 돈이 빠져나갈 일들만 수두룩하게 기다리고 있다. 수익은 작아지고 위험만 커지다 보니 소매업자로서는 굳이 소매 시장에 계속 머물러 있어야 할 이유가 없다. 업종 전환을 심각하게 고민해야만 하는 상황이다.

고위험–저수익High Risk-Low Return 구조로 변해버린 소매 시장을 보면서 소매업자가 내리게 될 결정은 하나다. 합리적인 경영자라면 수익을 추구하기보다는 위험을 낮추는 쪽으로 경영 전략을 선회할 수밖에 없다.

'소매업'을 포기하는 대신 '임대업'을 선택하는 소위 '업종 전환'의 가능성이 예측되는 시점이다. 전조현상은 이미 포착됐다. 국내 유통업을 선도하는 롯데가 백화점 관악점을 시작으로 이미 테스트에 돌입했다. 사업의 패러다임을 소매업에서 임대업으로 전환하는 계획을 이미 실행에 옮긴 것이다. 소매업에서 우리보다 한참 앞서있는 일본 역시 똑같은 움직임이다. 이미 적지 않은 소매업자가 기존의 소매업을 포기하고 임대업으로 돌아서 버린 상태다.

소매업을 포기하고 임대업을 택했다는 건 이제 그들이 소매업자가 아니라는 사실을 의미한다. 일개 임대업자로 전락해버렸으니 소매업자로서 쌓아왔던 경험이나 경쟁력 등은 아무 쓸모가 없을 정도로 무의미해질 수밖에 없다. 그런 역량이 소매업 기반에서는 강한 경쟁력이나 이점으로 작용할지 몰라도 임대업 중심의 영업 환경에서는 변별력을 발휘하기가 어렵기 때문이다. 상품과 가격, 서비스를 비롯한 모든 소매경쟁력 분야에서 차별화나 특성화를 이루기가 힘들다는 뜻이다. 서로 경쟁 관계에 있는 시설들 모두가 대충 다 비슷비슷하고 고만고만한 쇼핑몰들로 전락하고 만다. 각자만의 핵심 경쟁력이나 개성 등이 사라지고 아무런 특색이나 특징도 없는 소위 '무색무취의 쇼핑몰' 시대가 도래하게 되는 것이다.

그런 시대에서 가장 중요한 소매경쟁력은 다름 아닌 '입지'다. 점포별로 별다른 효용이나 차별성을 기대할 수가 없으니 소비자로서는 가장 가깝고 편리한 점포를 선택하는 게 그나마 가장 합리적인 선택이 된다. 다음으로 중요한 게 있다면 점포 내부에서 입지적으로 어떤 조건을 보유했느냐다. 일단 쇼핑센터 안으로 소비자를 끌어들였다면, 다음 목표는 매장과 상품을 돋보이게 만들어서 소비자로부터 선택을 받을 수 있는 환경을 조성하는 것이기 때문이다. 그런 점에서 쇼핑센터 내부에서의 입지란 결국 '공간'에 관한 문제다. **오직 공간 계획을 통해서만 그런 문제를 해결할 수밖에 없다.** 이미 소매업자가 아닌 임대업자로 전락해버린 이상, 그들이 팔려고 내놓은 건 이제 '상품'이 아닌 '공간'이기 때문이다.

2020년이 저물어가는 어느 날에

1장 점포를 만들고 운영하는 사람들에게

1   Rosa Chun & Gary Davies, "The Influence of Corporate Character on Customers and Employees : Exploring Similarities and Differences", Journal of the Academy of Marketing Science, Vol.34, No.2, 2006.

2   Marc Auge, 《Non-Places : Introduction to an Anthropology of Super Modernity》, Translated by John Howe, Verso, pp.77-78, 2000.

3   Gary Hamel & C. K. Prahalad, 《Competing for the Future》, Harvard Business School Press, 2007.

4   김명식, 《건축은 어떻게 아픔을 기억하는가》, 뜨인돌, 2017.

5   Alain de Botton, 《행복의 건축》, 정영목 譯, 청미래, 2011.

6   박정신·박은주, "엔터테인먼트 서비스가 의복 충동구매 행동에 미치는 영향 : 백화점과 쇼핑몰을 중심으로", 복식문화연구, 제14권 제3호, pp.353-365, 2006.

7   W. R. Swinyard, "The Effects of Mood, Involvement and Quality of Store Experience on Shopping Intentions", Journal of Consumer Research, Vol.20, pp.271-280, 1993.

8   Robert B. Settle & Pamela L. Alreck, 《소비의 심리학》, 대홍기획 마케팅컨설팅그룹 譯, 세종서적, 2003.

9   Elizabeth Grosz, 《Architecture from the Outside-Essays on Virtual and Real Space》, The MIT Press, 2001.

10 K. E. Reynolds, J. Ganesh & M. Luckett, "Traditional Malls vs Factory Outlets ; Comparing Shopper Typologies and Implications for Retail Strategy", Journal of Business Research, Vol.55, p.694, 2002.

11 Marc Schoen & Kristin Loberg, 《Your Survival Instinct is Killing You : 편안함의 배신》, 김성훈 譯, 위즈덤하우스, 2014.

12 박영욱, 《필로아키텍처》, 향연, 2009.

13 A. K. Pradeep, 《바잉브레인 : 뇌 속의 욕망을 꺼내는 힘》, 서영조 譯, 한국경제신문사, 2013.

14 이창곤, "공항경쟁력 제고를 위한 대응전략에 관한 연구 : 양양공항을 중심으로 한 델파이 연구", 서울대학교 행정대학원, 2011.

15 上揭書.

16 Smith Dennis, 《Zygmunt Bauman : Prophet of Postmodernity》, Cambridge : Polity, 2000.

17 Jacques Lacan, 《욕망이론》, 권택영 譯, 문예출판사, 1998.

18 LG Business Insight, 2015.02.18.

19 Adam Tooze,《Crashed ; 붕괴》, 우진하 譯, 아카넷, 2019.

20 아시아경제, "'10년 전 가격' 할인행사 펼친 대형 마트, 매출도 대박", 2019.11.05.

21 뉴스원코리아, "동행세일 첫 주말 유통가 '활짝', 롯데百 21%, 아울렛 55% 증가", 2020.06.28.

22 David S. Evans & Richard Schmalensee,《Catalyst Code》, 김태훈 譯, 한스미디어, 2008.

23 Ben Abda M., P. P. Belobaba & W. S. Swelbar, "Impact of LCC Growth on Domestic Traffic and Fares at Largest US Airports", Journal of Air Transport Management, Vol.18(1), pp.21-25, 2008.

24 Rosario Macario, Jose M. Viegas & Vasco Reis, "Impact of Low Cost Operation in the Development of Airports and Local Economies", CESUR : Instituto Superior Tecnico, Universidade Tecnica de Lisboa, Portugal, 2007.

25 김성문,《리테일 어트랙션》, 좋은땅, 2015.

26 데일리안, "편의점업계 '라스트오더' 바람, 판매 늘고 폐기 줄고", 2020.06.18.

27 김성문,《리테일 어트랙션》, 좋은땅, 2015.

28 동아일보, "1층엔 시장, 2층은 마트, 상권 살리기 위해 '적과의 동침'", 2013.05.22.

29 조선일보, "어제까진 배송 경쟁, 이제부턴 반품 전쟁", 2019.12.30.

30 김성문,《리테일 로케이션》, 좋은땅, 2017.

31 김경훈 · 한국트렌드연구소,《거품청년, 스마트에이전트로 살아남다》, 퍼플카우, 2012.

32 William J. Mitchell,《비트의 도시》, 이희재 譯, 김영사, 1999.

33 박강아, "디지털 세상에도 최적의 장소는 따로 있다." 동아비즈니스리뷰, vol.108, 2012.

34 김태경 · 최인협 · 장태윤 · 박동준 · 이응원, "온라인거래 확대의 파급효과 및 시사점", 한국은행, 2018.

35 Andy Merrifield,《매혹의 도시, 맑스주의를 만나다》, 남청수 譯, 시울, 2005.

36 Kerfoot S., Davies B. & Ward P., "Visual Merchandising and the Creation of Discernible Retail Brands", International Journal of Retail & Distribution Management, Vol.31(3), pp.143-152, 2003.

37 Kotler P., "Atmospherics as a Marketing Tool", Journal of Retailing, Vol.49(4), pp.48-64, 1973.

38 이호정,《의류상품학》, 서울 : 교학연구사, 2000.

39 "UNCONDITIONAL SHOPPING : How Seven Moments Are Shaping the Way Consumers Shop", AOL. Advertising, 2016.

2장 분위기 활용하기

1 Lauren Slater,《스키너의 심리상자 열기》, 조중열 譯, 에코의 서재, 2008.

2 Ackerman Robert, et al., "The Interpersonal Legacy of a Positive Family Climate in Adolescence.", Psychological Science, 24(3), pp.243-250, 2013.

3   Burrhus Frederic Skinner, 《Science and Human Behavior》, Simon & Schuster, 1965.

4   Kevin Hogan, 《영향력의 기술》, 김광수 譯, 이파로스, 2005.

5   North A. C., Hargreaves D. J. & McKendrick J, "The Influence of In-Store Music on Wine Selections", Journal of Applied Psychology, Vol.84(2), pp.271-276, 1999.

6   Dubé L., Chebat J. C. & Morin S., "The Effects of Background Music on Consumers' Desire to Affiliate in Buyer-Seller Interactions", Psychology & Marketing, Vol.12(4), pp.305-319, 1995.

7   Barli Ö., Aktan M., Bilgili B. & Dane S., "Lighting, Indoor Color, Buying Behavior and Time Spent in a Store", Color Research & Application, Vol.37(6), pp.465-468, 2012.

8   Summers T. A. & Hebert P. R., "Shedding Some Light on Store Atmospherics : Influence of Illumination on Consumer Behavior", Journal of Business Research, Vol.54(2), pp.145-150, 2001.

9   Morrin M., Krishna A. & Lwin M., "Is Scent-Enhanced Memory Immune to Retroactive Interference?", Journal of Consumer Psychology, Vol.21, pp.354-361, 2011.

10 Biswas D., Labrecque L. L., Lehmann D. R. & Markos E., "Making Choices While Smelling, Tasting and Listening : The Role of Sensory (Dis)Similarity When Sequentially Sampling Products", Journal of Marketing, Vol.78(1), pp.112-126, 2014.

11 Mitchell D. J., Kahn B. E. & Knasko S. C., "There's Something in the Air : Effects of Congruent or Incongruent Ambient Odor on Consumer Decision Making", Journal of Consumer Research, Vol.22(2), pp.229-238, 1995.

12 우먼타임스, "향기가 미치는 영향? 매출 · 학습효과 증가", 2015.06.03.

13 Chaiken S., "Heuristic versus Systemic Information Processing and the Use of Source versus Message Cues in Persuasion", Journal of Personality and Social Psychology, Vol.39(5), pp.752-766, 1980. Petty R. E., Cacioppo J. T. & Schumann D., "Central and Peripheral Routes to Advertising Effectiveness : The Moderating Role of Involvement", Journal of Consumer Research, Vol.10(2), pp.135-146, 1983.

14 Bargh J. A., "Losing Consciousness : Automatic Influences on Consumer Judgment, Behavior and Motivation", Journal of Consumer Research, Vol.29(2), pp.280-285, 2002.

15 Dijksterhuis A., Smith P. K., Van Baaren R. B. & Wigboldus D. H., "The Unconscious Consumer : Effects of Environment on Consumer Behavior", Journal of Consumer Psychology, Vol.15(3), pp.193-202, 2005.

16 Mehrabian A. & Russell J. A., 《An Approach to Environmental Psychology》, The MIT Press, 1974.

17 Holahan C., 《Environmental Psychology》, Random House, Inc., New York, 1982.

18 Nathan B. Winters, 《건축가 · 디자이너를 위한 디자인 개념의 이해》, 이길원 譯, 기문당, 1991.

19 Schlosser A. E., "Applying the Functional Theory of Attitudes to Understanding the Influence of Store Atmosphere on Store Inferences", Journal of Consumer Psychology, Vol.7(4), pp.345-369, 1998.

20 Stanley T. & M. A. Sewall, "Image Inputs to a Probabilistic Mode-Predicting retail Potential", Journal of Marketing, Vol.40(3), pp.48-53, 1976.

21 Nevin J. R. & M. J. Houston, "Image as a Component of Attraction in Intraurban Shopping Areas", Journal of Retailing, Vol.56(1), pp.77-93, 1980.

22 김성문, 《리테일 어트랙션》, 좋은땅, 2015.

23 Xinyue Zhou, Kathleen D. Vohs & Roy F. Baumeister, "The Symbolic Power of Money : Reminders of Money Alter Social Distress and Physical Pain", Psychological Science, 20(6), 2009.

24 임윤선, 《채워도 채워지지 않는 옷장의 비밀》, 나비의 활주로, 2014.

25 Cynthia E. Cryder, Jennifer S. Lerner, James J. Gross & Ronald E. Dahl, "Misery is not Miserly : Sad and Self-Focused Individuals Spend More", Psychological Science, Vol.19(6), pp.525-530, 2008.

26 Jennifer S. Lerner, Deborah A. Small & George Loewenstein, "Heart Strings and Purse Strings : Carryover Effects of Emotions on Economic Decisions", Psychological Science, Vol.15(5), pp.337-341, 2004.

27 Tal A., Zuckerman S. & Brian Wansink, "Watch What You Eat : Action-Related Television Content Increase Food Intake", JAMA International Medicine, 174(11), 2014.

28 Nitika Garg, Brian Wansink & Jeffrey Inman, "The Influence of Incidental Affect on Consumers' Food Intake", Journal of Marketing, Vol.71(1), pp.194-206, 2007.

29 Jennifer S. Lerner, Ye Li & Elke U. Weber, "The Financial Cost of Sadness", Psychological Science, published online, 2012.

30 뉴스토피아, "감정소비 10명 중 9명, 일상의 스트레스 '나를 위한 소비'로 분출", 2018. 06.07.

31 Lazaus R. S., "Pogress On a Cognitive-Motivational-Relational Theory of Emotion", American Psychologist, vol.46(8), pp819-834, 1991.

32 M. A. Jones, "Entertaining Shopping Experiences : An Exploratory Investigation", Journal of Retailing and Consumer Services, Vol.6, 1999.

33 이재운, 《우리말 1000가지》, 예담, 2008.

34 박경애, "총설 - 패션 소매유통에서의 엔터테인먼트 : 학술적 연구를 위한 제언", 한국의류산업학회지, 제3권 2호, p.95, 2001.

35 A. K. Pradeep, 《바잉브레인 : 뇌 속의 욕망을 꺼내는 힘》, 서영조 譯, 한국경제신문사, 2013.

36 J. P. Ruiz, J. Chebat & P. Hansen, "Another Trip to the Mall : A Segmentation Study of Customers Based on Their Activities", Journal of Retailing and Consumer Services, Vol.12, pp.1-2, 2003.

37 K. E. Reynolds, J. Ganesh & M. Luckett, "Traditional Malls vs Factory Outlets : Comparing Shopper Typologies and Implications for Retail Strategy", Journal of Business Research, Vol.55, p.694, 2002.

38 K. I. Wakerfield & J. Baker, "Excitement at the Mall : Determinants and Effects on

Shopping Response", Journal of Retailing, Vol.74, No.4, p.515, 1998.

39 유창조·현소은·전중옥, "매장의 특징, 매장 내 감정 및 쇼핑행동에 관한 구조적 연구", 마케팅연구, 제12권 2호, p.17,1997.

40 박은주·소귀숙, "의류제품 구매 시 감정적 요인이 구매행동에 미치는 영향", 한국의류학회지, 제24권 3호, p.366, 2000.

41 P. Weinberg & W. Gottwald, "Impulsive Consumer Buying as a Result of Emotion", Journal of Business Research, Vol.10, No.1, p.55, 1982.

42 K. I. Wakerfield & J. Baker, "Excitement at the Mall : Determinants and Effects on Shopping Response", Journal of Retailing, Vol.74, No.4, p.515, 1998.

43 안승철, "충동구매 소비자의 구매행위와 심리적 특성에 관한 연구", 대한가정학회지, Vol.34(4), pp.1-19, 1996.

44 K. Prasad, "Unplanned Buying in Two Retail Setting", Journal of Retailing, Vol.51, p.9, 1975.

45 이정원, "충동구매 행동의 의사결정 및 영향요인에 관한 연구", 숙명여자대학교 대학원, p.114, 1993.

46 J. Sit, B. Merrilees & D. Brich, "Entertainment-seeking Shopping Centre Patrons : The Missing Segments", International Journal of Retail & Distribution Management, Vol.31, No.2, p.82, 2003.

47 김경자 · 천경희·남유진·임하나, 《대한민국 대학생 소비자 Fact Book : 오늘을 살아가는 대학생들의 소비생활》, 이담북스, 2010.

48 Kerr M., Siegle G. J. & Orsini J., "Voluntary Arousing Negative Experience(Vane) : Why We Like to be Scared", Emotion, Oct 11, 2018.

49 R. J. Donovan & J. R. Rossister, "Store Atmosphere : An Environmental Psychology Approach", Journal of Marketing, 46(Fall), p.35, 1982.

50 W. R. Swinyard, "The Effects of Mood, Involvement and Quality of Store Experience on Shopping Intentions", Journal of Consumer Research, Vol.20, pp.271-280, 1993.

51 E. Graham, "The Call of the Mall", The Wall Street Journal, Friday, May 13; 7R, 1998.

52 Sherman E., Mathur A. & Smith R. B., "Store Environment and Consumer Purchase Behavior : Mediating Role of Consumer Emotions", Psychology & Marketing, Vol.14(4), pp.361-378, 1997.

53 Yalch R. F. & Spangenberg E. R., "The Effects of Music in a Retail Setting on Real and Perceived Shopping Times", Journal of Business Research, Vol.49(2), pp.139-147, 2000.

54 Roger Ulrich, "View Through a Window May Influence Recovery from Surgery", Science, 224(420), 1984.

55 Sara Williams Goldhagen, 《공간 혁명 : 행복한 삶을 위한 공간 심리학》, 윤제원 譯, 다산사이언스, 2019.

56 Colin Ellard, 《공간이 사람을 움직인다》, 문희경 譯, 더퀘스트, 2016.

57 Edward A. Vessel & Irving Biederman, "Why Do We Prefer Looking at Some Scenes

Rather than Others?", OPAM, Orlando, FL, 2001.

58 Volker Sebastian & Thomas Kistemann, "The Impact of Blue Space on Human Health and Well-Being-Salutogenetic Health Effects of Inland Surface Water ; A Review", International Journal of Hygiene and Environmental Health, Vol.214(6), pp.449-460, 2011.

59 White Mathew, Amanda Smith, Kelly Humphryes, Sabine Pahl, Deborah Snelling & Michael Depledge, "Blue Space ; The Importance of Water for Preference, Effect, and Restorativeness Ratings of Natural and Built Scenes", Journal of Environmental Psychology, Vol.30(4), pp.482-493, 2010.

60 손광호 · 최계영,《공간을 물로보다》, 도서출판 미세움, 2013.

61 Sally Augustin, "Looking Up : Ceilings Influence Us Psychologically", Psychology Today, Jul 23, 2010.

62 Vartanian Oshin, Gorka Navarrete, Anjan Chatterjee & Lars Brorson Fich, "Architectural Design and the Brain : Effects of Ceiling Height and Perceived Enclosure on Beauty Judgments and Approach-Avoidance Decisions", Journal of Environmental Psychology, Vol.41, pp.10-18, 2015.

63 Sally Augustin, "Looking Up : Ceilings Influence Us Psychologically", Psychology Today, Jul 23, 2010.

64 Sara Williams Goldhagen,《공간 혁명 : 행복한 삶을 위한 공간 심리학》, 윤제원 譯, 다산사이언스, 2019.

65 Colin Ellard,《공간이 사람을 움직인다 : 마음을 지배하는 공간의 비밀》, 문희경 譯, 더퀘스트, 2016.

66 Paul Keedwell,《헤드스페이스 : 영혼을 위한 건축》, 김성환 譯, 파우제, 2017.

67 John C. Baird, Barbara Cassidy & Jennifer Kurr, "Room Preference as a Function of Architectural Features and User Activities", Journal of Applied Psychology, Vol.63(6), pp.719-727, 1978.

68 Sally Augustin, "Looking Up : Ceilings Influence Us Psychologically", Psychology Today, Jul 23, 2010.

69 Sara Williams Goldhagen,《공간 혁명 : 행복한 삶을 위한 공간 심리학》, 윤제원 譯, 다산사이언스, 2019.

70 Meyers-Levy J. & Zhu R. J., "The Influence of Ceiling Height : The Effect of Priming on the Type of Processing That People Use", Journal of Consumer Research, Vol.34(2), pp.174-186, 2007.

71 Angela K. Leung, Suntae Kim, Evan Polman, Lay See Ong, Lin Qiu, Jack A. Goncalo & Jeffrey Sanchez-Burks, "Embodied Metaphors and Creative Acts", Psychological Science, Vol.23(5), pp.502-509, 2012.

72 Michael L. Slepian, Max Weisbuch, Abraham M. Rutchick, Leonard S. Newman & Nalini Ambaby, "Shedding Light on Insight : Priming Bright Ideas", Journal of

Experimental Social Psychology, Vol.46(4), pp.696-700, 2010.

73 John C. Baird, Barbara Cassidy & Jennifer Kurr, "Room Preference as a Function of Architectural Features and User Activities", Journal of Applied Psychology, Vol.63(6), pp.719-727, 1978.

74 Paul Keedwell, 《헤드스페이스 : 영혼을 위한 건축》, 김성환 譯, 파우제, 2017.

75 Majdi M. Alkhresheh, "Preference for Void-to-Solid Ratio in Residential Facades", Journal of Environmental Psychology, Vol.32(3), pp.234-245, 2012.

76 Calhoun J. B., "Population Density and Social Pathology", Scientific American, February, pp.140-141, 1962.

77 Paul A. Bell, Jeffrey D. Fisher & Ross J. Loomis, 《Environmental Psychology》, Saunders, 1978.

78 Christian J. J. & Davis D. E., "The Reduction of Adrenal Weight in Rodents by Reducing Population Size", 1955.

79 최선희, 《공간의 이해와 인간공학》, 도서출판 국제, 2001.

80 Deevey E. S., "The Hare and the Haruspex : A Cautionary Tale", The Yale Review 49, pp.161-179, 1960.

81 박민영, 《즐거움의 가치사전》, 청년사, 2007.

82 Baum Andrew, John R. Aiello & Lisa E. Calesnick, "Crowding and Personal Control : Social Density and the Development of Learned Helplessness", Journal of Personality and Social Psychology, Vol.36, pp.1000-1011, 1978.

83 Bickman Leonard, Alan Teger, Thomasina Gabriele & Carol McLaughlin, "Dormitory Density and Helping Behavior", Environment and Behavior, Vol.5(4), pp.465-490, 1973.

84 이신해, "걷는 도시, 서울 정책효과와 향후 정책방향", 서울연구원, 2019.

85 Brown I. D. & Poulton F. C., "Measuring the Spare 'Mental Capacity' of Car Drivers by a Subsidiary Task", Economics, Vol.5, pp.35-40, 1961.

86 Paco Underhill, 《쇼핑의 과학》, 신현승 譯, 세종서적, 2011.

87 Brett A. S. Martin, "A Stranger's Touch ; Effects of Accidental Interpersonal Touch on Consumer Evaluations and Shopping Time", Journal of Consumer Research, June, pp.174-184, 2012.

88 Paul A. Bell & Thomas C. Greene & Jeffrey D. Fisher & Andrew Baum, 《환경심리학》, 이진환·홍기원 譯, 시그마프레스, 2003.

89 David J. Rapport & James E. Turner, "Feeding Rates and Population Growth", Ecology, Vol.56, pp.942-949, 1975.

90 Freedman Jonathan L. & A. Levy & R. Buchanan & J. Price, "Crowding and Human Aggressiveness", Journal of Experimental and Social Psychology, Vol.8, 523-548, 1972.

91 Heshka S. & Pylypuk A., "Human Crowding and Adrenocortical Activity", Quebec City : Canadian Psychological Association, 1975.

92 Edwards D. J., "Approaching the Unfamiliar : A Study of Human Interaction Distance", Journal of Behavioral Science, Vol.1, pp.249-250, 1972.

93 Heshka Stanley & Nelson Yona, "Interpersonal Speaking Distance as a Function of Age, Sex and Relationship", Sociometry, Vol.35(4), pp.491-498, 1972.

94 Deaux K. & LaFrance M., "Gender", 1998, In D. T. Gilbert & S. T. Fiske & G. Lindzey (Eds.), 《The Handbook of Social Psychology》, Boston : The Mcgraw Hill C. Inc.

95 Shelley E. Taylor & Laura Cousino Klein & Brian P. Lewis & Tara L. Gruenewald & Regan A. R. Gurung & John A. Updegraff, "Biobehavioral Responses to Stress in Females : Tend-and-Befriend, Not Fight-or-Flight", Psychological Review, Vol.107, No.3, pp.411-429, 2000.

96 Karlin R. A. & Epstein Y. M. & Aiello J. R, "A Setting-Specific Analysis of Crowding", 1979, In A. Baum & Y. M. Epstein (Eds.), "Human Response to Crowding", Hillsdale, NJ : Lawrence Erlbaum Associates, pp.165-179.

97 Terry Hartig & Marlis Mang & Gary W. Evans, "Restorative Effects of Natural Environmental Experience", Environment and Behavior, 23(1), pp.3-26, 1991.

98 Michal Debek, "What Drives Shopping Mall Attractiveness?", Polish Journal of Applied Psychology, Vol.13, pp.67-118, 2015.

99 Hui M. K. & Bateson J. E., "Perceived Control and the Effects of Crowding and Consumer Choice on the Service Experience", Journal of Consumer Research, Vol.18(2), pp.174-184, 1991.

100 Byun S. E. & Mann M., "The Influence of Others the Impact of Perceived Human Crowding on Perceived Competition, Emotions and Hedonic Shopping Value", Clothing and Textiles Research Journal, Vol.29(4), pp.284-297, 2011.

101 Paul Keedwell, 《헤드스페이스 : 영혼을 위한 건축》, 김성환 譯, 파우제, 2017.

102 Savinar J., "The Effect of Ceiling Height on Personal Space", Man-Environment Systems, Vol.5, pp.321-324, 1975.

103 James Rotton, "Hemmed in and Hating It ; Effects of Shape of Room on Tolerance for Crowding", Perceptual and Motor Skills, 64(1), pp.285-286, 1987.

104 Desor J. A., "Toward a Psychological Theory of Crowding", Journal of Personality and Social Psychology, Vol.21, pp.79-83, 1972.

105 Worchel S. & Teddlie C., "Factors Affecting the Experience of Crowding ; A Two-factor Theory", Journal of Personality and Social Psychology, 34, 30-40, 1976.

106 Coke J. S., Batson C. D. & McDavis K., "Empathic Mediation of Helping : A Two-Stage Model", Journal of Personality and Social Psychology, Vol.36(7), pp.752-766, 1978.

107 Bowlby J., 《Attachment and Loss》, London : Hogarth Press, 1969.

108 Harlow H. F., "The Nature of Love", American Psychologist, Vol.13, pp.673-685, 1958.

109 김지호·채은혜·신지연, "심리적 온도가 사회적 소비에 미치는 영향 : 체화된 인지를 중심으로", 사회과학 담론과 정책, 제8권 2호, pp.187-211, 2015.

110 Bargh J. A. & Shalev I., "The Substitutability of Physical and Social Warmth in Daily Life", Emotion, Vol.12, pp.154-162, 2012.

111 Williams L. E., Huang J. Y. & Bargh J. A., "The Scaffolded Mind : Higher Mental Processes are Grounded in Early Experience of the Physical World", European Journal of Social Psychology, Vol.39(7), pp.1257-1267, 2009.

112 Fay A. J. & Maner J. K., "Warmth, Spatial Proximity and Social Attatchment : The Embodies Perception of a Social Metaphor", Journal of Experimental Social Psychology, Vol.48(6), pp.1369-1372, 2012.

113 Möller J. & Herm S., "Shaping Retail Brand Personality Perceptions by Bodily Experiences", Journal of Retailing, Vol.89(4), pp.438-446, 2013.

114 Zwebner Y., Lee L. & Goldenberg J., "The Temperature Premium : Warm Temperatures Increase Product Valuation", Journal of Consumer Psychology, Vol.24(2), pp.251-259, 2013.

115 백은수, "패션매장의 시각적 따뜻함이 소비자에게 미치는 영향", 서울대학교 대학원, 2016.

116 Lisa Heschong, "Daylighting in Schools an Investigation into the Relationship Between Daylighting and Human Performance Condensed Report", Research Gate, 1999.

117 Stavroula Leka & Jonathan Houdmont, "The Physical Workspace", Occupational Health Psychology, pp.225-249, 2010.

118 Sara Williams Goldhagen, 《공간 혁명 : 행복한 삶을 위한 공간 심리학》, 윤제원 譯, 다산사이언스, 2019.

119 Barbin B. J., Hardesty D. M. & Suter T. A., "Color and Shopping Intentions : The Intervening Effect of Price Fairness and Perceived Affect", Journal of Business Research, Vol.56(7), pp.541-551, 2003.

120 Bellizzi J. A. & Hite R. E., "Environmental Color, Consumer Feelings and Purchase Likelihood", Psychology & Marketing, Vol.9(5), pp.347-363, 1992.

121 Crowley A. E., "The Two-Dimensional Impact of Color on Shopping", Marketing Letters, Vol.4(1), pp.59-69, 1993.

122 Sally Augustin, 《Place Advantage : Applied Psychology for Interior Architecture》, Hoboken, NJ : Wiley, 2009.

123 Esther M. Sternberg, 《Healing Spaces : The Science of Place and Well-Being》, Cambridge, MA : Harvard University, 2009.

124 Sara Williams Goldhagen, 《공간 혁명 : 행복한 삶을 위한 공간 심리학》, 윤제원 譯, 다산사이언스, 2019.

125 Krishna A., 《Spatial Perception Research : An Integrative Review of Length, Area, Volume and Number Perception in a Visual Marketing : From Attention To Action》, Michel Wedel and Rik Peters, Eds. New York : Lawrence Erlbaum Associates, pp.167-192, 2008.

126 Madzharov A. V., Block L. G. & Morrin M., "The Cool Scent of Power : Effects of Ambient

Scent on Consumer Preferences and Choice Behavior", Journal of Marketing, Vol.79(1), pp.83-96, 2015.

127 Ijzerman H., Leung A. K. & Ong L. S., "Perceptual Symbols of Creativity : Coldness Elicits Referential, Warmth Elicits Relational Creativity", Acta Psychologica, Vol.148, pp.136-147, 2014.

128 Huang X., Zhang M., Hui M. K. & Wyer Jr. R. S., "Warmth and Conformity : The Effects of Ambient Temperature on Product Preferences and Financial Decisions", Journal of Consumer Psychology, Vol.24(2), pp.241-250, 2014.

129 백은수, "패션매장의 시각적 따뜻함이 소비자에게 미치는 영향", 서울대학교 대학원, 2016.

130 Ravi M., Chae B. Zhu R. & Soman D., "Warm or Cool Color? : Exploring the Effects of Color on Donation Behavior", in NA - Advanced in Consumer Research, Vol.39, pp.190-191, 2011.

131 Ahn H. K., "The Effect of Temperature Primes on Impulsivity (Unpublished Doctoral Dissertation)", University Toronto, Canada, 2010.

132 Nakamura H., Ito Y., Honma Y., Mori T. & Kawaguchi J., "Cold-Heated or Cool-Heated : Physical Coldness Promotes Utilitarian Moral Judgment", Frontier in Psychology, Vol.5, p.1086, 2014.

133 Sara Williams Goldhagen, 《공간 혁명 : 행복한 삶을 위한 공간 심리학》, 윤제원 譯, 다산사이언스, 2019.

134 Ijzerman H. & Semin G. R., "The Thermometer of Social Relations : Mapping Social Proximity on Temperature", Psychological Science, Vol.20, pp.1214-1220, 2009.

135 Ijzerman H., Gallucci M., Pouw W. T., Weibgerber S. C., Doesum N. J. & Williams K. D., "Cold-Blooded Loneliness : Social Exclusion Leads to Lower Skin Temperatures", Acta Psychologica, Vol.140, pp.283-288, 2012.

136 Zhong C. B. & Leonardelli G. J., "Cold and Lonely Does Social Exclusion Literally Feel Cold?", Psychological Science, Vol.19(9), pp.838-842, 2008.

137 Ijzerman H., Gallucci M., Pouw W. T., Weibgerber S. C., Doesum N. J. & Williams K. D., "Cold-Blooded Loneliness : Social Exclusion Leads to Lower Skin Temperatures", Acta Psychologica, Vol.140, pp.283-288, 2012.

138 김지호 · 채은혜 · 신지연, "심리적 온도가 사회적 소비에 미치는 영향 : 체화된 인지를 중심으로", 사회과학 담론과 정책, 제8권 2호, pp.187-211, 2015.

139 Hong J. & Sun Y., "Warm It Up with Love : The Effect of Physical Coldness on Liking of Romance Movies", Journal of Consumer Research, Vol.39(2), pp.293-306, 2012.

140 Mead N. L., Baumeister R. F., Stillman T. F., Raum C. D. & Vohs K. D., "Social Exclusion Causes People to Spend and Consume Strategically in the Service of Affiliation", Journal of Consumer Research, Vol.37, pp.902-919, 2011.

141 Lee S. H. M., "Embodied Cognition and Social Consumption : Self-Regulating Temperature Through Social Products and Behaviors", Advances in Consumer

Research, Vol.41, 2013.

142 Kolb P. & Gockel C. & Werth L., "The Effects of Temperature on Service Employees' Customer Orientation : An Experimental Approach", Ergonomics, Vol.55(6), pp.621-635, 2012.

143 White K. & Dahl D. W., "To Be or Not To Be? The Influence of Dissociative Reference Groups on Consumer Preferences", Journal of Consumer Psychology, Vol.16(4), pp.404-414, 2006.

144 Lerner J. S., Small D. A. & Loewenstein G., "Heart Strings and Purse Strings Carryover Effects of Emotions on Economic Decisions", Psychological Science, Vol.15(5), pp.337-341, 2004.

145 Bellizzi J. A. & Hite R. E., "Environmental Color, Consumer Feelings and Purchase Likelihood", Psychology & Marketing, Vol.9(5), pp.347-363, 1992.

146 Bellizzi J. A., Crowley A. E. & Hasty R. W., "The Effects of Color in Store Design", Journal of Retailing, Vol.59(1), pp.21-45, 1983.

147 Barbin B. J. & Hardesty D. M. & Suter T. A., "Color and Shopping Intentions : The Intervening Effect of Price Fairness and Perceived Affect", Journal of Business Research, Vol.56(7), pp.541-551, 2003.

148 Ravi Mehta & Rui Zhu, "Blue or Red? Exploring the Effect of Color on Cognitive Task Performances", Science, 27(323), pp.1226-1229, 2009.

3장 습성 활용하기

1 Marta C. González & César A. Hidalgo & Albert-László Barabási, "Understanding Individual Human Mobility Patterns", Nature, 453, pp.779-782, 05 June, 2008.

2 Witt J. K. & South S. C. & Sugovic M., "A Perceiver's Own Abilities Influence Perception, Even When Observing Others", Psychonomic Bulletin & Review, pp.384-389, 2014.

3 김성문, "소매업태의 매출액 결정요인에 관한 연구", 건국대학교 대학원, 2014.

4 김성문, 《리테일 어트랙션》, 좋은땅, 2015.

5 김동준, "수직, 수평, 그리고 원형의 문화", 클래식정원, 2013.

6 Tony Shun-Te Yuo & Colin Lizieri, "Tenant Placement Strategies within Multi-Level Large-Scale Shopping Centers", Journal of Real Estate Research, Vol.35, No.1, pp.25-51, 2013.

7 김성문, "소매업태의 매출액 결정요인에 관한 연구", 건국대학교 대학원, 2014.

8 오연선, "대형할인점의 복합화 효과에 관한 연구", 건국대학교 대학원, 2013.

9 조원용, 《건축, 생활 속에 스며들다》, 씽크스마트, 2013.

10 최선희, 《공간의 이해와 인간공학》, 도서출판국제, 2001.

11 Weick M., Allen J., Vasiljevic M. & Yao B., "Walking Blindfolded Unveils Unique Contributions of Behavioral Approach and Inhibition to Lateral Spatial Bias", Cognition, 147, pp.106-112, 2016.

12 Lee Salk, "Division of Psychology ; Mother's Heartbeat as an Imprinting Stimulus", Transactions of the New York Academy of Sciences, Vol.24, Issue 7 Series Ⅱ, pp.753-763, 1962.

13 스즈키 고타로,《무서운 심리학》, 홍성민 譯, 뜨인돌출판사, 2010.

14 Karina Karenina, Andrey Giljov, Janeane Ingram, Victoria J. Rowntree & Yegor Malashichev, "Lateralization of Mother-Infant Interactions in a Diverse Range of Mammal Species", Nature Ecology & Evolution, 1, 2017.

15 조원용,《건축, 생활 속에 스며들다》, 씽크스마트, 2013.

16 최선희,《공간의 이해와 인간공학》, 도서출판 국제, 2001.

17 Hans-Georg Hausel,《Brain View ; 뇌 욕망의 비밀을 풀다》, 배진아 譯, 흐름출판, 2008.

18 Martin Lindstrom,《누가 내 지갑을 조종하는가》, 박세연 譯, 웅진지식하우스, 2012.

19 하야시바라 야스노리,《대박상가 번성입지 ; 금맥을 찾는 상가입지의 98가지 비밀》, 최원철 · O2SC 譯, 매일경제신문사, 2013.

20 최선희,《공간의 이해와 인간공학》, 도서출판 국제, 2001.

21 LG경제연구원, "비용이 적게 드는 마케팅 노하우", 2005.

22 고바야시 도모미치,《인간은 왜 박수를 치는가》, 임정은 譯, 다반, 2011.

23 재단법인 일본호텔교육센터,《세계 결혼식의 기본》, 플라자출판, 2008.

24 고바야시 도모미치,《인간은 왜 박수를 치는가》, 임정은 譯, 다반, 2011.

25 Paco Underhill,《쇼핑의 과학》, 신현승 譯, 세종서적, 2000.

26 고바야시 도모미치,《인간은 왜 박수를 치는가》, 임정은 譯, 다반, 2011.

27 Yovel G., Levy J., Grabowecky M. & Paller K. A., "Neural Correlates of the Left-visual-field Superiority in Face Perception Appear at Multiple Stages of Face Processing", Journal of Cognitive Neuroscience, vol.15, pp.462-474, 2003.

28 박지영 · 이지선 · 김영호 · 유정복, "미래 인간이동행태 분석을 위한 기초연구", 한국교통연구원, 연구총서 2012-24, 2012.

29 석남준, "평일 오후 6시, 김과장이 백화점을 깨웠다", 조선일보, 7월 8일, 2019.

30 K. K. Finnis & D. Walton, "Field Observation to Determine the Influence of Population Size, Location and Individual Factors on Pedestrian Walking Speeds", Ergonomics, Vol.51(6), p.838, 2008.

31 Marc H. Bornstein & Helen G. Bornstein, "The Pace of Life", Nature, 259, pp.557-559, 19 February 1976.

32 박지영 · 이지선 · 김영호 · 유정복, "미래 인간이동행태 분석을 위한 기초연구", 한국교통연구원, 연구총서 2012-24, 2012.

33 Jan Gehl,《옥외공간의 생활과 디자인》, 화영사, 1993.

34 Jane Jacobs,《The Death and Life of Great American Cities》, New York : Random

House, pp.178-186, 2011.

35 Travis Dagenais, "Why City Blocks Work", The Harvard Gazette, January 9, 2017.

36 Sadalla E. K., Burroughs W. J. & Staplin L. J., "Reference Points in Spatial Cognition", Journal of Experimental Psychology : Human Learning and Memory, Vol.6(5), pp.516-528, 1980.

37 Rasmus Nielsen & Joshua M. Akey & Mattias Jakobson & Jonathan K. Pritchard & Sarah Tishkoff & Eske Willerslev, "Tracing the Peopling of the World through Genomics", Nature, 541, pp.302-310, 19 January 2017.

38 정무웅,《건축디자인과 인간행태심리》, 기문당, 2004.

39 안은희·강석진·이경훈, "대규모 지하 상업공간에서의 보행자의 움직임과 경로선택 특성에 관한 연구", 대한건축학회 논문집, Vol.20(9), pp.21-28, 2004.

40 오성훈·남궁지희,《보행도시, 좋은 보행환경을 위한 12가지 조건》, 건축도시공간연구소, 2011.

41 Sarah Williams Goldhagen,《공간 혁명》, 윤제원 譯, 다산사이언스, 2019.

42 이종언·손봉수·김형진, "도심 쇼핑을 위한 보행 경로탐색 알고리즘 개발", 대한토목학회 논문집, 제28권 제2D호, pp.147-154, 2008.

43 오성훈·남궁지희,《보행도시, 좋은 보행환경을 위한 12가지 조건》, 건축도시공간연구소, 2011.

44 Sadalla Edward K. & Magel Stephen G., "The Perception of Traversed Distance", Environment and Behavior, Vol.12(1), pp.65-79, 1980.

45 Cullen G.,《Townscape》, London ; Architectural Press, 1961.

46 오성훈·남궁지희,《보행도시, 좋은 보행환경을 위한 12가지 조건》, 건축도시공간연구소, 2011.

47 Jan Gehl, Lotte Johansen Kaefer & Solvejg Reigstad, "Close Encounters with Buildings", Urban Design International, vol.11, pp.29-47, 2006.

48 오성훈·남궁지희,《보행도시, 좋은 보행환경을 위한 12가지 조건》, 건축도시공간연구소, 2011.

49 김채수, "인간의 의식 활동과 지상 이동", 한국동서철학회, 동서철학연구, 제64권, pp.383-426, 2012.

50 박지영·이지선·김영호·유정복, "미래 인간이동행태 분석을 위한 기초연구", 한국교통연구원, 연구총서 2012-24, 2012.

51 Jan Gehl,《옥외공간의 생활과 디자인》, 화영사, 1993.

52 Jensen Rolf,《The Dream Society : How the Coming Shift from Information to Imagination Will Transform Your Business》, New York : McGraw-Hill, 1999.

53 Pine Joseph B. & James H. Gilmore,《The Experience Economy : Work is Theater & Every Business is a Stage》, Boston : Harvard Business School Press, 1999.

54 Danziger Pamela,《매스티지 마케팅 : Marketing Luxury to the Masses》, 최기철 譯, 미래의창, 2006.

55 Van Boven Leaf & Gilovich Thomas, "To Do or To Have? That Is the Question", Journal of Personality and Social Psychology, Vol.85(6), pp.1193-1202, 2003.

56 김성문,《리테일 어트랙션》, 좋은땅, 2015.

57 함민복,《모든 경계에는 꽃이 핀다》, 창작과비평사, 1996.

58 Derk de Jonge, "Applied Hodology", Landscape, vol.17(2), pp.10-11, 1967.

59 Edward T. Hall, 《숨겨진 차원》, 최효선 譯, 한길사, 2002.

60 Wolf P., "Toward an Evaluation of Transportation Potentials for the Urban Street", Anderson S(Ed), On Streets, Cambridge Mass : MIT Press, pp.189, 1978.

61 최윤경, 《7개의 키워드로 읽는 사회와 건축 공간》, 시공문화사, 2003.

62 김현지·박의정·안옥희, 《상업공간 디자인》, 신정, 2009.

63 Jacobs J., 《The Death and Life of Great American Cities》, New York : Random House, 1961.

64 Jan Gehl, 《삶이 있는 도시디자인(Life Between Buildings)》, 김진우·이성미 · 한민정 譯, 푸른솔, 2003.

65 최윤경, 《7개의 키워드로 읽는 사회와 건축 공간》, 시공문화사, 2003.

66 Ellis W. C., "The Spatial Structure of Streets", Anderson S.(Ed), On Streets, Cambridge Mass : MIT Press, pp.115-131, 1978.

67 Jan Gehl, 《옥외공간의 생활과 디자인》, 화영사, 1993.

68 Christopher Alexander, Sara Ishikawa & Murray Silverstein, 《A Pattern Language》, 이용근·양시관·이수빈 譯, 인사이트, 2013.

4장 습성 활용하기

1 Darley J. M. & Latane B., "Bystander Intervention in Emergencies ; Diffusion of Responsibility", Journal of Personality and Social Psycology, Vol.8, pp.377-383, 1968.

2 정지우, 《청춘인문학》, 이경, 2012.

3 Richard Dawkins, 《만들어진 신》, 이한음 譯, 김영사, 2007.

4 Charles Montgomery, 《우리는 도시에서 행복한가》, 윤태경 譯, 미디어윌M&B, 2014.

5 Alain de Botton, 《행복의 건축》, 정영목 譯, 청미래, 2011.

6 이상현, 《길들이는 건축, 길들여진 인간》, 효형출판, 2013.

7 Mark Earls, 《허드, 시장을 움직이는 거대한 힘》, 강유리 譯, 쌤앤파커스, 2009.

8 Le Corbusie, 《도시계획(Urbanisme)》, 정성현 譯, 도서출판 동녘, 2003.

9 Managing Editor, M. Hazewinkel, "Encyclopaedia of Mathematics", Vol.1, 3-5, Kluwer Academic Pub., 1988~1989.

10 Kevin Smith, "Are You a Termite or a Squasher?", Next Wave Performance, The Executive Intelligence Report, September 3, 2007.

11 Jonah Berger, 《Contagious》, 문학동네, 2013.

12 최윤경, 《7개의 키워드로 읽는 사회와 건축 공간》, 시공문화사, 2003.

13 Wolfgang Meisenheimer, 《공간의 안무 : 시간 속에서 사라지는 공간》, 동녘, 2007.

14 Paco Underhill, 《쇼핑의 과학》, 신현승 譯, 세종서적, 2011.

15 Alan Penn, "The Complexity of the Elementary Interface ; Shopping Space", A. Van

Nes(Ed.), Proceedings, 5th International Space Syntax Symposium, Delft, pp.25-43, 2005.

16 Ed O'Brien & Phoebe C. Ellsworth, "Saving the Last for Best : A Positivity Bias for End Experiences", Psychological Science, Vol.23(2), pp.163-165, 2012.

17 차유철·정상수·이희복·신명희,《광고와 스토리텔링》, 한경사, 2009.

18 Dan Hill,《감각마케팅》, 이정명 譯, 비즈니스북스, 2004.

19 Rolf Jensen,《Dream Society》, 서정환 譯, 리드리드출판, 2005.

20 최윤경,《7개의 키워드로 읽는 사회와 건축 공간》, 시공문화사, 2003.

21 Paul A. Bell & Thomas C. Greene & Jeffrey D. Fisher & Andrew Baum,《환경심리학》, 이진환·홍기원 譯, 시그마프레스, 2004.

22 Edward Stevens Robinson, "The Behavior of the Museum Visitor", The American Association of Museums, New Series, Number 5, Washington D.C., 1928.

23 HR Insight 기자, "우리의 마음과 필터링 - 1편", HR Insight, 2017.10.26.

24 국립중앙박물관 편저,《박물관 건축과 환경》, 국립중앙박물관, 1995.

25 최윤경,《7개의 키워드로 읽는 사회와 건축 공간》, 시공문화사, 2003.

26 송주연, "성취목표와 학업성취의 상관관계에 대한 메타분석", 교육심리연구, 제26권 제1호, pp.225-250, 2012.

27 Adam M. Grant,《기브앤테이크》, 윤태준 譯, 생각연구소, 2013.

28 이윤기,《이윤기의 그리스 로마신화》, 웅진지식하우스, 2000.

29 Paul Keedwell,《헤드스페이스 : 영혼을 위한 건축》, 김성환 譯, 파우제, 2017.

30 Carl W. S. Pintzka, Hallvard R. Evensmoen, Hanne Lehn & Asta K. Håberg, "Changes in Spatial Cognition and Brain Activity After a Single Dose of Testosterone in Healthy Women", Behavioural Brain Research, Vol.298, pp.78-90, 2016.

31 Colin Ellard,《공간이 사람을 움직인다》, 문희경 譯, 더퀘스트, 2016.

32 John Eastwood, Alexandra Frischen, Mark Fenske & Daniel Smilek, "The Unengaged Mind : Defining Boredom in Terms of Attention", Perspectives on Psychological Science, Vol.7, pp.482-495, 2012.

33 Annie Britton & Martin Shipley, "Bored to Death?", International Journal of Epidemiology, Vol.39, pp.370-371, 2010.

34 Colin Ellard,《공간이 사람을 움직인다》, 문희경 譯, 더퀘스트, 2016.

35 Shannon Dawn Moeser, "Cognitive Mapping in a Complex Building", Environment and Behavior, Vol.20, 1988.

36 Esther M. Sternberg,《공간이 마음을 살린다》, 서영조 譯, 더퀘스트, 2013.

37 Akalin Aysu & Kemal Yildirim & ChristoperWilson & Onder Kilicoglu, "Architecture and Engineering Students' evaluations of house facades ; Preference, complexity and impressiveness", Journal of Environmental Psychology, Vol.29(1), pp.124-132, 2009.

38 Silverstein Michael J., Butman John & Mayer John,《소비자의 반란》, 세종서적, 2006.

39 Dale Carnegie,《인생론》, 넥스웍, 2015.

40 유통경제연구소,《쇼퍼 마케팅》, 제일기획, 2012.

41 최윤경,《7개의 키워드로 읽는 사회와 건축 공간》, 시공문화사, 2003.

42 Esther M. Sternberg,《Healing Spaces》, Harvard University, 2009.

43 최선희,《공간의 이해와 인간학》, 도서출판 국제, 2001.

44 최윤경,《7개의 키워드로 읽는 사회와 건축 공간》, 시공문화사, 2003.

45 Peponis J. & Hadjinikolaou E. & Livieratos C. & Fatouros D. A., "The Spatial Core of Urban Culture", Ekistics, Vol.56(334/335), pp.5-21, 1989.

46 김형경, "자율성과 무력감 사이에서 줄타기하는 남자", 중앙일보, 2016.12.10.

47 John Stuart Mill,《자유론》, 김대성 譯, 아름다운날, 2017.

48 Sarah Williams Goldhagen,《공간 혁명》, 윤제원 譯, 다산사이언스, 2019.

49 Paul J. Silvia & Christopher M. Barona, "Do People Prefer Curved Objects? Angularity, Expertise, and Aesthetic Preference", SAGE Journals, Vol.27, 2009.

50 Pennartz Paul J.J., "Atmosphere at Home ; A Qualitative Approach", Journal of Environmental Psychology, Vol.6(2), pp.135-153, 1986.

51 Ori Amir, Irving Biederman & Kenneth J. Hayworth, "The Neural Basis for Shape Preference", Vision Research, Vol.51(20), pp.2198-2206, 2011.

52 Sibel S. Dazkir & Marilyn A. Read, "Furniture Forms and Their Influence on Our Emotional Responses Toward Interior Environments", SAGE Journals, Vol.44, 2012.

53 Colin Ellard,《공간이 사람을 움직인다》, 문희경 譯, 더퀘스트, 2016.

54 Harry Beckwith,《Unthinking》, Grand Central Publishing, New York, 2011.

55 上揭書

56 Yinlong Zhang & Lawrence Feick & Lydia J. Price, "The Impact of Self-Construal on Aesthetic Preference for Angular Versus Rounded Shapes", SAGE Journals, Vol.32, 2006.

57 Joseph B. Juhasz & Lynn Paxson, "Personality and Preference for Painting Style", SAGE Journals, Vol.46, 1978.

58 Oshin Vartanian, Gorka Navarrete, Anjan Chatterjee, Lars Brorson Fich, Helmut Leder, Cristián Modrono, Marcos Nadal, Nocolai Rostrup & Martin Skov, "Impact of Contour on Aesthetic Judgments and Approach-avoidance Decisions in Architecture", Proceedings of the National Academy of Sciences of the United States of America", 2013.

59 A. K. Pradeep,《The Buying Brain : 뇌 속의 욕망을 꺼내는 힘》, 서영조 譯, 한국경제신문사, 2013.

60 Temple Grandin,《어느 자폐인 이야기》, Grand Central Publishing, New York, 1996.

61 Richard Pommer,《In the Shadow of Mies》, New York : Rizzoli, 1988.

62 Callimore J.M., B.B. Brown & C.M. Werner, "Walking Routes to School in New Urban and Suburban Neighborhoods : An Environmental Walkability Analysis of Blocks and Routes", Journal of Environmental Psychology, Vol.31(2), pp.184-191, 2011.

63 송석원·이정교, "게슈탈트 시지각심리를 적용한 백화점 제화 브랜드샵 공간디자인에 관한 연구", 한국공간디자인학회 논문집, 제5권, 2호, 통권12호, pp.9-18, 2010.

64 Osmond Humphry, "Function as the Basis of Psychiatric Ward Design", Mental Hospitals, American Psychiatric Association, pp.23-29, 2014.

65 고다 유조(甲田祐三), 《손님이 꼬리에 꼬리를 무는 가게 만들기》, 신정란 譯, 예문, 2006.

66 정임수, "쇼핑점들 S라인의 유혹... 고객 발걸음 이끄는 동선의 비밀", 동아닷컴(donga.com), 2007.04.13.

67 Robert Venturi, 《기호와 시스템으로 읽는 건축》, 유혜경 譯, 애플트리테일즈, 2009.

68 송석원·이정교, "게슈탈트 시지각심리를 적용한 백화점 제화 브랜드샵 공간디자인에 관한 연구", 한국공간디자인학회 논문집, 제5권, 2호, 통권12호, pp.9-18, 2010.

69 Martin Neale, 《Habit : The 95% of Behavior Marketers Ignore》, Pearson PTR, 2009.

70 우승현·우혜경, "스트릿몰의 매장 배분계획과 영업 활성화의 관계에 대한 연구", 한국실내디자인학회논문집, 제18권 제6호, pp.202-210, 2009.

71 Finlay K. & Marmurek H. H. C. & Kanetkar V. & Londerville J., "Casino Décor Effects on Gambling Emotions and Intentions", Environment and Behavior, Vol.42(4), pp.524-545, 2010.

72 Harrell Gilbert D. & Michael D. Hunt, "Crowding in Retail Stores", MSU Business Topics(winter), pp.33-39, 1976.

73 Van Rompay T. J. & Tanja-Dijkstra K. & Verhoeven J. W. & Van Es A. F., "On Store Design and Consumer Motivation Spatial Control and Arousal in the Retail Context", Environment and Behavior, Vol.44(6), pp.800-820, 2012.

74 김진규·이규홍, "백화점의 매장유형에 따른 소비자 행태에 관한 연구", 한국실내디자인학회논문집, 제36호, pp.121-127, 2003.

75 上揭書

76 최윤경, 《7개의 키워드로 읽는 사회와 건축 공간》, 시공문화사, 2003.

77 上揭書

78 서윤영, 《건축, 권력과 욕망을 말하다》, 궁리출판, 2009.

79 Philip Graves, 《소비자학》, 황혜숙 譯, 좋은책들, 2011.

80 이상현, 《길들이는 건축, 길들여진 인간》, 효형출판, 2013.

81 고다 유조(甲田祐三), 《손님이 꼬리에 꼬리를 무는 가게 만들기》, 신정란 譯, 예문, 2006.